北京律师智库丛书

重大复杂案件研究专家组

行政、知识产权及执行异议二审再审改判案例

诉讼过程与争点剖析

北京市律师协会／主编

法律出版社 | LAW PRESS

北京

图书在版编目(CIP)数据

行政、知识产权及执行异议二审再审改判案例：诉讼过程与争点剖析/北京市律师协会主编. -- 北京：法律出版社，2023

（北京律师智库重大复杂案件研究专家组）

ISBN 978-7-5197-7548-3

Ⅰ.①行… Ⅱ.①北… Ⅲ.①行政诉讼－审判－案例－中国②知识产权－审判－案例－中国 Ⅳ.①D925.318.5②D923.405

中国国家版本馆 CIP 数据核字(2023)第026219号

行政、知识产权及执行异议二审再审改判案例：诉讼过程与争点剖析
XINGZHENG、ZHISHI CHANQUAN JI ZHIXING YIYI ERSHEN ZAISHEN GAIPAN ANLI：SUSONG GUOCHENG YU ZHENGDIAN POUXI

北京市律师协会 主编

责任编辑 赵明霞 王 斓
装帧设计 汪奇峰

出版发行 法律出版社
编辑统筹 法商出版分社
责任校对 晁明慧 王 皓
责任印制 胡晓雅
经　　销 新华书店

开本 787毫米×1092毫米 1/16
印张 24.25 **字数** 516千
版本 2023年6月第1版
印次 2023年6月第1次印刷
印刷 三河市兴达印务有限公司

地址：北京市丰台区莲花池西里7号(100073)
网址：www.lawpress.com.cn
投稿邮箱：info@lawpress.com.cn
举报盗版邮箱：jbwq@lawpress.com.cn

销售电话：010-83938349
客服电话：010-83938350
咨询电话：010-63939796

书号：ISBN 978-7-5197-7548-3
定价：98.00元

本书编委会

主　编

高子程

副主编

徐志锋　刘光超

执行主编

王　峥

执行副主编

陈　强　毕文胜　吴　晨　谢炳光
许兰亭　马　建　李学辉　王文杰

成　员

王正志　裴　娜　杨安进　郝　萍　程　璇
张亚梅　梁　枫　张雪梅　李　梅　王　收
由莉雅　丁　琛　李　华　张凤成　张砾心
余　尘　宫爱丽　王兆峰　李向辉　林小建
常　铮　陈　俊　孙明经　刘　玲

北京律师智库重大复杂案件研究专家组

组　长

王　峥

副组长

谢炳光　许兰亭　毕文胜　吴　晨

刑事组组长

余　尘

成员

王兆峰　李向辉　林小建　常　铮　陈　俊　孙明经　刘　玲

民商一组组长

王文杰

成员

郝　萍　张雪梅　由莉雅　丁　琛　李　华　王　收

民商二组组长

李学辉

小组成员

张凤成　张亚梅　梁　枫　程　璇　李　梅　王正志　杨安进

秘书组秘书长

马　建

副秘书长

王　收　常　铮

成　员

陈　俊　张砾心　裴　娜

顾　问

高子程　王清友　张小炜　赵曾海　高警兵　刘卫东

张　峥　马慧娟　毕文胜　韩映辉　郝春莉　王志强

前　　言

前车之鉴，后事之师。律师，以师名业，为人师表，执业技能之提升，工匠精神之修炼，诉讼经验之积累，是诉讼律师永远的话题，恒久的目标。五年前，第十届北京市律师协会根据北京律师智库重大复杂案件专家组征集疏理，出版了“刑事、民事二审、再审改判案例”一书，在业界内外受到广泛关注，启迪良多，好评如潮。总结过去，发扬光大，第十一届北京市律师协会“智库专家组”再次征集案例，疏理成书，出版发行，是为第二辑。较之第一辑，在原有的刑事和民事改判案例基础上，增加了行政诉讼改判案例类别。其内容基本覆盖诉讼范围内三大类型中的各类小的领域。希望通过对各类“改判案例”的展示、评析、总结，给青年律师以借鉴，给诉讼实务以参考，更好地服务行业，服务社会，服务大局，助推服务实效，光大行业形象。

两辑三类诉讼“改判案例”，第一辑是开创先河，第二辑是扩大、突破、创新。“改判案例”多数是在法律程序上或在实体上属于重大、疑难、复杂的案例。其中，专业与智慧，执着与诚信，策略与战术，可圈可点，见仁见智。正因如此，第二辑“改判案例”对业内人士助力提高办案水准，提升办案质效大有裨益；对法学院校学生了解司法实务同样具有实践意义。本书通过一个个活生生的“改判案例”，昭示了我国法治的公信力。努力践行习近平法治思想，助力落实习近平总书记关于“让人民群众在每一个司法案件中感受到公平正义”的指示精神，是全体法律人的神圣职责。希望，本书能为职业修为精进、执业技能提升、促进公平正义贡献些微借鉴。

在此，特别感谢北京律师协会智库重大复杂案件专家组的全体成员，是你们的无私奉献，行业情怀，职业精神，使第二辑改判案例一书顺利成集出版。谨此，表达特别的谢意！

高子程

目　录

行政类

知识产权类

执行异议类

行政类

可以提起行政复议的具体行政行为辨析

——熊某等5人诉滁州市自然资源和规划局撤销行政批复纠纷案

争议焦点

土地被征收方向相关行政部门提起请求支付征收补偿费的履职申请后收到相关部门作出的《关于〈请求支付征收补偿费申请书〉的回复》(被告得知未发放征收补偿费的原因为委托人未签订征地拆迁补偿协议),该行政回复是否影响被征收方的实体权利义务?是否属于可以提起行政复议的具体行政行为?

关键词

征地拆迁　征收补偿费　行政复议　不作为

案情简介

由于征收方不与熊某等5人签订租用合同,且未及时支付相应款项。因此,承办律师接受熊某等5人的委托,依据2014年7月29日施行的《土地管理法实施条例》第25条的规定,向定远县自然资源和规划局提起请求支付征收补偿费的履职申请,后定远县自然资源和规划局作出《关于〈请求支付征收补偿费申请书〉的回复》,告知未发放征收补偿费的原因为熊某等5人未签订征迁补偿协议。

熊某等5人不服,向滁州市自然资源和规划局提起行政复议,滁州市自然资源和规划局作出《行政复议决定书》,认为涉案回复未实际影响熊某等5人的合法权益,因此对于复议申请不予受理。熊某等5人遂提起诉讼。

一审法院认为滁州市自然资源和规划局作出的《行政复议决定书》符合法律规定,复议程序合法。熊某等5人不服提起上诉,二审法院改判要求滁州市自然资源和规划局限期对熊某等5人提起的行政复议申请予以受理。

【涉诉的行政文书】

定远县自然资源和规划局
关于《请求支付征收补偿费申请书》的回复

熊某等5人:

你们报来《请求支付征收补偿费申请书》已收悉,因你们一直拒签《定远县江巷水库工程征迁补偿协议》,故尚未发放相关补偿款。若你们现在愿意签订《定远县江巷水库工程征迁补偿协议》,请你们与蒋集镇人民政府签订《定远县江巷水库工程征迁补偿协议》后,报至我局与定远县江巷水库移民安置办公室审核,审核无误后,请你们至定远县江巷水库移民安置办公室签订《定远县江巷水库移民安置协议》,《定远县江巷水库移民安置协议》签订后由定远县江巷水库移民安置办公室登记造册并要求拨付安置补偿费,我局方可安排拨付相关补偿款。

定远县自然资源和规划局

2021年3月4日

【行政复议决定书】

滁州市自然资源和规划局
行政复议决定书

滁自然资规复决字〔2021〕10号

申请人:熊某等5人。

委托代理人:张心升、韩宇,北京正山律师事务所律师。

地址:北京市西城区××。

被申请人:定远县自然资源和规划局。

住所:安徽省滁州市×××。

法定代表人:单××,局长。

复议请求:撤销被申请人于2021年3月4日作出的《关于〈请求支付征收补偿费申请书〉的回复》具体行政行为,并责令被申请人针对申请人请求支付征收补偿费事项重新作出处理。

申请人不服被申请人作出的《关于〈请求支付征收补偿费申请书〉的回复》,向本机关邮寄复议申请书,本机关于2021年3月26日收悉。初步审查后,本机关通知申请人补正行政复议申请材料,4月6日收到申请人补正材料。

经审查,被申请人作出的《关于〈请求支付征收补偿费申请书〉的回复》,对申请人的实体权利义务并不产生影响,申请人的复议申请不符合《行政复议法》规定的受理条件。依据《行政复议法》第17条第1款,本机关决定如下:对申请人的复议申请不予受理。

如对本决定不服,可在收到本决定书之日起15日内向某区人民法院提起行政诉讼。

2021年4月12日

【行政起诉状】

行政起诉状

原告:熊某等5人。

被告:滁州市自然资源和规划局,住所地安徽省滁州市×××。

法定代表人:朱某,局长。

诉讼请求:

1. 撤销被告作出的《行政复议决定书》(滁自然资规复决字〔2021〕1×号),并判令被告依法受理原告提起的行政复议申请;

2. 本案诉讼费用由被告承担。

事实和理由:

原告均系安徽省定远县蒋集镇大河北组村民。

2018年5月9日,定远县人民政府作出《关于定远县江巷水库建设用地征收土地补偿安置方案的批复》(定政秘〔2018〕43号),同意征收包括原告土地在内的土地进行项目建设,并确定由定远县自然资源和规划局依法组织实施。

但是,时至今日,定远县自然资源和规划局并未将“定远县江巷水库建设用地项目”征收原告土地及房屋的土地补偿费、安置补助费、地上附着物补偿费、房屋拆迁补偿费、房屋附属设施补偿费、房屋征收临时补助费、搬迁补助费、房屋装饰装修补偿费等全部征占补偿费用支付给原告。

根据2014年7月29日施行的《中华人民共和国土地管理法实施条例》第25条的规定,相关责任部门应当在“定远县江巷水库建设用地项目”征地补偿、安置方案批准之日起3个月内,将上述“定远县江巷水库建设用地项目”征收原告土地及房屋的土地补偿费、安置补助费、地上附着物补偿费、房屋拆迁补偿费、房屋附属设施补偿费、房屋征收临时补助费、搬迁补助费、房屋装饰装修补偿费等全部征占补偿费用一次性全额支付给原告。为此,原告以邮寄《请求支付征收补偿费申请书》的方式,请求定远县自然资源和规划局依法履行法定职责,一次性全额支付给原告涉及“定远县江巷水库建设用地项目”征收原告土地及房屋的土地补偿费、安置补助费、地上附着物补偿费、房屋拆迁补偿费、房屋附属设施补偿费、房屋征收临时补助费、搬迁补助费、房屋装饰装修补偿费等全部征占补偿费用。

2021年3月12日,原告收到定远县自然资源和规划局寄来其于2021年3月4日作出的《关于〈请求支付征收补偿费申请书〉的回复》,在该回复中定远县自然资源和规划局告知原告:因原告一直拒签《定远县江巷水库工程征迁补偿协议》,故尚未发放相关补偿款,并要求原告与蒋集镇人民政府签订《定远县江巷水库工程征迁补偿协议》后,方可安排拨付相关补偿款。

但原告认为,定远县自然资源和规划局作出的涉案回复明显系拒绝履行支付征地补偿费法定职责的不作为行为,该不作为行为严重违法、错误,依法应予纠正。为此,原告以邮寄的形式向被告提起行政复议申请,请求:撤销定远县自然资源和规划局于2021年3月4日作出的《关于〈请求支付征收补偿费申请书〉的回复》具体行政行为,并责令其针对原告请求支付征收补偿费事项重新作出处理。

2021年4月14日,原告收到被告寄来其于2021年4月12日作出的《行政复议决定书》(滁自然资规复决字〔2021〕1×号),被告认为:定远县自然资源和规划局作出的《关于〈请求支付征收补偿费申请书〉的回复》,对原告的实体权利义务并不产生影响,原告的复议申请不符合《行政复议法》规定的受理条件,决定对原告的复议申请不予受理。

但原告认为,原告提起的行政复议申请符合行政复议受理条件,被告应当依法受理,其作出的《行政复议决定书》(滁自然资规复决字〔2021〕1×号)严重违法、错误,且严重侵害原告的合法权益,为此,原告特依据2017年7月1日施行的《中华人民共和国行政诉讼法》第12条、第14条、第49条及相关司法解释的规定,向贵院提起行政诉讼,请求贵院判如所请,以维护原告的合法权益。

此致

安徽省滁州市某区人民法院

原告(签名捺印):

2021年4月15日

【一审代理词】

代理词

尊敬的审判长、审判员、人民陪审员:

根据《中华人民共和国律师法》等相关法律的规定,北京正山律师事务所接受熊某等5人的委托,并指派本律师作为熊某等5人与滁州市自然资源和规划局诉撤销其作出的《行政复议决定书》(滁自然资规复决字〔2021〕1×号)行政诉讼纠纷一案的代理人并参加本案诉讼。在参加庭审、质证和分析研究全部案件材料的基础上,代理人现发表具体代理意见如下:

一、定远县自然资源和规划局负有支付征地补偿费的法定职责。

2014年7月29日施行的《中华人民共和国土地管理法实施条例》第25条规定:"征收土地方案经依法批准后,由被征收土地所在地的市、县人民政府组织实施,并将批准征地机关、批准文号、征收土地的用途、范围、面积以及征地补偿标准、农业人员安置办法和办理征地补偿的期限等,在被征收土地所在地的乡(镇)、村予以公告。被征收土地的所有权人、使用权人应当在公告规定的期限内,持土地权属证书到公告指定的人民政府土地行政主管部门办理征地补偿登记。市、县人民政府土地行政主管部门根据经批准的征收土地方案,会同有关部门拟定征地补偿、安置方案,在被征收土地所在地的乡(镇)、村予以公告,听取被征收土地的农村集体经济组织和农民的意见。征地补偿、安置方案报市、县人民政府批准后,由市、县人民政府土地行政主管部门组织实施。对补偿标准有争议的,由县级以上地方人民政府协调;协调不成的,由批准征收土地的人民政府裁决。征地补偿、安置争议不影响征收土地方案的实施。征收土地的各项费用应当自征地补偿、安置方案批准之日起3个月内全额支付。"2017年1月1日施行的《建设用地审查报批管理办法》第20条规定:"征收土地公告和征地补偿、安置方案公告,按照《征收土地公告办法》的有关规定执行。征地补偿、安置方案确定后，市、县国土资源主管部门应当依照征地补偿、安置方案向被征收土地的农村集体经济组织和农民支付土地补偿费、地上附着物和青苗补偿费，并落实需要安置农业人口的安置途径。”《征收土地公告办法》（已失效）第11条规定：“征地补偿、安置方案经批准后，由有关市、县人民政府土地行政主管部门组织实施。”定远县自然资源和规划局负有支付征地补偿费的法定职责。现定远县自然资源和规划局要求原告与蒋集镇人民政府签订《定远县江巷水库工程征迁补偿协议》后，方可安排拨付相关补偿款项，明显系推卸责任、拒绝履行支付法定职责的不作为行为。

二、原告并未拒签征地补偿安置协议，定远县自然资源和规划局对此事实认定不清。

根据滁州市人民政府于2020年12月30日作出的《政府信息公开答复书》（滁政办依复〔2020〕第33号）及其附件可知，原告承包的土地及其房屋位于“定远县江巷水库建设用地项目”征收土地红线范围内，原告的代理人也经过电话与滁州市人民政府进行核实，定远县自然资源和规划局应当依法向原告支付相关征地补偿款项。但是蒋集镇政府人大主席杨有忠却一直告知原告：“原告承包的土地并非征收，而是租用，原告的房屋并不在征收红线范围内，可以征收也可以不征收，并且租用是没有协议的，只能口头达成协议。”因此，并非原告拒签征地补偿安置协议，而是蒋集镇政府用“以租代征”的方式非法占用原告的土地，定远县自然资源和规划局对此事实认定不清。

三、涉案答复对原告的实体权利义务产生影响。

无论根据2014年7月29日施行的《中华人民共和国土地管理法实施条例》第25条还是根据2015年3月26日施行的《安徽省实施〈中华人民共和国土地管理法〉办法》第33条的规定，定远县自然资源和规划局负有支付征地补偿费的法定职责，且应当自征地补偿、安置方案批准之日起3个月内全额支付。现定远县自然资源和规划局非但未支付原告任何征地费用，更将未履行支付法定职责的责任推卸为原告未主动签订征迁补偿协议及移民安置协议，其行为明显系拒绝履行支付法定职责的不作为行为，该不作为行为必将导致原告不能按时领取合法合理的征地补偿款项，涉案答复当然对原告的实体权利义务产生影响。

四、原告针对定远县自然资源和规划局的不作为提起行政复议申请，当然属于行政复议法规定的受理条件。

根据《中华人民共和国行政复议法》第6条第9项规定，公民、法人或者其他组织可以就申请行政机关履行保护人身权利、财产权利、受教育权利的法定职责，行政机关没有依法履行的行为申请行政复议。复议申请人就行政机关未履行法定职责的行为申请行政复议的，复议机关应予受理。原告向定远县自然资源和规划局提起请求支付征地补偿费的申请，定远县自然资源和规划局作出的涉案答复实际系拒绝履行支付法定职责的不作为行为，原告针对该不作为行为提起行政复议申请，当然属于行政复议法规定的受理条件。

综上，涉案答复对原告等人实体权利义务产生影响，原告针对定远县自然资源和规划局的不作为行为提起行政复议，完全属于行政复议法规定的受理条件，被告应当依法立案受理。

以上代理意见，请合议庭合议时，予以充分考虑。

代理人：韩宇

北京正山律师事务所

2021年6月4日

案件历程

【一审判决书】

安徽省滁州市某区人民法院
行政判决书

（2021）皖1××3行初×7号

原告：熊某等5人。

五原告共同委托诉讼代理人：张心升，北京正山律师事务所律师。

五原告共同委托诉讼代理人：韩宇，北京正山律师事务所律师。

被告：滁州市自然资源和规划局，住所地安徽省滁州市×××，统一社会信用代码×××。

法定代表人：许×，局长。

出庭负责人：俞某某，该局四级调研员。

委托诉讼代理人：陈××，该局政策法规科工作人员。

委托诉讼代理人：曾某某，安徽某律师事务所律师。

原告熊某等5人诉被告滁州市自然资源和规划局（以下简称市自然资源规划局）不予受理行政复议申请决定一案，向本院提起行政诉讼。本院于2021年4月27日立案受理后，在法定期限内向被告送达诉状副本、应诉通知书及举证通知书。本院依法组成合议庭，于2021年6月4日公开开庭进行了审理。原告熊某等3人及5原告共同委托诉讼代理人韩宇,被告市自然资源规划局的四级调研员俞某某及委托诉讼代理人陈某某、曾某某到庭参加诉讼。本案现已审理终结。

熊某等5人向本院提出诉讼请求:(1)撤销被告作出的《行政复议决定书》(滁自然资规复决字〔2021〕1×号),并判令被告依法受理原告提起的行政复议申请;(2)本案诉讼费用由被告承担。事实与理由:原告均系安徽省定远县蒋集镇大河北组村民。2018年5月9日,定远县人民政府作出《关于定远县江巷水库建设用地征收土地补偿安置方案的批复》(定政秘〔2018〕43号),同意征收包括原告土地在内的土地进行项目建设,并确定由定远县自然资源和规划局依法组织实施。但至今,定远县自然资源和规划局并未将"定远县江巷水库建设用地项目"征收原告土地及房屋的土地补偿费、安置补助费、地上附着物补偿费、房屋拆迁补偿费、房屋附属设施补偿费、房屋征收临时补助费、搬迁补助费、房屋装饰装修补偿费等全部征占补偿费用支付给原告。根据《中华人民共和国土地管理法实施条例》第25条的规定,相关责任部门应当在"定远县江巷水库建设用地项目"征地补偿、安置方案批准之日起3个月内,将上述"定远县江巷水库建设用地项目"征收原告土地及房屋的土地补偿费、安置补助费、地上附着物补偿费、房屋拆迁补偿费、房屋附属设施补偿费、房屋征收临时补助费、搬迁补助费、房屋装饰装修补偿费等全部征占补偿费用一次性全额支付给原告。为此,原告以邮寄《请求支付征收补偿费申请书》的方式,请求定远县自然资源和规划局依法履行法定职责,一次性全额支付给原告涉及"定远县江巷水库建设用地项目"征收原告土地及房屋的土地补偿费、安置补助费、地上附着物补偿费、房屋拆迁补偿费、房屋附属设施补偿费、房屋征收临时补助费、搬迁补助费、房屋装饰装修补偿费等全部征占补偿费用。2021年3月12日,原告收到定远县自然资源和规划局寄来《关于〈请求支付征收补偿费申请书〉的回复》,在该回复中定远县自然资源和规划局告知原告:因原告一直拒签《定远县江巷水库工程征迁补偿协议》,故尚未发放相关补偿款,并要求原告与蒋集镇人民政府签订《定远县江巷水库工程征迁补偿协议》后,方可安排拨付相关补偿款。但原告认为,定远县自然资源和规划局作出的涉案回复明显系拒绝履行支付征地补偿费法定职责的不作为行为,该不作为行为严重违法、错误,依法应予纠正。原告以邮寄的形式向被告提起行政复议申请请求:撤销定远县自然资源和规划局于2021年3月4日作出的《关于〈请求支付征收补偿费申请书〉的回复》具体行政行为,并责令其针对原告请求支付征收补偿费事项重新作出处理。2021年4月14日,原告收到被告寄来其于2021年4月12日作出的《行政复议决定书》(滁自然资规复决字〔2021〕1×号),被告认为:定远县自然资源和规划局作出的《关于〈请求支付征收补偿费申请书〉的回复》,对原告的实体权利义务并不产生影响,原告的复议申请不符合《行政复议法》规定的受理条件,决定对原告的复议申请不予受理。原告认为,原告提起的行政复议申请符合行政复议受理条件，被告应当依法受理，其作出的《行政复议决定书》（滁自然资规复决字〔2021〕1×号）严重违法、错误，且严重侵害原告的合法权益，故具状起诉。

市自然资源规划局辩称：熊某等5人的行政复议申请不符合《行政复议法》规定的受理条件，答辩人作出的行政复议决定符合规定。2021年3月4日，定远县自然资源和规划局作出的《关于〈请求支付征收补偿费申请书〉的回复》，告知熊某等5人领取相关补偿款需签订征迁补偿协议及移民安置协议，该回复对熊某等5人实体权利义务不产生影响。另，《土地管理法实施条例》第26条规定，土地补偿费归农村集体经济组织所有；《征收土地公告办法》（已失效）第12条规定，有关市、县人民政府土地行政主管部门将征地补偿、安置费用拨付给被征地农村集体经济组织后，有权要求该农村集体经济组织在一定时限内提供支付清单。据此，熊某等5人申请定远县自然资源和规划局直接支付土地补偿费等全部征占补偿费用缺少依据。综上，答辩人依据《行政复议法》第17条的规定，在规定的时间内作出不予受理的行政复议决定，认定事实清楚，证据确实、充分，适用法律正确，程序合法。原告的诉请没有事实和法律依据，请求法院依法判决，驳回原告的诉讼请求。

经审理查明，2021年2月，熊某等5人向定远县自然资源和规划局递交《请求支付征收补偿费申请书》，2021年3月4日，定远县自然资源和规划局作出《关于〈请求支付征收补偿费申请书〉的回复》载明：你们报来《请求支付征收补偿费申请书》已收悉，因你们一直拒签《定远县江巷水库工程征迁补偿协议》，故尚未发放相关补偿款。若你们现在愿意签订《定远县江巷水库工程征迁补偿协议》，请你们与蒋集镇人民政府签订《定远县江巷水库工程征迁补偿协议》后，报至我局与定远县江巷水库移民安置办公室审核，审核无误后，请你们至定远县江巷水库移民安置办公室签订《定远县江巷水库移民安置协议》，《定远县江巷水库移民安置协议》签订后由定远县江巷水库移民安置办公室登记造册并要求拨付安置补偿费，我局方可安排拨付相关补偿款。

后熊某等5人向市自然资源规划局申请行政复议，要求撤销定远县自然资源规划局作出的《关于〈请求支付征收补偿费申请书〉的回复》，并责令被申请人对申请人的申请重新作出处理。2021年3月26日市自然资源规划局收到行政复议申请材料，2021年4月2日市自然资源规划局作出《行政复议补正通知书》，通知申请人在收到《行政复议补正通知书》之日起10日内补正：定远县自然资源和规划局作出的《关于〈请求支付征收补偿费申请书〉的回复》。2021年4月6日，市自然资源规划局收到申请人的补正材料。2021年4月12日，市自然资源规划局作出滁自然资规复决字〔2021〕1×号《行政复议决定书》，认为定远县自然资源和规划局作出的《关于〈请求支付征收补偿费申请书〉的回复》对申请人的实体权利义务并不产生影响，申请人的复议申请不符合《行政复议法》规定的受理条件，决定对申请人的复议申请不予受理。

本院认为,定远县自然资源和规划局作出的《关于〈请求支付征收补偿费申请书〉的回复》,告知熊某等5人领取相关补偿款需签订征迁补偿协议及移民安置协议,该回复对熊某等5人实体权利义务不产生影响。市自然资源规划局以申请人的行政复议申请不符合《行政复议法》规定的受理条件为由作出不予受理决定,符合法律规定,复议程序合法。原告的诉讼请求本院不予支持。依照《中华人民共和国行政诉讼法》第69条的规定,判决如下:

驳回原告熊某等5人的诉讼请求。

案件受理费50元,由原告熊某等5人负担。

如不服本判决,可在判决书送达之日起15日内,向本院递交上诉状,并按对方当事人的人数提出副本,上诉于安徽省滁州市中级人民法院。

审 判 长 ×××
人民陪审员 ×××
人民陪审员 ×××
2021年7月16日
书 记 员 ×××

【上诉状】

行政上诉状

上诉人(一审原告):熊某等5人。

被上诉人(一审被告):滁州市自然资源和规划局,住所地滁州市×××。

法定代表人:朱×,局长。

上诉人因诉撤销被上诉人作出的《行政复议决定书》(滁自然资规复决字〔2021〕1×号)行政诉讼纠纷一案,不服安徽省滁州市某区人民法院(2021)皖1××3行初×7号行政判决,现依法提起上诉。

上诉请求:

1. 撤销安徽省滁州市某区人民法院(2021)皖1××3行初×7号行政判决;

2. 撤销被上诉人作出的《行政复议决定书》(滁自然资规复决字〔2021〕1×号),并判令被上诉人依法受理上诉人提起的行政复议申请;

3. 本案诉讼费用由被上诉人承担。

事实和理由:

上诉人均系安徽省定远县蒋集镇大河北组村民。

2018年5月9日,定远县人民政府作出《关于定远县江巷水库建设用地征收土地补偿安置方案的批复》(定政秘〔2018〕43号),同意征收包括上诉人土地在内的土地进行项目建设,并确定由定远县自然资源和规划局依法组织实施。

但是,时至今日,定远县自然资源和规划局并未将"定远县江巷水库建设用地项目"征收上诉人土地及房屋的土地补偿费、安置补助费、地上附着物补偿费、房屋拆迁补偿费、房屋附属设施补偿费、房屋征收临时补助费、搬迁补助费、房屋装饰装修补偿费等全部征占补偿费用支付给上诉人。

根据《中华人民共和国土地管理法实施条例》第25条的规定,相关责任部门应当在"定远县江巷水库建设用地项目"征地补偿、安置方案批准之日起3个月内,将上述"定远县江巷水库建设用地项目"征收上诉人土地及房屋的土地补偿费、安置补助费、地上附着物补偿费、房屋拆迁补偿费、房屋附属设施补偿费、房屋征收临时补助费、搬迁补助费、房屋装饰装修补偿费等全部征占补偿费用一次性全额支付给上诉人。为此,上诉人以邮寄《请求支付征收补偿费申请书》的方式,请求定远县自然资源和规划局依法履行法定职责,一次性全额支付给上诉人涉及"定远县江巷水库建设用地项目"征收上诉人土地及房屋的土地补偿费、安置补助费、地上附着物补偿费、房屋拆迁补偿费、房屋附属设施补偿费、房屋征收临时补助费、搬迁补助费、房屋装饰装修补偿费等全部征占补偿费用。

2021年3月12日,上诉人收到定远县自然资源和规划局寄来其于2021年3月4日作出的《关于〈请求支付征收补偿费申请书〉的回复》,在该回复中定远县自然资源和规划局告知上诉人:因上诉人一直拒签《定远县江巷水库工程征迁补偿协议》,故尚未发放相关补偿款,并要求上诉人与蒋集镇人民政府签订《定远县江巷水库工程征迁补偿协议》后,方可安排拨付相关补偿款。

但上诉人认为,定远县自然资源和规划局作出的涉案回复明显系拒绝履行支付征地补偿费法定职责的不作为行为,该不作为行为严重违法、错误,依法应予纠正。为此,上诉人以邮寄的形式向被上诉人提起行政复议申请,请求:撤销定远县自然资源和规划局于2021年3月4日作出的《关于〈请求支付征收补偿费申请书〉的回复》具体行政行为,并责令其针对上诉人请求支付征收补偿费事项重新作出处理。

2021年4月14日,上诉人收到被上诉人寄来其于2021年4月12日作出的《行政复议决定书》(滁自然资规复决字〔2021〕1×号),被上诉人认为:定远县自然资源和规划局作出的《关于〈请求支付征收补偿费申请书〉的回复》,对上诉人的实体权利义务并不产生影响,上诉人的复议申请不符合《行政复议法》规定的受理条件,决定对上诉人的复议申请不予受理。但上诉人认为,上诉人提起的行政复议申请符合行政复议受理条件,被上诉人应当依法受理,其作出的《行政复议决定书》(滁自然资规复决字〔2021〕1×号)严重违法、错误,且严重侵害上诉人的合法权益。为此,上诉人向安徽省滁州市某区人民法院(以下简称一审法院)提起行政诉讼,请求:(1)撤销被上诉人作出的《行政复议决定书》(滁自然资规复决字〔2021〕1×号),并判令被上诉人依法受理上诉人提起的行政复议申请;(2)本案诉讼费用由被上诉人承担。

2021年7月19日,上诉人收到一审法院寄来其于2021年7月16日作出的《行政判决书》[(2021)皖1××3行初×7号],一审法院认为:定远县自然资源和规划局作出的《关于〈请求支付征收补偿费申请书〉的回复》,告知上诉人领取相关补偿款需签订征迁补偿协议及移民安置协议,该回复对上诉人实体权利义务不产生影响。被上诉人以上诉人的行政复议申请不符合行政复议法规定的受理条件为由作出不予受理决定,符合法律规定,复议程序合法,判决驳回上诉人的诉讼请求。但上诉人认为,该一审判决事实认定不清,严重违法、错误,依法应予撤销,具体理由如下:

一、定远县自然资源和规划局负有支付征地补偿费的法定职责,现定远县自然资源和规划局要求上诉人与蒋集镇人民政府签订《定远县江巷水库工程征迁补偿协议》后,方可安排拨付相关补偿款项,明显系推卸责任、拒绝履行支付法定职责的不作为行为,一审法院对此事实认定不清。

2014年7月29日施行的《中华人民共和国土地管理法实施条例》第25条规定:"征收土地方案经依法批准后,由被征收土地所在地的市、县人民政府组织实施,并将批准征地机关、批准文号、征收土地的用途、范围、面积以及征地补偿标准、农业人员安置办法和办理征地补偿的期限等,在被征收土地所在地的乡(镇)、村予以公告。被征收土地的所有权人、使用权人应当在公告规定的期限内,持土地权属证书到公告指定的人民政府土地行政主管部门办理征地补偿登记。市、县人民政府土地行政主管部门根据经批准的征收土地方案,会同有关部门拟定征地补偿、安置方案,在被征收土地所在地的乡(镇)、村予以公告,听取被征收土地的农村集体经济组织和农民的意见。征地补偿、安置方案报市、县人民政府批准后,由市、县人民政府土地行政主管部门组织实施。对补偿标准有争议的,由县级以上地方人民政府协调;协调不成的,由批准征收土地的人民政府裁决。征地补偿、安置争议不影响征收土地方案的实施。征收土地的各项费用应当自征地补偿、安置方案批准之日起3个月内全额支付。"2017年1月1日施行的《建设用地审查报批管理办法》第20条规定:"征收土地公告和征地补偿、安置方案公告,按照《征收土地公告办法》的有关规定执行。征地补偿、安置方案确定后,市、县国土资源主管部门应当依照征地补偿、安置方案向被征收土地的农村集体经济组织和农民支付土地补偿费、地上附着物和青苗补偿费,并落实需要安置农业人口的安置途径。"《征收土地公告办法》(已失效)第11条规定:"征地补偿、安置方案经批准后,由有关市、县人民政府土地行政主管部门组织实施。"据此,定远县自然资源和规划局负有支付征地补偿费的法定职责。现定远县自然资源和规划局要求上诉人与蒋集镇人民政府签订《定远县江巷水库工程征迁补偿协议》后,方可安排拨付相关补偿款项,明显系推卸责任、拒绝履行支付法定职责的不作为行为,一审法院对此事实认定不清。

二、上诉人并未拒签征地补偿安置协议,定远县自然资源和规划局作出涉案回复与事实严重不符,一审法院对此事实认定不清。

根据滁州市人民政府于2020年12月30日作出的《政府信息公开答复书》(滁政办依复〔2020〕第33号)及其附件可知,上诉人承包的土地及其房屋位于"定远县江巷水库建设用地项目"征收土地红线范围内,上诉人的代理人也经过电话与滁州市人民政府进行核实,定远县自然资源和规划局应当依法向上诉人支付相关征地补偿款项。但是蒋集镇政府人大主席杨有忠却一直告知上诉人:"上诉人承包的土地并非征收,而是租用,上诉人的房屋并不在征收红线范围内,可以征收也可以不征收,并且租用是没有协议的,只能口头达成协议。"因此,并非上诉人拒签征地补偿安置协议,而是蒋集镇政府用"以租代征"的方式非法占用上诉人的土地,定远县自然资源和规划局作出涉案回复与事实严重不符,一审法院对此事实认定不清。

三、定远县自然资源和规划局作出的《关于〈请求支付征收补偿费申请书〉的回复》对上诉人的实体权利义务产生影响,一审法院对此事实认定不清。

无论根据2014年7月29日施行的《中华人民共和国土地管理法实施条例》第25条还是根据2015年3月26日施行的《安徽省实施〈中华人民共和国土地管理法〉办法》第33条的规定,定远县自然资源和规划局负有支付征地补偿费的法定职责,且应当自征地补偿、安置方案批准之日起3个月内全额支付。现定远县自然资源和规划局非但未支付上诉人任何征地费用,更将未履行支付法定职责的责任推卸为上诉人未主动签订征迁补偿协议及移民安置协议,其行为明显系拒绝履行支付法定职责的不作为行为,该不作为行为必将导致上诉人不能按时领取合法合理的征地补偿款项,定远县自然资源和规划局作出的《关于〈请求支付征收补偿费申请书〉的回复》当然对上诉人的实体权利义务产生影响,一审法院对此事实认定不清。

四、上诉人针对定远县自然资源和规划局的不作为提起行政复议申请,当然属于行政复议法规定的受理条件,一审法院对此事实认定不清。

根据《中华人民共和国行政复议法》第6条第9项规定,公民、法人或者其他组织可以就申请行政机关履行保护人身权利、财产权利、受教育权利的法定职责,行政机关没有依法履行的行为申请行政复议。复议申请人就行政机关未履行法定职责的行为申请行政复议的,复议机关应予受理。上诉人向定远县自然资源和规划局提起请求支付征地补偿费的申请,定远县自然资源和规划局作出的涉案回复实际系拒绝履行支付法定职责的不作为行为,上诉人针对该不作为行为提起行政复议申请,当然属于行政复议法规定的受理条件,一审法院对此事实认定不清。

综上,一审法院作出的(2021)皖1××3行初×7号行政判决事实认定不清,严重违法、错误,依法应予撤销。为此,上诉人特依据《中华人民共和国行政诉讼法》第85条及相关司法解释的规定,依法向贵院提起上诉,请求依法判如所请,以维护上诉人的合法权益。

此致

安徽省滁州市中级人民法院

上诉人(签名捺印):

2021年7月21日

【二审判决书】

安徽省滁州市中级人民法院
行政判决书

(2021)皖11行终××号

上诉人(一审原告):熊某等5人。

上述5位上诉人共同委托诉讼代理人:张心升,北京正山律师事务所律师。

上述5位上诉人共同委托诉讼代理人:韩宇,北京正山律师事务所律师。

被上诉人(一审被告):滁州市自然资源和规划局,住所地安徽省滁州市×××,统一社会信用代码×××。

法定代表人:许×,该局局长。

出庭负责人:毕××,该局一级调研员。

委托诉讼代理人:王××,该局用途管制科科长。

委托诉讼代理人:曾××,安徽某律师事务所律师。

上诉人熊某等5人与被上诉人滁州市自然资源和规划局(以下简称滁州市自规局)不予受理行政复议申请决定一案,不服安徽省滁州市某区人民法院(2021)皖1××3行初×7号行政判决,向本院提起上诉。本院立案受理后,依法组成合议庭,对本案进行了审理，现已审理终结。

一审法院查明，2021年2月，熊某等5人向定远县自然资源和规划局递交《请求支付征收补偿费申请书》，2021年3月4日，定远县自然资源和规划局作出《关于〈请求支付征收补偿费申请书〉的回复》载明：你们报来《请求支付征收补偿费申请书》已收悉，因你们一直拒签《定远县江巷水库工程征迁补偿协议》，故尚未发放相关补偿款。若你们现在愿意签订《定远县江巷水库工程征迁补偿协议》，请你们与蒋集镇人民政府签订《定远县江巷水库工程征迁补偿协议》后，报至我局与定远县江巷水库移民安置办公室审核，审核无误后，请你们至定远县江巷水库移民安置办公室签订《定远县江巷水库移民安置协议》，《定远县江巷水库移民安置协议》签订后由定远县江巷水库移民安置办公室登记造册并要求拨付安置补偿费，我局方可安排拨付相关补偿款。后熊某等5人向滁州市自规局申请行政复议，要求撤销定远县自然资源规划局作出的《关于〈请求支付征收补偿费申请书〉的回复》，并责令被申请人对申请人的申请重新作出处理。2021年3月26日，滁州市自规局收到行政复议申请材料，2021年4月2日，滁州市自规局作出《行政复议补正通知书》，通知申请人在收到《行政复议补正通知书》之日起10日内补正：定远县自然资源和规划局作出的《关于〈请求支付征收补偿费申请书〉的回复》。2021年4月6日，滁州市自规局收到申请人的补正材料。2021年4月12日，滁州市自规局作出滁自然资规复决字〔2021〕1×号《行政复议决定书》，认为定远县自然资源和规划局作出的《关于〈请求支付征收补偿费申请书〉的回复》对申请人的实体权利义务并不产生影响，申请人的复议申请不符合《中华人民共和国行政复议法》规定的受理条件，决定对申请人的复议申请不予受理。

一审法院认为，定远县自然资源和规划局作出的《关于〈请求支付征收补偿费申请书〉的回复》，告知熊某等5人领取相关补偿款需签订征迁补偿协议及移民安置协议，该回复对熊某等5人实体权利义务不产生影响。滁州市自规局以申请人的行政复议申请不符合《中华人民共和国行政复议法》规定的受理条件为由作出不予受理决定，符合法律规定，复议程序合法。熊某等5人的诉讼请求不予支持。依照《中华人民共和国行政诉讼法》第69条的规定，判决：驳回原告熊某等5人的诉讼请求。案件受理费50元，由原告熊某等5人负担。

上诉人熊某等5人上诉称，(1)定远县自然资源和规划局负有支付征地补偿费的法定职责，现定远县自然资源和规划局要求其与蒋集镇人民政府签订《定远县江巷水库工程征迁补偿协议》后，方可安排拨付相关补偿款项，明显系推卸责任、拒绝履行支付法定职责的不作为行为，一审法院对此事实认定不清。根据《中华人民共和国土地管理法实施条例》第25条、《建设用地审查报批管理办法》第20条、《征收土地公告办法》第11条之规定，定远县自然资源和规划局负有支付征地补偿费的法定职责。现定远县自然资源和规划局要求其与蒋集镇人民政府签订《定远县江巷水库工程征迁补偿协议》后，方可安排拨付相关补偿款项，明显系推卸责任、拒绝履行支付法定职责的不作为行为。(2)其5人并未拒签征地补偿安置协议。定远县自然资源和规划局作出涉案回复与事实严重不符。根据滁州市人民政府于2020年12月30日作出的《政府信息公开答复书》(滁政办依复〔2020〕第33号)及其附件可知，其承包的土地及其房屋位于"定远县江巷水库建设用地项目"征收土地红线范围内，其代理人也经过电话与滁州市人民政府进行核实，定远县自然资源和规划局应当依法向其支付相关征地补偿款项。但是蒋集镇政府人大主席杨有忠却一直告知其：其承包的土地并非征收，而是租用，其房屋并不在征收红线范围内，可以征收也可以不征收，并且租用是没有协议的，只能口头达成协议。因此，并非其拒签征地补偿安置协议。而是蒋集镇政府用"以租代征"的方式非法占用其的土地，定远县自然资源和规划局作出涉案回复与事实严重不符。(3)定远县自然资源和规划局作出的《关于〈请求支付征收补偿费申请书〉的回复》对其实体权利义务产生影响。无论根据《中华人民共和国土地管理法实施条例》第25条，还是根据《安徽省实施〈中华人民共和国土地管理法〉办法》第33条的规定，定远县自然资源和规划局负有支付征地补偿费的法定职责，且应当自征地补偿、安置方案批准之日起3个月内全额支付。现定远县自然资源和规划局非但未支付其任何征地费用，更将未履行支付法定职责的责任推卸为其未主动签订征迁补偿协议及移民安置协议，其行为明显系拒绝履行支付法定职责的不作为行为，该不作为行为必将导致其不能按时领取合法合理的征地补偿款项，定远县自然资源和规划局作出的《关于〈请求支付征收补偿费申请书〉的回复》当然对其5人的实体权利义务产生影响。(4)其5人针对定远县自然资源和规划局的不作为提起行政复议申请，当然属于行政复议法规定的受理条件。根据《中华人民共和国行政复议法》第6条第9项规定，公民、法人或者其他组织可以就申请行政机关履行保护人身权利、财产权利、受教育权利的法定职责，行政机关没有依法履行的行为申请行政复议。复议申请人就行政机关未履行法定职责的行为申请行政复议的，复议机关应予受理。其5人向定远县自然资源和规划局提起请求支付征地补偿费的申请，定远县自然资源和规划局作出的涉案回复实际系拒绝履行支付法定职责的不作为行为，其5人针对该不作为行为提起行政复议申请，当然属于行政复议法规定的受理条件。综上，一审判决认定事实不清，适用法律错误，请求：(1)撤销一审判决并改判支持其5人的诉讼请求；(2)诉讼费由滁州市自规局承担。

滁州市自规局辩称，定远县自然资源和规划局作出的《关于〈请求支付征收补偿费申请书〉的回复》系告知熊某等5人领取相关补偿款需签订征迁补偿协议及移民安置协议，该回复对熊某等5人的实体权利义务不产生影响，熊某等5人的行政复议申请不符合行政复议法规定的受理条件，案涉复议决定合法。因此，一审法院判决认定事实清楚，适用法律、法规正确，请求驳回上诉，维持原判。

熊某等5人向一审法院提举的证据、依据材料有:(1)土地承包证,证明其5人合法拥有涉案土地,与本案具有利害关系;(2)信息公开答复;(3)录音,证明涉案土地及房屋位于征收红线范围内;(4)行政复议决定,证明滁州市自规局作出涉案复议决定。

滁州市自规局向一审法院提举的证据、依据材料有:(1)行政复议申请书及邮寄凭证、请求支付征收补偿费申请书各一份;(2)行政复议补正通知书及送达回执各一份;(3)关于《请求支付征收补偿费申请书》的回复及邮寄凭证各一份;(4)行政复议决定书及送达回执各一份。证明目的:滁自然资规复决字〔2021〕1×号行政复议决定,认定事实清楚,证据确实、充分,适用法律正确,程序合法。适用法律依据:《行政复议法》第17条规定:"行政复议机关收到行政复议申请后,应当在五日内进行审查,对不符合本法规定的行政复议申请决定不予受理,并书面告知申请人;对符合本法规定,但是不属于本机关受理的行政复议申请,应当告知申请人向有关行政复议机关提出。"

上述证据均随卷移送本院。

二审中,双方当事人未提供新的证据。一审法院对本案证据的认定符合法律规定,本院对一审法院查明的案件事实依法予以确认。

本院认为,综合双方当事人的诉辩意见,本案二审的争议焦点是:滁州市自规局作出的滁自然资规复决字〔2021〕10号《行政复议决定书》是否合法,即滁州市自规局对熊某等5人的复议申请是否应当受理。

本案熊某等5人提起的复议请求为撤销定远县自然资源和规划局于2021年3月4日作出的《关于〈请求支付征收补偿费申请书〉的回复》,并责令定远县自然资源和规划局对其5人请求支付征收补偿费事项重新作出处理。结合熊某等5人递交的《请求支付征收补偿费申请书》内容来看,其实质是要求定远县自然资源和规划局履行征地拆迁补偿安置法定职责。

《中华人民共和国土地管理法实施条例》第25条第3款规定,征地补偿、安置方案报市、县人民政府批准后,由市、县人民政府土地行政主管部门组织实施。该条第4款规定,征收土地的各项费用应当自征地补偿、安置方案批准之日起3个月内全额支付。《建设用地审查报批管理办法》第20条第2款规定,征地补偿、安置方案确定后,市、县国土资源主管部门应当依照征地补偿、安置方案向被征收土地的农村集体经济组织和农民支付土地补偿费、地上附着物和青苗补偿费,并落实需要安置农业人口的安置途径。据此,定远县自然资源和规划局负有征地补偿安置职责。对于未达成补偿安置协议,当事人请求履行征地补偿安置职责的,应以定远县自然资源和规划局为被申请人或者被告,依法申请行政复议或者提起行政诉讼。结合定远县自然资源和规划局作出的《关于〈请求支付征收补偿费申请书〉的回复》内容来看,未发放相关补偿款的原因是本案熊某等5人拒签《定远县江巷水库工程征迁补偿协议》,同时告知熊某等5人在签订《定远县江巷水库工程征迁补偿协议》及《定远县江巷水库移民安置协议》后安排拨付相关补偿款事宜。该回复亦表明定远县自然资源和规划局负有支付相关征地补偿费的法定职责。本案熊某等5人向定远县自然资源和规划局提出支付征收补偿费的请求并无不当。另，法律并未规定支付相关征地补偿费用要以签订征迁补偿协议为前提，根据上述法律规定，拒签或未签征迁补偿协议均不能构成不予支付相关征地补偿费用的事由。因此，定远县自然资源和规划局作出的《关于〈请求支付征收补偿费申请书〉的回复》系明显拒绝履行征地补偿安置职责的行政行为，滁州市自规局认为该回复对熊某等5人的实体权利义务并不产生影响与事实不符。根据《中华人民共和国行政复议法》第6条第9项“有下列情形之一的，公民、法人或者其他组织可以依照本法申请行政复议：……（九）申请行政机关履行保护人身权利、财产权利、受教育权利的法定职责，行政机关没有依法履行的……”的规定，滁州市自规局对熊某等5人的复议申请应当依法予以受理。

综上，熊某等5人的上诉请求及理由能成立，本院依法应予支持。一审判决结果不当，本院依法予以纠正。依照《中华人民共和国行政诉讼法》第89条第1款第2项之规定，判决如下：

一、撤销安徽省滁州市某区人民法院（2021）皖1××3行初×7号行政判决；

二、撤销滁州市自然资源和规划局作出的滁自然资规复决字〔2021〕10号《行政复议决定书》，责令滁州市自然资源和规划局在本判决生效之日起15日内对熊某等5人提出的行政复议申请依法予以受理。

一、二审案件受理费各50元，合计100元，均由滁州市自然资源和规划局负担。

本判决为终审判决。

审 判 长　×××
审 判 员　×××
审 判 员　×××
2021年10月27日
法官助理　×××
书 记 员　×××

【附本案适用法律条款】

《中华人民共和国行政诉讼法》

第八十九条　人民法院审理上诉案件，按照下列情形，分别处理：

（一）原判决、裁定认定事实清楚，适用法律、法规正确的，判决或者裁定驳回上诉，维持原判决、裁定；

（二）原判决、裁定认定事实错误或者适用法律、法规错误的，依法改判、撤销或者变更；

（三）原判决认定基本事实不清、证据不足的，发回原审人民法院重审，或者查清事实后改判；

（四）原判决遗漏当事人或者违法缺席判决等严重违反法定程序的，裁定撤销原判决，发回原审人民法院重审。

原审人民法院对发回重审的案件作出判决后，当事人提起上诉的，第二审人民法院不得再次发回重审。

人民法院审理上诉案件，需要改变原审判决的，应当同时对被诉行政行为作出判决。

办案总结

本案是一起在征地拆迁中时有发生的案件。征地行政机关在形式上对当事人提出的履职申请予以答复，但实际上却是通过看似合法的形式拒绝履行法定职责的不作为表现。

在行政复议以及一审过程中，复议机关和一审法院均认为作出书面答复就是实际履职，事实上这个观点并站不住脚，如果行政复议机关及法院均作出这样的判决和决定，长此以往，必然导致行政机关在征地过程中怠于履行法律赋予的法定职责，而将责任推卸至弱势一方的被征地农民。

二审法院依据本案事实，认定征地行政机关仅是书面的答复并不是履行支付法定职责的表现，而是拒绝履行法定职责的不作为行为，并判决行政复议机关重新作出复议决定。后行政复议机关也及时改正错误，责令征地行政机关对当事人的申请重新作出处理。本案二审彰显了法律的公平和正义，维护了法律的正常实施，督促行政机关在征地过程中积极履职，保障被征地农民合法权益。

专家点评

通过行政立法、司法实践防止行政权力运行过程中过度扩张，是现代法治国家通行的做法。我国行政法规范采取了程序先行的立法思路，程序正当的理念越来越得到尊崇，由于我国尚未有专门的行政行为法典，有关行政行为合法性原则和具体边界间接、散见于各行政类法律规范中，由此导致行政程序和司法实践中，对行政行为应当遵循的原则，存在许多不应有的自由裁量权或自我定义的空间。本案二审坚持了行政法的以下基本原则：

1. 合法性原则：行政机关的法定职责一旦经由立法法范畴的法律规范所确定，不受下位规范或乡规民约、“土政策”的限制或侵蚀。县自规局在执行安置补偿职责过程中，附加执行要求行政管理相对人与本地下级部门签署系列协议以及审核程序，方才实际履职的特殊安排，在“一揽子”解决问题、防止后续产生遗留问题等方面考虑，该等安排具有一定的合理性，但不应侵蚀县自规局按现有规范而承担职责的边界。

2. 信赖保护原则：征迁安置涉及大量群众切身利益和社会安定，本案中，行政机关如果在履行职责时附加非法定的条件，甚至赋予下级机关自由裁量权、审批权，实际上是对自身职责的不适当调整，违反行政行为的信赖保护原则。

3. 程序正当原则：在复议程序中，市自规局实体方面认同了县自规局行政行为“合法性”，进而否认行政行为相对人的程序性权利，不符合市自规局职责要求，一审法院对合法性原则不当行使自由裁量权，导致判决最终被撤销。

需要进一步指出的是，本案级别管辖的安排，也不能完全排除会对一审审理产生一定影响，毕竟由市辖区的区法院推翻本市市级行政机关的行政行为，按照一般生活常识理解，是有一定难度的。

本案主办律师通过与委托人、受理法院的有效沟通，取得当事人的信任，不懈努力，将此案办成了基于行政法基本原则、切实维护当事人权益的生动案例。

审核人、点评人：北京律师智库重大复杂案件研究专家组　陈俊律师
复核人：北京律师智库重大复杂案件研究专家组　李梅律师

复议中止未及时恢复审理是否属于怠于履行复议职责的认定

——郭某红等364人诉陕西省人民政府不履行行政复议法定职责案

争议焦点

行政复议机关及时作出复议决定是否属于复议机关法定职责？未及时作出复议决定（包括逾期作出及怠于作出）是否可诉？确认怠于履行复议职责违法是否等同于对复议中止行为合法性审查？

关键词

复议中止　行政职责　《行政复议法》第16条　受案范围

案情简介

众原告（364名）系原西安市莲湖区郭某村第二村民小组村民，经信息公开得知，2018年1月23日西安市人民政府作出了《国有建设用地划拨决定书》（城改×27），将包含原二组集体所有土地在内的周边四村范围的集体土地划拨给西安某城置业有限公司。2018年5月25日，众原告针对上述划拨决定书向被告提起了行政复议。2018年8月1日，收到被告作出的陕政复延字〔2018〕×91号《延期审理通知书》，以"案件需要进一步调查和协调处理，不能在规定期限内作出复议决定"为由，决定延期至2018年8月26日前作出复议决定。期间，被告就是否同意协调处理征求原告意见，原告表态同意调解。2018年8月18日，原告收到被告作出的陕政复中字〔2018〕1×0号《中止行政复议通知书》，以"案件情况复杂，需要进一步调查和协调处理"为由，根据《行政复议法实施条例》第41条第1款第8项之规定，决定中止案件审理。

复议案件中止期间，原告配合复议机关协调解决"二组37.85亩城改用地的补偿要求”，没有实质结果。原告认为协调解决本案已无可能，原中止审理事由已消除，故于2019 年 1 月 2 日向被告寄送了《恢复审理申请书》，申请恢复本案复议审理程序，但被告至案件行政诉讼二审阶段仍未作出行政复议决定。

一审法院以《行政复议法》第 16 条裁定驳回诉讼；二审法院认为复议机关未及时恢复案件审理作出复议决定，未履行法定复议职责，故撤销一审裁定，指令一审法院继续审理。

案件历程

【一审判决书】

西安铁路运输中级法院
行政裁定书

(2019)陕××行初5××号

原告：郭某红等 364 人(信息附后)。

原告暨诉讼代表人：莫某平，男，1963 年 4 月 14 日出生，居民身份证号码××××××19630414××××，汉族，住陕西省西安市莲湖区。

原告暨诉讼代表人：惠某某，男，1959 年 7 月 20 日出生，居民身份证号码××××××19590720××××，汉族，住陕西省西安市莲湖区。

原告郭某红等 364 人共同委托诉讼代理人：潘金忠，北京市盛廷律师事务所律师。

原告郭某红等 364 人共同委托诉讼代理人：杜××，北京××律师事务所律师。

被告：陕西省人民政府，住所地陕西省西安市新城区。

法定代表人：刘××，省长。

委托诉讼代理人：孙某，陕西省司法厅行政复议应诉处工作人员。

原告郭某红等 364 人诉被告陕西省人民政府(以下简称陕西省政府)不履行行政复议法定职责一案，本院受理后，依法组成合议庭进行了审理，现已审理终结。

原告郭某红等 364 人诉称，364 名原告系原西安市莲湖区郭某村第二村民小组村民，经信息公开得知，2018 年 1 月 23 日西安市人民政府作出了《国有建设用地划拨决定书》(城改×27)，将包含原二组集体所有土地在内的周边四村范围的集体土地划拨给西安某城置业有限公司。2018 年 5 月 25 日，众原告(已村改居，原二组集体经济组织成员共计 598 人，依法以过半数小组村民名义提起复议)针对上述划拨决定书向被告提起了行政复议。2018 年 8 月 1 日，收到被告作出的陕政复延字〔2018〕×91 号

《延期审理通知书》,以"案件需要进一步调查和协调处理,不能在规定期限内作出复议决定"为由,决定延期至2018年8月26日前作出复议决定。期间,被告就是否同意协调处理征求原告意见,原告表态同意调解。2018年8月18日,原告收到被告作出的陕政复中字〔2018〕1×0号《中止行政复议通知书》,以"案件情况复杂,需要进一步调查和协调处理"为由,根据《行政复议法实施条例》第41条第1款第8项之规定,决定中止案件审理。案件中止期间,原告以极大诚意配合复议机关协调解决"二组37.85亩城改用地的补偿要求",无果。对协调解决争议绝望后,原告认为协调解决本案已无可能,原中止审理事由已消除,于2019年1月2日向被告寄送了《恢复审理申请书》,申请恢复本案审理程序且自2019年2月起原告及代理律师多次与承办人电话沟通要求及时恢复审理,但被告至今未作出行政复议决定。原告认为,《行政复议法实施条例》第41条规定"行政复议中止的原因消除后,应当及时恢复行政复议案件的审理"。被告受理案件已超1年,在协调解决争议已无可能、原中止事由消除情形下,应当自收到申请人寄送的《恢复审理申请书》后及时恢复案件审理,并在法定期限内作出复议决定。现被告收到《恢复审理申请书》已经超过5个月时间,仍未作为。故请求法院:(1)确认被告未履行行政复议法定职责的行为违法,判令被告限期作出行政复议决定;(2)判令本案诉讼费用由被告承担。

被告陕西省政府辩称,2018年5月28日,被答辩人向答辩人提起行政复议申请,请求撤销西安市人民政府作出的《国有建设用地划拨决定书》(城改×27)号,答辩人在收到该行政复议申请后,经审查决定受理,于2018年6月1日作出《提出答复通知书》(陕政复答字〔2018〕67号),通知西安市人民政府答复,在收到西安市人民政府答复书后,答辩人审理后认为案件需要进一步调查和协调,遂于2018年7月25日作出《延期审理通知书》(陕政复答字〔2018〕×91号)。审理中,答辩人认为,因被答辩人复议西安市人民政府《关于莲湖区工农村友谊村颜家堡村郭某村四村城中村改造涉及集体土地转为国家所有的确权决定》(市国土发〔2018〕28号)已作中止处理,且该案与本案具有较强的关联性,故应待被答辩人复议西安市人民政府土地确权决定一案有结果后,再继续审理本案。答辩人因此征询被答辩人和西安市人民政府意见,在双方同意下,于2019年8月16日作出《中止行政复议通知书》(陕政复中字〔2018〕9号),中止了案件的审理。本案中,答辩人在收到被答辩人的行政复议申请后,在法定期限内受理并及时作出通知复议被申请人答复的通知,在审理过程中,也多次就案件具体情况与答辩人和西安市人民政府进行沟通协调,尽到了行政复议机关的法定义务。鉴于答辩人与西安市人民政府之间因土地性质变更纠纷原因复杂且利益涉及的范围较广,被答辩人根据答辩人的诉求,中止了案件审理,为答辩人和西安市人民政府协商处理纠纷创造积极有利条件,已然践行了行政复议便民的原则,于法有据,合情合理。因此,答辩人不存在不履行行政复议法定职责的情形,故请贵院驳回被答辩人诉讼请求。

经审查查明,2018 年 5 月 25 日,原告郭某红等 364 人向被告陕西省政府邮寄《行政复议申请书》,请求撤销西安市人民政府作出的《国有建设用地划拨决定书》(城改×27 号),陕西省政府收到该行政复议申请后,经审查决定受理。2018 年 6 月 1 日,被告陕西省政府作出《陕西省人民政府提出答复通知书》)(陕政复答〔2018〕67 号),要求西安市人民政府对该行政复议申请作出书面答复并提交相关证据、依据和其他有关材料。2018 年 6 月 11 日,西安市人民政府作出答复。2018 年 7 月 25 日,被告陕西省政府作出《陕西省人民政府延期审理通知书》(陕政复延字〔2018〕×91 号)并依法向原告送达。2018 年 8 月 16 日,被告陕西省政府作出《陕西省人民政府中止行政复议通知书》(陕政复中字〔2018〕10 号),并依法向原告送达。直至起诉之日,被告陕西省政府未对该行政复议案件作出行政复议决定,原告郭某红等 364 人遂向本院提起行政诉讼,诉请如上。

本院认为:《中华人民共和国行政复议法》第 16 条第 1 款的规定:"公民、法人或者其他组织申请行政复议,行政复议机关已经依法受理的,或者法律、法规规定应当先向行政复议机关申请行政复议、对行政复议决定不服再向人民法院提起行政诉讼的,在法定行政复议期限内不得向人民法院提起行政诉讼。"本案中,被告陕西省政府受理郭某红等 364 人提出的行政复议申请后,根据案件审理需要,先后作出案涉《陕西省人民政府延期审理通知书》及《陕西省人民政府中止行政复议通知书》,并依法向原告送达,至原告郭某红等 364 人起诉之日,被告陕西省政府未恢复对该行政复议案件的审理,仍处于行政复议审理中,故原告郭某红等 364 人提起本案行政诉讼不符合上述法律规定。依照《最高人民法院关于适用〈中华人民共和国行政诉讼法〉的解释》第 69 条第 1 款第 10 项、第 3 款的规定,裁定如下:

驳回原告郭某红等 364 人的起诉。

案件受理费 50 元,退还原告郭某红等 364 人。

如不服本裁定,可在裁定书送达之日起 10 日内,向本院递交上诉状,并按照对方当事人的人数提出副本,上诉于陕西省高级人民法院。

审　判　长　侯××
审　判　员　刘××
人民陪审员　王　×
2019 年 12 月 6 日
书　记　员　白××

【上诉状】

行政上诉状

上诉人(一审原告):郭某红等364人(原郭某村第二村民小组村民,具体信息附后)。

上诉人暨诉讼代表人:莫某平,男,1963年4月14日出生,汉族,住西安市莲湖区。电话:15××××××××××。

上诉人暨诉讼代表人:惠某某,男,1959年7月20日出生,汉族,住西安市莲湖区。

被上诉人(一审被告):陕西省人民政府,住所地陕西省西安市新城区新城大院。

法定代表人:刘××,省长。

上诉人诉被上诉人陕西省人民政府不履行行政复议法定职责一案,西安铁路运输中级法院于2019年12月6日作出(2019)陕××行初5××号《行政裁定书》,现依法提起上诉。

上诉请求:

请求依法撤销西安铁路运输中级法院作出的(2019)陕××行初5××号行政裁定,指令一审法院继续审理。

事实与理由:

一、被上诉人拖延作出复议决定,上诉人针对复议不作为行为提起行政诉讼,应属法院受案范围,一审法院认定错误。

1.《行政复议法》虽未规定复议案件中止期限,行政复议案件因被告组织协调事由中止,协调不能的情况下,上诉人于2019年1月2日向被上诉人寄送了《恢复审理申请书》,中止复议审理的事由已消除,被上诉人应当及时恢复审理作出复议决定。

行政复议案件审理期间,被上诉人就是否同意协调处理征求上诉人意见,上诉人表态同意调解。于是,2018年8月18日,上诉人收到被上诉人作出的《中止行政复议通知书》,以"案件情况复杂,需要进一步调查和协调处理"为由,根据《行政复议法实施条例》第41条第1款第8项之规定,决定中止案件审理。

案件中止期间,上诉人以极大诚意配合复议机关协调解决"二组37.85亩城改用地的补偿要求",无果。对协调解决争议绝望后,上诉人认为协调解决本案已无可能,原中止审理事由已消除,于2019年1月2日向被上诉人寄送了《恢复审理申请书》,申请恢复本案审理程序,被上诉人至今未作出行政复议决定。

2.被上诉人以中止行政复议案件审查的方式,拖延对行政复议案件进行审理并作出复议决定。实质上是采用不予答复、不作结论的方式怠于履行行政复议的法定职责。

行政复议审查虽作为准司法行政行为,但其实质依然为行政行为,复议机关不履行其法定职责当然为行政诉讼法的受案范围。

二、《行政复议法》第16条不适用于本案,上诉人的起诉符合法律规定,一审法院适用法律错误。

《行政复议法》第16条规定:"公民、法人或者其他组织申请行政复议,行政复议机关已经依法受理的,或者法律、法规规定应当先向行政复议机关申请行政复议、对行政复议决定不服再向人民法院提起行政诉讼的,在法定行政复议期限内不得向人民法院提起行政诉讼。公民、法人或者其他组织向人民法院提起行政诉讼,人民法院已经依法受理的,不得申请行政复议。"

该条限制的是相对人已就原行政行为申请行政复议的情况下,不能在复议案件审理期间再就原行政行为向法院提起诉讼。而本案中,上诉人是针对复议机关的复议不作为行为提起行政诉讼,上诉人起诉符合法律规定。一审法院适用《行政复议法》第16条之规定排除上诉人的诉权,于法无据。

鉴于上述事实和理由,恳请二审法院对一审裁定予以纠正,依法支持上诉人的上诉请求。

此致

陕西省高级人民法院

2019年12月29日

附:1. 本行政上诉状原件1份,副本1份;

2. 推举代表授权委托书原件1份。

【二审判决书】

陕西省高级人民法院

行政裁定书

(2020)陕行终2××号

上诉人(一审原告):郭某红等364人(名单附后)。

上诉人暨诉讼代表人(一审原告):莫某平,男,1963年4月14日出生,汉族,住陕西省西安市莲湖区。

上诉人暨诉讼代表人(一审原告):惠某某,男,1959年7月20日出生,汉族,住陕西省西安市莲湖区。

共同委托诉讼代理人:潘金忠,北京市盛廷律师事务所律师。

共同委托诉讼代理人:杜××,北京××律师事务所律师。

被上诉人(一审被告):陕西省人民政府。

住所地:陕西省西安市新城区新城大院。

法定代表人:刘××,省长。

委托诉讼代理人:孙××,陕西省司法厅工作人员。

上诉人郭某红等364人因诉被上诉人陕西省人民政府(以下简称省政府)不履行法定职责一案,不服西安铁路运输中级法院(2019)陕××行初5××号行政裁定,向本院提起上诉。本院受理后,依法组成合议庭审理了本案,现已审理终结。

一审法院查明:2018年5月25日,原告郭某红等364人向省政府邮寄《行政复议申请书》,请求撤销西安市人民政府作出的城改×27号《国有建设用地划拨决定书》(以下简称×27号《划拨决定》),省政府收到该行政复议申请后,经审查决定受理。2018年6月1日,省政府作出《陕西省人民政府提出答复通知书》(陕政复答〔2018〕67号),要求西安市人民政府对该行政复议申请作出书面答复并提交相关证据、依据和其他有关材料。2018年6月11日,西安市人民政府作出答复。2018年7月25日,省政府作出《陕西省人民政府延期审理通知书》(陕政复延字〔2018〕×91号)并依法送达。2018年8月16日,省政府作出《陕西省人民政府中止行政复议通知书》(陕政复中字〔2018〕10号),并依法送达。直至起诉之日,省政府未对该行政复议案件作出行政复议决定,郭某红等364人起诉要求确认省政府不履行法定职责违法。

一审法院认为:《中华人民共和国行政复议法》(以下简称《行政复议法》)第16条第1款规定:"公民、法人或者其他组织申请行政复议,行政复议机关已经依法受理的,或者法律、法规规定应当先向行政复议机关申请行政复议、对行政复议决定不服再向人民法院提起行政诉讼的,在法定行政复议期限内不得向人民法院提起行政诉讼。"本案中,省政府受理郭某红等364人提出的行政复议申请后,根据案件审理需要,先后作出案涉《陕西省人民政府延期审理通知书》及《陕西省人民政府中止行政复议通知书》并依法送达。至郭某红等364人起诉之日,省政府未恢复对该行政复议案件的审理,该案仍处于行政复议审理中,故郭某红等364人提起本案行政诉讼不符合上述法律规定。遂依照《最高人民法院关于适用〈中华人民共和国行政诉讼法〉的解释》(以下简称《行政诉讼法的解释》)第69条第1款第10项、第3款的规定,裁定驳回郭某红等364人的起诉。案件受理费50元,退还郭某红等364人。

上诉人郭某红等364人上诉称:(1)省政府拖延作出复议决定,本案诉讼系对复议不作为行为提起的行政诉讼,属于行政诉讼受案范围,一审法院裁定驳回起诉错误。本案因省政府组织协调而中止,但在协调不成的情况下,其于2019年1月2日向省政府邮寄了《恢复审理申请书》,中止复议审理的事由已经消除,省政府应及时恢复审理作出复议决定。《行政复议法》虽未规定复议中止期限,而省政府以中止行政复议案件审查的方式,拖延对行政复议案件进行审理并作出复议决定,是以不予答复、不作结论的方式,怠于履行行政复议的法定职责,该行为系行政不作为,属于行政诉讼的受案范围。(2)《行政复议法》第16条不适用于本案,本案起诉符合法律规定,一审法院适用法律错误。该条规定限制的是行政相对人已就原行政行为申请行政复议情况下,不能在复议案件审理期间再就原行政行为向法院提起诉讼。而本案中其是针对复议机关不作为行为提起的行政诉讼,起诉符合法律规定,一审法院适用《行政复议法》第16条的规定错误。请求撤销一审裁定,指令一审法院继续审理本案。

被上诉人省政府答辩称:本案的审查焦点是作出中止复议决定的原因是否符合法律规定。省政府收到郭某红等364人提交的复议申请后经审查认为,2005年郭某红等364人所在的村已经签订了征地协议,2008年该村组完成农村户口转为城镇户口,2014年西安市城中村改造办公室下发了关于郭某村改造方案的批复,对该村组进行城中村改造。2016年西安纺城置业公司请求土地确权,2018年西安市人民政府作出市国土发(2018)28号《关于莲湖区工农村友谊村颜家堡村郭某村四村城中村改造涉及集体土地转为国家所有的确权决定》(以下简称28号《确权决定》)及×27号《划拨决定》。其中,2005年该村组达成的征地协议涉及了152.808亩集体土地所有权转移,因该征地协议存在一些法律问题,导致实体上基于该征地协议的28号《确权决定》及×27号《划拨决定》存在问题。但涉案土地所有权已经变更、郭某红等364人因失地导致的损失已经得到了补偿,在本案的协调中,省政府一方面要向西安市政府调查2005年签协议时具体的情形,另一方面也希望从实际出发并遵循郭某红等364人的意愿,所以案情较为复杂。为了解决上述问题,省政府作出了中止复议的决定,目前协调工作仍正在进行中,至今没有明确的结果。且在2019年申请复议之后,郭某红等364人又向司法部提起了行政复议监督的申请,本案复议仍处于司法部的监察中。综上,省政府中止行政复议符合法律规定,一审法院裁定驳回起诉正确,请求驳回上诉,维持原裁定。

一审查明的事实属实,本院予以确认。

另查明,省政府于2018年5月25日受理郭某红等364人的复议申请后,以郭某红等364人所反映的协议问题需要进行协调为由,于2018年8月16日作出中止行政复议的决定。中止期间,省政府与西安市人民政府进行了沟通,但调解未能成功。期间，郭某红等人向司法部递交了监督省政府行政复议的申请，司法部电话询问了省政府相关情况，但未向郭某红等人作出回复。2019 年 1 月 2 日，郭某红等 364 人因协调未果向省政府递交恢复行政复议审理的申请，省政府收到申请后未恢复复议审理。2019 年 7 月，郭某红等 364 人提起本案诉讼，直至本案二审审理时，省政府仍未恢复复议程序，未作出复议决定。

上述事实，有当事人陈述及案卷材料予以证实，证据确实、充分，足以认定。

本院认为，郭某红等 364 人起诉省政府未就其复议申请及时作出行政复议决定的不作为行为违法，该请求是起诉省政府不履行法定职责的诉讼理由之一。根据郭某红等 364 人诉讼请求和理由以及省政府的答辩意见，归纳总结本案的争议焦点问题为省政府未及时恢复复议程序并作出复议决定是否构成不履行法定职责、该行为是否可诉。一审法院将本案审理焦点归结为，郭某红等 364 人对同一行政行为的复议申请尚在复议审理中又对所申请复议事项提起行政诉讼，系对郭某红等 364 人诉讼请求的错误认定，本院在此予以指正。

本案焦点问题涉及及时作出复议决定是否属于复议机关法定职责、未及时作出复议决定是否可诉、确认怠于履行复议职责违法是否等同于对复议中止行为合法性审查三个方面。

（1）关于及时作出复议决定是否属于复议机关的法定职责及该行为是否可诉问题。法定职责是指行政主体依据法律、行政法规、地方性法规、自治条例和单行条例以及规章的规定或授权进行与其职权范围一致的某些行政管理活动，以实现行政主体具体行政管理职能所应承担的法定职责内容和责任义务。《行政复议法》第 3 条对复议机关及其职责作出了具体规定，该法第 31 条亦对复议机关行政复议审理期限作出了规定。据此，在法定期限内作出复议决定是复议机关在行政复议程序中应当履行的法定职责。《行政诉讼法的解释》第 56 条第 2 款规定："依照行政诉讼法第四十五条的规定，复议机关不受理复议申请或者在法定期限内不作出复议决定，公民、法人或者其他组织不服，依法向人民法院提起诉讼的，人民法院应当依法立案。"据此，未在法定期限内作出复议决定属于行政诉讼受案范围。关于及时作出复议决定是否可诉的问题，及时作出复议决定与在法定期限内作出复议决定在概念上虽有所区别，但在法定期限内作出复议决定属于及时作出复议决定的范畴，因而针对未及时作出复议决定提起的诉讼，不能完全否定其可诉性。

（2）关于未及时作出复议决定是否可诉问题。未及时作出复议决定存在逾期作出复议决定和怠于作出复议决定两种表现形式。逾期作出复议决定指的是复议机关作出复议决定但违反了《行政复议法》第 31 条的复议审理期限，属于程序性违法。怠于作出复议决定是指一直未作出复议决定、无正当理由不作出复议决定等一系列不作为行为，怠于作出复议决定与逾期作出复议决定的最大区别在于是否最终作出了复议决定。关于上述两种行为的审查问题,《行政诉讼法的解释》第56条第2款针对的是复议机关最终作出了复议决定但属于逾期作出,该合法性审查属于事后审查,而对未作出复议决定的审查,即对怠于作出复议决定行为的审查属于事中审查,可能存在司法审查过早干预行政机关复议程序的可能,因而人民法院一直采取审慎处理的态度,对怠于作出复议决定的行为提起的诉讼一般会裁定驳回起诉。但是,《行政诉讼法的解释》第56条第2款规定的目的在于要求复议机关对复议申请人的复议申请及时作出复议决定,防止复议申请人的合法权益因"久拖不决"而扩大复议申请人的损害。《行政复议法实施条例》第41条第2款规定:"行政复议中止的原因消除后,应当及时恢复行政复议案件的审理。"上述规定是对未及时作出复议决定的否定性评价。结合《行政复议法》第21条"行政复议机关应当自受理申请之日起六十日内作出行政复议决定"的规定可以看出,复议机关怠于作出复议决定的行为与该规定的精神相悖。为切实保护当事人的合法权益、防止复议机关怠于履行复议职责,故将其纳入行政诉讼的受案范围,符合行政复议及行政诉讼的立法宗旨。

(3)确认怠于履行复议职责违法是否等同于对中止复议行为合法性审查的问题。《行政复议法》及《行政复议法实施条例》规定,复议机关在复议程序中可以依法中止复议程序,待中止事由消失后恢复复议程序。通常情况下,复议中止行为仅是复议程序中的过程性行为,并非最终对外发生法律效力的行为,不会对当事人的权利义务产生实际影响,最终发生法律效力和产生实际影响的行为系中止事由消失后复议机关作出的行政复议决定。因此,复议机关中止复议程序的行为通常不被认为属于行政诉讼应当受理的"行政行为"的范畴,即进行审慎处理。虽然单一的复议中止行为通常不构成怠于履行复议职责,但该未履职行为是由受理复议申请后中止复议审理、中止事由消除后不及时恢复复议审理、恢复审理后不及时作出复议决定等多个事实状态组成。可见,怠于履行复议职责行为与中止复议行为的构成要件并不相同,不能将当事人所诉的怠于履行复议职责行为违法等同于对中止复议行为不服,因而,对要求履行复议法定职责的诉讼应区别于直接针对复议中止行为提起的诉讼。复议机关在中止事由消除后不及时恢复复议程序,在实际上会对当事人进一步寻求司法救济产生非正常的阻断,势必会对当事人的合法权益造成不法的侵害,特别是在复议中止时间已极为不合理的情况下,中止行为必将对复议申请人的合法权利的保护造成延宕。因此,为有效保护复议申请人的合法权利,复议申请人对怠于履行复议职责的行为依法提起诉讼,人民法院予以受理不违背《行政诉讼法》第26条第2款规定的精神要旨。

由此可见,及时作出复议决定属于复议机关应当履行的法定职责、复议申请人不服复议机关未作出复议决定的行为提起的诉讼,不能断然认为不属行政诉讼的受案范围。具体到本案,经查,省政府于2018年5月25日受理郭某红等364人的复议申请后，于2018年8月16日，以案情复杂需要协调化解为由，作出中止行政复议决定。2019年1月2日，郭某红等364人因案件协调无果不再愿意协调，向省政府提出恢复审理的申请，但省政府一直未恢复审理。2019年7月郭某红等364人提起本案诉讼直至本案二审的近一年时间里，省政府迟迟未作出复议决定，该期限已经超过合理的限度，可能构成怠于履行法定职责的行政不作为，但对怠于履职的行为如何评判，需在案件进入实体审理后查明未恢复的原因才能作出判断。综上，上诉人郭某红等364人的上诉请求和理由成立，应予支持。一审裁定驳回起诉错误，依法应予撤销。依照《最高人民法院关于适用〈中华人民共和国行政诉讼法〉的解释》第109条第1款之规定，裁定如下：

一、撤销西安铁路运输中级法院(2019)陕××行初5××号行政裁定；

二、本案指令西安铁路运输中级法院继续审理。

审 判 长　王　×
审 判 员　张××
审 判 员　张××
2020年5月25日
法官助理　孙　×
书 记 员　周××

办案总结

本案焦点问题涉及三个方面：及时作出复议决定是否属于复议机关法定职责？未及时作出复议决定是否可诉？确认怠于履行复议职责违法是否等同于对复议中止行为合法性审查？

1. 关于及时作出复议决定是否属于复议机关的法定职责及该行为是否可诉的问题。

在法定期限内作出复议决定是复议机关在行政复议程序中应当履行的法定职责。“及时作出复议决定”与“在法定期限内作出复议决定”在概念上虽有所差别，但在法定期限内作出复议决定属于及时作出复议决定的范畴，因而针对未及时作出复议决定提起的诉讼，不能完全否定其可诉性。

2. 关于未及时作出复议决定是否可诉的问题。

复议机关对复议申请人的复议申请应及时作出复议决定，防止复议申请人的合法权益因“久拖不决”而扩大复议申请人的损害。行政复议中止的原因消除后，应当及时恢复行政复议案件的审理。

复议机关怠于作出复议决定的行为与“行政复议机关应当自受理申请之日起60

日内作出行政复议决定”的精神相悖。为切实保护当事人的合法权益、防止复议机关怠于履行复议职责,故将其纳入行政诉讼的受案范围,符合行政复议及行政诉讼的立法宗旨。

3. 确认怠于履行复议职责违法是否等同于对复议中止行为合法性审查的问题。

怠于履行复议职责行为与中止复议行为的构成要件并不相同,不能将当事人所诉的怠于履行复议职责行为违法等同于对中止复议行为不服,因而,对要求履行复议法定职责的诉讼,应当区别于直接针对复议中止行为提起的诉讼。

复议机关在中止事由消除后不及时恢复复议程序,在实际上会对当事人进一步寻求司法救济产生非正常的阻断,势必会对当事人的合法权益造成不法的侵害,特别是在复议中止时间已极为不合理的情况下,中止行为必将对复议申请人的合法权利的保护造成延宕。因此,为有效保护复议申请人的合法权利,复议申请人对怠于履行复议职责的行为依法提起诉讼,法院予以受理不违背相关法律规定的精神要旨。

专家点评

本案是一例364人诉《国有建设用地划拨决定书》的行政案件,涉案人数较多且涉及核心民生利益。案件尚未进入实体审查阶段,在前置性的行政复议阶段,由于复议中止程序产生是否基于法定合理事由需要恢复复议审理的争议,以及行政复议机关未及时恢复复议审理是否构成不履行法定行政职责的争议。对此,一审法院认为,基于《行政复议法》第16条“在法定行政复议期限内不得向人民法院提起行政诉讼”的规定,本案尚处于“复议中止”阶段,仍属于行政复议审理程序之中,故不能在复议救济程序未完结的情形下,另行提起司法救济程序,因此裁定驳回原告起诉;二审法院认为,行政复议职责履行是复议机关的法定职责,法定职责的怠于履行构成行政不作为。具体而言:(1)复议机关应当及时作出行政复议决定,在法定期限内未作出复议决定依《行政复议法》及《行政诉讼法的司法解释》的规定,属于行政诉讼受案范围;(2)如复议机关未及时作出复议决定,尤其是其基于主观意愿“怠于作出复议决定”的情形,将使复议申请人的合法权益因“久拖不决”而扩大损害,且与《行政复议法》及《行政诉讼法》之立法原意、救济精髓相悖;(3)复议中止仅是复议过程中的程序之一,中止事由消失后应及时恢复审理,否则实际上会对当事人进一步寻求司法救济产生非正常的阻断,特别是在复议中止时间已极为不合理的情况下,中止行为必将对复议申请人的合法权利的保护造成延宕。

本案涉及“复议中止”程序的救济层面,因实体法对复议中止的期限并未具体规定,实践中存在以“复议中止”为名,行“拖延审理”之实的情形,故本案具有一定的代表性和典型意义。复议中止在法定事由消失后应当及时恢复审理,不及时恢复审理作出复议决定,尤其是主观上怠于作出复议决定,都属于不履行复议职责的行政不作为行为,应当属于行政诉讼司法审查的范围并予以纠正。本案中自案件起诉至案件二审已明显超合理期限,且相对人及时邮寄了《恢复审理申请书》,在此情形下,仍以复议中止尚处于复议程序中从而抗辩行政诉讼救济没有说服力,也与行政复议、行政诉讼属于救济监督法律制度的根本原旨相悖。在案件代理人的努力下,二审法院基于司法审查监督行政，保障相对人的合法权益的大背景，跳出仅对“复议中止”程序的片面评价，从实质化解争议，防止久拖不决的角度出发，积极督促复议机关履行行政复议法定职责，实为本案一大亮点。

审核人、点评人：北京律师智库重大复杂案件研究专家组　裴娜律师
复核人：北京律师智库重大复杂案件研究专家组　秘书长　马建律师

责令限期改正行政案件中信赖保护及营商环境的认定

——L 区三合啤酒文化体验馆三合啤酒文化体验馆（化名）
及梁龙（化名）诉青岛市 L 区综合行政执法局、
青岛市 L 区人民政府责令限期（改正）通知案

争议焦点

相对人虽未办理案涉建筑的城乡规划许可证，但事实上具备一定的历史合理因素，且行政机关在举证不能、程序缺失的情形下，是否可以责令限期拆除相对人案涉建筑？

关键词

原告资格　合法权益　信赖保护　责令限期改正

案情简介

2016 年，L 区人民政府为在青岛国际啤酒节上增加亮点，开创特色酒吧街区，通过招商引资的方式决定在青岛市 L 区啤酒节金岸广场建设啤酒文化体验馆，由 L 区三合啤酒文化体验馆经营者梁龙负责建设和后期经营，并承诺在建成后为其补办手续。随后，L 区三合啤酒文化体验馆经营者梁龙在政府指定的地址，经政府部门审定设计、施工方案后开始建设 L 区三合啤酒文化体验馆（以下简称啤酒文化体验馆）并投入使用。

2019 年 2 月 15 日，啤酒文化体验馆及其经营者梁龙收到青岛市 L 区综合行政执法局作出的青 L 综法限改字[2019]第 30××号《L 区综合行政执法局责令（限期）改正通知书》（以下简称《通知书》）。《通知书》认定 L 区三合啤酒文化体验馆及其经营者梁龙未取得规划许可进行建设的行为，违反了《城乡规划法》的相关规定，责令其于 2019 年 2

月20日前自行拆除,否则将对其进行强制拆除。啤酒文化体验馆认为青岛市L区综合行政执法局作出的《通知书》错误,遂于2019年2月18日向青岛市L区人民政府提起行政复议,因复议维持了青岛市L区综合行政执法局的上述行政行为,啤酒文化体验馆遂以原机关及复议机关为被告提起行政诉讼,请求撤销两被告作出的行政行为。

【一审判决书】

山东省青岛市L区人民法院
行政判决书

(2019)鲁0×××行初5×号

原告:梁龙,男,1978年出生,汉族,住青岛市市北区。

委托代理人:张凤宾,北京楹庭律师事务所律师。

委托代理人:张亚丽,北京楹庭律师事务所实习律师。

原告:L区三合啤酒文化体验馆,住所地青岛市L区。

经营者:梁龙,男,1978年出生,汉族,住青岛市市北区。

委托代理人:张凤宾,北京楹庭律师事务所律师。

委托代理人:张亚丽,北京楹庭律师事务所律师。

被告:青岛市L区综合行政执法局,住所地青岛市L区。

法定代表人:魏××,局长。

委托代理人:伏××,该局工作人员。

委托代理人:于××,山东××律师事务所律师。

被告:青岛市L区人民政府,住青岛市L区仙霞岭路18号。

法定代表人:赵××,区长。

委托代理人:欧××,青岛市L区司法局工作人员。

委托代理人:朱××,××律师事务所律师。

原告梁龙、L区三合啤酒文化体验馆(以下简称三合文化体验馆)诉被告青岛市L区综合行政执法局(以下简称L区综合执法局)、青岛市L区人民政府(以下简称L区政府)不服规划管理限期拆除违章建筑一案,本院受理后依法组成合议庭公开开庭进行了审理。原告梁龙、三合文化体验馆的共同委托代理人张凤宾、张亚丽,被告L区综合执法局的副局长苑××作为行政机关负责人出庭应诉,单位的委托代理人伏××、于××,被告L区政府的委托代理人欧××、朱××到庭参加诉讼。本案现已审理终结。

被告L区综合执法局于2019年2月15日作出青L综法限改字[2019]第30××号《责令(限期)改正通知书》,责令原告于2019年2月20日前自行拆除所建房屋。L区政府于2019年4月11日作出L复决字[2019]1××号《行政复议决定书》,维持了L区综合执法局于2019年2月15日作出的《责令限期改正通知书》(青L综法限改字[2019]第30××号)的行政行为。

原告梁龙、三合文化体验馆诉称,为了在2016年青岛商国际啤酒节上增加亮点,为开创特色酒吧街区增加经验,L区政府通过招商引资的方式,决定在青岛市L区啤酒节金岸广场建设啤酒文化体验馆,由原告负责建设和后期经营并承诺在建成后为原告补办手续。随后,原告在政府部门指定的地址,经政府部门审定设计、施工方案后开始建设L区三合啤酒文化体验馆(以下简称啤酒文化体验馆)并投入使用。2019年2月15日,原告收到L区综合执法局作出的青L综法限改字[2019]第30××号《L区综合行政执法局责令(限期)改正通知书》(以下简称《通知书》)。

《通知书》认定原告未取得规划许可进行建设的行为,违反了《城乡规划法》的相关规定,责令原告于2月20日前自行拆除,否则L区综合执法局将进行强制拆除。原告认为L区综合执法局作出的《通知书》错误,遂于2019年2月18日向L区政府提起行政复议,现L区政府维持了L区综合执法局的上述行政行为,原告认为两被诉行政行为违法。理由如下:(1)被告认定事实不清。①啤酒文化体验馆系政府招商引资项目,未办理手续并非委托人原因,L区综合执法局忽略了原告进行建设的历史原因。2016年6月22日上午,L区人民政府在区行政大厦召开第二十六届青岛国际啤酒节工作协调会,会上听取了啤酒节办公室关于第二十六届啤酒节的总体活动方案及筹备情况,原则同意:第一,世纪广场啤酒城城门搭建及海口路停车场改造工作方案。第二,批准建设啤酒文化体验馆并决定给予办理临建手续。由原告负责建设并经营。后原告依照啤酒节办公室招商处领导的要求,在啤酒节金岸广场内采用集装箱组装结构搭建青岛国际啤酒节啤酒文化体验馆。啤酒文化体验馆建成后,原告也曾多次申请办理手续,均因非委托人的原因未能成功。在上述工作协调会上形成的《第二十六届青岛国际啤酒节工作协调会议确定事项》(会议确定事项[2016]59号)的会议纪要中,明确强调要充分发挥啤酒文化体验馆作为宣传啤酒文化常年阵地的作用,(啤酒节办公室)尽快向规划部门办理临建手续。各级领导也在啤酒文化体验馆的建设、经营过程中给予了大力支持,对此,应当确认委托人建设啤酒文化体验馆属于招商引资项目。因此,原告基于"信赖保护原则"建成的建筑,不应因政府未履行责任的原因而被认定为违法建设。②啤酒文化体验馆符合规划,可以通过补办手续的方式进行处理。根据2018年11月21日青岛市人民政府批准的《青岛市L区金片区控制性详细规划》4-2土地利用规划图所示,啤酒文化体验馆所在地块系广场用地,结合《青岛市L区金片区控制性详细规划》4-3地块指标一览表中关于该地块的说明,该地块规划建设一座公共停车场(181个泊位)。根据《住房城乡建设部、国土资源部关于进一步完善城市停车场规划建设及用地政策的通知》(建城〔2016〕193号)第5项规定,"为鼓励停车产业化,在不改变用地性质、不减少停车泊位的前提下允许配建一定比例的附属商业面积,具体比例由属地城市政府确定,原则上不超过20%",原告建设的啤酒文化体验馆符合现行规划。依据《中华人民共和国城乡规划法》第64条的规定,可以通过改正措施——补办手续进行处理,《通知书》直接要求限期拆除违反了行政执法中的"比例原则",应当予以撤销。(2)L区综合执法局作出《通知书》程序违法、内容欠缺法定要件;依据《行政处罚法》《行政强制法》等相关规定,L区综合执法局在作出《通知书》前,应当告知原告作出行政处罚决定的事实、理由及依据,并告知当事人依法享有的权利。原告有权进行陈述和申辩。但本案中,L区综合执法局在作出《通知书》前都未与原告接触,从调查笔录里没有向原告询问的相关内容就可以证明,未给予原告陈述、申辩的权利;其次,剥夺了原告要求听证的权利;再次,《通知书》中未告知原告复议、诉讼的权利,故涉案《通知书》属于欠缺法定要件,程序违法,应当予以撤销。(3)L区综合执法局、L区政府应列为共同被告。原告认为被告于2019年2月15日作出的青L综法限改字[2019]第30××号《L区综合行政执法局责令(限期)改正通知书》的行政行为违法,于2019年2月18日向L区政府提起行政复议,现L区政府维持了L区综合执法局的上述行政行为。根据《中华人民共和国行政诉讼法》第26条"经复议的案件,复议机关决定维持原行政行为的,作出原行政行为的行政机关和复议机关是共同被告"的规定,L区综合执法局L区政府应当列为本案共同被告。(4)L区政府作出的《行政复议决定书》认定事实不清,适用法律错误,应当依法撤销。综上,原告认为L区综合执法局作出的《通知书》违法错误,L区政府作出的《行政复议决定书》亦存在错误。故依据《行政诉讼法》的相关规定,特向贵院提起诉讼,诉请判令:(1)请求撤销L区政府作出的L政复决字[2019]1×号《行政复议决定书》。(2)请求撤销L区综合执法局于2019年2月15日作出的青L综法限改字[2019]第30××号《责令限期改正通知书》的行政行为。(3)本案诉讼费由被告承担。

被告L区综合执法局答辩称,针对被答辩人的诉讼请求,答辩人提出以下答辩意见:(1)被答辩人违法建设事实清楚,被答辩人所说的招商引资并不能代替其应当办理的规划审批手续。本案系山东省国土部门督办案件,被答辩人用以申请行政复议提交的《第二十六届青岛国际啤酒节工作协调会议确定事项》第2条中也明确告知了被答辩人应"尽快向规划部门办理临建手续"。《第二十六届青岛国际啤酒节工作协调会议确定事项》(会议确定事项[2016]116号)第1条也明确告知了被答辩人"免除被答辩人2016年8月13日至2018年8月12日的场地租赁费用。如遇规划调整、城市建设等诸多因素需要拆除，体验馆必须无条件服从，并自行拆除，因此产生的费用自行承担，不予补偿”。答辩人进行了现场检查勘验、调查询问，得知被答辩人所租赁的场地2016年8月13日至2018年8月12日免交租赁费，被答辩人免费使用场地作出承诺“如遇规划调整、城市建设等诸多因素需要拆除，被答辩人无条件服从并自行拆除”。故被答辩人没有任何规划审批手续，属于违法建设事实清楚。其不能依据所谓的“招商引资”来代替应当办理规划许可的法定义务。(2)被答辩人无法通过补办手续改正自身违法行为。办理规划审批许可的前提条件是拥有相应的土地手续，被答辩人没有相关的用地审批手续，无法办理相应的规划手续，故无法通过补办手续改正自身违法行为。被答辩人为免费使用场地已经作出承诺“如遇规划调整、城市建设等诸多因素需要拆除，被答辩人无条件服从并自行拆除”。被答辩人起诉状中第1条第2款自书“啤酒文化体验馆符合规划，可以通过补办手续的方式进行处理”也是对自身违法行为的承认，只是对于自身应通过补办手续改正还是拆除存在异议。(3)责令限期拆除并非行政处罚，答辩人程序合法。责令限期拆除实际上属于行政强制措施。2000年国务院法制办在对四川省法制办《关于“责令限期拆除”是否是行政处罚行为的请示》(川府法〔2000〕68号)作出的答复中明确提出：根据《行政处罚法》第23条关于“行政机关实施行政处罚时，应当责令改正或者限期改正违法行为”的规定，《城市规划法》第40条规定的“责令限期拆除”，不应当理解为行政处罚行为。该答复已明确地指出责令限期拆除不属于行政处罚。国务院法制办在“对陕西省人民政府法制办公室《关于‘责令限期拆除’是否属于行政处罚行为的请示》的复函”(国法秘研函〔2012〕665号)中仍表示：“经研究并商全国人大常委会法工委……责令改正或责令限期改正违法行为与行政处罚是不同的行政行为。因此，《城乡规划法》第六十四条中规定的‘限期拆除’，第六十八条规定的‘责令限期拆除’不应当理解为行政处罚行为。”《行政强制法》第2条规定，“本法所称行政强制，包括行政强制措施和行政强制执行。行政强制措施……为制止违法行为……暂时性控制的行为”。由此理解责令限期拆除本身就是一种制止违法行为继续而采取的措施，那么其应当属于行政强制措施。法律对于行政强制措施的相关程序并未严格规定，被答辩人不必然享有陈述申辩的权利。换个角度说，被答辩人进行行政复议、向答辩人提供相关文件，已实际享有并履行了相关陈述申辩的权利。综上，被答辩人违法建设事实清楚，答辩人程序合法，请求依法予以驳回。

被告L区政府答辩称，答辩人作出“L复决字[2019]1××号”《行政复议决定书》事实认定清楚，适用法律、法规正确，符合法定程序，被答辩人的诉讼请求和事实理由不能成立，应当依法予以驳回。(1)答辩人作出的行政复议决定适用法律、法规正确，符合法定程序。被答辩人不服L区综合执法局作出的“青L综法限改字[2019]第30××号《责令(限期)改正通知书》，于2019年2月19日向答辩人提起行政复议申请,2 月 21 日答辩人作出 L 政复受字[2019]4 号行政复议受理通知书、L 政复答字[2010]4 号行政复议申请答复通知书,并分别依法送达给被答辩人、L 区综合执法局。3 月 7 日,L 区综合执法局向答辩人提交了行政复议答复书及相关证据材料。4 月 11 日,答辩人作出 L 复决字[2019]1 × ×号行政复议决定书,并分别依法送达给答辩人及 L 区综合执法局。《中华人民共和国行政复议法》第 17 条规定:“行政复议机关收到行政复议申请后,应当在五日内进行审查,对不符合本法规定的行政复议申请,决定不予受理,并书面告知申请人;对符合本法规定,但是不属于本机关受理的行政复议申请,应当告知申请人向有关行政复议机关提出。除前款规定外,行政复议申请自行政复议机关负责法制工作的机构收到之日起即为受理。”第 23 条规定:“行政复议机关负责法制工作的机构应当自行政复议申请受理之日起七日内,将行政复议申请书副本或者行政复议申请笔录复印件发送被申请人。被申请人应当自收到申请书副本或者申请笔录复印件之日起十日内,提出书面答复,并提交当初作出具体行政行为的证据、依据和其他有关材料。申请人、第三人可以查阅被申请人提出的书面答复、作出具体行政行为的证据、依据和其他有关材料,除涉及国家秘密、商业秘密或者个人隐私外,行政复议机关不得拒绝。”第 31 条规定:“行政复议机关应当自受理申请之日起六十日内作出行政复议决定;但是法律规定的行政复议期限少于六十日的除外。情况复杂,不能在规定期限内作出行政复议决定的,经行政复议机关的负责人批准,可以适当延长,并告知申请人和被申请人;但是延长期限最多不超过三十日。行政复议机关作出行政复议决定,应当制作行政复议决定书,并加盖印章。行政复议决定书一经送达,即发生法律效力。”答辩人作出 L 复决字[2019]1 × ×号行政复议决定的程序符合上述规定,应当依法予以维持。(2)答辩人作出的行政复议决定认定事实清楚,证据确凿,适用依据正确。2019 年 2 月 13 日,L 区综合执法局执法人员到位于 L 区啤酒节金岸广场的三合啤酒文化体验馆进行了现场检查,制作了现场检查(勘验)笔录,2 月 13 日、14 日,L 区综合执法局执法人员对金片区街道办事处工作人员进行了调查询问。经 L 区综合执法局查明,位于 L 区啤酒节金岸广场的 L 区三合啤酒文化体验馆经营类型为个体工商户,经营者为梁龙,该体验馆未办理临建手续,也未取得规划审批手续。2 月 15 日,L 区综合执法局作出了青 L 综法限改字[2019]第 30 × ×号《责令(限期)改正通知书》,责令 L 区三合啤酒文化体验馆(梁龙)于 2019 年 2 月 20 日前自行拆除,并在 L 区三合啤酒文化体验馆处所依法进行了留置送达。根据《中华人民共和国城乡规划法》第 40 条第 1 款“在城市、镇规划区内进行建筑物、构筑物、道路,管线和其工程建设的,建设单位或个人应当向城市、县人民政府城乡规划主管部门或者省、自治区、直辖市人民政府确定的镇人民政府申请办理建设工程规划许可证”,第 64 条“未取得建设工程规划许可证或者未按照建设工程规划许可证的规定进行建设的,由县级以上地方人民政府城乡规划主管部门责令停止建设;尚可采取改正措施消除对规划实施的影响的，限期改正，处建设工程造价百分之五以上百分之十以下的罚款；无法采取改正措施消除影响的，限期拆除，不能拆除的，没收实物或者违法收入，可以并处建设工程造价百分之十以下的罚款”，《青岛市城市管理相对集中行政处罚权条例》第5条第2项“市和各区城市管理行政执法机关集中行使下列职权：……（二）依照城市规划管理方面法律、法规、规章的规定，查处有关违反城市规划管理规定的行为”，以及《青岛市L区人民政府关于公布相对集中行政处罚权范围开展综合行政执法工作的公告》（L政发［2018］×号）等规定，L区综合执法局作出的“青L综法限改字［2019］第30××号”《责令（限期）改正通知书》认定事实清楚，证据确凿，适用依据正确，程序合法，内容适当。故答辩人依据《中华人民共和国行政复议法》第28条第1款第1项之规定作出行政复议决定，决定维持L区综合执法局作出的“青L综法限改字［2019］第30××号”《责令（限期）改正通知书》。综上，答辩人作出的“L复决字［2019］1××号”《行政复议决定书》事实认定清楚，适用法律、法规正确，符合法定程序，根据《中华人民共和国行政诉讼法》第69条之规定，请求法院依法判决驳回被答辩人的诉讼请求。

被告L区综合执法局在法定举证期间提交证据如下：

证据1：现场检查（勘验）笔录一份；

证据2：调查询问笔录；

证据3：现场照片；

证据4：责令（限期）改正通知书及送达回证；

证据1至证据4综合证明：青岛市L区综合行政执法局程序合法，L区三合啤酒文化体验馆、梁龙违法建设事实清楚。

证据5：《第二十六届青岛国际啤酒节工作协调会议确定事项》（会议确定事项［2016］116号），证明：L区三合啤酒文化体验馆、梁龙明确知晓自己违法行为，并承诺对自身违法行为无条件自行拆除。

原告对L区综合执法局提交证据质证意见如下：

1. 对证据1到证据4：对真实性无异议，对证明目的有异议，在被告答辩状里陈述的涉案行为属于行政强制措施，不属于行政处罚。如果是行政强制措施则应当依据《行政强制法》第18条的规定，根据全国人大法工委行政法室的观点，“本条是实施行政强制措施的一般程序，也是基本的程序要求，除本法第十九条规定的事后报告批准程序外，不得降低程序要求”，被告举证的1到4份证据，并没有针对原告的询问记录，也未告知原告采取行政强制措施理由，依据及依法享有的权利救济及途径，听取原告的陈述和申辩。被告在原告长期居住在本地且实际经营啤酒文化体验馆，相关工作人员不存在无法联系原告的情况下，对啤酒文化体验馆的调查，依然没有通知原告到场，更没有告知原告享有的权利及救济途径，听取原告的陈述和申辩，属于明显违反法律的程序性规定，根据全国人大法工委的观点，行政强制法第18条第2—9项规定了实施行政强制措施的外部程序，如果行政执法人员违反外部程序，将导致行政行为违法，所在行政机关承担败诉责任。

2. 对证据5真实性无异议，对证明目的有异议。在本次会议中，原告梁龙并未出席，其中强加给原告的义务如遇规划调整规划建设等诸多因素需要拆除体验馆必须无条件服从并自行拆除，因此产生的费用自行承担不补偿，对此原告并不知情，并且该份会议纪要是在啤酒文化体验馆已经建成的情况下作出的，不应当认定为原告认可其房屋违法建筑的事实，相反，原告在该地块进行建设是属于政府的招商引资项目，是执行政府任务的行为。

被告L区政府在法定举证期间提交证据如下：

证据1-1：行政复议申请书；

证据1-2：营业执照、负责人身份证明及身份证信息、授权委托书；

证据1-3：原告提交的责令限期改正通知书、第二十六届青岛国际啤酒节工作协调会议确定事项；

证据1-4：行政复议文书送达地址确认书。

上述证据证明：原告因不服青岛市L区综合行政执法局作出的责令限期改正通知书，向L区人民政府申请复议。

证据2-1：行政复议申请受理审批表；

证据2-2：行政复议申请受理通知书及送达回证。

上述证据证明：L区人民政府经审查原告行政复议申请符合受理条件，依法作出行政复议申请受理通知书及行政复议受理答复通知书，并分别向原告和被告L区综合行政执法局送达。

证据3-1：行政复议答复书；

证据3-2：行政复议证据清单及证据；

证据3-3：授权委托书、法定代表人身份证明。

上述证据证明：L区综合行政执法局在法定限期内提交行政复议答复书及作出责令限期改正通知书的证据、依据等材料，证明责令限期改正通知书认定事实清楚，证据确凿，适用依据正确，程序合法，内容适当。

证据4行政复议决定书送达回证，证明：L区人民政府经审理后依法作出行政复议决定书，并依法送达原告和L区行政执法局。

原告对被告L区政府提交证据质证意见如下：

1. 对证据1、2的合法性无异议。

2. 对证据3、4的真实性无异议，对合法性和证明目的有异议。L区人民政府认为被告L区综合执法局作出责令限期改正通知书认定事实清楚，证据确凿，适用依据正确,程序合法,内容适当,与事实不符。在责令限期改正通知书为行政强制措施的情况下,被告L区综合执法局仍然适用行政处罚法的规定,属于适用法律错误,程序上的问题在针对L区综合执法局的质证意见中已经提到,不再陈述。根据行政复议法合法与适当双重审查原则,行政机关在复议过程中不仅要审查具体行政行为是否合法,还要审查具体行政行为是否适当。在本案中被告L区综合执法局作出的责令限期改正通知书存在明显的认定事实不清,适用法律错误,程序违法的情况下,应当适用《行政复议法》第28条第3项的规定,撤销上述行政行为。

原告当庭提交证据如下:

证据1:营业执照,证明原告与涉案地块存在利害关系。

证据2:责令限期改正通知书,证明:(1)被诉行政行政行为存在;(2)被诉行政行为违法;(3)原告与被诉行政行为存在利害关系。

证据3:行政复议决定书,证明:(1)被告L区人民政府维持了青岛市L区行政综合执法局的行政行为;(2)两被告为共同被告。

证据4:《第二十六届青岛国际啤酒节工作协调会议确定事项》(会议确定事项[2016]59号);证明:(1)原告为招商引资项目;(2)相关政府部门有为原告办理手续的职责;(3)原告未办理相关手续,并非原告的原因。

证据5:《青岛市L区金片区控制性详细规划》4-2土地利用规划图、4-3地块指标一览表,证明:原告建设的啤酒文化体验馆符合现行规划。原告可以通过补办手续的方式改正,并非必须强制拆除。L区综合执法局要求原告自行拆除违反行政法中的比例原则。

被告L区综合执法局质证意见如下:

1. 对证据1的真实性无异议,证明事项有异议。营业执照与原告与涉案地块关系、应当办理的规划手续不存在关联性。

2. 对证据2真实性无异议,证明事项有异议。L区综合执法局的执法人员多次联系原告,原告拒不配合制作相关笔录。L区综合执法局在有两名见证人的情况下制作相关笔录,进行调查询问,程序合法,原告提交此证据证明已收到,其提起行政复议也是对自身权利的一种行使方式。

3. 对证据3真实性无异议,证明事项无异议。

4. 对证据4真实性不认可,单就其内容来看,其自行划线标出的"第二项原告应尽快向规划部门办理临建手续"原告明确知晓涉案建筑没有相关规划审批手续,结合我方提交的证据五,原告已享有2016年8月13日—2018年8月12日免除场地租赁费的优惠,其应当履行的义务是:或及时向规划部门办理相关手续,或自行无条件拆除。且在没有土地手续的情形下,不可能通过补办规划的程序改正违法行为。原告在行政复议中就提出要求通过补办规划的程序改正违法行为,也是对其自身违法行为的认可。

5. 对证据5的真实性应以规划部门网站公布为准,控规不能代表、代替原告应当办理的相关规划审批手续。

被告L区政府质证意见如下:

1. 对证据1真实性无异议,质证意见同L区综合执法局。

2. 对证据2真实性无异议,质证意见同L区政府行政复议决定书中认定的结论。

3. 对证据3无异议。

4. 对证据4真实性无法确认。该份证据中并未明确由政府部门为啤酒文化体验馆办理相关手续,结合行政复议L区综合执法局提交的证据中《第二十六届青岛国际啤酒节工作协调会议确定事项》[会议确定事项(2016)116号]第1项,明确要求啤酒文化体验馆由企业自行投资建设,如遇政府规划城市建设等诸多因素需要拆除体验馆必须无条件服从并自行拆除,因此产生的费用自行承担不予补偿。根据该确定事项,既然体验馆由原告投资建设,原告应当按照城乡规划法的相关规定办理规划审批手续。无论是政府的招商引资还是其他会议决定均不能代替原告办理规划手续的义务。截至目前就涉案的违法建筑原告仍然未取得规划审批,因此该违法建筑的违法事实清楚。

5. 对证据5的真实性无法确认,该证据也不能必然证明原告的违法建筑合法性问题。

经庭审质证,本院对原、被告提交证据的真实性和合法性均予以认定,与本案待证事实具有关联性。依据当事人提交的证据和庭审陈述,本院查明如下事实:

原告梁龙系工商个体户,于2016年8月12日开办了L区三合啤酒文化体验馆,经营场所位于青岛市L区。

2016年7月1日,青岛市L区人民政府办公室召开会议,通过了《第二十六届青岛国际啤酒节工作协调会议确定事项》([2016]59号):区委宣传部、L区公安分局治安大队、交警大队、消防大队、区城市管理行政执法局、区交通运输局及区旅游局(啤酒节办公室)相关负责同志,啤酒节办公室各内设部门负责人参加了会议。会议听取了啤酒节办公室关于本届啤酒节总体活动方案及筹备情况、开幕式活动方案的汇报,会议原则同意相关方案及筹备情况汇报。会议确定以下事项:(1)原则同意本届啤酒节安保、安检及公共安全平台建设、世纪广场啤酒城城门搭建以及海口路停车场改造等工作方案。考虑到目前距啤酒节开幕时间已不足两个月,城门搭建、停车场改造等工程项目还有许多细节需要完善,且工程投资额低于200万元,需加班加点赶工期,会议同意啤酒节办公室直接委托具有相应施工资质且社会信誉较好的施工企业承担工程施工任务。啤酒节办公室要会同工程监理、社会造价咨询机构做好相关工程项目现场签证施工管理及工程造价核定等工作。(2)充分发挥啤酒文化体验馆作为宣传啤酒文化常年阵地的用途，尽快向规划部门办理临建手续。(3)原则同意节日道旗悬挂范围，啤酒节办公室抓紧时间确定道旗数量及内容。道旗悬挂不要太密集，广告内容以软广告为上，经区城管行政执法局审批后尽快组织实施。

2016年11月23日，青岛市L区人民政府办公室通过了《第二十六届青岛国际啤酒节工作协调会议确定事项》([2016]116号)，确定事项包括：免除啤酒文化体验馆从2016年8月13日至2018年6月12日的场地租赁费用。区旅游局(啤酒节办公室)参照啤酒节的管理模式加强对体验馆监管，与其签订书面协议，明确双方责权关系，各相关责任单位要加强对体验馆的日常监管，尤其是市场监管、食品安全、消防安全、违建搭建等，将其经营纳入日常企业监管范畴。啤酒文化体验馆由企业自行投资建设，遇规划调整、城市建设等诸多因素需要拆除，体验馆必须无条件服从，并自行拆除，因此产生的费用自行承担，不予补偿。

2019年2月13日，被告L区综合执法局在金片区街道办事处两名工作人员的见证下，对位于青岛市L区啤酒节金岸广场的三合文化体验馆进行现场勘验调查，并制作笔录，认定该场馆建筑结构为集装箱搭建，占地300平方米，局部二层。同日，被告L区综合执法局对金片区街道办事处的工作人员于××、辛×进行调查。于××、辛×在调查中陈述原告未办理临建手续，系违法占地从事建设。同时，对三合文化体验馆的建设情况进行了陈述，内容涉及《第二十六届青岛国际啤酒节工作协调会议确定事项》([2016]59号、[2016]116号)。

2019年2月15日，被告L区综合执法局作出青L综法限改字[2019]第30××号《责令(限期)改正通知书》，内容：经查，你单位未取得规划许可进行建设建筑物的行为，违反了《中华人民共和国城乡规划法》第40条第1款的规定，依据《中华人民共和国行政处罚法》第23条和《中华人民共和国城乡规划法》第64条的规定，现责令你单位于2019年2月20日前自行拆除。逾期未改正的，本机关将依据《中华人民共和国城乡规划法》的规定，依法予以拆除。该通知书向原告送达时，原告拒签，被告于2019年2月15日采取了留置方式送达。

原告不服该处理决定，于2019年2月19日向L区政府申请复议。L区政府于2019年4月11日作出L复决字[2019]1××号《行政复议决定书》，认定被告L区综合执法局有权查处城市规划区内违反城市规划管理规定的行为，被告通过调查、取证，认定原告未经规划部门审批进行违法建设事实清楚，程序合法。据此作出维持L区综合执法局于2019年2月15日作出的《责令限期改正通知书》(青L综法限改字[2019]第30××号)的行政行为。

庭审中，原告陈述所占用的场地按照约定免除了2016—2018年的租金，此后未再续约、未缴纳租赁费。同时，原告也承认未向相关部门办理过规划审批手续或是临建手续。

本院认为，依据《中华人民共和国城乡规划法》第40条规定，“在城市、镇规划区内进行建筑物、构筑物、道路、管线和其他工程建设的，建设单位或者个人应当向城市、县人民政府城乡规划主管部门或者省、自治区、直辖市人民政府确定的镇人民政府申请办理建设工程规划许可证。申请办理建设工程规划许可证，应当提交使用土地的有关证明文件、建设工程设计方案等材料。需要建设单位编制修建性详细规划的建设项目，还应当提交修建性详细规划。对符合控制性详细规划和规划条件的，由城市、县人民政府城乡规划主管部门或者省、自治区、直辖市人民政府确定的镇人民政府核发建设工程规划许可证。城市、县人民政府城乡规划主管部门或者省、自治区、直辖市人民政府确定的镇人民政府应当依法将经审定的修建性详细规划、建设工程设计方案的总平面图予以公布”，依据上述规定，原告为办理建设工程规划许可证的申请主体，该义务不因其他原因而免除。原告自述所建建筑物未办理相关规划施工手续，因此被告L区综合执法局认定原告的房屋属于违法建筑于法有据。但是被告L区综合执法局在执法过程中未遵循《中华人民共和国行政强制法》第17条的规定，[1]程序违法。被告L区政府作出的复议决定，亦应当确认违法。依照《中华人民共和国行政诉讼法》第74条之规定，判决如下：

一、确认被告青岛柿山区综合行政执法局于2019年2月15日作出的青L综法限改字[2019]第30××号《责令(限期)改正通知书》违法。

二、确认被告青岛市L区人民政府于2019年4月11日作出L复决字[2019]1××号《行政复议决定书》违法。

案件受理费50元，由被告负担。

如不服本判决，可于判决书送达之日起15日内，向本院递交上诉状，并按对方当事人的人数提出副本，交纳上诉案件受理费人民币50元，上诉于山东省青岛市中级人民法院。如在上诉期满后7日内未向本院交纳上诉案件受理费的，按自动撤回上诉处理。

审　判　长　贾××
人民陪审员　李××
人民陪审员　蓝××
青岛市L区人民法院
2019年9月11日
法官助理　王××
书　记　员　于××

[1] 此处为判决书中的笔误，“第十七条的规定”应为“第十八条的规定”。

【上诉状或答辩状】

行政上诉状

上诉人:青岛市L区综合行政执法局,地址:青岛市L区。

法定代表人:魏××,局长。

被上诉人一:梁龙,男,1987年出生,汉族,住址:青岛市市北区,身份证号:3××××××××××××××××。

被上诉人二:L区三合啤酒文化体验馆,住所地:青岛市L区。

经营者:梁龙,男,1987年出生,汉族,住址:青岛市市北区,身份证号:3××××××××××××××××。

上诉人不服L区人民法院(2019)鲁0×××行初5×号行政判决书(以下简称原审判决),向青岛市中级人民法院提起上诉。

上诉请求:

一、判令撤销青岛市L区人民法院(2019)鲁0×××行初5×号行政判决书。

二、判令驳回被上诉人的诉讼请求。

三、本案一、二审诉讼费由被上诉人全部承担。

事实与理由:

一、本案被上诉人违法建设事实清楚。被上诉人在庭审中承认涉案建筑未办理相关土地及规划手续,被上诉人的违法建设事实清楚。

二、被上诉人涉案房屋为违法建筑,其不享有诉权。依据《中华人民共和国行政诉讼法》第2条"公民、法人或者其他组织认为行政机关和行政机关工作人员的行政行为侵犯其合法权益,有权依照本法向人民法院提起诉讼"之规定,公民提起行政诉讼的前提条件是合法权益受到侵害。被上诉人违法建设行为事实清楚,本案涉案建筑不具有合法性,不具备提起行政诉讼议主体资格,不享有诉权。《最高人民法院关于进一步保护和规范当事人依法行使行政诉权的若干意见》第15条规定:"要依法制止滥用诉权、恶意诉讼等行为。滥用诉权、恶意诉讼消耗行政资源,挤占司法资源,影响公民、法人和其他组织诉权的正常行使,损害司法权威,阻碍法治进步……对于极个别当事人不以保护合法权益为目的,长期、反复提起大量诉讼,滋扰行政机关,扰乱诉讼秩序的,人民法院依法不予立案。"第17条规定:"在认定滥用诉权、恶意诉讼的情形时,应当从严掌握标准,要从当事人提起诉讼的数量、周期、目的以及是否具有正当利益等角度,审查其是否具有滥用诉权、恶意诉讼的主观故意。对于属于滥用诉权、恶意诉讼的当事人,要探索建立有效机制,依法及时有效制止。"应当制止被上诉人滥用诉权、恶意诉讼的行为,驳回其诉请。

三、本案不属于行政案件受案范围。上诉人作出的《责令(限期)改正通知书》不具有惩罚性质,只是要求被上诉人主动纠正其违法行为,并没有对被上诉人课以新的义务,仅是要求被上诉人自行改正的敦促催告行为,不对被上诉人权利产生实质影响,不具有可诉性。本案不符合《行政诉讼法》第12条所述的行政案件受案范围,应依据《最高人民法院关于适用〈中华人民共和国行政诉讼法〉若干问题的解释》(法释〔2015〕9号)(已失效)第3条予以驳回。

综上所述,被上诉人违法建设事实清楚,不具有合法权益,无权提起行政诉讼,上诉人作出的《责令(限期)改正通知书》不具有惩罚性质,本案不属于行政案件受案范围,被上诉人诉请无事实依据,请求贵院依法撤销原审判决,维护司法严肃性,驳回被上诉人诉请。

此致

青岛市中级人民法院

上诉人:青岛市L区综合行政执法局

2019年9月20日

【二审判决书】

山东省青岛市中级人民法院
行政判决书

(2019)鲁02行终7××号

上诉人(原审被告):青岛市L区综合行政执法局,住所地青岛L区。

法定代表人:魏××,局长。

出庭负责人:苑××,副局长。

委托诉讼代理人:毕×,该局工作人员。

委托诉讼代理人:于××,山东××律师事务所律师。

上诉人(原审被告):青岛市L区人民政府,住所地青岛市L区。

法定代表人:赵×,区长。

委托诉讼代理人:欧××,青岛市L区司法局工作人员。

委托诉讼代理人:朱××,××律师事务所律师。

被上诉人(原审原告):梁龙,男,1978 年出生,汉族,住青岛市市北区。

委托诉讼代理人:张凤宾,北京楹庭律师事务所律师。

委托诉讼代理人:张亚丽,北京楹庭律师事务所实习律师。

被上诉人(原审原告):L 区三合啤酒文化体验馆,住所地青岛市 L 区。

经营者:梁龙,男,1978 年出生,汉族,住青岛市市北区。

委托诉讼代理人:张凤宾,北京楹庭律师事务所律师。

委托诉讼代理人:张亚丽,北京楹庭律师事务所实习律师。

上诉人青岛市 L 区综合行政执法局(以下简称 L 区综合执法局)、青岛市 L 区人民政府(以下简称 L 区政府)因被上诉人梁龙、L 区三合啤酒文化体验馆(以下简称三合文化体验馆)诉其《责令(限期)改正通知书》及行政复议一案,不服青岛市 L 区人民法院(2019)鲁 0212 行初 50 号行政判决,在法定期限内向本院提起上诉。本院受理后,依法组成合议庭,于 2019 年 12 月 5 日进行了法庭调查。上诉人 L 区综合执法局的出庭负责人副局长苑××及委托代理人毕×、于××,上诉人 L 区政府委托代理人欧××、朱××,被上诉人梁龙及委托代理人张凤宾、张亚丽,被上诉人三合文化体验馆经营者梁龙及委托代理人张凤宾、张亚丽到庭参加法庭调查。本案现已审理终结。

原审法院经审理查明,原告梁龙系工商个体户,于 2016 年 8 月 12 日开办了 L 区三合啤酒文化体验馆,经营场所位于青岛市 L 区。2016 年 7 月 1 日,青岛市 L 区人民政府办公室召开会议,通过了《第二十六届青岛国际啤酒节工作协调会议确定事项》([2016]59 号):区委宣传部、L 区公安分局治安大队、交警大队、消防大队、区城市管理行政执法局、区交通运输局及区旅游局(啤酒节办公室)相关负责同志,啤酒节办公室各内设部门负责人参加了会议。会议听取了啤酒节办公室关于本届啤酒节总体活动方案及筹备情况、开幕式活动方案的汇报,会议原则同意相关方案及筹备情况汇报。会议确定以下事项:(1)原则同意本届啤酒节安保、安检及公共安全平台建设、世纪广场啤酒城城门搭建以及海口路停车场改造等工作方案。考虑到目前距啤酒节开幕时间已不足两个月,城门搭建、停车场改造等工程项目还有许多细节需要完善,且工程投资额低于 200 万元,需加班加点赶工期,会议同意啤酒节办公室直接委托具有相应施工资质且社会信誉较好的施工企业承担工程施工任务。啤酒节办公室要会同工程监理、社会造价咨询机构做好相关工程项目现场签证施工管理及工程造价核定等工作。(2)充分发挥啤酒文化体验馆作为宣传啤酒文化常年阵地的用途,尽快向规划部门办理临建手续。(3)原则同意节日道旗悬挂范围,啤酒节办公室抓紧时间确定道旗数量及内容。道旗悬挂不要太密集,广告内容以软广告为主,经区城管行政执法局审批后尽快组织实施。2016 年 11 月 23 日,青岛市 L 区人民政府办公室通过了《第二十六届青岛国际啤酒节工作协调会议确定事项》([2016]116 号),确定事项包括:

免除啤酒文化体验馆从2016年8月13日至2018年6月12日的场地租赁费用。区旅游局(啤酒节办公室)参照啤酒节的管理模式加强对体验馆监管,与其签订书面协议,明确双方责权关系,各相关责任单位要加强对体验馆的日常监管,尤其是市场监管、食品安全、消防安全、违建搭建等,将其经营纳入日常企业监管范畴。啤酒文化体验馆由企业自行投资建设,如遇规划调整、城市建设等诸多因素需要拆除,体验馆必须无条件服从,并自行拆除,因此产生的费用自行承担,不予补偿。2019年2月13日,被告L区综合执法局在金片区街道办事处两名工作人员的见证下,对位于青岛市L区啤酒节金岸广场的三合文化体验馆进行现场勘验调查,认定该场馆建筑结构为集装箱搭建,占地300平方米,局部二层。同日,被告L区综合执法局对金片区街道办事处的工作人员于××、辛×进行调查。于××、辛×在调查中陈述原告未办理临建手续,系违法占地从事建设。同时,对三合文化体验馆的建设情况进行了陈述,内容涉及《第二十六届青岛国际啤酒节工作协调会议确定事项》([2016]59号、[2016]116号)。2019年2月15日,被告L区综合执法局作出青L综法限改字[2019]第30××号《责令(限期)改正通知书》,内容:经查,你单位未取得规划许可进行建设建筑物的行为,违反了《中华人民共和国城乡规划法》第40条第1款的规定,依据《中华人民共和国行政处罚法》第23条和《中华人民共和国城乡规划法》第64条的规定,现责令你单位于2019年2月20日前自行拆除。逾期未改正的,本机关将依据《中华人民共和国城乡规划法》的规定,依法予以拆除。该通知书向原告送达时,原告拒签,被告于2019年2月15日采取了留置方式送达。原告不服该处理决定,于2019年2月19日向L区政府申请复议。L区政府于2019年4月11日作出L政复决字[2019]1××号《行政复议决定书》,认定被告L区综合执法局有权查处城市规划区内违反城市规划管理规定的行为,被告通过调查、取证,认定原告未经规划部门审批进行违法建设事实清楚,程序合法。据此作出维持L区综合执法局于2019年2月15日作出的《责令限期改正通知书》(青L综法限改字[2019]第30××号)的行政行为。庭审中,原告陈述所占用的场地按照约定免除了2016—2018年的租金,此后未再续约、未缴纳租赁费。同时,原告也承认未向相关部门办理过规划审批手续或是临建手续。

原审法院认为,依据《中华人民共和国城乡规划法》第40条规定,在城市、镇规划区内进行建筑物、构筑物、道路、管线和其他工程建设的,建设单位或者个人应当向城市、县人民政府城乡规划主管部门或者省、自治区、直辖市人民政府确定的镇人民政府申请办理建设工程规划许可证。申请办理建设工程规划许可证,应当提交使用土地的有关证明文件、建设工程设计方案等材料。需要建设单位编制修建性详细规划的建设项目,还应当提交修建性详细规划。对符合控制性详细规划和规划条件的,由城市、县人民政府城乡规划主管部门或者省、自治区、直辖市人民政府确定的镇人民政府核发建设工程规划许可证。城市、县人民政府城乡规划主管部门或者省、自治区、直辖市人民政府确定的镇人民政府应当依法将经审定的修建性详细规划、建设工程设计方案的总平面图予以公布。依据上述规定,原告为办理建设工程规划许可证的申请主体,该义务不因其他原因而免除。原告自述所建建筑物未办理相关规划施工手续,因此被告L区综合执法局认定原告的房屋属于违法建筑于法有据。但是被告L区综合执法局在执法过程中未遵循《中华人民共和国行政强制法》第17条的规定,程序违法。被告L区政府作出的复议决定,亦应当确认违法。依照《中华人民共和国行政诉讼法》第74条之规定,判决:(1)确认被告青岛市L区综合行政执法局于2019年2月15日作出的青L综法限改字[2019]第30××号《责令(限期)改正通知书》违法。(2)确认被告青岛市L区人民政府于2019年4月11日作出L政复决字[2019]1××号《行政复议决定书》违法。案件受理费人民币50元,由被告负担。2019年11月26日,原审法院作出(2019)鲁0×××行初5×号行政裁定书,因原审判决文字上有笔误,应予补正,裁定原审判决第18页倒数第2行"第十七条的规定"表述为"第十八条的规定"。

上诉人L区综合执法局不服该判决,向本院提起上诉,其主要上诉理由为:(1)被上诉人在庭审中承认涉案建筑未办理相关土地及规划手续,被上诉人的违法建设事实清楚。(2)被上诉人涉案房屋为违法建筑,其不享有诉权。依据《中华人民共和国行政诉讼法》第2条"公民、法人或者其他组织认为行政机关和行政机关工作人员的行政行为侵犯其合法权益,有权依照本法向人民法院提起诉讼"之规定,公民提起行政诉讼的前提条件是合法权益受到侵害。被上诉人违法建设行为事实清楚,涉案建筑不具有合法性,被上诉人不具备提起行政诉讼主体资格,不享有诉权。依据《最高人民法院关于进一步保护和规范当事人依法行使行政诉权的若干意见》第15条"要依法制止滥用诉权、恶意诉讼等行为。滥用诉权、恶意诉讼消耗行政资源,挤占司法资源,影响公民、法人和其他组织诉权的正常行使,损害司法权威,阻碍法治进步……对于极个别当事人不以保护合法权益为目的,长期、反复提起大量诉讼,滋扰行政机关,扰乱诉讼秩序的,人民法院依法不予立案"及第17条"在认定滥用诉权、恶意诉讼的情形时,应当从严掌握标准,要从当事人提起诉讼的数量、周期、目的以及是否具有正当利益等角度,审查其是否具有滥用诉权、恶意诉讼的主观故意。对于属于滥用诉权、恶意诉讼的当事人,要探索建立有效机制,依法及时有效制止"之规定,应当制止被上诉人滥用诉权、恶意诉讼的行为,驳回其诉请。(3)本案不属于行政案件受案范围。上诉人作出的《责令(限期)改正通知书》不具有惩罚性质,只是要求被上诉人主动纠正其违法行为,并没有对被上诉人科以新的义务,仅是要求被上诉人自行改正的敦促催告行为,不对被上诉人权利产生实质影响,不具有可诉性。本案不符合《中华人民共和国行政诉讼法》第12条所述的行政案件受案范围,应依据《最高人民法院关于适用〈中华人民共和国行政诉讼法〉若干问题的解释》(法释〔2015〕9号)(已失效)

第3条予以驳回。综上,请求二审法院依法撤销原审判决,判决驳回上诉人的诉讼请求,一、二审诉讼费由被上诉人承担。

上诉人L区政府不服该判决,向本院提起上诉,其主要上诉理由为:本案《责令(限期)改正通知书》不属于行政诉讼受案范围,依法应当驳回被上诉人的起诉。国务院法制办在对四川省法制办《关于"责令限期拆除"是否是行政处罚行为的请示》(川府法〔2000〕68号)作出的答复中明确指出:根据《中华人民共和国行政处罚法》第23条关于"行政机关实施行政处罚时,应当责令改正或者限期改正违法行为"的规定,《中华人民共和国城市规划法》第40条规定的"责令限期拆除",不应当理解为行政处罚行为。2012年12月19日,国务院法制办在对陕西省人民政府法制办公室《关于"责令限期拆除"是否属于行政处罚行为的请示》的复函(国法秘研〔2012〕665号)中指出:经研究并商全国人大常委会法工委,现函复如下:根据《中华人民共和国行政处罚法》第23条关于"行政机关实施行政处罚时,应当责令改正或者限期改正违法行为"的规定,责令改正或者限期改正违法行为与行政处罚是不同的行政行为。因此,《中华人民共和国城乡规划法》第64条规定的"限期拆除",第68条规定的"责令限期拆除"不应当理解为行政处罚行为。最高人民法院(2018)最高法行申899号裁判案例认定:"贵州省贵阳市城市综合执法局作出被诉《责令限期改正通知书》后并未作出限期拆除决定,故该被诉《责令限期改正通知书》尚属于对罗世春作出正式处理之前的通知行为,并非一个独立、完整的行政行为,对罗世春的权利义务并未产生实际影响。贵阳市政府以本案被诉《责令限期改正通知书》不属于行政复议范围为由决定不予受理,于法有据。原审判决驳回罗世春的诉讼请求,二审维持原审判决,均无不当。"根据上述原国务院法制办公室的答复及最高人民法院的司法判例,本案L区综合执法局作出的《责令(限期)改正通知书》系行政行为的程序性环节,不是独立、完整的行政行为,不具有强制力,对行政相对人的权利义务不产生影响,因此该《责令限期改正通知书》不属于行政诉讼受案范围,人民法院应当依法驳回被上诉人的起诉。综上所述,原审判决适用法律法规错误。特提起上诉,请求二审法院依法撤销原审判决,依法驳回被上诉人的起诉,一、二审诉讼费由被上诉人承担。

关于原审法院的审判程序,二上诉人明确表示不持异议。经审查,本院确认原审法院审判程序合法。

各方当事人在原审中提供的证据已经原审法庭质证、认证,并已随案移送本院。经审查,本院同意原审法院对证据的认证意见并据此确认原审判决认定的案件事实成立。

本院认为,根据各方当事人的诉辩意见及本案庭审情况,本案的争议焦点为:(1)被诉《责令(限期)改正通知书》是否具有可诉性;(2)被诉《责令(限期)改正通知书》是否合法。

一、关于被诉《责令(限期)改正通知书》是否具有可诉性的问题。根据该通知书的内容可知，该通知书认定被上诉人存在“未取得规划许可进行建设建筑物”的行为，违反了《中华人民共和国城乡规划法》第40条第1款的规定，并责令上诉人于2019年2月20日前自行拆除，逾期不拆除，上诉人L区综合执法局将予以拆除。即该通知书认定了被上诉人存在违法行为并告知了逾期不改正违法行为的不利法律后果，对被上诉人的权利义务产生了实际影响，故被诉《责令(限期)改正通知书》具有可诉性。二被上诉人关于该通知书系过程性行为，不具有可诉性的主张不能成立，本院不予支持。

二、关于被诉《责令(限期)改正通知书》是否合法的问题。《中华人民共和国城乡规划法(2015年修正)》第40条第1款规定：“在城市、镇规划区内进行建筑物、构筑物、道路、管线和其他工程建设的，建设单位或者个人应当向城市、县人民政府城乡规划主管部门或者省、自治区、直辖市人民政府确定的镇人民政府申请办理建设工程规划许可证。”第64条规定：“未取得建设工程规划许可证或者未按照建设工程规划许可证的规定进行建设的，由县级以上地方人民政府城乡规划主管部门责令停止建设；尚可采取改正措施消除对规划实施的影响的，限期改正处建设工程造价百分之五以上百分之十以下的罚款；无法采取改正措施消除影响的，限期拆除，不能拆除的，没收实物或者违法收入，可以并处建设工程造价百分之十以下的罚款。”本案中，被上诉人对涉案建筑未取得建设工程规划许可证的事实予以认可，上诉人L区综合执法局依据上述第40条及第64条的相关规定作出被诉《责令(限期)改正通知书》认定事实清楚，适用法律正确。

关于行政执法程序问题，上诉人L区综合执法局在金片区街道办事处两名工作人员的见证下，对涉案建筑进行了现场勘验检查、拍摄照片，并制作《现场检查(勘验)笔录》，对金片区街道办事处两名工作人员进行了调查，并制作《调查(询问)笔录》，后作出涉案《责令(限期)改正通知书》，因被上诉人拒签，上诉人L区综合执法局对被上诉人留置送达，程序合法。上诉人作出《责令(限期)改正通知书》之后，并未对涉案建筑实施强制拆除行为，该通知书的性质非《中华人民共和国行政强制法》所规定的行政强制措施，不适用《中华人民共和国行政强制法》关于程序性的规定，原审法院认定上诉人L区综合执法局未遵循《中华人民共和国行政强制法》第18条的规定构成程序违法，系适用法律错误。被上诉人对上诉人L区政府的行政复议程序未持异议，经审查，本院确认L区政府的行政复议程序合法。

综上，原审判决认定事实清楚，审判程序合法，但适用法律错误，依法应予纠正。依照《中华人民共和国行政诉讼法》第89条第1款第2项之规定，判决如下：

一、撤销青岛市L区人民法院(2019)鲁0×××行初5×号行政决；

二、驳回被上诉人梁龙、L区三合啤酒文化体验馆的诉讼请求。

一、二审案件受理费共计100元,由被上诉人梁龙负担。

本判决为终审判决。

审 判 长　徐××

审 判 员　李××

审 判 员　高××

青岛市中级人民法院

2019年12月25日

法官助理　宫××

书 记 员　赵××

书 记 员　王××

【再审申请书】

再审申请书

再审申请人(一审申请人、二审被上诉人):梁龙,男,1978年出生,汉族,住址山东省青岛市市北区,身份证号3×××××××××××××××××;邮寄地址:山东省青岛市市北区,电话:13×××××××××。

再审申请人(一审申请人、二审被上诉人):L区三合啤酒文化体验馆,住所地:青岛市L区;邮寄地址:山东省青岛市市北区,电话:13×××××××××。

经营者:梁龙,男,1978年出生,汉族,山东省青岛市市北区。

再审被申请人(一审被告、二审上诉人):青岛市L区综合行政执法局,住所地:山东省青岛市L区;联系电话:8×××××××。

法定代表人:魏××,局长。

再审被申请人(一审被告、二审上诉人):青岛市L区人民政府,住所地:山东省青岛市L区,联系电话:8××××××0。

法定代表人:赵×,区长。

再审申请人梁龙、L区三合啤酒文化体验馆与再审被申请人青岛市L区综合行政执法局、青岛市L区人民政府《责令(限期)改正通知书》及行政复议一案,不服山东省青岛市中级人民法院作出的(2019)鲁02行终7××号《行政判决书》。根据《行政诉讼法》第91条第4款的规定,向山东省高级人民法院申请再审。

再审请求:

1. 请求依法撤销山东省青岛市中级人民法院作出的(2019)鲁02行终7××号《行政判决书》;

2. 请求贵院依法提审或撤销被申请人L区人民政府作出的L政复决字[2019]16号《行政复议决定书》;

3. 请求撤销被申请人作出的青L综法限改字[2019]第30××号《责令限期改正通知书》的行政行为。

事实与理由:

一、二审法院认定事实不清。

被申请人L区综合执法局作出被诉的《责令(限期)改正通知书》依据的法条为《行政处罚法》第23条和《城乡规划法》第64条的规定,而非二审《行政判决书》中所列的《城乡规划法》第40条及第64条。国务院法制办在"对陕西省人民政府法制办公室《关于'责令限期拆除'是否属于行政处罚行为的请示》的复函"(国法秘研函〔2012〕665号)中仍表示:经研究并商全国人大常委会法工委,认为责令改正或责令限期改正违法行为与行政处罚是不同的行政行为,因此《城乡规划法》第64条中规定的"限期拆除"、第68条规定的"责令限期拆除"不应当理解为行政处罚行为。对于并非行政处罚的行政行为,被申请人L区综合行政执法局却适用《行政处罚法》的相关规定存在明显错误,二审法院错看被申请人L区综合行政执法局作出被诉行政行为的法律依据,进而得出的错误结论理应撤销。

二、二审法院适用法律错误。

1. 被申请人作出《责令(限期)改正通知书》应当依照《行政强制法》的相关规定。首先,《行政强制法》第1条就明确了立法目的,即为了规范行政强制的设定和实施,保障和监督行政机关依法履行职责,本案中,被申请人作出《责令(限期)改正通知书》认定了申请人存在违法行为并明确告知将对申请人实施强制拆除,而实施强制拆除的行为属于典型的行政强制行为,因此,对其前置的调查、认定、告知行为,也应当依照《行政强制法》的相关规定进行约束,才能保障立法目的的实现。

2. 再退一步讲,即使被申请人作出《责令(限期)改正通知书》无须依照《行政强制法》的相关规定,也应当依照《山东省行政程序规定》第9条"行政机关实施行政行为,可能影响公民、法人和其他组织合法权益的,除法定情形外,应当书面告知其事实、理由、依据,陈述权、申辩权,以及行政救济的途径、方式和期限"和第五章的相关规定进行。结合本案,被申请人L区综合行政执法局存在程序启动违法(并未举证证明其启动程序是依职权或者依申请)、调查取证违法、剥夺了申请人陈述申辩听证的权利及送达违法等多个违法点。二审法院对如此明显的违法行为视而不见,忽视程序正当在行政诉讼中的重要作用应予纠正。

综上,二审法院适用法律、法规确有错误,依据《行政诉讼法》第91条第4款的规定,人民法院依法应当再审。

三、被申请人作出《责令(限期)改正通知书》违反法律规定。

首先,未办理手续并非申请人的原因。根据《第二十六届青岛国际啤酒节工作协调会议确定事项》(会议确定事项[2016]59号)会议纪要,确定了啤酒节办公室为负责办理临建手续的责任部门。同时,在三合啤酒文化体验馆建成后,申请人也多次主动申请办理过手续,相关部门均未答复、不予协助。因此,未办理手续并非委托人原因,而是由于责任部门的懒政推诿造成的,造成的后果和损失要求申请人承担明显不公。

其次,申请人可以采取补办手续的方式消除影响,根据《城乡规划法》第64条"未取得建设工程规划许可证或者未按照建设工程规划许可证的规定进行建设的,由县级以上地方人民政府城乡规划主管部门责令停止建设;尚可采取改正措施消除对规划实施的影响的,限期改正,处建设工程造价百分之五以上百分之十以下的罚款;无法采取改正措施消除影响的,限期拆除,不能拆除的,没收实物或者违法收入,可以并处建设工程造价百分之十以下的罚款"的规定,只有无法采取改正措施消除影响的,才应当进行拆除,而L区三合啤酒文化体验馆符合规划,是可以通过补办手续的方式进行处理。根据2018年11月21日青岛市人民政府批准的《青岛市L区金片区控制性详细规划》4-2土地利用规划图、《青岛市L区金片区控制性详细规划》4-3地块指标一览表、《住房城乡建设部、国土资源部关于进一步完善城市停车场规划建设及用地政策的通知》(建城[2016]193号)第5项的内容,啤酒文化体验馆符合现行规划,可以通过改正措施——补办手续进行处理,被申请人作出的《责令(限期)改正通知书》直接要求限期拆除违反了行政执法中的"比例原则",应当予以撤销。

最后,如上所述,被申请人L区综合行政执法局作出《责令(限期)改正通知书》违反了法律法规的程序性规定,在行政诉讼中,实体合法与程序合法同样重要,针对行政机关明确的程序违法行为,理应撤销违法的行政行为或确认行政行为违法。

四、申请人属于招商引资项目,是执行政府任务的行为。

首先,在涉案地块进行建设啤酒文化体验馆不是申请人个人选址、申请、建造的,而是依照啤酒节办公室招商处领导的要求,在领导选定的区域——啤酒节金岸广场内采用政府领导批准的设计方案,采用集装箱组装结构搭建的。并且,各级领导也在啤酒文化体验馆的建设、经营过程中给予了大力支持。在开业时,L区区委书记,执法局等主要领导出席剪彩活动。但是,无论是2016年6月22日上午,L区人民政府在区行政大厦召开第二十六届青岛国际啤酒节工作协调会,还是2016年11月1日上午在区行政大厦1305会议室召开的协调会,申请人均没有出席,对这两次会议纪要中提到的办理临建手续和如遇规划调整、城市建设等诸多因素需要拆除,体验馆必须无条件服从,并自行拆除,由此产生的费用自行承担,不予补偿的事并不知情,并且,在2016年11月，在申请人的啤酒文化体验馆已经建成的情况，此时才以会议纪要的形式，要求申请人“如遇规划调整、城市建设等诸多因素需要拆除，体验馆必须无条件服从，并自行拆除，因此产生的费用自行承担，不予补偿”。试想，哪个投资人会同意花几百万元就为了建个临时建筑，还在建筑建成以后，答应遇上拆除一分钱不补偿，此事明显违背常理。法院认定申请人在进行建设时，就已经明确知晓了两份《会议纪要》的内容与事实不符。

其次，申请人提交的6月22日的会议纪要中，也没有提到要求申请人办理临建手续。综观全文，都是要求参会的政府相关部门要如何开展工作(由此也可知道申请人并未参会)，尤其是提到办理临建手续的第二点内容，因该内容无主语，结合上文第一点和下文第三点的主语，应当确定第二点的内容也是对啤酒节办公室的工作要求。申请人在建设过程中和建设后，也多次要求相关部门办理相应手续，但都被以种种理由推诿搪塞，因此未办理手续并非申请人原因。

再次，申请人使用涉案地块并非属于免费使用，申请人使用涉案地块后，一直替啤酒节办公室(L区人民政府确定的，对申请人承担管理责任的政府部门)缴纳电费和承担啤酒券的费用，以此代替了租金。

最后，在上述两次协调会中，被申请人L区综合行政执法局均有领导参与，但仍同意申请人进行建设，应当视为对申请人建设合法性的认可，现在又要求申请人自行拆除违反行政法中的“信赖保护原则”。

五、被申请人L区综合行政执法局对涉案地块内建筑存在区别对待。

申请人的建筑位于L区金片区啤酒节文化广场附近。因L区发展酒吧夜经济、转变啤酒节新模式的需要，在2016年、2017年，根据L区人民政府和啤酒节办公室的要求，由申请人梁龙建设了L区三合啤酒文化体验馆，由政府部门建设了青岛啤酒1903啤酒社区店和保拉纳酒吧。

在2017年到2018年，申请人与另外两家酒吧都在青岛国际啤酒节和崂山特色旅游节期间，被共同作为政府的特色标杆进行对外宣传。

如今申请人却被被申请人L区综合行政执法局认定为违法建筑。其余两家由于是政府部门投资建设、企业自行装修的，就没有被认定为违法建筑要求拆除，这显然是根据建设主体进行的区别对待。根据《中共中央、国务院关于完善产权保护制度依法保护产权的意见》第7条“完善政府守信践诺机制。大力推进法治政府和政务诚信建设，地方各级政府及有关部门要严格兑现向社会及行政相对人依法作出的政策承诺，认真履行在招商引资、政府与社会资本合作等活动中与投资主体依法签订的各类合同，不得以政府换届、领导人员更替等理由违约毁约，因违约毁约侵犯合法权益的，要承担法律和经济责任。因国家利益、公共利益或者其他法定事由需要改变政府承诺和合同约定的，要严格依照法定权限和程序进行，并对企业和投资人因此而受到的财产损失依法予以补偿。对因政府违约等导致企业和公民财产权受到损害等情形，进一步完善赔偿、投诉和救济机制，畅通投诉和救济渠道……”和《优化营商环境条例》第10条“国家坚持权利平等、机会平等、规则平等，保障各种所有制经济平等受到法律保护”，以及第12条“国家保障各类市场主体依法平等使用资金、技术、人力资源、土地使用权及其他自然资源等各类生产要素和公共服务资源”等规定，针对相同地块的相同情形，被申请人L区综合行政执法局应当同等对待。

综上，二审法院认定事实不清，适用法律错误，被申请人L区综合行政执法局作出的《责令(限期)改正通知书》、被申请人L区人民政府作出的《行政复议决定书》违法、错误，均应予以撤销，请求贵院依法保护再审申请人的合法权益。

此致

山东省高级人民法院

再审申请人：梁龙

L区三合啤酒文化体验馆

【再审判决书】

山东省高级人民法院

行政判决书

(2020)鲁行再5×号

再审申请人(一审原告、二审被上诉人)：梁龙，男，1978年9月2日出生，汉族，住青岛市市北区。

委托诉讼代理人：张凤宾，北京楹庭律师事务所律师。

再审申请人(一审原告、二审被上诉人)：L区三合啤酒文化体验馆，住所地青岛市L区。

经营者：梁龙，身份信息同上。

委托诉讼代理人：张凤宾，北京楹庭律师事务所律师。

被申请人(一审被告、二审上诉人)：青岛市L区综合行政执法局，住所地青岛市L区。

法定代表人：魏××，局长。

被申请人(一审原告、二审上诉人):青岛市L区人民政府,住所地青岛市L区。

法定代表人:赵×,区长。

委托诉讼代理人:欧××,青岛市L区司法局工作人员。

委托诉讼代理人:朱××,××××律师事务所律师。

梁龙、L区三合啤酒文化体验馆(以下简称三合体验馆)诉青岛市L区综合行政执法局(以下简称L区执法局)、青岛市L区人民政府(以下简称L区政府)城建行政处理及行政复议一案,梁龙、三合体验馆不服青岛市中级人民法院(2019)鲁02行终7××号行政判决,向本院申请再审。本院于2020年4月2日作出(2020)鲁行申1××号行政裁定,对本案进行提审。本院依法组成合议庭,对本案进行了审理,现已审理终结。

原一审法院审理查明:梁龙系工商个体户,于2016年8月12日开办了L区三合啤酒文化体验馆,经营场所位于青岛市L区啤酒节金岸广场。2016年7月1日,青岛市L区人民政府办公室召开会议,通过了《第二十六届青岛国际啤酒节工作协调会议确定事项》([2016]59号):区委宣传部、L区公安分局治安大队、交警大队、消防大队、区城市管理行政执法局、区交通运输局及区旅游局(啤酒节办公室)相关负责同志,啤酒节办公室各内设部门负责人参加了会议。会议听取了啤酒节办公室关于本届啤酒节总体活动方案及筹备情况、开幕式活动方案的汇报,会议原则同意相关方案及筹备情况汇报。会议确定以下事项:(1)原则同意本届啤酒节安保、安检及公共安全平台建设、世纪广场啤酒城城门搭建以及海口路停车场改造等工作方案。考虑到目前距啤酒节开幕时间已不足两个月,城门搭建、停车场改造等工程项目还有许多细节需要完善,且工程投资额低于200万元,需加班加点赶工期,会议同意啤酒节办公室直接委托具有相应施工资质且社会信誉较好的施工企业承担工程施工任务。啤酒节办公室要会同工程监理、社会造价咨询机构做好相关工程项目现场签证施工管理及工程造价核定等工作。(2)充分发挥啤酒文化体验馆作为宣传啤酒文化常年阵地的用途,尽快向规划部门办理临建手续。(3)原则同意节日道旗悬挂范围,啤酒节办公室抓紧时间确定道旗数量及内容。道旗悬挂不要太密集,广告内容以软广告为主,经区城管行政执法局审批后尽快组织实施。2016年11月23日,青岛市L区人民政府办公室通过了《第二十六届青岛国际啤酒节工作协调会议确定事项》([2016]116号),确定事项包括:免除啤酒文化体验馆从2016年8月13日至2018年6月12日的场地租赁费用。区旅游局(啤酒节办公室)参照啤酒节的管理模式加强对体验馆监管,与其签订书面协议,明确双方责权关系,各相关责任单位要加强对体验馆的日常监管,尤其是市场监管、食品安全、消防安全、违建搭建等,将其经营纳入日常企业监管范畴。啤酒文化体验馆由企业自行投资建设,遇规划调整、城市建设等诸多因素需要拆除,体验馆必须无条件服从,并自行拆除,因此产生的费用自行承担,不予补偿。

2019年2月13日，L区执法局在金片区街道办事处两名工作人员的见证下，对位于青岛市L区啤酒节金岸广场的三合文化体验馆进行现场勘验调查，认定该场馆建筑结构为集装箱搭建，占地300平方米，局部二层。同日，L区执法局对金片区街道办事处的工作人员于××、辛×进行调查。于××、辛×在调查中陈述梁龙未办理临建手续，系违法占地从事建设。同时，对三合体验馆的建设情况进行了陈述，内容涉及《第二十六届青岛国际啤酒节工作协调会议确定事项》([2016]59号、[2016]116号)。2019年2月15日，L区执法局作出《责令(限期)改正通知书》(青L综法限改字[2019]第30××号)，内容：经查，你单位未取得规划许可进行建设建筑物的行为，违反了《中华人民共和国城乡规划法》第40条第1款的规定，依据《中华人民共和国行政处罚法》第23条和《中华人民共和国城乡规划法》第64条的规定，现责令你单位于2019年2月20日前自行拆除。逾期未改正的，本机关将依据《中华人民共和国城乡规划法》的规定，依法予以拆除。该通知书向梁龙送达时，梁龙拒签，L区执法局于2019年2月15日采取了留置方式送达。

梁龙不服该处理决定，于2019年2月19日向L区政府申请复议。L区政府于2019年4月11日作出L政复决字[2019]1××号《行政复议决定书》(以下简称《16号复议决定》)，认定L区执法局有权查处城市规划区内违反城市规划管理规定的行为，其通过调查、取证，认定梁龙未经规划部门审批进行违法建设事实清楚，程序合法。据此作出维持L区执法局于2019年2月15日作出的《责令限期改正通知书》的行政行为。庭审中，梁龙陈述所占用的场地按照约定免除了2016—2018年的租金，此后未再续约、未缴纳租赁费。同时，梁龙也承认未向相关部门办理过规划审批手续或是临建手续。

原一审法院认为：依据《中华人民共和国城乡规划法》第40条规定，在城市、镇规划区内进行建筑物、构筑物、道路、管线和其他工程建设的，建设单位或者个人应当向城市、县人民政府城乡规划主管部门或者省、自治区、直辖市人民政府确定的镇人民政府申请办理建设工程规划许可证。申请办理建设工程规划许可证，应当提交使用土地的有关证明文件、建设工程设计方案等材料。需要建设单位编制修建性详细规划的建设项目，还应当提交修建性详细规划。对符合控制性详细规划和规划条件的，由城市、县人民政府城乡规划主管部门或者省、自治区、直辖市人民政府确定的镇人民政府核发建设工程规划许可证。城市、县人民政府城乡规划主管部门或者省、自治区、直辖市人民政府确定的镇人民政府应当依法将经审定的修建性详细规划、建设工程设计方案的总平面图予以公布。依据上述规定，梁龙为办理建设工程规划许可证的申请主体，该义务不因其他原因而免除。梁龙自述所建建筑物未办理相关规划施工手续，因此L区执法局认定房屋属于违法建筑于法有据。但是L区执法局在执法过程中未遵循《中华人民共和国行政强制法》第17条的规定，程序违法。L区政府作出的复议决定,亦应当确认违法。依照《中华人民共和国行政诉讼法》第74条之规定,判决:(1)确认L区行政执法局于2019年2月15日作出的《责令(限期)改正通知书》违法。(2)确认L区政府于2019年4月11日作出16号复议决定违法。2019年11月26日,原一审法院作出(2019)鲁0212行初50号行政裁定书,因原一审判决文字上有笔误,应予补正,裁定原审判决第18页倒数第2行"第十七条的规定"表述为"第十八条的规定"。

原二审法院认为:根据各方当事人的诉辩意见及本案庭审情况,本案的争议焦点为:(1)被诉《责令(限期)改正通知书》是否具有可诉性;(2)被诉《责令(限期)改正通知书》是否合法。

一、关于被诉《责令(限期)改正通知书》是否具有可诉性的问题。根据该通知书的内容可知,该通知书认定梁龙存在"未取得规划许可进行建设建筑物"的行为,违反了《中华人民共和国城乡规划法》第40条第1款的规定,并责令梁龙于2019年2月20日前自行拆除,逾期不拆除,L区执法局将予以拆除。即该通知书认定了梁龙存在违法行为并告知了逾期不改正违法行为的不利法律后果,对梁龙的权利义务产生了实际影响,故被诉《责令(限期)改正通知书》具有可诉性。L区执法局、L区政府关于该通知书系过程性行为,不具有可诉性的主张不能成立,不予支持。

二、关于被诉《责令(限期)改正通知书》是否合法的问题。《中华人民共和国城乡规划法(2015年修正)》第40条第1款规定:"在城市、镇规划区内进行建筑物、构筑物、道路、管线和其他工程建设的,建设单位或者个人应当向城市、县人民政府城乡规划主管部门或者省、自治区、直辖市人民政府确定的镇人民政府申请办理建设工程规划许可证。"第64条规定:"未取得建设工程规划许可证或者未按照建设工程规划许可证的规定进行建设的,由县级以上地方人民政府城乡规划主管部门责令停止建设;尚可采取改正措施消除对规划实施的影响的,限期改正,处建设工程造价百分之五以上百分之十以下的罚款;无法采取改正措施消除影响的,限期拆除,不能拆除的,没收实物或者违法收入,可以并处建设工程造价百分之十以下的罚款。"本案中,梁龙对涉案建筑未取得建设工程规划许可证的事实予以认可,L区执法局依据上述第40条及第64条的相关规定作出被诉《责令(限期)改正通知书》认定事实清楚,适用法律正确。

关于行政执法程序问题,L区执法局在金片区街道办事处两名工作人员的见证下,对涉案建筑进行了现场勘验检查、拍摄照片,并制作《现场检查(勘验)笔录》,对金片区街道办事处两名工作人员进行了调查,并制作《调查(询问)笔录》,后作出涉案《责令(限期)改正通知书》,因被梁龙拒签,L区执法局留置送达,程序合法。L区执法局作出《责令(限期)改正通知书》之后,并未对涉案建筑实施强制拆除行为,该通知书的性质非《中华人民共和国行政强制法》所规定的行政强制措施,不适用《中华人民共和国行政强制法》关于程序性的规定，原一审法院认定L区执法局未遵循《中华人民共和国行政强制法》第18条的规定构成程序违法，系适用法律错误。梁龙对L区政府的行政复议程序未持异议，经审查确认L区政府的行政复议程序合法。

综上，原一审判决认定事实清楚，审判程序合法，但适用法律错误，依法应予纠正。依照《中华人民共和国行政诉讼法》第89条第1款第2项之规定，判决：(1)撤销青岛市L区人民法院(2019)鲁0×××行初5×号行政判决；(2)驳回梁龙、三合体验馆的诉讼请求。

梁龙、三合体验馆申请再审称：(1)L区执法局依据《中华人民共和国行政处罚法》第23条和《中华人民共和国城乡规划法》第64条的规定作出《责令(限期)改正通知书》，根据国务院法制办公室的复函，《中华人民共和国城乡规划法》第64条规定的"限期拆除"、第68条规定的"责令限期拆除"不应当理解为行政处罚行为，L区执法局却适用《中华人民共和国行政处罚法》的规定，明显适用法律错误。(2)L区执法局认定申请人存在违法行为并明确告知将对申请人实施强制拆除，而实施强制拆除属于行政强制行为，应当履行前置的调查、认定和告知程序，但L区执法局存在程序启动和调查取证违法，剥夺了申请人陈述、申辩和听证的权利，违反《中华人民共和国行政强制法》的相关规定。(3)本案中未办理规划许可手续并非申请人的原因，申请人曾多次主动申请办理规划手续，但相关部门均未予答复。根据《中华人民共和国城乡规划法》第64条的规定，申请人可以采取补办规划许可手续的方式消除影响，但L区执法局直接要求限期拆除违反上述规定。(4)涉案地块建设的啤酒文化体验馆不是申请人个人选址和申请建设的，而是依照啤酒节办公室招商处的要求，在政府选定的区域根据批准的设计方案，采用集装箱组装结构搭建的。申请人在建设过程中和建设完成后，多次要求相关部门办理规划许可手续，但相关部门均以种种理由推诿搪塞。在涉案地块建设协调会中，L区执法局曾经参与其中，同意申请人进行相应建设，现又强制要求申请人自行拆除，违反行政法的信赖保护原则。请求撤销原二审法院判决，撤销L区执法局作出的《责令(限期)改正通知书》和L区政府作出的行政复议决定书。

被申请人L区执法局未向本院提交书面答辩意见。

被申请人L区政府向本院提交书面答辩意见称：(1)申请人建设三合体验馆未取得规划审批手续，原一、二审法院查明三合体验馆系违法建筑，认定事实清楚。(2)L区执法局作出的《责令(限期)改正通知书》程序符合法律规定，申请人的再审理由于法无据。(3)被申请人作出的16号复议决定，证据确实充分，适用法律正确。

各方当事人在原审中提交的证据和依据已随案卷移送本院，上述证据在原审庭审中已经质证。经审理，本院同意原审法院查明的事实。

本院认为：本案主要争议焦点是L区执法局作出的《责令(限期)改正通知书》和

L区政府作出《16号复议决定》是否合法的问题。《中华人民共和国城乡规划法》(2015年修正)第64条规定:“未取得建设工程规划许可证或者未按照建设工程规划许可证的规定进行建设的,由县级以上地方人民政府城乡规划主管部门责令停止建设;尚可采取改正措施消除对规划实施的影响的,限期改正,处建设工程造价百分之五以上百分之十以下的罚款;无法采取改正措施消除影响的,限期拆除,不能拆除的,没收实物或者违法收入,可以并处建设工程造价百分之十以下的罚款。”根据上述法律规定,对于未取得建设工程规划许可证进行建设的行为,行政执法部门一经作出责令停止建设、限期改正或者限期拆除行为,便对行政相对人设定了行政法上的义务,是行政执法过程中一种独立的行政行为,对行政相对人的权益必然产生实质性影响。因此为保障行政相对人的合法权益,应当赋予行政相对人法律救济的权利。行政相对人不服提起诉讼的,人民法院应当依法进行审查。本案中,L区执法局认为梁龙、三合体验馆未取得规划许可进行建设建筑物,违反《中华人民共和国城乡规划法》第40条第1款的规定,向梁龙、三合体验馆作出《责令(限期)改正通知书》,责令其于2019年2月20日前自行拆除,逾期未改正的依法予以拆除。从各方当事人提交的证据及原审查明事实来看,梁龙建设了三合体验馆,虽然未提供证据证明其取得了建设工程规划许可,存在未取得建设工程规划许可证进行建设的行为,但对L区执法局被诉行政行为合法性的审查,应当结合本案具体事实及相关法律规定进行综合性审查判断。

第一,本案应当审查梁龙建设L区三合啤酒文化体验馆的由来。2016年6月,L区政府为举办第二十六届青岛国际啤酒节,确定建设啤酒文化体验馆作为宣传啤酒文化的常年阵地,随后梁龙在L区海口路北侧金岸广场搭了L区三合啤酒文化体验馆并经营至今。青岛市L区人民政府办公室《第二十六届青岛国际啤酒节工作协调会议确定事项》([2016]116号)中确定事项包括免除啤酒文化体验馆从2016年8月13日至2018年6月12日的场地租赁费用。梁龙在原审中亦陈述其所占用的场地按照约定免除了2016—2018年的租金,此后未再续约、未缴纳租赁费。由此可以看出,L区三合啤酒文化体验馆客观上是服务于第二十六届青岛啤酒节工作而进行的建设,现有证据并不能证明违法建设应当完全归责于梁龙自身原因。

第二,本案中应当审查梁龙是否基于对L区政府的信赖而建设L区三合啤酒文化体验馆。从青岛市L区人民政府办公室《第二十六届青岛国际啤酒节工作协调会议确定事项》([2016]59号)第2条规定来看,确定了建设啤酒文化体验馆并尽快向规划部门办理临建手续。梁龙建设L区三合啤酒文化体验馆时未取得相应临建规划手续,但基于对L区政府部门的信赖,依然按照相关主管部门的要求完成建设并开始经营。按照信赖利益保护原则的要求,行政相对人基于对公权力的信任而作出一定的行为,此种行为所产生的正当利益应当予以保护。行政机关不能随意作出对行政相对人不利的处分。

第三，本案中L区执法局未提供证据证明L区三合啤酒文化体验馆是否存在可以采取改正措施消除影响的情形。根据《中华人民共和国城乡规划法》(2015年修正)第64条之规定，对于未取得建设工程规划许可证进行建设的，如果尚可采取改正措施消除对规划实施的影响的，可以限期改正并处罚款，如果无法采取改正措施消除影响的，则应当限期拆除。本案中，L区执法局《责令(限期)改正通知书》中认为梁龙、三合体验馆未取得规划许可进行建设，但是未提供证据证明三合体验馆对城市规划实施的影响，也未考虑三合体验馆的建设是否可以采取改正措施消除影响，进而可以采取限期改正并处罚款的形式进行处理。

第四，本案中L区执法局未提供证据证明梁龙建设三合体验馆是否作出过无条件服从拆除的承诺。青岛市L区人民政府办公室《第二十六届青岛国际啤酒节工作协调会议确定事项》([2016]116号)中规定，区旅游局(啤酒节办公室)参照啤酒节的管理模式加强对体验馆监管，与其签订书面协议，明确双方责权关系，各相关责任单位要加强对体验馆的日常监管，尤其是市场监管、食品安全、消防安全、违建搭建等，将其经营纳入日常企业监管范畴。啤酒文化体验馆由企业自行投资建设，遇规划调整、城市建设等诸多因素需要拆除，体验馆必须无条件服从，并自行拆除，因此产生的费用自行承担，不予补偿。但本案中，L区执法局未提供证据证明其对区旅游局(啤酒节办公室)是否与梁龙签订过书面协议或梁龙是否承诺过无条件服从拆除的事实进行了查证。

第五，本案中L区执法局在调查过程中未保障梁龙的陈诉申辩权利。《山东省行政程序规定》第9条规定："行政机关实施行政行为，可能影响公民、法人和其他组织合法权益的，除法定情形外，应当书面告知其事实、理由、依据，陈述权、申辩权，以及行政救济的途径、方式和期限。"本案中，L区执法局在作出《责令(限期)改正通知书》前，虽然制作《现场检查(勘验)笔录》，拍摄现场照片，并对金片区街道办事处两名工作人员制作《调查(询问)笔录》，但在执法过程中并未按照上述规定保障梁龙、三合体验馆的陈述权、申辩权，也未告知其对处理结果不服的救济途径和方式，违反上述法律规定。

综上，虽然梁龙建设三合体验馆未取得建设工程规划许可证，但按照推进法治政府诚信政府建设，优化法治化营商环境的有关要求，基于信赖利益保护原则，梁龙、三合体验馆的合法权益应当得到保护。L区执法局在未对三合体验馆的建设经过等相关待证事实进行充分调查取证的情况下作出《责令(限期)改正通知书》，认定事实不清，违反法定程序，应当予以撤销，L区政府的《16号复议决定》也应一并予以撤销。L区执法局应当在充分调查取证的基础上，按照正当程序的要求依法重新作出处理。对于三合体验馆，因未取得建设工程规划许可证进行建设，如果无法采取改正措施消除对规划实施的影响的,仍应当限期拆除。但如有证据证明由此给梁龙、三合体验馆的正当权益造成损失的,有关行政主体应当给予适当补偿,以妥善化解行政争议,体现对各类市场主体的平等保护,促进法治化营商环境建设。原一审法院虽然适用《中华人民共和国行政强制法》第18条规定有误,但认定L区执法局作出《责令(限期)改正通知书》程序违法并无不当。原二审法院撤销原一审法院判决,驳回梁龙、三合体验馆的诉讼请求,认定事实不清,适用法律错误,应当予以纠正。依据《中华人民共和国行政诉讼法》第89条第1款第2项、《最高人民法院关于适用〈中华人民共和国行政诉讼法〉的解释》第122条之规定,判决如下:

一、撤销青岛市中级人民法院(2019)鲁02行终7××号行政判决和青岛市L区人民法院(2019)鲁0×××行初5×号行政判决;

二、撤销青岛市L区人民政府作出的L政复决字[2019]1××号《行政复议决定书》;

三、撤销青岛市L区综合行政执法局作出的《责令(限期)改正通知书》(青L综法限改字[2019]第30××号);

一、二审案件受理费共100元,由青岛市L区综合行政执法局和青岛市L区人民政府负担。

本判决为终审判决。

审 判 长 侯××
审 判 员 孙××
审 判 员 李××
2020年5月21日
法官助理 高××
书 记 员 杨××

办案总结

按照推进法治政府诚信政府建设,优化法治化营商环境的有关要求,基于信赖利益保护原则,行政相对人基于对公权力的信任而作出一定的行为,此种行为所产生的正当利益应当予以保护,行政机关不能随意作出对行政相对人不利的处分。涉案体验馆是服务于第二十六届青岛国际啤酒节工作而进行的建设,虽然未取得规划手续,但不应当完全归责于企业自身原因,行政机关亦未审查涉案建设是否存在可以采取改正措施消除影响的情形,在调查过程中未保障企业的陈述申辩权利,认定事实不清,违反法定程序,应当予以纠正。

专家点评

本案看似是一件普通的因相对人未办理城乡规划许可证而引发的责令限期改正的行政案件，但是经历了行政复议、行政诉讼一审、二审及再审四轮行政与司法救济后，人民法院对案件层层剖析，总结出了两大焦点：

一、被诉《责令（限期）改正通知书》是否具有可诉性

此部分可以拆分为两个层面：一是相对人即本案原告是否与被诉行为有法律上的利害关系；二是在相对人已明确其未办理规划许可证的情形下，其"权益"是否为行政诉讼法所保护的"合法权益"？

被诉具体行政行为是否属于行政诉讼的受案范围，判断标准为该行为是否对相对人的合法权益产生实质影响。本案中，被告认为被诉《责令（限期）改正通知书》（以下简称《通知书》）仅为过程性行为，只是责令改正敦促催告，要求相对人主动纠正其违法行为，并未实施具体的拆除行为，因此未对相对人权利义务产生实质影响，其没有行政诉讼原告资格，应当予以裁驳。事实上，被诉《责令（限期）改正通知书》中已明确表明要求原告自拆，否则将予以强制拆除，其行为法律后果直接且全面的及于原告，该《通知书》为一个独立完整的具体行政行为且与原告产生利害关系，至于实际未履行的拆除行为，则是另一个独立的行政行为，其尚未发生并不影响案涉《通知书》自身的独立属性。

至于"合法权益"的判定，则是逻辑倒推的产物，诚然原告明确自认未取得规划许可证，但其是否取得该证只是司法审查被诉行为的考量因素之一，行政诉讼的审查标的是具体行政行为，对它进行司法眼光的审慎评判，而原告是否取得规划许可证及其客观原因恰恰是法院需要审查确认的内容，是有待行政诉讼中去综合分析认定的。如果将此作为逻辑前提，从而认为原告案涉权益只是"违法权益"继而否认原告诉权，很明显将尚待审查的内容作为了预设肯定前提，犯了逻辑反复的错误。

二、被诉《责令（限期）改正通知书》是否合法

本案的关键所在即为案涉《通知书》是否合法，事实上这也是所有行政诉讼审查的内容。而本案再审判决中，法官充分发挥司法智慧，将普通的诉讼审查范围剖析为以下四个维度：（1）审查相对人建设的历史由来，从而得出其客观上是服务于青岛啤酒节工作而进行的建设，现有证据并不能证明违法建设应当完全归责于相对人自身原因；（2）审查相对人是否基于政府行为的信赖而进行的建设，从而得出其基于对政府公信力的信赖，按照其要求完成建设并经营，其行为所产生的正当利益应当因信赖利益保护原则而予以保护；（3）审查被告是否提供证据证明相对人可以采取改正措施消除影响的情形，以及其是否作出过无条件服从拆除的承诺，从而得出基于行政诉讼举证责任倒置的基本原理，被告需承担其举证不能的法律责任；（4）审查被告在案件调查过程中是否保障了相对人的程序正当性权利，从而得出除实体正义需考量外，更应当重视行政公权力的程序正义。

这样的审判理念，提升了传统行政诉讼审判中仅仅从职权职责、事实认定、程序履行、裁量四个层面进行审查的方式，将合法性问题结合历史因素、行政法基本原则、证据规则、程序正当等维度进行拓展，具有较高的典型示范意义。

同时，必须指出的是，再审法官特别提出推进法治政府诚信政府建设，优化法治化营商环境的

司法理念,进一步拔高了案件审理的格局,本案也入选山东高院行政案件司法审查报告暨优化营商环境典型案例。

审核人、点评人:北京律师智库重大复杂案件研究专家组副组长　毕文胜律师
复核人:北京市律师协会智库副秘书长　宫爱丽律师

限期拆除决定案件中历史原因形成建筑的事实认定

——陈某凤诉柳州市某区城市管理局行政执法局行政诉讼案

争议焦点

城市规划领域内因历史原因形成的建筑物，在进行违法建设认定时应当考量的因素有哪些？行政职权及行政程序的履行应当遵循的法律依据及原则是什么？

关键词

限期拆除决定书　城乡规划法　相对集中行使处罚权

案情简介

陈某凤为广西壮族自治区柳州市某区××屯的村民，1982 年在该村集体土地上建有房屋并取得集体土地使用证。房屋共 900 多平方米，全家三代人在此居住。2018 年，当地镇政府和村委工作人员通知陈某凤其房屋被征收了，因政府人员告知的补偿标准较低且陈某凤没有收到任何有关征收补偿的文件，故其不同意签订征收补偿安置协议。2019 年 7 月 22 日，柳州市某区城市管理行政执法局对陈某凤房屋作出了《柳州市城市管理行政执法责令限期拆除决定书》（以下简称《责令限期拆除决定书》），称其建设的房屋未取得规划建设手续，违反了《中华人民共和国城乡规划法》的相关规定，责令自收到决定书之日起 3 日内自行拆除上述违法建筑。

陈某凤不服向柳州市某区人民法院提起撤销《责令限期拆除决定书》的行政诉讼。一审法院认为，在相对集中行使行政处罚权的大背景下，依据《广西壮族自治区人民政府关于同意柳州市开展城市管理相对集中行政处罚权工作的批复》，本案被告具有违法建筑拆除的法定职权；且原告房屋位于城市规划区域范围内，应当适用《城乡规划法》进行调整;涉案建筑属于未经规划许可擅自建设,在被告履行了相应法定程序的前提下,应当予以拆除。二审法院认为,对于因历史原因形成的建筑物,应综合考虑建造历史、使用现状、当地土地利用规划以及有关用地政策等因素,依法进行调查、认定和处理,即使未取得合法建筑手续和权属证书,也不宜认定为违法建筑。被上诉人在作出拆除决定前,未依法查清涉案建筑物的建造时间等情况,仅以未取得建筑工程规划许可证为由,即作出涉案决定,证据不充分,依法应予撤销。

【一审判决书】

广西壮族自治区柳州市某区人民法院
行政判决书

(2019)桂02××行初××号

原告:陈某凤,男,19××年××月××日出生,汉族,住广西壮族自治区柳州市某区××屯6号。

委托诉讼代理人:陈××,男,19××年××月××日出生,汉族,住广西壮族自治区柳州市某区××屯6号,居民身份号码:4×××119××1224××××。

委托诉讼代理人:朱艳姝,北京京平律师事务所律师。

被告柳州市某区城市管理行政执法局,住所地广西壮族自治区柳州市。

法定代表人:朱××,局长。

委托诉讼代理人:余××,法规科科长。

委托诉讼代理人:戴××,广西××律师事务所律师。

原告陈某凤不服被告柳州市某区城市管理行政执法局(以下简称某区执法局)于2019年7月22日作出的柳城管责拆××规划决字[2019]第12××号《柳州市城市管理行政执法责令限期拆除决定书》(以下简称《责令限期拆除决定书》),于2019年10月21日向本院邮寄行政起诉状,本院于2019年10月25日收到,并于2019年10月28日立案后,在法定期限内向被告送达了起诉状副本及应诉通知书。本院依法组成合议庭,于2019年12月19日公开开庭审理了本案。原告陈某凤的委托代理人陈××、朱艳姝,被告某区执法局的委托代理人余××、戴××到庭参加诉讼。本案现已审理终结。

被告于2019年7月22日作出《责令限期拆除决定书》认为原告未经许可擅自在柳州市某区××屯6号建设建筑物,违反了《中华人民共和国城乡规划法》(以下简称《城乡规划法》)第40条第1款规定,故依据《城乡规划法》第64条的规定,责令其在收到决定书之日起3日内自行拆除上述违法建筑物。

原告陈某凤诉称，其系柳州市某区××村村民，在该村集体土地上建有房。2019年7月22日，原告收到被告作出的[2019]第12××号《责令限期拆除决定书》，称原告建设的上述房屋违反了《城乡规划法》的相关规定，责令原告自收到决定书之日起3日内自行拆除上述违法建筑。原告认为，被告认定原告的房屋系违法建筑既未依据基本事实，而直接要求原告限期自行拆除的决定也毫无法律依据，在实体和程序上均存在违法，严重侵害了原告的合法权益。现原告依据《中华人民共和国行政诉讼法》的规定向法院提起诉讼，请求法院依法判令：(1)撤销被告作出的柳城管责拆××规划决字[2019]第12××号《责令限期拆除决定书》；(2)本案诉讼费由被告承担。

原告为证其主张，提交了以下证据：

1. 柳州市城市管理行政执法《责令限期拆除决定书》(柳城管责拆××规划决字[2019]第12××号)，拟证明涉案行政行为的存在；

2.《集体土地使用证》；

3.《城镇规划选址意见书》；

4.《城镇建设工程施工许可证》；

5.《柳州市村镇建设工程开工通知单》；

6.《农民申请建房用地审批表》；

证据2—6，拟证明原告是在取得了集体土地使用证、城镇建设工程施工许可证等证件的基础上建造了用于生活的房屋，对所建房屋拥有所有权，原告房屋系合法建筑。

7.《通知书》，拟证明新南大道工程(一期)项目红线范围涉及征收新南村部分房屋；

8.《政府信息公开告知书》([2019]98号)，拟证明原告房屋及项下土地在新南大道工程(一期)项目报批红线范围内，新南大道工程(一期)项目尚在办理用地报批相关手续，原告的房屋及项下土地并未被合法征收。

被告某区执法局辩称：(1)被告具有作出《责令限期拆除决定书》的法定职权。根据2018年1月1日施行的《中华人民共和国行政处罚法》(以下简称《行政处罚法》)第16条"国务院或者经国务院授权的省、自治区、直辖市人民政府可以决定一个行政机关行使有关行政机关的行政处罚权，但限制人身自由的行政处罚权只能由公安机关行使"的规定，除了限制人身自由的行政处罚权外，其他有关行政处罚权可由一个行政机关行使，即相对集中行政处罚权。关于相对集中行政处罚权，《国务院关于进一步推进相对集中行政处罚权工作的决定》(国发〔2002〕17号)已经明确，各省、自治区、直辖市人民政府有权决定本行政区域内，对城市管理领域方面实施相对集中行政处罚权的机关以及实施的范围。《广西壮族自治区人民政府关于同意柳州市开展城市管理相对集中行政处罚权工作的批复》(桂政函〔2005〕220号)、《柳州市人民政府关于印发柳州市城市管理相对集中行政处罚权实施办法的通知》(柳政发〔2005〕76号)进一步明确,由柳州市的市、城区城市管理行政执法局相对集中行使城市规划管理方面法律、法规、规章规定的未经规划部门审批建设建筑物、构筑物的行政处罚权。因此,被告依法具有作出被诉具体行政行为的职权。(2)被告作出被诉具体行政行为事实清楚,程序合法。针对本案原告陈某凤所建的位于某区××屯6号建筑物,被告经过现场勘验并向柳州市某区某镇国土规建环保安监站查档调查核实后,确认其建设建筑物占用的土地部分办理有集体土地使用权证,证号:柳用第06×××号,其余部分未查询到土地登记信息;部分办理有《柳州市村镇建设工程开工通知单》,建筑面积:249平方米。2019年7月14日被告作出《柳州市城市管理行政执法责令限期拆除告知书》并送达给原告,告知原告拟对其作出责令限期自行拆除其违法建筑处罚,并告知原告有陈述和申辩的权利。原告当时未在住所里,但其同住的成年家属拒绝签收该文书,被告和国土规建环保安监站工作人员将该文书留置在当事人家中。2019年7月22日被告作出[2019]第12××号《责令限期拆除决定书》并送达,责令原告3日内自行拆除其违法建筑。(3)被告作出的行政处罚决定的法律依据充分。《城乡规划法》第40条第1款规定:"在城市、镇规划区内进行建筑物、构筑物、道路、管线和其他工程建设的,建设单位或者个人应当向城市、县人民政府城乡规划主管部门或者省、治区、直辖市人民政府确定的镇人民政府申请办理建设工程规划许可证。"《城乡规划法》第64条规定:"未取得建设工程规划许可证或者未按照建设工程规划许可证的规定进行建设的,由县级以上地方人民政府城市规划主管部门责令停止建设;尚可采取改正措施消除对规划实施的影响的,限期改正,处建设工程造价百分之五以上百分之十以下的罚款;无法采取改正措施消除影响的,限期拆除,不能拆除的,没收实物或者违法收入,可以并处建设工程造价百分之十以下的罚款。"根据上述规定,原告方应当在申办建设工程规划许可证后,方能建设建筑物。对于前述原告方未取得建设工程规划许可证而建设的建筑物,被告在原告经催告后仍不自行拆除违法建筑物的情况下,作出责令其限期拆除违法建筑物的行政处罚符合法律规定,法律依据充分。综上所述,被告具备作出行政决定的主体资格,且作出行政处罚决定事实清楚,程序合法,法律依据充分,请求法院驳回原告的诉讼请求。

被告向本院提交了以下证据、依据:

1.《国务院关于进一步推进相对集中行政处罚权工作的决定》(国发〔2002〕17号);

2.《广西壮族自治区人民政府关于同意开展城市管理相对集中行政处罚权工作的批复》(桂政函〔2005〕220号);

3.《柳州市人民政府关于印发柳州市城市管理相对集中行政处罚权实施办法的通知》(柳政发〔2005〕76号);

证据1—3，拟证明被告执法主体资格合法。

4. 柳州市城市管理行政执法立案表（柳城管××规划类立字[2019]第12××号），拟证明被告已经对本案所涉违法行为予以立案、准备调查；

5. 柳州市城市管理行政执法责令停止违法行为通知书（柳城管××规划停字[2019]第12××号），拟证明被告在立案后已经下达通知，让原告停止违法行为；

6. 柳州市城市管理行政执法调查通知书（柳城管××规划调字[2019]第12××号）及照片；

7. 柳州市城市管理行政执法现场勘验检查笔录及照片；

8. 柳州市城市管理行政执法案件调查笔录、农村建设用地调查表、柳州市村镇建设工程开工通知单、见证人工作证、业务联系表、一张图地块查询信息；

证据6—8，拟证明被告对本案立案的违法建设行为进行了客观、综合的调查。

9. 行政处罚意见书，拟证明被告根据柳州市自然资源和规划局的意见将作出相关行政处罚；

10. 柳州市城市管理行政执法行政处罚案件调查终结报告（柳城管××规划类调报字[2019]第12××号）；

11. 柳州市城市管理行政执法案件审批表；

证据10—11，拟证明被告根据柳州市自然资源和规划局的审批意见及调查结果在合法期限内对本案违法行为作出了处理意见。

12. 柳州市城市管理行政执法责令限期拆除告知书（柳城管责拆××规划告字[2019]第12××号）及照片；

13. 送达回证；

14. 针对柳城管责拆××规划告字[2019]第12××号《责令限期拆除告知书》的陈述和申辩意见及附带材料；

证据12—14，拟证明被告按照最终调查的结果作出责令原告限期拆除的告知，并依法送达给原告。

15. 柳州市城市管理行政执法责令限期拆除决定书（柳城管责拆××规划决字[2019]第12××号）及照片；

16. 送达回证及见证人工作证；

证据15—16，拟证明被告在向原告作出责令限期拆除告知后，在陈述申辩期届满后，依法作出责令限期拆除决定书，并依法送达。

17. 光盘，拟证明被告在执法过程中程序合法以及在2019年11月14日被告的工作人员到陈某凤所在的村委会，向村委会的工作人员了解在被告下达告知书时接收材料的人员与陈某凤的关系，经了解，该二人为陈某凤的儿子。

经庭审质证，被告对原告提交的证据1真实性认可，但认为该证据证实了原告已经收到被告送达的相关文书；对证据2—6真实性认可，但不认可原告的证明目的，该组证据充分说明原告房屋建造时间为2000年以后，其在许可范围内只能建设两层共249平方米，现原告已远远超出规划许可范围建设了多处违章建筑；对证据7—8不予认可，认为与本案无关联性，不认可原告的证明目的。原告对被告提供的证据1—3不予认可，认为被告不具有作出被诉行政行为的法定职权；对证据4、证据8中的业务联系表不予认可，认为证据上记录的案件来源自相矛盾；对证据5—6不予认可，认为该两份通知书送达不合法；对证据7不予认可，认为执法人员不可能在同一时间出现在不同地点；对证据8中的调查笔录、见证人工作证、农村建设用地调查表、集体土地使用证、一张图地块查询信息和证据9—16不予认可，认为被告认定事实错误，程序违法，适用法律错误；对证据17不予认可，认为该证据不能证实被告具有法定职权，并且证据间互相矛盾，存在认定事实错误等违法情形。

本院对上述证据认定如下：

1. 对原告提交的证据的认定：证据1是被诉行政行为，属于待审查事项，其合法性在说理部分阐明；证据2—6是有关涉案建筑占地情况及建设情况，与案件事实相关，本院将其作为认定案件事实的参考；证据7—8与本案无关联性，本院不予认定。

2. 对被告提交的证据的认定：证据1—3是被告职权依据的相关法律法规文件，与本案有关联性，应予以认定；证据4—8、证据10—13是被告作出《责令限期拆除决定书》前进行立案、调查、勘验、报告、审批、告知等程序载体，体现的是被告作出责令限期拆除决定的执法程序，均属于待审查事项，可以作为认定事实的依据，但其合法性在说理部分阐明；证据9是被告向规划部门查询本案涉案房屋情况的证据，有规划部门的认定意见及盖章，可以将其作为认定事实的依据；证据14是原告向被告提交的陈述和申辩书，本院将其作为认定本案事实的依据；证据15—17是《责令限期拆除决定书》、送达回执和送达视频，是被诉行政行为，其合法性在说理部分阐明。

经审理查明，涉案建筑物位于柳州市某区××屯6号，为原告所建。该建筑物包括一栋三层楼、几处泥砖木房和钢架棚，总建筑物面积约732.2平方米。以上建筑中，只有三层楼的第一、二层楼取得了村镇建设工程施工许可证，其他建筑，未取得建设工程规划许可证或其他正式建筑证照，也未在集体土地使用证登记范围内。

2019年5月28日，被告对原告第一、二层以外的其他建筑物进行立案调查，并下发《责令停止违法行为通知书》《调查通知书》，被告将该两份通知书送至原告住处，原告同住成年家属不配合签收，被告将该两份通知书粘贴在原告大门墙壁上，并录像、拍照记录送达过程。当日被告对涉案建筑物进行现场勘验，并制作现场勘验笔录及拍照，见证人到场见证并签字。2019年5月29日，被告向柳州市某区某镇国土规建环保安监站查询案涉建筑的土地使用情况。2019年5月29日，柳州市某区某镇国土规建环保安监站回复称，经核实，案涉建筑物部分办理有集体使用证，其余部分未查询到土地登记信息,并提供了农村建设用地调查表、柳州市村镇建设工程开工通知单、一张图地块查询信息截图等材料给被告。2019年6月19日,被告向柳州市自然资源和规划局征询对涉案建筑物的认定意见和处罚意见,柳州市自然资源和规划局于2019年6月24日作出“在柳州市城市规划区内,未取得建设工程规划许可证建设,请城管执法部门依法查处”的审批意见。2019年7月14日,被告作出《责令限期拆除告知书》,告知原告其拟作出责令限期自行拆除涉案建筑的决定,并告知原告享有陈述、申辩权。同日,被告将该告知书送至原告住处,原告同住成年家属不配合签收,被告邀请两名当地基层组织人员到场见证,留置送达该告知书,送达过程已记录在卷并已录像、拍照留存。2019年7月15日,原告向被告书面提交有关涉案房屋的陈述和申辩意见,同时提交了《村镇规划选址意见书》《村镇建设工程施工许可证》《柳州市村镇建设工程开工通知单》《集体土地使用证》(柳郊集用[2001民]字第06×××号)复印件。原告在该陈述和申辩意见中称“申辩人2000年4月7日取得了柳州市郊区石碑坪镇建设办公室核发的《村镇规划选址意见书》和《村镇建设工程施工许可证》,并进而获得了《柳州市村镇建设工程开工通知单》。申辩人是在取得上述证件后才在××屯6号开展施工建设的”。2019年7月22日,被告作出《责令限期拆除决定书》,责令原告在收到该决定书之日起3日内自行拆除上述涉案建筑。当日,被告将该决定书送至原告住所,原告同住成年家属不配合签收,被告已邀请当地基层组织两名工作人员到场见证,将该决定书留置在原告住处,送达过程已记录在卷并已录像、拍照留存。原告对该决定书不服,于2019年10月21日向本院提起诉讼。

另查明,原告是在2000年4月7日,办理并取得了《村镇选址规划意见书》《柳州市村镇建设工程开工通知单》《村镇建设工程施工许可证》。以上证件均清楚记载,许可建设的用地面积为117平方米,层数二层,建筑面积249平方米,结构砖混。其中,《柳州市村镇建设工程开工通知单》审批意见栏中清楚写明“同意该户新建住宅。但不能移位,超占建筑面积,否则作违章论处”。2001年6月29日,原告取得了《集体土地使用证》,该证登记的土地使用面积为109.2平方米。

本院认为,《行政处罚法》第16条规定,国务院或者经国务院授权的省、自治区、直辖市人民政府可以决定一个行政机关行使有关行政机关的行政处罚权,但限制人身自由的行政处罚权只能由公安机关行使。《国务院关于进一步推进相对集中行政处罚权工作的决定》(国发〔2002〕17号)(以下简称国发17号文)对相对集中行政处罚权作出了规定,规定了省、自治区、直辖市人民政府在城市管理领域可以集中行政处罚权的范围,以及城市规划管理方面法律、法规、规章规定的全部或部分行政处罚权属集中行使行政处罚权的范围。上述国发17号文还规定了由省、自治区、直辖市人民政府决定调整的城市管理领域的其他行政处罚权和集中行使行政处罚权的行政机关的设置。根据上述规定,广西壮族自治区人民政府于2005年8月9日作出《广西壮族自治区人民政府关于同意柳州市开展城市管理相对集中行政处罚权工作的批复》(桂政函〔2005〕220号),批准柳州市在城市规划区范围内开展城市管理相对集中行政处罚权工作;设立市、城区城市管理行政执法局,分别作为市人民政府、城区人民政府在城市管理方面相对集中行使行政处罚权的行政机关;市、城区城市管理行政执法局具有行政执法主体资格,其主要职责包括行使城市规划管理方面法律、法规、规章规定的对未经规划部门审批的建筑物、构筑物或者其他设施以及不按批准的规划许可建设的建筑物、构筑物的行政处罚权。从以上规定可以看出,行政处罚权相对集中后,有关部门不得再行使已经统一由一个行政机关行使的行政处罚权。本案被告是在柳州市某区辖区内集中行使包括城市规划管理方面法律、法规、规章规定的全部或部分行政处罚的行政机关。故被告有作出被诉的《责令限期拆除决定书》的法定职权。原告主张涉案建筑物不属于城市规划区内,被告无权对涉案房屋进行查处。对此本院认为,根据《行政处罚意见书》中柳州市自然资源和规划局的审批意见,规划部门已经确认原告房屋"在柳州市城市规划区内",故原告的主张与事实不符,本院不予支持。

《城乡规划法》第40条第1款规定:"在城市、镇规划区内进行建筑物、构筑物、道路、管线和其他工程建设的,建设单位或者个人应当向城市、县人民政府城乡规划主管部门或者省、自治区、直辖市人民政府确定的镇人民政府申请办理建设工程规划许可证。"第64条规定:"未取得建设工程规划许可证或者未按照建设工程规划许可证的规定进行建设的,由县级以上地方人民政府城乡规划主管部门责令停止建设;尚可采取改正措施消除对规划实施的影响的,限期改正,处建设工程造价百分之五以上百分之十以下的罚款;无法采取改正措施消除影响的,限期拆除,不能拆除的,没收实物或者违法收入,可以并处建设工程造价百分之十以下的罚款。"根据上述法律规定,单位和个人建设建筑物的,应取得建设工程许可证后,方可开工建设。结合本案,原告于2000年4月7日,获准新建两层楼住宅,并办理了相关选址手续和开工手续,取得了《村镇建设工程施工许可证》。但原告违反《村镇建设工程施工许可证》的许可范围,扩建第二层面积以及超建第三层。同时,原告在获准新建宅基地用房后,没有处置其老旧房屋,反而继续占用并在新建房屋周围未经许可擅自搭建砖瓦房和钢架棚。被告经过调查及向规划部门征询认定意见后,确认除取得村镇建设工程施工许可证的主楼第一、二层以外的建筑属于未经规划许可擅自建设,事实认定清楚,证据确实、充分。

原告主张被告适用法律错误,违反法不溯及既往原则。对此本院认为,原告称其房屋大部分建于20世纪70年代和80年代,但根据《村镇选址规划意见书》《柳州市村镇建设工程开工通知单》《村镇建设工程施工许可证》《集体土地使用证》记载,原告在2000年已获准在集体土地上新建二层楼房屋,其余老旧房屋既未获准办理建筑证照,也未被登记在集体土地使用范围之内,因此,这些建筑不再符合规划规定。而原告所建的砖瓦房和钢架棚,建设时间是在2018年,并没有办理任何建设手续,明显违反规划规定。因此,被告适用现行的《城乡规划法》进行处理,并无不当。

被告在作出《责令限期拆除决定书》前,经过调查询问、现场勘验,报国土部门查询土地信息、报规划部门认定违法建(构)筑物性质、告知等程序,最终作出了《责令限期拆除决定书》,并且在执法过程中,已向原告告知了陈述、申辩权,相关执法文书也已送达给原告知晓,故被告的执法程序合法。原告对被告的执法程序提出质疑,但其并未提供反证,故本院对原告的主张不予支持。

据此,依照《中华人民共和国行政处罚法》第16条,《中华人民共和国城乡规划法》第40条、第64条,《中华人民共和国行政诉讼法》第69条之规定,判决如下:

驳回原告陈某凤的诉讼请求。

案件受理费50元(原告陈某凤已预交),由原告陈某凤负担。

如不服本判决,可在本判决书送达之日起15日内向本院递交上诉状,并按对方当事人的人数提交副本,上诉于广西壮族自治区柳州市中级人民法院。

审 判 长 杨××
人民陪审员 林××
人民陪审员 蔡 ×
2019年12月31日
书 记 员 张 ×

【上诉人的代理意见】

上诉人的代理意见

尊敬的审判长、审判员:

北京京平律师事务所依法接受陈某凤(以下简称上诉人)的委托,指派朱艳姝律师作为上诉人与被上诉人柳州市某区城市管理行政执法局规划行政处理纠纷案件的二审诉讼代理人。代理律师根据庭审调查的事实,在上诉状事实和理由的基础上,就本案审查的焦点发表代理意见如下:

一、本案被上诉人没有作出涉案行政行为的法定职权。

上诉人的房屋位于村庄乡村规划范围内、集体土地上,这一点上诉人举证的集体建设用地使用证及其他证据均可以证实。而被上诉人却没有证据证明涉案房屋在城市规划区范围内,那么,依法其无权对村庄规划范围内的房屋作出限期拆除决定。并且,我国的行政处罚法列明的处罚种类也没有“限期拆除决定”这样的处罚种类。因此,无论从哪一方面讲,本案被上诉人均没有职权,也没有法律依据作出涉案行政行为。

二、被上诉人存在认定事实错误和程序违法。

首先,关于认定事实错误。从上诉人一审举证的照片中可以看出,上诉人的二层房屋都是有窗户的,楼层清楚。而被上诉人所认定的房屋是一层建筑,事实上被上诉人从没有到达现场进行过调查,所以才会出现事实方面的重大错误。按照国务院关于全面推行行政执法公示制度,被上诉人执法应全过程记录。《国务院办公厅关于全面推行行政执行公示制度执法全过程记录制度重大执法决定法制审核制度的指导意见》(国办发〔2018〕第118号)第3条第8项所规定的音像记录的内容为:各级行政机关在执法的时候,要对执法行为的不同阶段类别环节采用相应的音像记录,这种形式也直接有利的发挥执法规范的作用,也是要求依法履职的保障,对于这种涉及上诉人重大财产权益的现场执法活动,推行音像记录。而本案被上诉人却没有提供视频证据,就是张贴涉案行政行为的照片也只是打印件,连原件都没有,张贴在大门和外墙也不是合法的送达方式。这些均说明被上诉人根本没有进行调查和勘验。最为重要的是,被上诉人举证的证据之间也存在矛盾性,如2019年6月2日才邀请见证人进行见证,而在被上诉人举证的5月29日勘验证据中其已在见证人处签名,显然5月29日进行勘验的见证也不是事实。被上诉人所谓的执法人员至今没有提供执法证书,甚至连身份证件都没有,即所有的执法调查、勘验和送达活动都不具有合法性和真实性。根据我国《行政处罚法》的规定,对这种涉及上诉人重大财产利益的行为,被上诉人在作出决定之前没有告知当事人有听证的权利,也没有依法报由行政机关负责人进行集体讨论,甚至调查报告都是一个打印件,没有任何签名。因此,本案存在认定事实不清和程序严重违法。

三、涉案限期拆除决定存在适用法律错误。

从被上诉人一审出示的证据看,涉案房屋的基本建设时间是没有的,而建筑不同建设时间适用的法律是不同的,被上诉人所举的多个证据都已经说明房屋早已建成。上诉人在庭上陈述,包括我们提供的证据证实大多数房屋建于1982年和2004年,这个时间点城乡规划法还没有实施,根据法无溯及既往的原则,被上诉人适用《城乡规划法》作出涉案限期拆除决定存在适用法律错误。

基于此,一审判决在被上诉人没有证据证明涉案房屋位于城市规划区范围内的情形下,适用《城乡规划法》第40条和第64条的规定,认定被上诉人有法定职权且认定事实正确,存在严重违法和认定错误,依法不应得到支持。并且涉案房屋建设于1982年,一审判决适用2008年后实施的《城乡规划法》进行认定,违反法不溯及既往的原则。

四、被上诉人作出限期拆除决定不具备合法前提条件。

首先,被上诉人在没有依法查清涉案房屋建成时间的情况下,适用《城乡规划法》进行处罚就是错误的。其次,退一步讲,即便按照该法律执法,仍然不具备作出涉案限期拆除决定的合法前提和基础。

我国《城乡规划法》第64条规定:“未取得建设工程规划许可证或者未按照建设工程规划许可证的规定进行建设的,由县级以上地方人民政府城乡规划主管部门责令停止建设;尚可采取改正措施消除对规划实施的影响的,限期改正,处建设工程造价百分之五以上百分之十以下的罚款;无法采取改正措施消除影响的,限期拆除,不能拆除的,没收实物或者违法收入,可以并处建设工程造价百分之十以下的罚款。”即便没有取得建设工程规划手续,也应当先行责令限期改正,在无法改正且已对规划造成影响的情形下,才能依法责令拆除。而本案被上诉人并没有举证上诉人建设行为影响了哪个规划且不能消除影响,也没有依法责令限期改正,直接作出限期拆除决定不具备合法前提和基础,依法应当予以撤销。一审判决却没有完整依法适用该条款,作出的判决无合法依据。

五、被上诉人作出涉案限期拆除决定没有考虑建筑物历史形成原因和使用现状以及当时的土地规划政策因素,侵害了上诉人合法财产权益。

涉案上诉人房屋主要建设于1982年年初,并且取得集体建设用地使用权证书。当时地方规划部门还没有成立,所有农村房屋均没有办理建设工程规划手续,事实上也没有单位给予办理,因此,没有取得建设规划手续不是上诉人的原因,恰恰是行政机关的过错。而本案被上诉人没有核实建筑建成时间和历史因素及现状,仅以未取得建设工程规划许可为由就作出案涉限期拆除决定,无合法根据,也没有考虑当时的实际情况,不具有合法性。

综上所述,被上诉人无权作出涉案行政行为,且程序违法,适用法律错误,严重侵害了上诉人合法财产权益,依法应当予以撤销。一审判决认定其合法没有事实和法律根据,亦应撤销。恳请贵院查明事实,撤销一审判决,支持上诉人一审全部诉讼请求,保护百姓合法权益不受非法侵害,纠正行政机关违法的错误行为。以上意见,请采纳!

此致

柳州市中级人民法院

代理人:朱艳姝

2020年7月28日

【二审判决书】

广西壮族自治区柳州市中级人民法院
行政判决书

（2020）桂02行终1××号

上诉人（一审原告）：陈某凤，男，19××年××月××日生，汉族，住柳州市。

委托诉讼代理人：陈××，男，19××年××月××日生，汉族，住柳州市。系陈某凤之子。代理权限为特别授权。

被上诉人（一审被告）：柳州市某区城市管理行政执法局，住所地柳州市。

法定代表人：朱××，局长。

委托诉讼代理人：余××，柳州市某区城市管理行政执法局工作人员。代理权限为特别授权。

委托诉讼代理人：戴××，广西××律师事务所律师。代理权限为特别授权。

上诉人陈某凤因诉柳州市某区城市管理行政执法局（以下简称某区执法局）规划行政处理纠纷一案，不服柳州市某区人民法院（2019）桂02××行初××号行政判决，向本院提起上诉。本院依法组成合议庭，对本案进行了审理。本案现已审理终结。

一审判决查明，涉案建筑物位于柳州市某区××屯6号，为陈某凤所建。该建筑物包括一栋三层楼、几处泥砖木房和钢架棚，总建筑物面积约732.2平方米。以上建筑中，只有三层楼的第一、二层楼取得了村镇建设工程施工许可证，其他建筑，未取得建设工程规划许可证或其他正式建筑证照，也未在集体土地使用证登记范围内。2019年5月28日，某区执法局对陈某凤第一、二层以外的其他建筑物进行立案调查，并下发《责令停止违法行为通知书》《调查通知书》，某区执法局将该两份通知书送至陈某凤住处，陈某凤同住成年家属不配合签收，某区执法局将该两份通知书粘贴在陈某凤大门墙壁上，并录像、拍照记录送达过程。当日某区执法局对涉案建筑物进行现场勘验，并制作现场勘验笔录及拍照，见证人到场见证并签字。2019年5月29日，某区执法局向柳州市某区某镇国土规建环保安监站查询案涉建筑的土地使用情况。2019年5月29日，柳州市某区某镇国土规建环保安监站回复称，经核实，案涉建筑物部分办理有集体使用证，其余部分未查询到土地登记信息，并提供了农村建设用地调查表、柳州市村镇建设工程开工通知单、一张图地块查询信息截图等材料给某区执法局。2019年6月19日，某区执法局向柳州市自然资源和规划局征询对涉案建筑物的认定意见和处罚意见。柳州市自然资源和规划局于2019年6月24日作出“在柳州市城市规划区内,未取得建设工程规划许可证建设,请城管执法部门依法查处"的审批意见。2019年7月14日,某区执法局作出《责令限期拆除告知书》,告知陈某凤其拟作出责令限期自行拆除涉案建筑的决定,并告知陈某凤享有陈述、申辩权。同日,某区执法局将该告知书送至陈某凤住处,陈某凤同住成年家属不配合签收,某区执法局邀请两名当地基层组织人员到场见证,留置送达该告知书,送达过程已记录在卷并已录像、拍照留存。2019年7月15日,陈某凤向某区执法局书面提交有关涉案房屋的陈述和申辩意见,同时提交了《村镇规划选址意见书》《村镇建设工程施工许可证》《柳州市村镇建设工程开工通知单》《集体土地使用证》(柳郊集用[2001民]字第06×××号)复印件。陈某凤在该陈述和申辩意见中称,"申辩人2000年4月7日取得了柳州市郊区石碑坪镇建设办公室核发的《村镇规划选址意见书》和《村镇建设工程施工许可证》,并进而获得了《柳州市村镇建设工程开工通知单》。申辩人是在取得上述证件后才在××屯6号开展施工建设的"。2019年7月22日,某区执法局作出柳城管责拆××规划决字(2019)第12××号《责令限期拆除决定书》(以下简称12××号限期拆除决定),责令陈某凤在收到该决定书之日起3日内自行拆除上述涉案建筑。当日,某区执法局将该决定书送至陈某凤住所,陈某凤同住成年家属不配合签收,某区执法局已邀请当地基层组织两名工作人员到场见证,将该决定书留置在陈某凤住处,送达过程已记录在卷并已录像、拍照留存。陈某凤对该决定书不服,于2019年10月21日向一审法院提起诉讼。另查明,陈某凤是在2000年4月7日办理并取得了《村镇选址规划意见书》《柳州市村镇建设工程开工通知单》《村镇建设工程施工许可证》。以上证件均清楚记载,许可建设的用地面积为117平方米,层数二层,建筑面积249平方米,结构砖混。其中,《柳州市村镇建设工程开工通知单》审批意见栏中清楚写明"同意该户新建住宅。但不能移位,超占建筑面积,否则作违章论处"。2001年6月29日,陈某凤取得了《集体土地使用证》,该证登记的土地使用面积为109.2平方米。

一审判决认为,《中华人民共和国行政处罚法》第16条规定,国务院或者经国务院授权的省、自治区、直辖市人民政府可以决定一个行政机关行使有关行政机关的行政处罚权,但限制人身自由的行政处罚权只能由公安机关行使。国发(2002)17号文件《国务院关于进一步推进相对集中行政处罚权工作的决定》(国发〔2002〕17号)对相对集中行政处罚权作出了规定,规定了省、自治区、直辖市人民政府在城市管理领域可以集中行政处罚权的范围,以及城市规划管理方面法律、法规、规章规定的全部或部分行政处罚权属集中行使行政处罚权的范围。上述文件还规定了由省、自治区、直辖市人民政府决定调整的城市管理领域的其他行政处罚权和集中行使行政处罚权的行政机关的设置。根据上述规定,广西壮族自治区人民政府于2005年8月9日作出《广西壮族自治区人民政府关于同意柳州市开展城市管理相对集中行政处罚权工作的批复》(桂政函〔2005〕220号),批准柳州市在城市规划区范围内开展城市管理相对集中行政处罚权工作;设立市、城区城市管理行政执法局,分别作为市人民政府、城区人民政府在城市管理方面相对集中行使行政处罚权的行政机关;市、城区城市管理行政执法局具有行政执法主体资格,其主要职责包括行使城市规划管理方面法律、法规、规章规定的对未经规划部门审批的建筑物、构筑物或者其他设施以及不按批准的规划许可建设的建筑物、构筑物的行政处罚权。从以上规定可以看出,行政处罚权相对集中后,有关部门不得再行使已经统一由一个行政机关行使的行政处罚权。本案某区执法局是在柳州市某区辖区内集中行使包括城市规划管理方面法律、法规、规章规定的全部或部分行政处罚的行政机关。故某区执法局有作出被诉的12××号限期拆除决定的法定职权。陈某凤主张涉案建筑物不属于城市规划区内,某区执法局无权对涉案房屋进行查处。对此一审法院认为,根据《行政处罚意见书》中柳州市自然资源和规划局的审批意见,规划部门已经确认陈某凤房屋"在柳州市城市规划区内",故陈某凤的主张与事实不符,依法不予支持。《中华人民共和国城乡规划法》第40条第1款规定:"在城市、镇规划区内进行建筑物、构筑物、道路、管线和其他工程建设的,建设单位或者个人应当向城市、县人民政府城乡规划主管部门或者省、自治区、直辖市人民政府确定的镇人民政府申请办理建设工程规划许可证。"第64条规定:"未取得建设工程规划许可证或者未按照建设工程规划许可证的规定进行建设的,由县级以上地方人民政府城乡规划主管部门责令停止建设;尚可采取改正措施消除对规划实施的影响的,限期改正,处建设工程造价百分之五以上百分之十以下的罚款;无法采取改正措施消除影响的,限期拆除,不能拆除的,没收实物或者违法收入,可以并处建设工程造价百分之十以下的罚款。"根据上述法律规定,单位和个人建设建筑物的,应取得建设工程许可证后,方可开工建设。结合本案,陈某凤于2000年4月7日,获准新建两层楼住宅,并办理了相关选址手续和开工手续,取得了《村镇建设工程施工许可证》。但陈某凤违反《村镇建设工程施工许可证》的许可范围,扩建第二层面积以及超建第三层。同时,陈某凤在获准新建宅基地用房后,没有处置其老旧房屋,反而继续占用并在新建房屋周围未经许可擅自搭建砖瓦房和钢架棚。某区执法局经过调查及向规划部门征询认定意见后,确认除取得村镇建设工程施工许可证的主楼第一、二层以外的建筑属于未经规划许可擅自建设,事实认定清楚,证据确实、充分。陈某凤主张某区执法局适用法律错误,违反法不溯及既往原则。对此一审法院认为,陈某凤称其房屋大部分建于20世纪70年代和80年代,但根据《村镇选址规划意见书》《柳州市村镇建设工程开工通知单》《村镇建设工程施工许可证》《集体土地使用证》记载,陈某凤在2000年已获准在集体土地上新建二层楼房屋,其余老旧房屋既未获准办理建筑证照,也未被登记在集体土地使用范围之内,因此,这些建筑不再符合规划规定。而陈某凤所建的砖瓦房和钢架棚,建设时间是在2018年,并没有办理任何建设手续，明显违反规划规定。因此，某区执法局适用现行的《中华人民共和国城乡规划法》进行处理，并无不当。某区执法局在作出12××号限期拆除决定前，经过调查询问、现场勘验、报国土部门查询土地信息、报规划部门认定违法建(构)筑物性质、告知等程序，最终作出了12××号限期拆除决定，并且在执法过程中，已向陈某凤告知了陈述、申辩权，相关执法文书也已送达给陈某凤知晓，故某区执法局的执法程序合法。陈某凤对某区执法局的执法程序提出质疑，但其并未提供反证，故对陈某凤的主张不予支持。据此，依照《中华人民共和国行政处罚法》第16条，《中华人民共和国城乡规划法》第40条、第64条，《中华人民共和国行政诉讼法》第69条之规定，一审判决：驳回陈某凤的诉讼请求。

上诉人陈某凤上诉称，(1)从一审判决查明的事实可以看出，上诉人房屋的土地性质为集体土地，位于村庄规划范围内，而被上诉人对城市规划区的房屋有认定权。本案中，被上诉人并未针对上诉人案涉建筑物属于柳州市城市规划区内提供充足的证据。故被上诉人作出涉案行政行为没有任何法律依据。所以，一审判决认定被上诉人有权作出涉案责令限期拆除决定是错误的。(2)被上诉人作出案涉的限期拆除决定书适用法律错误。本案中，上诉人提供了充足的证据证明房屋大部分建于20世纪七八十年代，一审判决认定“而原告所建的砖瓦房和钢架棚，建设时间是在2018年，并没有办理任何建设手续，明显违反规划规定”存在明显的事实错误。上诉人并未于2018年有建造砖瓦房和钢架棚的行为，被上诉人也未提供相应的证据。在刘××作为原告、某区执法局作为被告的(2019)桂0205行初47号行政判决书中同样载明了“原告在2008年、在未经规划许可的情况下，擅自建设了钢架棚，并且在钢架棚下搭设了简易板房，公然违法建设”。上诉人有理由相信一审法院在审理这两个案件时存在混淆事实的问题。根据法不溯及既往的原则，被上诉人不应根据《中华人民共和国城乡规划法》的相关规定对上诉人的上述房屋作出案涉的《责令限期拆除决定书》，适用法律严重错误。(3)被上诉人并未依法履行立案、调查、勘验、报告、审批、告知等法律程序。首先，被上诉人提交的立案、调查、勘验、报告、审批、告知等材料存在逻辑错误、伪造作假的问题。一审庭审中上诉人针对被上诉人递交的调查、报告、审批、告知等文件从时间节点、签字人员多角度逐一进行剖析，并指出材料中不合理之处。被上诉人在一审时递交的证据7载明的勘验时间是2019年5月28日10时，载明的勘验(检查)人为莫某军和罗某军。与此同时，在刘××作为原告、某区执法局作为被告的(2019)桂0205行初47号案件中，被上诉人向一审法院提交的证据7载明的勘验时间为2019年5月28日10时，载明的勘验(检查)人为莫某军和罗某军。在同一时间点，同样的两位勘验(检查)人对两栋建筑物同时进行勘测，明显与常理相悖。另外，《国务院办公厅关于全面推行行政执法公示制度执法全过程记录制度重大执法决定法制审核制度的指导意见》(国办发〔2018〕118号)规定了要全面推行执法全过程记录制度。本案调查最重要的环节现场勘验却没有依照规定进行任何视频记录。通过一审时被上诉人提供的证据可以证实,所谓的见证人是在被上诉人提供的现场勘验笔录之后才被邀请参与涉案行为的调查工作,前后矛盾的证据可以证实根本没有对上诉人房屋进行过勘验,事实上也没有。其次,上诉人的陈述、申辩、听证等权利未得到依法保障。涉案《责令限期拆除公告书》中并没有告知上诉人有申请听证的权利,这违反了《关于深入推进行政审批制度改革的意见》(国办发〔2008〕115 号)的规定,严重损害了上诉人的合法权益。最后,根据《中华人民共和国民事诉讼法》(2017 年修正)第 86 条、《最高人民法院关于适用〈中华人民共和国民事诉讼法〉的解释》第 130 条第 2 款的规定,留置送达只有满足两种条件,才是合法的送达。一是受送达人或者他的同住成年家属拒绝接收诉讼文书;二是见证人需有关基层组织或者所在单位代表到场。本案中,被上诉人没有提供任何证据证明送达《责令停止违法行为通知书》《调查通知书》《责令限期拆除告知书》时上诉人或其他同住成年家属在场且拒收;载明的留置送达见证人,并非受送达人居住地居民委员会、村民委员会的工作人员,也不是受送达人所在单位的工作人员,而是白露街道办事处工作人员。与此同时,送达照片中只有一名穿着便服的工作人员且脸部难以辨别。因此,被上诉人以违法留置送达的方式送达《责令停止违法行为通知书》《调查通知书》《责令限期拆除告知书》的行为严重损害了上诉人陈述、申辩、听证等合法权利。综上,一审判决认定事实不清,证据不足,程序违法,适用法律错误,请求撤销一审判决和 12 × × 号限期拆除决定。

被上诉人某区执法局答辩称,(1)某区执法局具有作出 12 × × 号限期拆除决定的法定职权。根据《中华人民共和国行政处罚法》第 16 条"国务院或者经国务院授权的省、自治区、直辖市人民政府可以决定一个行政机关行使有关行政机关的行政处罚权,但限制人身自由的行政处罚权只能由公安机关行使"的规定,除了限制人身自由的行政处罚权外,其他有关行政处罚权可由一个行政机关行使,即相对集中行政处罚权。关于相对集中行政处罚权,《国务院关于进一步推进相对集中行政处罚权工作的决定》(国发〔2002〕17 号)已经明确,各省、自治区、直辖市人民政府有权决定本行政区域内,对城市管理领域方面实施相对集中行政处罚权的机关以及实施的范围。《广西壮族自治区人民政府关于同意柳州市开展城市管理相对集中行政处罚权工作的批复》(桂政函〔2005〕220 号)、《柳州市人民政府关于印发柳州市城市管理相对集中行政处罚权实施办法的通知》(柳政发〔2005〕76 号)进一步明确,由柳州市的市、城区城市管理行政执法局相对集中行使城市规划管理方面法律、法规、规章规定的未经规划部门审批建设建筑物、构筑物的行政处罚权。因此,某区执法局依法具有作出被诉具体行政行为的职权。(2)某区执法局作出被诉具体行政行为事实清楚,程序合法。针对陈某凤所建的位于某区 × × 屯 6 号建筑物某区执法局经过现场勘验并向柳州市某区石碑坪镇国土规建环保安监站查档调查核实后,确认其建设建筑物占用的土地部分办理有集体土地使用权证,证号:柳用第06×××号,其余部分未查询到土地登记信息;部分办理有《柳州市村镇建设工程开工通知单》,建筑面积:249平方米。2019年7月14日某区执法局作出《责令限期拆除告知书》并送达给陈某凤,告知陈某凤拟对其作出责令限期自行拆除其违法建筑处罚,并告知陈某凤有陈述和申辩的权利。陈某凤当时未在住所里,但其同住的成年家属拒绝签收该文书,某区执法局和国土规建环保安监站工作人员将该文书留置在当事人家中。2019年7月22日某区执法局作出12××号限期拆除决定并送达,责令陈某凤3日内自行拆除其违法建筑。(3)某区执法局作出的12××号限期拆除决定的法律依据充分。《中华人民共和国城乡规划法》第40条第1款规定:"在城市、镇规划区内进行建筑物、构筑物、道路、管线和其他工程建设的,建设单位或者个人应当向城市、县人民政府城乡规划主管部门或者省、自治区、直辖市人民政府确定的镇人民政府申请办理建设工程规划许可证。"《中华人民共和国城乡规划法》第64条规定:"未取得建设工程规划许可证或者未按照建设工程规划许可证的规定进行建设的,由县级以上地方人民政府城乡规划主管部门责令停止建设;尚可采取改正措施消除对规划实施的影响的,限期改正,处建设工程造价百分之五以上百分之十以下的罚款;无法采取改正措施消除影响的,限期拆除,不能拆除的,没收实物或者违法收入,可以并处建设工程造价百分之十以下的罚款。"根据上述规定,陈某凤应当在申办建设工程规划许可证后,方能建设建筑物。对于陈某凤未取得建设工程规划许可证而建设的建筑物,某区执法局在陈某凤经催告后仍不自行拆除违法建筑物的情况下,作出责令其限期自行拆除违法建筑物的12××号限期拆除决定符合法律规定,法律依据充分。综上所述,某区执法局具备作出行政决定的主体资格,且作出12××号限期拆除决定事实清楚,程序合法,法律依据充分,一审判决认定事实清楚,适用法律正确,请求驳回上诉人陈某凤的上诉请求。

在二审审理期间,双方当事人均未提交新证据。经审查,本院确认一审判决确认的证据合法有效,可作为定案依据。根据以上证据,本院查明:位于柳州市某区××屯6号的涉案建(构)筑物包括一栋三层砖混结构、几栋一层砖木结构和钢架棚结构建(构)筑物,其中,12××号限期拆除决定中所指的732.2m^{2}建(构)筑物建设情况为:(1)15m×10.8m=162m^2,钢架棚结构;(2)5.7m×7.6m+2.5m×3.3m=51.57m^2,砖木结构;(3)12.3m×9m=110.7m^2,砖木结构;(4)7.4m×5.2m=38.48m^2,砖木结构;(5)9m×5.4m=48.6m^2,钢架棚结构;(6)第三层12.6m×5.5m+4.5m×4.8m=90.9m^2,砖混结构;(7)(9m+4.3m)×9.2m÷2=61.18m^2,钢架棚结构;(8)15.7m×7m+(4.3m+4m)×7m÷2=138.95m^2,钢架棚结构;(9)7.1m×4.2m=29.82m^2,砖木结构。一审判决查明中将三层砖混结构建筑物中的第一、二层包含在732.2m^{2}总建筑物面积中是错误的,本院予以纠正。本院查明的其他事实与一审判决查明的事实基本一致。

本院认为，对于历史建(构)筑物，应综合考虑建造历史、使用现状、当地土地利用规划以及有关用地政策等因素，依法进行调查、认定和处理。对于1982年2月13日国务院颁布实施《村镇建房用地管理条例》之前在农村村庄和集镇建设使用至今的房屋以及1984年4月1日国务院颁布实施《城市规划条例》之前在城市规划区内建设使用的房屋，即使未取得合法建筑手续和权属证书，也不宜认定为违法建筑。本案中，涉案建(构)筑物中有部分老建筑，被上诉人某区执法局在作出12××号拆除决定前，未依法查清涉案建(构)筑物的建造时间等情况，仅以未取得建设工程规划许可证为由，即作出12××号限期拆除决定，证据不充分，依法应予撤销。一审判决有误，本院依法应予纠正。据此，依照《中华人民共和国行政诉讼法》第70条第1项、第89条第1款第2项之规定，判决如下：

一、撤销柳州市某区人民法院(2019)桂02××行初××号行政判决；

二、撤销柳州市某区城市管理行政执法局作出的柳城管责拆××规划决字[2019]第12××号《责令限期拆除决定书》。

一、二审案件受理费共计100元(上诉人已预交)，由被上诉人某区执法局负担(已缴纳)。

本判决为终审判决。

审判长　郭××
审判员　黄××
审判员　游××
2020年10月22日
法官助理　陆××
书记员　唐××

办案总结

自2007年以来，我国各大省、市开始大规模征收拆迁，大部分是经过合法批准的，但有一部分征收涉及违法占地或者少批多占且补偿标准较低，安置房房屋质量也无法保障。甚至在个别地区以拆除违法建筑之名代替征收补偿，将百姓已建设居住了几十年的房屋以未取得建设工程规划许可证为由认定为违法建筑，然后实施拆除。本案原告的房屋建设于20世纪80年代初，并办理了集体土地使用证，在没有城乡规划职能部门，没有法律规定农村建房需要办理建设工程规划许可证的大背景下，其房屋形成具有一定合理性，同时在被告作出违法房屋性质认定前没有进行任何调查和勘验程序，直接作出了限期拆除决定书。

事实上，由于农村发展程度及行政管理的实际情况等，农村集体土地上房屋普遍存在只有部分建设手续甚至完全缺乏建设手续的情况，这是历史形成的客观事实，相对人不存在主观过错。

本案二审法院正是综合审慎考量历史建筑原因和执法部门的程序履行行为，最终以1982年以前《村镇建房用地管理条例》（国发〔1982〕29号）（已失效）建房并使用至今的房屋，即使没有取得产权证书也不宜认定违法建筑为由撤销了柳州市某区城市管理行政执法局的限期拆除决定和柳州市某区人民法院的一审判决书，彰显了行政诉讼保障相对人合法权利的原则，同时亦有利于监督行政，促进依法行政和阳光执法。

专家点评

本案具有一定的代表性，《国有土地上房屋征收与补偿条例》自2011年颁布实施后，对于国有土地上的房屋征收起到了重要的规范作用，但是长期以来，针对农村集体土地上的类似问题，缺乏明确清晰的解决路径。实践中，个别地区为加快农村发展，促进土地再利用，也积极推动农村房屋的拆改建工作，但合法房屋征收需要考量诸多民生因素，应当确保行政行为实体程序无瑕疵，并给予相对人合理适当的补偿。

本案因相对人不服地方行政职能部门将涉案房屋认定为违法建筑从而对房屋《责令限期拆除决定书》提起行政诉讼，一审法院仅基于司法审查的层面进行审查，认为行政职权、法律适用、事实认定、行政程序四个方面无瑕疵，故案涉《责令限期拆除决定书》应当予以维持，判决驳回原告诉讼请求；经本案代理人通过积极查阅资料，收集补充证据，针对性地对原行政行为及一审判决进行分析论证，二审法院最终从大格局和高站位进行考量，指出因历史原因形成的建筑且关涉民生居住，应当审慎进行建筑违法性的认定，体现了司法人文关怀与实质化解争议的行政诉讼初衷；同时，亦对行政行为的实体事实认定以及程序履行进行了规范性释明和指引，体现了司法审查监督行政的根本功能。

审核人、点评人：北京律师智库重大复杂案件研究专家组　裴娜律师

复核人：北京律师智库重大复杂案件研究专家组　秘书长　马建律师

知识产权类

我国台湾地区的行政区划地名在商标法上的可注册性评价

——北京城市副中心投资建设集团有限公司诉国家知识产权局商标申请驳回复审行政纠纷

争议焦点

争议商标“北投”申请注册是否违反《商标法》第10条第2款及第30条的规定。

关键词

商标注册　县级以上行政区划　地名

案情简介

本案一审中,原告提交证据《中华人民共和国行政区划简册》(2017年版),证明中华人民共和国民政部2017年版本《中华人民共和国行政区划简册》书籍,经检索,未见“北投区”这一行政区划名称。且尚无证据证明我国台湾地区的各区域系按照我国大陆地区行政区划规定进行划定,但一审判决认定该点不能作为否认北投区是我国台湾地区台北市下属辖区的事实,故诉争商标构成《商标法》第10条第2款所规定之情形,还认定诉争商标与引证商标若共同使用在上述同一种或类似商品上,易造成相关公众混淆,从而对商品来源产生误认,已构成使用在同一种或类似商品上的近似商标。

二审中,上诉人提交证据《北京市政府文件》,证明上诉人企业规范简称为“北投集团”以及其他市属企业简称情况。北京电视台、中央电视台、首都建设报等对“北投”的报道，以及上诉人对“北投”的使用、宣传资料，证明上诉人在使用、宣传“北投”的过程中已经赋予了“北投”强烈的、确定的含义，该含义远强于其作为行政区划名称之含义。诉争商标具有极强的影响力、知名度、显著性。《商标法》虽规定县级以上行政区划的地名或者公众知晓的外国地名，不得作为商标，但是，地名具有其他含义或者作为集体商标、证明商标组成部分的除外。因“北投”为台北市区名为事实，故诉争商标可否予以注册取决于是否符合上述法条但书条款，即诉争商标具有其他含义，且该含义强于地名之规定。委托人可考虑以诉争商标具有指代北京城市副中心投资建设集团有限公司的第二含义，且该含义强于地名提起二审诉讼。“含义”的本质可理解为公众看见某名词即将其与某具体事物对应起来，故若当相关公众面对该名词时，首先想到的北京城市副中心投资建设集团有限公司，而非地名，则诉争商标即达到使公众区分产品或服务来源的商标本质目的，符合《商标法》规定，就应该予以注册。诉争商标在第10—18、20—28、32—34类共21个类上仅因被认定违反《商标法》第10条第2款关于县级行政区划名称不得注册之规定而被驳回，并无在先引证商标存在。二审法院认为我国台湾地区台北市下属一个辖区的地名为“北投”，但该地名并未记载于《中华人民共和国行政区划简册》(2019年版)，且尚无证据证明我国台湾地区的各区域系按照我国大陆地区行政区划规定进行划定。因此，我国台湾地区的地名不能直接比照我国大陆地区现行的行政区划进行推定。北投区虽为我国台湾地区台北市属辖区，但在案证据并不能确定为“县级以上”。故诉争商标“北投”的注册和使用未构成商标法第10条第2款规定的情形。

案件历程

【一审判决书】

北京知识产权法院
行政判决书

(2019)京73行初×××××号

原告：北京城市副中心投资建设集团有限公司。
法定代表人：李××，董事长。(未到庭)
委托诉讼代理人：周伟，北京东灵通律师事务所律师。(到庭)
被告：国家知识产权局。
法定代表人：申长雨，局长。(未到庭)
委托诉讼代理人：杨×，国家知识产权局审查员。(到庭)
委托诉讼代理人：李××，国家知识产权局审查员。(未到庭)

案由:商标申请驳回复审行政纠纷。

被诉决定:商评字[2019]第162724号《关于第30390766号"北投"商标驳回复审决定书》。

被诉决定作出时间:2019年7月12日。

本院受理时间:2019年9月3日。

开庭审理时间:2019年9月18日。

原告诉称:(1)引证商标三、六、七、八与诉争商标不近似,不应作为诉争商标诉争注册的在先权利障碍;(2)民政部编辑的《中华人民共和国行政区划简册》并无以"北投"作为地名的行政区划名称,依据该审查标准,诉争商标并不违反《商标法》第10条第2款规定;(3)即使北投为台北市辖区,但"北投"作为原告简称具有确定含义,且该含义强于其作为地名之含义;(4)诉争商标经过长期大量使用已经具有极强的显著性、影响力、知名度,已与原告建立起了唯一对应关系;(5)"北投集团"作为商标在第1—45类商品/服务上均已经得到注册,商标注册人为本案原告,"北投"与"北投集团"同为本案原告简称,属于相同商标,根据审查标准一致性,本案诉争商标"北投"也应予以注册。综上,原告请求法院依法撤销被诉决定,并判令被告重新作出决定。

被告辩称:被诉决定认定事实清楚,适用法律正确,作出程序合法,请求判决驳回原告的诉讼请求,由原告承担本案诉讼费用。

本院经审理查明:

一、诉争商标

1. 申请人:原告。

2. 申请号:30390766。

3. 申请日期:2018年4月20日。

4. 标识:

北投

5. 指定使用商品或服务(第10类,待删类似群:1001—1009):奶瓶;非化学避孕用具;假肢等。

二、引证商标三

1. 注册人:南宁市五洲沥青有限公司。

2. 注册号:13265802。

3. 申请日期:2013年9月18日。

4. 注册公告日期:2015年1月14日。

5. 专用权有效期至:2025年1月13日。

6. 标识:

北投沥青

7. 核定使用商品或服务(第 19 类,类似群 1901—1902;1904;1906;1908—1909;1912):柏油;沥青;防水卷材等。

三、引证商标六

1. 注册人:广西东行健投资有限公司。

2. 注册号:19548961。

3. 申请日期:2016 年 4 月 7 日。

4. 注册公告日期:2017 年 5 月 21 日。

5. 专用权有效期至:2027 年 5 月 20 日。

6. 标识:

北投

7. 核定使用商品或服务(第 29 类,类似群 2901—2908;2911—2912):蛋;奶;食用油等。

四、引证商标七

1. 注册人:广西东行健投资有限公司。

2. 注册号:19548961。

3. 申请日期:2016 年 4 月 7 日。

4. 注册公告日期:2017 年 5 月 21 日。

5. 专用权有效期至:2027 年 5 月 20 日。

6. 标识:

北投

7. 核定使用商品或服务(第 30 类,类似群 3001—3006;3008—3009;3015—3016;3018):咖啡;茶;糖等。

五、引证商标八

1. 注册人：广西东行健投资有限公司。

2. 注册号：19548961。

3. 申请日期：2016 年 4 月 7 日。

4. 注册公告日期：2017 年 5 月 21 日。

5. 专用权有效期至：2027 年 5 月 20 日。

6. 标识：

7. 核定使用商品或服务（第 31 类，类似群 3101—3110）：未加工木材；小麦；自然草皮等。

六、其他事实

经查，北投区为中国台湾地区台北市属辖区。

在庭审过程中，原告明确表示对诉争商标指定使用商品与引证商标核定使用商品属于相同或类似商品不持异议。原告提交了《中华人民共和国行政区划简册》、原告北投集团注册商标在第 1—45 类的商标列表，商标审查和审理标准证明诉争商标的可注册性。

上述事实，有诉争商标及引证商标商标档案、被诉决定、当事人陈述、当事人提供的证据材料等在案佐证。

本院认为，本案有两个争议焦点：第一，诉争商标诉争注册是否符合《商标法》第 10 条第 2 款规定。第二，诉争商标诉争注册是否符合《商标法》第 30 条的规定。

（一）《商标法》第 10 条第 2 款规定："县级以上行政区划的地名或者公众知晓的外国地名，不得作为商标。但是，地名具有其他含义或者作为集体商标、证明商标组成部分的除外；已经注册的使用地名的商标继续有效。"

限制地名作为商标注册，一方面是源于显著性的考虑，由于将地名使用在商品或者服务上，相关公众可能认为其是对商品产地或服务提供地的表述，无法发挥商标所应具有的将某一提供者与其他提供者区别开来的功能。另一方面是基于垄断的考虑，将地名作为商标使用，会使注册人在该地名上获得排他权，不公平地妨碍他人在商业活动正常使用地名。需要指出的是，地名不得注册为商标，不仅适用于仅由地名构成的商标，也可以适用于含有地名和其他要素，但整体上容易被相关公众认知为地名的商标。

本案中,诉争商标为"北投"商标,使用在指定的商品上,北投区是我国台湾地区台北市下属辖区。虽然原告主张《中华人民共和国行政区划简册》中没有北投区的记载,但这并不能作为否认北投区是我国台湾地区台北市下属辖区的事实,故诉争商标构成《商标法》第10条第2款所规定之情形。

(二)《商标法》第30条规定:"申请注册的商标,凡不符合本法有关规定或者同他人在同一种商品或者类似商品上已经注册的或者初步审定的商标相同或者近似的,由商标局驳回申请,不予公告。"

本案中,原告明确认可诉争商标指定使用商品与引证商标核定使用的商品属于相同或类似商品,本院经审理予以确认。

商标申请驳回复审行政案件中,诉争商标与引证商标是否近似,主要根据诉争商标标志与引证商标标志近似程度等因素进行认定,诉争商标的知名度可以不予考虑。

诉争商标由汉字"北投"构成,引证商标三、六、七、八中均包含显著识别文字"北投",文字构成、呼叫均相同。相关公众在隔离比对状态下施以一般注意力不易区分,容易误认为是来源于同一主体的系列商标,故诉争商标与引证商标应认定为近似商标。商标授权审查因个案事实情况不同可能结论各异,原告主张因其他类似情形的商标已被核准注册的情况,并非本案诉争商标获准注册的当然依据。因此,诉争商标亦应被核准注册的主张缺乏依据,本院不予支持。诉争商标与引证商标若共同使用在上述同一种或类似商品上,易造成相关公众混淆,从而对商品来源产生误认,已构成使用在同一种或类似商品上的近似商标。

综上,被告作出的被诉决定认定事实清楚,适用法律正确,审查程序合法,本院予以支持。原告的诉讼主张缺乏相应的事实和法律依据,本院不予支持。依照《中华人民共和国行政诉讼法》第69条之规定,本院判决如下:

驳回原告北京城市副中心投资建设集团有限公司的诉讼请求。

案件受理费100元,由原告北京城市副中心投资建设集团有限公司负担(已交纳)。

如不服本判决,各方当事人可在本判决书送达之日起15日内,向本院递交上诉状,并按对方当事人人数提交副本,交纳上诉案件受理费100元,上诉于北京市高级人民法院。

审判长　×××

审判员　×××

审判员　×××

2019年9月25日

书记员　×××

【二审代理词】

庭后代理意见

尊敬的合议庭：

北京东灵通律师事务所接受北京城市副中心投资建设集团有限公司委托，指派本所律师周伟担任其与国家知识产权局关于第30390766号“北投”商标驳回复审行政诉讼二审（案号：第2020京行终116号）的代理人，现就该案发表庭后代理意见：

1. 判令撤销北京知识产权法院作出的（2019）京73行初×××××号判决。

2. 判令撤销被上诉人作出的商评字（2019）第162724号《关于第30390766号“北投”商标驳回复审决定书》，并重新作出决定。

事实与理由：

一、申请商标并不违反《商标法》第10条第2款规定。

中华人民共和国国家工商行政管理总局商标局商标评审委员会2017年1月4日颁布的《商标审查及审理标准》中，“第一部不得作为商标的标志的审查”的第10条“含有地名的商标的审查”规定：县级以上行政区划的地名以我国民政部编辑出版的《中华人民共和国行政区划简册》为准。

民政部编辑出版《中华人民共和国行政区划简册》（2019年版）（2020年版尚未出版）中，“二、中华人民共和国县级及以上行政区划一览表34. 台湾省（台）”规定：34. 台湾省（台）（资料暂缺）。

商标审查过程中，对于县级以上行政区划的地名的确认是有十分明确的规定和查询依据的，而非被上诉人代理人所陈述的：采用百度搜索，依据百度词条进行判定该区划级别和名字。

上诉人认为，根据《中华人民共和国商标法》、《商标审查及审理标准》（2017年）、《中华人民共和国行政区划简册》（2019年版）现有规定，认定我国台湾地区台北市下辖的北投区为县级行政区划、名称为“北投区”缺乏合理依据。上诉人申请商标并不违反《中华人民共和国商标法》第10条第2款规定。

二、引证商标三、六、七、八与申请商标不近似，不应作为申请商标申请注册的在先权利障碍。

引证商标六、七、八由中文及图形构成，且图形为彩色，居于中文上方，在商标整体布局中所占比例较大，图形设计具有特色，吸引人眼球，故该组合商标显著性在图形。申请商标与引证商标六、七、八组成不同，显著部分不同，整理外观不同，相互之间不构成近似商标，不违反商标法第30条之规定。

引证商标三由图形及四字中文构成，中文置于图形之中，整体外观及组成与申请商标不同，两者之间不构成近似。在多年的使用中，让上诉人与申请商标之间建立了唯一对应的来源的市场认知关系，相互之间形成了来源的唯一服务指向，没有可能与引证商标相混淆。

三、申请商标“北投”经过广泛使用具有极强显著性、影响力、知名度，与上诉人建立起了唯一对应关系。

上诉人在经营、宣传过程中广泛使用“北投”商标。如中央电视台新闻频道《午夜新闻栏目》的报道、首都建设报关于“北投中心城项目的报道”，中央电视台《新闻联播》节目的报道等。“北投”凝聚了上诉人多年来所建立的荣誉、信誉、商誉等企业形象，具有了极强的显著性，上诉人与“北投”商标之间已经建立了唯一对应关系。

四、上诉人主体和业务的特殊性，使之有别于一般社会主体。

在党的十九大召开后，北京市委、市政府批准设立北京城市副中心投资建设集团有限公司(以下简称北投集团)。从北京新奥集团到北投集团，在企业更名的背后，蕴含更多的是新时代国有企业的使命职责和发展方向。上诉人作为北京市属一级投资类国有独资公司，作为推动“一核两翼”发展建设的国家队与主力军，高质高效推动北京城市副中心规划建设，积极服务首都发展战略，服务国家战略的落地见效。

申请商标已经由上诉人进行了广泛的社会宣传推广与使用，申请商标在实际的使用当中，标识显著特征得到了极大的提升与巩固，申请商标之上也凝聚了上诉人以及申请商标多年使用所建立的商誉。更是在多年的使用中，让上诉人与申请商标之间建立了唯一对应的来源的市场认知关系，相互之间形成了来源的唯一服务指向，加之申请商标使用主体的特殊性，使申请商标与引证商标无相混淆可能，同时，亦不会对中国台湾地区“北投”产生不良影响，更不会违背《中华人民共和国商标法》第10条第2款的立法本意。

五、其他：

上诉人其他“北投”商标驳回复审行政诉讼案件，有3件正处于一审程序中，案号为：(2019)京73行初15879号、(2019)京73行初15880号、(2019)京73行初15881号。

综上所述，恳请贵院依法作出公正的判决，支持上诉人的全部诉请。

此致

北京市高级人民法院

提交人(上诉人)：北京城市副中心投资建设集团有限公司

代理人：周　伟

日　期：2020年4月9日

【二审判决书】

北京市高级人民法院
行政判决书

(2019)京行终×××号

上诉人(原审原告):北京城市副中心投资建设集团有限公司。

法定代表人:李××,董事长。

委托诉讼代理人:周伟,北京东灵通律师事务所律师。

委托诉讼代理人:宋××,北京东灵通律师事务所实习律师,住河北省涿州市。

被上诉人(原审被告):国家知识产权局。

法定代表人:申长雨,局长。

委托诉讼代理人:刘××,国家知识产权局审查员。

北京知识产权法院审理查明:

一、诉争商标

1. 申请人:北投集团。

2. 申请号:30390766。

3. 申请日期:2018年4月20日。

4. 标识:

北投

5. 指定使用商品或服务(第10—34类,共25个类别的不同类似群):奶瓶、非化学避孕用具、假肢、LED灯具、自行车、炸药、宝石、乐器、平面图、石棉、枕头、帐篷、石膏(建筑材料)、非金属耐火建筑材料、食用果冻、烟草等。

二、引证商标三

1. 注册人:南宁市五洲沥清有限公司。

2. 注册号:13265802。

3. 申请日期:2013年9月18日。

4. 注册公告日期:2015年1月14日。

5. 专用期限至:2025年1月13日。

6. 标识:

北投沥青

7. 核定使用商品（第 19 类，类似群 1901—1902；1904；1906；1908—1909；1912）：柏油；沥青；防水卷材等。

三、引证商标六

1. 注册人：广西东行健投资有限公司。

2. 注册号：19548961。

3. 申请日期：2016 年 4 月 7 日。

4. 注册公告日期：2017 年 5 月 21 日。

5. 专用期限至：2027 年 5 月 20 日。

6. 标识：

7. 核定使用商品（第 29 类，类似群 2901—2908；2911—2912）：蛋；奶；食用油等。

四、引证商标七

1. 注册人：广西东行健投资有限公司。

2. 注册号：19548961。

3. 申请日期：2016 年 4 月 7 日。

4. 注册公告日期：2017 年 5 月 21 日。

5. 专用期限至：2027 年 5 月 20 日。

6. 标识：

7. 核定使用商品（第 30 类，类似群 3001—3006；3008—3009；3015—3016；3018）：咖啡；茶；糖等。

五、引证商标八

1. 注册人：广西东行健投资有限公司。

2. 注册号：19548961。

3. 申请日期：2016 年 4 月 7 日。

4. 注册公告日期：2017 年 5 月 21 日。

5. 专用期限至：2027 年 5 月 20 日。

6. 标识:

7. 核定使用商品(第31类,类似群3101—3110):未加工木材;小麦;自然草皮等。

六、被诉决定

被诉决定:商评字[2019]第162724号《关于第30390766号“北投”商标驳回复审决定书》。

被诉决定作出时间:2019年7月12日。

被诉决定认定:诉争商标的申请注册违反了《中华人民共和国商标法》(以下简称《商标法》)第10条第2款、第30条的规定,决定:诉争商标的注册申请予以驳回。

七、其他事实

经查,北投区为我国台湾地区台北市下属辖区。

在原审庭审过程中,北投集团明确表示对诉争商标指定使用的有关商品分别与各引证商标核定使用商品属于同一种或类似商品不持异议。北投集团提交了《中华人民共和国行政区划简册》、北投集团注册在第1—45类的商标列表,商标审查和审理标准等,用以证明诉争商标可以获准注册。

北京知识产权法院认为,诉争商标为“北投”商标,北投区是我国台湾地区台北市下属辖区。虽然北投集团主张《中华人民共和国行政区划简册》中没有北投区的记载,但这并不能作为否认北投区是我国台湾地区台北市下属辖区的事实,但故诉争商标的申请注册构成商标法第10条第2款所规定之情形。诉争商标与各引证商标应认定为近似商标。北投集团主张其他类似情形的商标已被核准注册的情况,并非诉争商标获准注册的当然依据。诉争商标与各引证商标构成使用在同一种或类似商品上的近似商标。北京知识产权法院依照《中华人民共和国行政诉讼法》第69条之规定,判决:驳回北投集团的诉讼请求。

北投集团不服原审判决,向本院提起上诉,请求撤销原审判决和被诉决定,责令国家知识产权局重新作出决定,其主要上诉理由为:(1)诉争商标“北投”指代北投集团的含义为公众熟知,该含义强于地名,不会造成公众对商品或服务来源产生误认;(2)“北投集团”作为商标在第1—45类商品和服务上均有注册,根据审查标准一致性,诉争商标应获准注册;(3)诉争商标经大量使用已与北投集团建立唯一对应关系,若不被核准注册将对北京副中心建设造成不利影响。

国家知识产权局服从原审判决。

经审理查明:原审法院查明的事实属实,且有诉争商标和各引证商标档案、商标驳回复审申请书、当事人提交的证据、被诉决定及当事人陈述等在案佐证,本院对此予以确认。

另查,被诉决定认定:诉争商标指定使用在第19类的除“石膏(建筑材料)、非金属耐火建筑材料”以外的商品、第29类除“食用果冻”以外的商品、第30类以及第31类的商品上,分别与引证商标三、六、七、八构成使用在同一种或类似商品上的近似商标。诉争商标指定使用在第10—34类不同类似群的所有商品和服务上违反了商标法第10条第2款的规定。

在二审庭审中,北投集团坚持认为诉争商标与引证商标三、六、七、八分别未构成近似商标,并于庭后在代理意见中补充了相关事实和理由。此外,北投集团在二审诉讼中补充提交了北京市人民政府京政字〔2018〕3号文件、“北汽”“北控”“北辰”“金隅”等商标统计列表以及中央、北京电视台等对“北投”的报道和诉争商标的使用宣传资料等,用以证明“北投集团”系北京市政府规范的上诉人简称、北投集团申请注册诉争商标符合行业惯例以及诉争商标含义强于地名。国家知识产权局认可上述证据真实性,但不认可证明目的。

再查,(1)《商标审查及审理标准》对商标法第10条第2款的审查部分载明:“本条中的‘县级以上行政区划’包括县级的县、自治县、县级市、市辖区;地级的市、自治州、地区、盟;省级的省、直辖市、自治区;两个特别行政区即香港、澳门;台湾地区。县级以上行政区划的地名以我国民政部编辑出版的《中华人民共和国行政区划简册》为准。”(2)《中华人民共和国行政区划简册》(2019年版)我国台湾地区的资料显示为“暂缺”,无行政区划内容。

上述事实,有被诉决定、当事人二审阶段提交的证据材料及其陈述在案佐证。

本院认为:

本案二审焦点问题为诉争商标的申请注册是否违反商标法第10条第2款、第30条的规定。

商标法第10条第2款规定:“县级以上行政区划的地名或者公众知晓的外国地名,不得作为商标。但是,地名具有其他含义或者作为集体商标、证明商标组成部分的除外;已经注册的使用地名的商标继续有效。”

上述条款规定的县级以上行政区划地名包括全称、简称以及拼音形式。该地名以我国民政部编辑出版的《中华人民共和国行政区划简册》为准。

本案中,诉争商标标志由汉字“北投”构成。我国台湾地区台北市下属一个辖区的地名为“北投”,但该地名并未记载于《中华人民共和国行政区划简册》(2019年版),且尚无证据证明我国台湾地区的各区域系按照我国大陆地区行政区划规定进行划定。因此,我国台湾地区的地名不能直接比照我国大陆现行的行政区划进行推定。

北投区虽为我国台湾地区台北市属辖区,但在案证据并不能确定为“县级以上”。故诉争商标“北投”的注册和使用未构成《商标法》第10条第2款规定的情形。原审判决和被诉决定该项认定缺乏依据,本院予以纠正。北投集团的该项上诉理由成立,本院予以支持。

《商标法》第30条规定:“申请注册的商标,凡不符合本法有关规定或者同他人在同一种商品或者类似商品上已经注册的或者初步审定的商标相同或者近似的,由商标局驳回申请,不予公告。”

本案中,北投集团对于被诉决定关于类似商品的认定不持异议,本院经审查予以确认。诉争商标由汉字“北投”构成,引证商标三、六、七、八中均包含显著识别文字“北投”,二者的文字构成、呼叫相近。相关公众施以一般注意力不易区分,易误认为来源于同一主体的系列商标。因此,诉争商标指定使用在第19类的除“石膏(建筑材料)、非金属耐火建筑材料”以外的商品、第29类除“食用果冻”以外的商品、第30类以及第31类的商品上,分别与引证商标三、六、七、八构成使用在同一种或类似商品上的近似商标。北投集团提交的证据不足证明诉争商标经使用可与上述商标相区分。原审判决和被诉决定该项认定正确,本院予以确认。

综上所述,原审判决及被诉决定认定事实不清,部分法律适用有误,依法予以撤销。北投集团的上诉请求和主要上诉理由成立,应当予以支持。依照《中华人民共和国行政诉讼法》第89条第1款第2项、第3款之规定,判决如下:

一、撤销北京知识产权法院(2019)京73行初10947号行政判决书;

二、撤销国家知识产权局作出的商评字[2019]第162724号《关于第30390766号“北投”商标驳回复审决定书》;

三、国家知识产权局针对第30390766号“北投”商标重新作出驳回复审决定。

一、二审案件受理费各100元,均由国家知识产权局负担(均于本判决生效之日起七日内交纳)。

本判决为终审判决。

审判长　×××

审判员　×××

审判员　×××

2020年4月17日

书记员　×××

办案总结

（一）诉争商标“北投”指代北京城市副中心投资建设集团有限公司含义为公众所熟知，该含义强于地名，不会造成公众对于商品及服务来源的误认。

虽然我国《商标法》禁止将县级以上行政区划的地名或者公众知晓的外国地名作为商标注册、使用，但地名具有第二含义，或者作为集体商标、证明商标是法定例外情况。商标的基本功能在于区分不同的商品提供者，地理标志中的地名范围大至国家，小至省、市、乡、村。地理标志允许被注册为集体商标或证明商标，这是由于该类商标中含有地名具有正当性；同样，若地名含有第二含义，且第二含义强于地名，当相关公众面对该名词时，首先想到的是非地名含义，其次才是地名含义则将其注册为商标也被允许，法条中规定“县级以上行政区划”“公众知晓”这一限定的原因也是如此。县级以下行政区划地名公众知晓程度低，即便将其作为商标注册，只是小范围公众会将其视作地名，因此产生误认误导的概率更小，同样，若地名的第二含义强于地名，则相关公众因地名而产生错误理解的概率小，对公众利益的影响亦小，在这种情况下，才符合但书的规定。具体到本案中，诉争商标具有指代北京城市副中心投资建设集团有限公司的确定含义，诉争商标除地名外的确定含义明显强于地名，诉争商标应予以注册。

（二）审查标准应当具有一致性。

“北投集团”作为商标在1—45类商品/服务上均已经得到注册，商标注册人为本案原告。“北投”与“北投集团”同为本案上诉人简称，属于相同商标，根据审查标准一致性，本案诉争商标“北投”也应予以注册。

（三）诉争商标已与上诉人建立唯一对应关系，若不被核准注册将对上诉人及社会建设造成重大不利影响。

原告于2003年成立，发展定位为在坚持基础性、公益性、市场化原则基础上的城市综合运营商，是按照经营城市的理念组建的“投资、融资、开发、建设、经营”五位一体区域开发主体。代表政府营造城市，不同于一般意义的房地产开发企业。承接的北京奥运场馆的建设、奥林匹克公园土地一级开发建设、奥体文化商务园土地一级开发、北京新机场项目、北京城市副中心建设等项目无不彰显着大国风范，为国家发展建设作出巨大贡献。

在党的领导、政府的规划下，为方便北京市政府统一规划和管理，从事全面的城市副中心的市政基础建设工作而更名的北投集团，其更名蕴含更多的是新时代国有企业的使命职责和发展方向。诉争商标如果不被予以核准注册，将对原告的工作开展造成巨大的不便，对上诉人开展城市副中心的市政基建工作造成重大不良影响。

专家点评

一审法院认为，诉争商标为“北投”商标，北投区是我国台湾地区台北市下属辖区。虽然北投集团主张《中华人民共和国行政区划简册》中没有北投区的记载,但这并不能作为否认北投区是我国台湾地区台北市下属辖区的事实,故诉争商标的申请注册构成《商标法》第10条第2款所规定之情形。诉争商标与各引证商标应认定为近似商标。北投集团主张其他类似情形的商标已被核准注册的情况,并非诉争商标获准注册的当然依据。诉争商标与各引证商标构成使用在同一种或类似商品上的近似商标。因此,驳回了北投集团的诉讼请求。

二审法院认为,我国台湾地区台北市下属一个辖区的地名为"北投",但该地名并未记载于《中华人民共和国行政区划简册》(2019年版),且尚无证据证明我国台湾地区的各区域系按照我国大陆地区行政区划规定进行划定。因此,我国台湾地区的地名不能直接比照我国大陆现行的行政区划进行推定。北投区虽为我国台湾地区台北市属辖区,但在案证据并不能确定为"县级以上"。故诉争商标"北投"的注册和使用未构成《商标法》第10条第2款规定的情形。

法律风险提示及建议:本案涉及商标法有关与县级以上行政区划的地名相同的商标可注册性问题的适用。

《商标法》第10条第2款规定:"县级以上行政区划的地名或者公众知晓的外国地名,不得作为商标。但是,地名具有其他含义或者作为集体商标、证明商标组成部分的除外;已经注册的使用地名的商标继续有效。"2021年11月16日公布的《商标审查审理指南》中规定,本条中的"县级以上行政区划"包括县级行政区划,如县、自治县、县级市、市辖区等;地级行政区划,如市、自治州、地区、盟等;省级行政区划,如省、直辖市、自治区;特别行政区,即香港特别行政区和澳门特别行政区;我国台湾地区。县级以上行政区划的地名以我国民政部编辑出版的《中华人民共和国行政区划简册》为准。本条中的县级以上行政区划地名包括全称、简称,以及省、自治区、直辖市、特别行政区,省会城市、计划单列市、著名旅游城市名称的拼音形式。在处理涉及与我国台湾地区地名相同的商标授权确权案件时,《中华人民共和国行政区划简册》应当作为绝对标准,不应当轻易允许例外情形的出现。

审核人、点评人:北京律师智库重大复杂案件研究专家组成员　王正志律师
复核人:北京律师智库重大复杂案件研究专家组成员　杨安进律师

商标无效宣告案件中类似商品的认定

——舍得公司诉国家知识产权局、润康泉公司商标无效宣告行政诉讼案

争议焦点

争议商标指定使用的第32类无酒精饮料商品与引证商标核定使用的第33类酒类商品是否构成类似商品？当判定在《类似商品和服务区分表》中分属于不同类别的商品/服务是否构成类似商品/服务时法院会考虑哪些因素？

关键词

商标无效宣告　《类似商品和服务区分表》中分属不同类别类似商品　《商标法》第30条

案情简介

润康泉公司于2011年11月2日在第32类"啤酒、无酒饮饮料、果汁饮料(饮料)、植物饮料、饮料香精"等无酒精饮料商品上申请注册了第10140438号"陶醉乐"商标(以下简称争议商标),舍得公司认为争议商标与其在先在第33类"白酒、果酒(含酒精)、烧酒"等商品上申请注册的第4920495号"陶醉"商标、第7389553号"陶醉缘"商标(以下统称引证商标)构成近似并于2015年12月28日对争议商标提出了无效宣告。在本案无效宣告阶段,商评委驳回了舍得公司的无效请求,认为争议商标指定使用的第32类"啤酒"等商品与引证商标核定使用的第33类"酒(饮料)"等商品不属于类似商品,对争议商标予以维持。一审阶段,北京知识产权法院认为争议商标核定使用的"啤酒"商品与引证商标核定使用的"酒(饮料)、果酒(含酒精)"等商品均为酒类饮品,在功能、用途、销售渠道,消费对象等方面相同,属于类似商品。但争议商标核定使用的"麦芽汁(发酵后成啤酒)、无酒精饮料、植物饮料"等其余商品均是不含有酒精的饮料商品,与引证商标核定使用的"酒(饮料)、果酒(含酒精)"等商品在功能、用途、消费对象等方面存在明显区别,不

致引起消费者的混淆或误认，不构成类似商品。二审阶段，北京高院维持了一审判决，认为舍得公司提交的在案证据不足以证明引证商标在争议商标申请日前已经具有一定知名度。舍得公司认为诉争商标在全部指定商品上与引证商标核定的商品均构成类似商品并应予全部无效，随后向最高人民法院提起再审。最高人民法院经提审认定，虽然争议商标与两个引证商标在《类似商品和服务区分表》中分属于不同的商品类别，但是争议商标核定使用的第 32 类无酒精饮料商品与两引证商标核定使用的第 33 类酒商品在功能、用途、生产部门、销售渠道、消费对象等方面相同或基本相同，应当构成类似商品，诉争商标核定使用的商品与引证商标核定的使用商品均构成类似商品，应予全部无效。

案件历程

【一审判决书】

北京知识产权法院
行政判决书

(2017)京 73 行初×××号

原告：四川沱牌舍得酒业股份有限公司，住所地四川省射洪县沱牌镇沱牌大道 999 号。

委托诉讼代理人：×××，北京××律师事务所律师。

委托诉讼代理人：××，四川××律师事务所律师。

被告：国家工商行政管理总局商标评审委员会，住所地北京市西城区茶马南街 1 号。

委托诉讼代理人：×××，国家工商行政管理总局商标评审委员会审查员。

第三人：北京润康泉食品科技有限公司，住所地北京市石景山区。

原告四川沱牌舍得酒业股份有限公司（以下简称沱牌舍得公司）因商标无效宣告请求行政纠纷一案，不服被告国家工商行政管理总局商标评审委员会（以下简称商标评审委员会）于 2016 年 11 月 30 日作出的商评字[2016]第 103117 号关于第 10140438 号“陶醉乐”商标（以下简称争议商标）无效宣告请求裁定（以下简称被诉裁定），于法定期限内向本院提起行政诉讼。本院于 2017 年 1 月 20 日受理后，依法组成合议庭，并通知被诉裁定的利害关系人北京润康泉食品科技有限公司（以下简称润康泉公司）作为第三人参加诉讼，于 2017 年 6 月 8 日公开开庭审理了本案。原告沱牌舍得公司的委托代理人刘×,被告商标评审委员会的委托代理人于××,第三人润康泉公司的法定代表人吴×到庭参加了诉讼。本案现已审理终结。

被诉裁定系商标评审委员会针对沱牌舍得公司就争议商标提出的无效宣告请求而作出的。该裁定认为:

争议商标核定使用的麦芽汁(发酵后成啤酒)、植物饮料、饮料香精等商品与第4920495号"陶醉"商标(以下简称引证商标一)、第7389553号"陶醉缘"商标(以下简称引证商标二)核定使用的果酒(含酒精)、烧酒等商品在所用原料、生产工艺、消费对象等方面存在一定差别,不属于类似商品。争议商标与引证商标一、引证商标二共存于市场应不致使相关公众对商品的来源产生混淆误认,故争议商标与引证商标一、引证商标二未构成《中华人民共和国商标法》(以下简称《商标法》)第30条所指的使用在同一种或类似商品上的近似商标。

争议商标本身不具有欺骗性和其他消极、负面影响,并未构成《商标法》第10条第1款第7、8项所指的不得注册为商标使用之情形。沱牌舍得公司所举证据尚不充分,不足以证明争议商标的注册违反了《商标法》第44条第1款的规定。此外,润康泉公司称引证商标一、引证商标二具有不良影响和缺乏显著性应被宣告无效,该主张并非本案审理范围,商标评审委员会不予评述。沱牌舍得公司其他主张缺乏充分事实依据,商标评审委员会不予支持。依照《商标法》第44条第3款、第45条第2款、第46条的规定,商标评审委员会裁定,争议商标予以维持。

原告沱牌舍得公司诉称:争议商标与引证商标一、引证商标二在文字构成、呼叫及表达的含义等方面无明显区别,其所核准注册的商品与两引证商标所核准注册的商品构成类似商品,共存于市场易导致相关公众的混淆误认。虽然争议商标与两引证商标核定使用的商品在《类似商品和服务区分表》中分属于不同的类别,但是,从争议商标与引证商标核定使用的商品的功能、用途、主要原料、生产部门、销售渠道、消费群体等因素综合考虑,应认定争议商标与两引证商标所核定使用的商品构成类似商品。在先行政、司法判例中已经认定争议商标核定使用的第32类"啤酒"等商品与引证商标核定使用的第33类"酒(饮料)"等商品构成类似商品。引证商标"陶醉"用于酒类商品上具有极强的显著性。争议商标与引证商标一、引证商标二文字构成、呼叫近似,争议商标完整包含了引证商标一,两者所表达的含义基本相同。争议商标与引证商标二的显著识别部分相同,整体含义无明显区别。争议商标与原告"陶醉"系列商标结构一致,实际使用中易使消费者误认为争议商标系原告"陶醉"系列商标之一。

原告在国内酒企业中具有极高的知名度和影响力,经过长期的使用和广泛的宣传,引证商标一的显著性得到了较大提升,与原告建立起了较为固定的指向关系,具有较高的知名度和美誉度。第三人应当知晓"陶醉"系列商标的知名度和市场价值，却在第32类、第33类商品上注册申请了数件含"陶醉"的商标，具有明显的攀附恶意。依据《商标法》第10条第1款第7、8项，第7条，第44条第1款，原告认为被诉裁定认定事实不清，适用法律错误，依法应当予以撤销。

被告商标评审委员会辩称：坚持被诉裁定的认定。被诉裁定认定事实清楚，适用法律正确，作出程序合法，请求法院予以维持。

第三人润康泉公司述称：认同被诉裁定的认定。被诉裁定认定事实清楚，适用法律正确，作出程序合法，请求法院予以维持。争议商标核定使用的第32类商品与引证商标核定使用的第33类商品不属于类似商品。北京市高级人民法院（以下简称北京市高院）作出的（2011）高行终字第1642号行政判决已经认定第32类饮料类商品与第33类酒类商品不属于类似商品。争议商标与引证商标在呼叫、含义、外观上均有一定区别，未构成近似商标。引证商标直接表示了酒类商品的功能、用途，缺乏显著性。引证商标二系改换规范汉字"陶""醉"的部件的自造字，消费者难以将自造字认读为规范汉字"陶""醉"。且引证商标篡改规范汉字，应当予以无效宣告。

本院经审理查明：

争议商标系第10140438号"陶醉乐"商标（商标图样见图1），由润康泉公司于2011年11月2日向国家工商行政管理总局商标局（以下简称商标局）提出注册申请，核定使用在第32类"麦芽汁（发酵后成啤酒）；啤酒；无酒精饮料；植物饮料；奶茶（非奶为主）；乳清饮料；豆类饮料；蔬菜汁（饮料）；果汁饮料（饮料）；饮料香精"商品上。争议商标专用权期限自2012年12月28日起至2022年12月27日止。

引证商标一系第4920495号"陶醉"商标（商标图样见图1），由沱牌舍得公司于2005年9月28日向商标局提出注册申请，核定使用在第33类"果酒（含酒精）；开胃酒；酒（利口酒）；酒（饮料）；威士忌酒；酒精饮料（啤酒除外）；食用酒精；料酒；烧酒；米酒"商品上。商标注册专用权期限自2008年7月28日起至2018年7月27日止。

引证商标二系第7389553号"陶醉缘"商标（商标图样附后），由沱牌舍得公司于2009年5月12日向商标局提出注册申请，核定使用在第33类"果酒（含酒精）；开胃酒；酒（利口酒）；酒（饮料）；威士忌酒；酒精饮料（啤酒除外）；食用酒精；料酒；烧酒；葡萄酒"商品上。商标注册专用权期限自2010年8月28日起至2020年8月27日止。

2015年12月28日，沱牌舍得公司针对争议商标向商标评审委员会提出无效宣告申请，理由为争议商标的注册使用违反《商标法》第7条第1款，第10条第1款第7、8项，第30条，第44条第1款，第45条第1款等规定。

商标评审程序中，沱牌舍得公司向商标评审委员会提交如下主要证据材料：

1. 沱牌舍得公司及其品牌所获荣誉及认证证书；

2. 沱牌舍得公司审计报告及纳税证明;

3. 引证商标一四川省著名商标证书、陶醉牌陶醉酒四川省名牌产品称号证书;

4. “陶醉”产品经销合同及发票;

5. 户外广告合同书、发票及广告牌照片;

6. 内蒙古自治区工商行政管理局《关于查处侵犯“陶醉”商标专用权行为的函》;

7. 沱牌舍得公司在第33类商品上与“陶醉”有关的商标列表;

8. 相关行政裁定;

9. 润康泉公司在第33类商品上注册的与“陶醉”有关的商标的商标档案;

10. “陶醉”商标设计资料及公证书;

11. “陶醉酒”百度搜索结果;

12. 商评字[2015]第73446号《关于第4920495号“陶醉”商标无效宣告请求裁定书》。

润康泉公司向商标评审委员会提交如下主要证据材料:

1. 相关行政裁定书及商标注册证;

2.《新华大字典》《现代汉语词典》《现代汉语规范词典》等词典中有关“陶”“醉”等字查询页;

3.《中华人民共和国国家通用语言文字法》《广告语言文字管理暂行规定》;

4. 关于“不规范使用汉字”的文章及报纸;

5.《商标实质审查规程》;

6. 关于“酒”及“陶醉”的文章。

诉讼过程中,商标评审委员会将沱牌舍得公司、润康泉公司在复审程序中所提交证据作为其作出被诉裁定的证据向本院提交。经质证,原告、第三人对被告所提交证据的真实性、合法性、关联性予以认可。

原告提交了以下证据材料:

1. 相关行政判决书;

2. 沱牌舍得公司与关联公司、经销商的关系说明、沱牌舍得公司企业信息档案;

3. 引证商标一四川省著名商标证书;

4. 广告合同、发票及照片;

5. 销售合同及发票;

6. 维权资料。

证据1用以证明争议商标与两引证商标核定使用商品构成类似商品。证据2—5用以证明原告的知名度和影响力,第三人应当知晓原告“陶醉”系列商品的知名度,却在第32类、第33类商品上申请数件含“陶醉”的商标,具有明显的攀附恶意。经质证,被告认为原告提交的证据不是作出被诉裁定的依据,应当考虑到个案的特殊性,行政裁定书不能当然的作为参考。第三人认为原告提交的宣传、使用证据形成时间均晚于争议商标申请日,且也不足以证明引证商标具有显著性。

润康泉公司提交了以下证据材料:

1.(2011)高行终字第1642号行政判决书;

2.有关"类似商品或服务判断"的文章;

3.《新华大字典》《现代汉语词典》《现代汉语规范词典》等词典中有关"陶""醉"等字查询页;

4.关于"不规范使用汉字"的文章及报纸;

5.关于"酒"及"陶醉"的文章;

6.相关行政裁定书。

证据1—2用以证明争议商标与两引证商标核定使用商品不属于类似商品。证据3—5用以证明引证商标为不规范使用汉字,且"陶醉"为酒类行业的公用文字资源,引证商标应当被宣告无效。证据6用以证明争议商标与引证商标不构成近似商标。经质证,原告、被告对第三人所提交证据的真实性、合法性予以认可,对于关联性不予认可。

以上事实,有被诉裁定、争议商标和引证商标的商标档案、当事人在评审程序及诉讼程序中提交的证据、当事人在本案中的陈述等证据在案佐证。

本院认为:

根据当事人的诉辩意见,本案的争议焦点为:争议商标与引证商标是否构成使用在类似商品上的近似商标。

《商标法》第30条规定:"申请注册的商标,凡不符合本法有关规定或者同他人在同一种商品或者类似商品上已经注册的或者初步审定的商标相同或者近似的,由商标局驳回申请,不予公告。"

根据前述法律规定,要构成同一种商品或者类似商品上的近似商标必须同时具备两个条件:(1)商标标识相同或近似;(2)争议商标指定使用商品与引证商标核定使用商品构成相同或类似商品。上述两个条件应同时具备,缺一不可。

商标近似是指商标文字的字形、读音、含义或者图形的构图及颜色,或者其各要素组合后的整体结构相似,或者其立体形状、颜色组合近似,易使相关公众对商品或服务的来源产生误认或者认为其来源与注册商标的商品或服务有特定的联系。认定商标是否近似,既要考虑商标标志构成要素及其整体的近似程度,也要考虑相关商标的显著性和知名度、所使用商品的关联程度等因素,以是否容易导致混淆作为判断标准。

本案中,争议商标为中文文字"陶醉乐"。引证商标一为中文文字"陶醉",引证商标二为中文文字"陶醉缘"。争议商标完整包含了引证商标一,与引证商标二在文字构成、呼叫等方面近似，且争议商标未形成明显区别于引证商标一、引证商标二的其他含义，争议商标与引证商标一、引证商标二构成近似商标。

商品类似，是指商品在功能、用途、生产部门、销售渠道、消费对象等方面相同，或者相关公众一般认为其存在特定联系，容易造成相关公众的混淆。在判断商品是否构成类似时，应以相关公众对商品的一般认识进行综合判断，《类似商品和服务区分表》可以作为判断商品类似的参考。

本案中争议商标核定使用的"啤酒"商品与两引证商标核定使用的"酒(饮料)；果酒(含酒精)"等商品均为酒类饮品，在功能、用途、销售渠道、消费对象等方面相同，属于类似商品。争议商标核定使用的"麦芽汁(发酵后成啤酒)；无酒精饮料；植物饮料；奶茶(非奶为主)；乳清饮料；豆类饮料；蔬菜汁(饮料)；果汁饮料(饮料)；饮料香精"商品均是不含有酒精的饮料商品，与两引证商标核定使用的"酒(饮料)；果酒(含酒精)"等商品在功能、用途、消费对象等方面存在明显的区别，争议商标与引证商标在其各自核定的商品上使用，尚能够区分，不致引起消费者的混淆或误认。因此，争议商标在"啤酒"商品上与两引证商标构成使用在类似商品上的近似商标，在其余商品上与引证商标未构成使用在类似商品上的近似商标。

综上所述，被诉决定虽作出程序合法，但事实认定有误，被诉决定应予撤销。原告沱牌舍得公司的诉讼主张部分成立，本院予以支持。依照《中华人民共和国行政诉讼法》第 70 条第 1 项之规定，本院判决如下：

一、撤销国家工商行政管理总局商标评审委员会作出的商评字[2016]第 103117 号关于第 10140438 号"陶醉乐"商标无效宣告请求裁定；

二、被告国家工商行政管理总局商标评审委员会针对四川沱牌舍得酒业股份有限公司就第 10140438 号"陶醉乐"商标所提无效宣告请求重新作出裁定。

如不服本判决，各方当事人可在本判决书送达之日起 15 日内，向本院递交上诉状及副本，并交纳上诉案件受理费 100 元，上诉于北京市高级人民法院。

审 判 长 宋××
人民陪审员 康 ×
人民陪审员 郭 ×
2017 年 7 月 28 日
法官助理 熊××
书 记 员 王××

附图：

争议商标

引证商标一

引证商标二

图1　争议商标与引证商标

【上诉状】

行政上诉状

上诉人（原审原告）：四川省沱牌舍得酒业股份有限公司

地址：四川省

法定代表人：周×　　职务：董事长

委托代理人：李亚莉、周微（实习律师）

单位：北京××律师事务所

地址：北京市海淀区　　邮编：100098

被上诉人（原审被告）：国家工商行政管理总局商标评审委员会

地址：北京市西城区茶马南街1号　　邮编：100055

法定代表人:赵× 职务:主任

被上诉人(原审第三人):北京润康泉食品科技有限公司

地址:北京市石景山区

案由:商标权无效宣告请求行政纠纷

上诉请求:

1. 判令撤销北京知识产权法院作出的第(2017)京73行初529号行政判决书;

2. 判令撤销被上诉人作出的商评字[2016]第0000103117号《关于第10140438号"陶醉乐"商标无效宣告请求裁定书》,并判令被上诉人重新作出裁定。

事实和理由:

四川沱牌舍得酒业股份有限公司(以下简称上诉人)收到国家工商行政管理总局商标评审委员会(以下简称被上诉人)于2016年11月30日作出商评字[2016]第0000103117号《关于第10140438号"陶醉乐"商标无效宣告请求裁定书》。上诉人认为被上诉人作出的商标无效宣告请求裁定书缺乏相应的事实和法律依据,应当依法予以撤销,并依法向北京知识产权法院提起诉讼。

2017年7月28日,北京知识产权法院作出(2017)京73行初×××号行政判决书,该判决认定诉争商标在"啤酒"商品上与两引证商标构成使用在类似商品上的近似商标,在其余商品上与引证商标未构成使用在类似商品上的近似商标,撤销了国家工商行政管理总局商标评审委员会作出的商评字[2016]第0000103117号《关于第10140438号"陶醉乐"商标无效宣告请求裁定书》,并要求其重新作出裁定。

上诉人认为第(2017)京73行初×××号行政判决书认定事实不清,适用法律错误,依法应予改判。具体理由如下:

一、诉争商标与引证商标构成使用在类似商品上的近似商标,依据《商标法》第30条的规定,诉争商标应当全部无效

(一)诉争商标与引证商标构成近似商标,该事实北京知识产权法院已经予以认定

《商标审查标准》中规定:"商标完整地包含他人在先具有一定知名度或者显著性较强的文字商标,易使相关公众认为属于系列商标而对商品或者服务的来源产生误认的,判定为近似商标。"

"商标是在他人在先商标中加上起修饰作用的形容词或者副词以及其他在商标中显著性较弱的文字,所表述的含义基本相同,易使相关公众对商品或者服务的来源产生误认的,判定为近似商标。"

"中文商标由三个或者三个以上汉字构成,仅个别汉字不同,整体无含义或者含义无明显区别,易使相关公众对商品或者服务的来源产生误认的,判定为近似商标。"

《最高人民法院关于审理商标民事纠纷案件适用法律若干问题的解释》(法释〔2002〕32号)第10条规定："人民法院依据商标法第五十二条第(一)项的规定,认定商标相同或者近似,按照以下原则进行:(一)以相关公众的一般注意力为标准;(二)既要进行对商标的整体比对,又要进行对商标主要部分的比对,比对应当在比对对象隔离的状态下分别进行;(三)判断商标是否近似,应当考虑请求保护注册商标的显著性和知名度。"

1. 诉争商标与引证商标一构成近似

诉争商标由中文文字"陶醉"和"乐"构成。"陶醉"二字与酒类商品没有直接关联,其作为商标使用在酒类商品上具有较强的显著性。而且,通过上诉人长期大量的使用、宣传,"陶醉"在酒类商品上已经具有了很高知名度,其显著性得以进一步增强,已与上诉人形成固定的联系。而"乐"多指"欢喜,快活",主要起到对"陶醉"的修饰作用,其本身并不具有显著性。

而且诉争商标"陶醉乐"完整地包含了上诉人在先具有很高知名度和很强显著特征的引证商标一"陶醉",且仅在"陶醉"一词后面添加了一个显著性较弱、常起修饰作用的"乐"字,并不能使诉争商标在整体含义方面产生出足以与引证商标一相区别的其他含义,以相关消费者的一般注意力为标准,极易将其识别为"陶醉"系列或关联商标,双方商标构成近似商标。

因此,诉争商标与引证商标一构成近似商标。

2. 诉争商标与引证商标二构成近似商标

首先,诉争商标和引证商标二中均含有"陶醉"二字,二者在文字构成、呼叫等方面近似。

其次,诉争商标"陶醉乐"由"陶醉"和"乐"两部分组成,易被消费者分为"陶醉"和"乐"两部分认读,因此,消费者会将诉争商标与引证商标二视为"陶醉*"的结构。同时,如前所述"乐"使用在酒类商品中经常表示某主品牌下的系列品牌,显著性较弱;故,诉争商标与引证商标二的显著识别部分均为"陶醉",整体含义上无显著区别。

最后,上诉人作为国内大型酒企经常推出多种系列酒品,事实上上诉人也确实围绕"陶醉"牌打造了众多系列品牌,如"陶醉缘","至尊陶醉""盛世陶醉""金典陶醉""思乡陶醉""悠悠陶醉""优雅陶醉""上品陶醉""银陶醉""小陶醉"等。因此,以消费者的一般注意力为标准,极易将诉争商标"陶醉乐"误认是上诉人"陶醉"品牌的又一系列商标,从而产生误购。

因此,诉争商标与引证商标二构成近似商标,该事实在北京知识产权法院的一审判决书已经得到了认定,上诉人同意一审法院关于该事实的认定。

(二)诉争商标指定使用的全部商品与引证商标核定使用的商品均构成类似商品

《商标审查及审理标准》第3部分第2条规定:“类似商品是指在功能、用途、生产部门、销售渠道、消费对象等方面相同或基本相同的商品。”

《最高人民法院关于审理商标民事纠纷案件适用法律若干问题的解释》第12条规定:“人民法院依据商标法第五十二条第(一)项的规定,认定商品或者服务是否类似,应当以相关公众对商品或服务的一般认识综合判断;《商标注册用商品和服务国际分类表》《类似商品和服务区分表》可以作为判断类似商品或者服务的参考。”

诉争商标指定使用的商品与引证商标一、二核定使用的商品分别位于《类似商品和服务区分表》第32类及第33类。但是,根据《最高人民法院关于审理商标授权确权行政案件若干问题的意见》(法发〔2010〕12号)第15条明确规定,“人民法院审查判断相关商品或者服务是否类似,应当考虑商品的功能、用途、生产部门、销售渠道、消费群体等是否相同或者具有较大的关联性……”本案中,从诉争商标指定使用的全部商品与两引证商标所核准商品在功能、用途、主要原料、生产部门、销售渠道、消费群体等方面有一定的重合性,存在较大的联系,因此,应认定诉争商标与两引证商标所核准商品构成类似商品。

首先,诉争商标在“啤酒”商品上与引证商标一、二核定使用的“酒(饮料);果酒(含酒精)”等商品均为酒类饮品,在功能、用途、销售渠道、消费对象等方面相同,属于类似商品,北京知识产权法院作出的第(2017)京73行初×××号一审判决书已经对此进行了认定。

其次,诉争商标核定使用的除啤酒以外的“麦芽汁(发酵后成啤酒)、植物饮料”等商品与两引证商标核定使用的第33类“酒(饮料)”等商品也构成类似商品,二者在功能、用途、生产部门、销售渠道、消费对象等方面相同或基本相同。

(1)在生产原料、功能、用途、消费群体方面,诉争商标指定使用商品和引证商标核定使用的商品主要预料都是以粮食、水果等为主,均属于常见饮品,满足普通消费者日常生活中饮用的需要,具有重合性。并且由于功能、用途上重合,其所面向的市场消费群体均为普通消费者。

诉争商标指定使用的“饮料香精”商品是用于“饮料用的制剂”,而两个引证商标所核定使用的“酒(饮料)、酒精饮料(啤酒除外)”等商品在制作过程中均需要前述“饮料用的制剂”商品,因此二者之间存在原料与成品的密切关联,在生产、供需环节所涉市场主体具有重合性。

(2)在销售渠道方面,由于诉争商标指定使用的商品与两个引证商标核定使用的商品均多为常见饮品,面向的都是普通消费者,因此销售渠道通常均为商场、超市,且在商场、超市均是摆放在“烟酒副食”区域,在同一货架、同一冰柜或相邻货架,且在一般的“烟酒副食”门店中,诉争商标与两个引证商标所核准的商品都能同时购买到。

因此,从销售渠道方面,诉争商标与两个引证商标所核准的商品均存在诸多重合。

因此,诉争商标核定使用的商品与两引证商标核定使用的商品在功能、用途、生产部门、销售渠道、消费对象等方面具有较强的重合性和关联性。并且,两引证商标通过上诉人长期广泛的使用、宣传和推广在全国范围内已具有很高的知名度,诉争商标与引证商标共存于市场,极易使消费者产生混淆误认。

最后,在先司法判例中已经认可诉争商标核准注册的第32类别"啤酒、不含酒精的饮料"等商品与两引证商标核准注册的第33类别"酒(饮料)"等商品构成类似商品。具体包括:

①最高人民法院关于第1764123号"芝华仕CHIVAS"商标的行政裁定书,即(2016)最高法行申604号行政裁定书。(该裁定主要内容见表1)

表1 法院认定

	诉争商标	引证商标一	引证商标二
商标	芝华仕 CHIVAS	芝華士	芝华士
注册号	1764123	1122913	1122912
类别	2	33	33
商品	不含酒精的开胃酒、果汁饮料(饮料)、可乐、矿泉水、啤酒、汽水、乳酸菌饮料(果制品、非奶)、水(矿泉水)	含酒精饮料(啤酒除外)	含酒精饮料(啤酒除外)
法院认定	争议商标由中文"芝华仕"及字母组合"CHIVAS"构成,其中中文识别部分与引证商标一第1122913号"芝華士"商标、引证商标二第1122912号"芝华士"商标在文字构成、呼叫,以及给消费者的整体印象方面非常相近。争议商标核定使用在不含酒精的开胃酒等商品上与引证商标一、二核定使用的含酒精饮料(啤酒除外)等商品,在功能用途、消费群体等方面具有一定的重合性。且考虑到引证商标一、二已具有较高的知名度,争议商标与引证商标一、二并存于市场,易使消费者产生混淆误认。故争议商标与引证商标一、二已构成《商标法》第28条所指的使用在类似商品上的近似商标		

证据一:(2016)最高法行申604号行政裁定书。

②北京市高级人民法院关于第8763010号"蘆台春"商标的行政判决书,即(2015)高行(知)终字第4288号行政判决书。(该判决主要内容见表2)

表2 法院认定

	诉争商标	引证商标一	引证商标二
商标	蘆台春	LutaiChun	蘆台春國韵
注册号	8763010	7803829	8421230
类别	32	33	33
商品	水(饮料)、果汁饮料(饮料)、无酒精饮料、无酒精水果混合饮料、奶茶(非奶为主)、植物饮料、豆类饮料、饮料制剂、烈性酒配料、啤酒	烧酒、蒸馏饮料、酒(饮料)、酒精饮料(啤酒除外)、含水果的酒精饮料、米酒、汽酒、黄酒、料酒、食用酒精	果酒(含酒精)、烧酒、蒸馏酒精饮料、葡萄酒、酒精饮料(啤酒除外)、米酒、清酒、黄酒、料酒、食用酒精

续表

	诉争商标	引证商标一	引证商标二
法院认定	被异议商标指定使用的无酒精饮料等商品与引证商标核定使用的酒精饮料(啤酒除外)等商品在功能用途、消费对象、销售渠道等方面具有一定的重合性,相关公众同时接触的机会较大,容易使相关公众将两者联系起来,因此,上述商品已构成类似商品		

证据二:(2015)高行(知)终字第4288号行政判决书。

③北京市高级人民法院关于第6569293号"洋河口"商标的行政判决书,即第(2015)高行(知)终字第3374号。(该判决主要内容见表3)

表3 法院认定

	诉争商标	引证商标一	引证商标二
商标	洋河口		洋河
注册号	6569293	259111	1470448
类别	32	33	33
商品	无酒精果汁饮料、果汁、矿泉水、纯净水(饮料)、可乐、奶茶(非奶为主)、乳酸饮料(果制品、非奶)、植物饮料	酒	葡萄酒、果酒(含酒精)、开胃酒、蒸馏酒精饮料、蒸馏饮料、含酒精果子饮料、含水果的酒精饮料、蒸煮提取物(利口酒和烈酒)、白兰地
法院认定	诉争商标指定使用的"啤酒、饮料制剂"商品与两件引证商标分别核定使用的"酒、果酒(含酒精)"等全部商品在销售渠道、消费对象等方面具有较强的关联性,诉争商标"洋河口"完整包含了两件引证商标的文字"洋河",诉争商标与两件引证商标已构成使用在类似商品上的近似商标。洋河公司提交的证据材料能够证明诉争商标申请注册之前引证商标已具有较高知名度且唯一指向洋河公司,诉争商标与二引证商标分别构成使用在同一种或者类似商品上的近似商标		

证据三:(2015)高行(知)终字第3374号行政判决书。

因此,本案中诉争商标指定使用的全部商品与引证商标一、二核定使用的商品在功能用途、消费对象、销售渠道等方面具有较高的重合性,相关公众同时接触的机会较大,应当认定构成类似商品。

综上所述,本案中诉争商标与引证商标一、二构成类似商品上的近似商标,根据《商标法》第30条相关规定,诉争商标依法应当予以无效。

二、引证商标经过上诉人的长期使用、宣传和推广已具有很高的知名度和商誉,成为相关消费者识别上诉人高品质商品的来源,应当受到法律的保护

(一)上诉人企业历史悠久,在白酒制造企业中具有很高的知名度

上诉人位于素有"观音故里,诗酒之乡"美称的四川省遂宁市射洪县沱牌镇,地处

北纬30.9°——世界上佳酿酒核心地带，是“中国名酒”企业和川酒“六朵金花”之一。上诉人是高端陈年老酒贮量全国第一位的中国最大规模优质白酒制造企业；形成了以酒业为支柱，覆盖包装、制药、商贸、物流等领域的集团企业。拥有玻瓶、制药、热电等子（分）公司20个，总资产超50亿元。上诉人在全国首开“生态酿酒”先河，建有全国首座生态酿酒工业园，以“生态循环、绿色环保”著称于中国白酒行业。公司先后被评为“全国文明单位”、“全国环保先进单位”和首批“四川省工业生态园”，被授予全国“五一劳动奖”，获“中国食品文化遗产”“国家级非物质文化遗产”“全国质量奖”等称号。

生态酿美酒，舍得谢天下。在取得良好经济效益的同时，上诉人积极反哺回报社会，先后向射洪县柳树中学、射洪青岗中学、射洪中学、西南师范大学、四川大学、西南财经大学、四川爱华学校、贫困山区学校等捐款捐物，支持教育事业发展。据统计，1994年以来，上诉人用于助教兴学金额达1.1亿元。同时，累计投入1.5亿元修路筑堤、赈灾助残等，支持地方经济和新农村建设。截至2009年年末，累计上缴利税近30亿元，历年上缴税费占地方财政收入的50%以上；安置改制企业员工、社会待业青年、失地农民、农村剩余劳动力近10万人，年均支付农民工工资1400余万元。1998年8月，长江中下游发生特大洪灾，沱牌向湖南及其他灾区捐款100万元；2002年12月，出资8163万余元修建起8.5公里长的涪江柳树防洪大堤。2006年遂宁地区遭受特大旱灾，向灾区人民送去价值50万元的纯净水，解决了他们的燃眉之急。2008年“5·12”四川汶川大地震发生后，上诉人捐款、捐物共1038万元，同时派出18名志愿者赴地震灾区，受到省、市、县表彰。2010年4月，青海玉树地震发生后，上诉人捐资1000万元，支援灾区抗震救灾。2010年8月，甘肃舟曲发生泥石流灾害后，上诉人捐款捐物达100万元，支援灾区。由于在公益事业中的突出贡献，上诉人被授予“中国慈善事业突出贡献奖”和“环球慈善企业奖”。

原中共中央政治局常委、全国政协主席贾庆林，原中共中央政治局常委、全国人大常委会委员长乔石，著名科学家、全国政协原副主席、民盟中央副主席钱伟长，全国政协原副主席杨汝岱，全国政协原副主席、农工民主党中央常务副主席李蒙，全国政协副主席、民盟中央第一副主席张梅颖，四川省历届省委书记谢世杰、张学忠、刘奇葆，省长张皓若、宋宝瑞、张中伟、蒋巨峰，全国人大环境与资源保护委员会主任毛如柏，国内贸易部原部长、中国质量协会会长陈邦柱，党建研究会顾问、中央政研室原副主任郑科扬，中央党校原常务副校长虞云耀，中国人民解放军空军原政委邓昌友上将，成都军区原司令员王建民上将，国防大学政委刘亚洲上将，成都军区原副司令员马秉臣中将等，国际友人“世界第一股王”巴菲特之子小巴菲特、马来西亚元首胞弟东姑塞巴达、澳大利亚总理陆克文胞兄陆克雷等，先后莅临上诉人并给予高度评价。

上诉人在酒类行业已享有较高的知名度，实属标杆性企业，上诉人的知名度也直接影响了引证商标在相关公众中的知名度。

（二）上诉人在核定使用商品上大量、持续、广泛地使用引证商标，使引证商标具有很高知名度，承载了很高的商誉

天地百象，日月轮转。上诉人的引证商标产品“陶醉”酒严格遵循自然季节的变迁，选六粮，引活水，秉承古法酿造工艺，纯粮制曲，地缸发酵，木甑蒸馏，陶坛封藏，一切顺应自然，顺其自然。酒质纯净透明，酒香纯正协调，酒性更趋柔和淡雅，体味心安而静，悠然自得的人生妙感。“陶醉”酒打破了白酒传统香型的束缚，确定“以浓香为主，多香结合，因味制宜，与时俱进适应客户需求”的工艺技术路线，实现对传统白酒工艺史无前例的变革和调整。“陶醉”酒精选生态六粮，结合米香型酒特有“大米”酿造，使酒体清爽怡畅；结合清香型酒的“粮食浸洗”，体现原酒绵甜爽净；以高温和中高温曲为糖化发酵剂，结合酱香型酒的“原料堆积发酵”，轮轮双轮底，超临界 CO_2 萃取香味成分生产调味酒，具备酱香型酒的幽雅醇厚，不同香型工艺兼容互补，形成独特的复合酿酒工艺，成功酿制幽雅风格浓香白酒，并历经十年努力，“陶醉”酒成为幽雅风格浓香白酒的奠基者和领航者。“陶醉”酒经过上诉人的使用宣传和推广，已经具有较高的知名度。

经过上市十余年的成功商业运作，上诉人的陶醉品牌系列酒的销售范围已经遍布全国各地，销售额逐年稳步上升，取得了广大消费者的认可，成为全国中档白酒品牌中的领军品牌，陶醉品牌在酒类商品上具有了很高的知名度和商誉。早在 2011 年和 2014 年上诉人的引证商标一“陶醉”就被四川省工商局认定为“四川省著名商标”，同时“陶醉酒”于 2014 年 7 月 7 日被四川省人民政府评定为“四川省名牌产品”。

1. 引证商标一直被持续、广泛地通过各种形式进行宣传

上诉人投入了大量人力、物力、财力对引证商标产品进行宣传推广，其宣传媒介包括海报、公交站牌流动广告、公交车广告、墙体印刷、LED 显示屏、电视、广播电台等。上诉人每年都投入大量的人力、物力、财力对引证商标商品进行持续广泛的宣传，且宣传形式多样化，尤其是在四川电视台的电视广告，使全国各个地区的消费者都对引证商标产品广为熟知。

2. 上诉人一直大量、持续、广泛地使用引证商标

上诉人的引证商标商品经过使用、宣传和推广，被消费者广为知晓，引证商标产品凭借其显著的特征及品质保障迅速占领全国各大卖场，其销售额也非常巨大，为国家的经济发展和税收作出了很大的贡献。引证商标商品经过使用在消费者心目中已具有较高的知名度，引证商标商品在全国已形成了稳定的市场格局。

（三）引证商标受保护记录

上诉人非常关注其引证商标品牌形象的维护，投入大量的人力、物力、财力维护其识别商品来源的功能。由于上诉人使用引证商标的商品的高品质和高商誉，造假者竞相模仿牟取不当利益，2010 年，上诉人就对内蒙古的侵权行为进行积极投诉，内

蒙古自治区工商局曾经查处侵犯“陶醉”的商标侵权行为。

综上所述,引证商标具有固有的显著特征,经过上诉人多年的使用、宣传和推广已具有很高的市场占有率,在同行业竞争者中具有很高的知名度。早在2011年和2014年上诉人的引证商标就被四川省工商局认定为“四川省著名商标”。“陶醉”商标实质上已经与上诉人之间形成了唯一特定联系。

三、被上诉人北京润康泉食品科技有限公司与上诉人属于同行业的竞争者,其申请注册了多个与上诉人在先注册并享有较高知名度的“陶醉”商标近似的商标,其主观恶意十分明显

被上诉人北京润康泉食品科技有限公司也是生产和销售酒类产品的公司,与上诉人属于同行业竞争者,被上诉人在知晓上诉人“陶醉”系列酒品的知名度的情况下,还在第33类商品上申请了多个含有“陶醉”的商标,部分商标信息如表4所示:

表4 北京润康泉食品科技有限公司“陶醉”商标统计

类别	注册号	商标名称	申请日期	专用期(起)	商品服务
33	10135898	陶醉梦	2011-11-01		酒精饮料(啤酒除外);蒸煮提取物(利口酒和烈酒);酒(饮料);葡萄酒;蜂蜜酒;米酒;黄酒;苹果酒;蒸馏酒精饮料;开胃酒
33	10135881	陶醉乐	2011-11-01		酒精饮料(啤酒除外);蒸煮提取物(利口酒和烈酒);酒(饮料);葡萄酒;蜂蜜酒;米酒;黄酒;苹果酒;蒸馏酒精饮料;开胃酒
33	15581445	陶醉梦	2014-10-27	2015-12-14	酒精饮料(啤酒除外);烈酒(饮料);葡萄酒;果酒(含酒精);黄酒;清酒;白兰地;威士忌;伏特加酒;开胃酒
33	20152417	陶醉春	2016-05-31		酒精饮料(啤酒除外);烧酒;烈酒(饮料);葡萄酒;蜂蜜酒;米酒;苹果酒;威士忌;黄酒;白兰地

续表

类别	注册号	商标名称	申请日期	专用期(起)	商品服务
33	13658349	陶醉福	2013-12-03	2015-02-21	蜂蜜酒;黄酒;酒精饮料(啤酒除外);酒精饮料原汁;开胃酒;米酒;苹果酒;葡萄酒;烧酒;蒸煮提取物(利口酒和烈酒)
33	13658470	酒仙陶醉	2013-12-03	2015-02-07	蜂蜜酒;黄酒;酒精饮料(啤酒除外);酒精饮料原汁;开胃酒;米酒;苹果酒;葡萄酒;烧酒;蒸煮提取物(利口酒和烈酒)
33	15581460	陶醉乐	2014-10-27	2015-12-14	酒精饮料(啤酒除外);烈酒(饮料);葡萄酒;果酒(含酒精);黄酒;清酒;白兰地;威士忌;伏特加酒;开胃酒

证据四:被上诉人申请注册的部分"陶醉"商标列表及其商标档案。

其中第10135898号"陶醉梦"、第10135881号"陶醉乐"和第13658470号"酒仙陶醉"商标,上诉人在其初审公告后就已提起商标异议申请,被上诉人还对此曾电话威胁上诉人撤销商标异议。其中,商标局已认定"酒仙陶醉"商标不予注册。

此外,2014年被上诉人的股东之一路高曾对上诉人在本案中所引证的引证商标一第4920495号"陶醉"商标提起了无效宣告申请,经过商标评审委员会的评审、行政诉讼的一审、二审程序,商标评审委员会、北京知识产权法院以及北京市高级人民法院均认为,"陶醉"商标核定使用在酒类商品上能够起到区分商品来源的作用,其注册未违反《商标法》第10条第1款第8项,第11条第1款第2项、第3项的规定。因此,全部维持了第4920495号"陶醉"商标的注册。

证据五:被上诉人与上诉人发生过纠纷的异议裁定书、无效裁定书及相应的判决书。

证据六:被上诉人的工商登记信息。

由上可知,被上诉人企图借助上诉人引证商标的知名度,谋取不正当利益的主观故意十分明显。诉争商标若投入市场极易误导消费者,认为其与上诉人新推出的品牌或认为二者存在某在联系,进而对商品来源产生误认,不仅损害上诉人和消费者的利益,还会扰乱正常的市场竞争秩序,产生不良的社会影响,违反《商标法》第7条第1款,第10条第1款第7、8项的规定。

四、结论与请求

被上诉人在明确知晓上诉人"陶醉"系列商品知名度的情况下,在第32类、第33类商品上申请了多个含有"陶醉"的商标,其注册诉争商标的主观恶意十分明显。诉争商标指定使用的"啤酒、饮料制剂"等全部商品与引证商标核定使用的"酒、果酒(含酒精)"等商品在销售渠道、消费对象等方面具有高度重合性,构成类似商品;诉争商标"陶醉乐"完整包含了引证商标一,与引证商标二在文字构成、呼叫等方面近似,且未形成明显区别于引证商标一、二的其他含义,构成近似商标。且引证商标通过上诉人长期广泛的使用、宣传和推广在全国范围内具有较高的知名度,诉争商标与引证商标共存于前述类似商品上容易使相关公众将诉争商标与上诉人或者引证商标相联系,从而对商品来源产生混淆误认,故诉争商标与引证商标已构成使用在类似商品上的近似商标,违反了《商标法》第30条,依据《商标法》第44条第1款、第45条第1款的规定,诉争商标应当予以全部无效。

综上所述,上诉人请求贵院支持上诉人的上诉请求,依法予以改判,撤销北京知识产权法院(2017)京73行初×××号行政判决以及被上诉人作出的第10140438号"陶醉乐"商标(商评字[2016]第103117号),并令被上诉人重新作出无效宣告请求裁定。

此致

北京市高级人民法院

上诉人:四川沱牌舍得酒业股份有限公司

2017年8月15日

【二审判决书】

北京市高级人民法院
行政判决书

(2017)京行终××××号

上诉人(原审原告):四川沱牌舍得酒业股份有限公司,住所地四川省。

法定代表人:××,董事长。

委托诉讼代理人:李亚莉,北京××律师事务所律师。

委托诉讼代理人:周微,女,汉族,北京××律师事务所实习律师。

上诉人(原审被告):国家工商行政管理总局商标评审委员会,住所地北京市西城区茶马南街1号。

法定代表人:赵×,主任。

委托诉讼代理人:龚××,国家工商行政管理总局商标评审委员会审查员。

上诉人(原审第三人):北京润康泉食品科技有限公司,住所地北京市石景山区。

法定代表人:××。

上诉人四川沱牌舍得酒业股份有限公司(以下简称沱牌舍得公司)、上诉人国家工商行政管理总局商标评审委员会(以下简称商标评审委员会)及上诉人北京润康泉食品科技有限公司(以下简称润康泉公司)因商标权无效宣告请求行政纠纷一案,不服北京知识产权法院(2017)京73行初×××号行政判决,向本院提起上诉。本院于2017年11月22日受理后,依法组成合议庭进行了审理。2017年12月7日,上诉人沱牌舍得公司的委托代理人李亚莉、周微,上诉人商标评审委员会的委托代理人龚玉杰到本院接受询问。本案现已审理终结。

(北京知识产权法院查明事实和认为等略,详见一审判决书)

综上,北京知识产权法院依照《中华人民共和国行政诉讼法》第70条第1项的规定,判决:(1)撤销被诉裁定;(2)商标评审委员会重新作出裁定。

沱牌舍得公司、商标评审委员会及润康泉公司均不服原审判决,均向本院提起上诉。

沱牌舍得公司请求撤销原审判决,撤销被诉裁定,由商标评审委员会重新作出裁定。其主要上诉理由是:(1)争议商标与涉案引证商标构成使用在类似商品上的近似商标,依据《商标法》第30条的规定,应当全部无效;(2)涉案引证商标经过沱牌舍得公司长期使用、宣传和推广,已经具有很高知名度和商誉,应受法律保护;(3)润康泉公司与沱牌舍得公司属于同行业竞争者,其申请注册了多个与沱牌舍得公司在先注册并享有较高知名度的"陶醉"商标近似的商标,主观恶意明显。

商标评审委员会请求撤销原审判决,维持被诉裁定。其主要上诉理由为:争议商标在啤酒商品上与引证商标一、二未构成《商标法》第30条所规定的近似商标,彼此不属于类似商品,而且"陶醉"固有显著性不强,争议商标在与引证商标一、二存在一定差别的情况下在类似商品上并存,应不致造成相关公众的混淆误认。

润康泉公司请求撤销原审判决,维持被诉裁定。其主要上诉理由为:原审判决并未对引证商标一、二的效力进行审理,存在漏审。同时引证商标一、二违反法律、法规的规定,其表现形式不合法,而且自身缺乏显著性,不应成为有效商标。与本案争议商标情形相似的商标大量存在,并且均未认定在"啤酒"商品上与"酒(饮料)"等商品构成类似,原审判决不应随意突破《类似商品和服务区分表》,被诉裁定的相关认定正确,应予维持。

本院经审理查明:原审判决查明的事实清楚,证据采信得当,且有被诉裁定、争议商标档案、引证商标档案、各方当事人在评审程序和诉讼程序中提交的证据,以及当事人陈述等证据在案佐证,本院予以确认。

在本院审理本案过程中,沱牌舍得公司补充提交了国家图书馆科技查新中心的检索报告,证明引证商标2008年至2011年在《华夏酒报》《成都商报》《新华日报》等报刊上进行过宣传;其他案件的行政判决书,证明在先生效判决中已经认定了第32类"啤酒、不含酒精的饮料"等商品与第33类"酒(饮料)"等商品构成类似;润康泉公司申请注册"陶醉"商标的列表,证明其主观上存在恶意;沱牌舍得公司与润康泉公司之间发生纠纷的行政裁决等七组证据。商标评审委员会对上述证据的真实性予以认可,但认为并非被诉裁定的依据,且部分证据形成时间晚于争议商标申请日,故不应予以采纳。

上述事实有沱牌舍得公司提交的证据以及各方当事人陈述等证据在案佐证。

本院认为:《商标法》第30条规定,申请注册的商标,凡不符合本法有关规定或者同他人在同一种商品或者类似商品上已经注册的或者初步审定的商标相同或者近似的,由商标局驳回申请,不予公告。

判断商标相同或近似,应当从商标在文字的字形、读音、含义和图形的构图、设计及整体表现形式等方面,采取整体观察与对比主要部分的方法,并且也要考虑相关商标的显著性和知名度、所使用商品的关联程度等因素,以相关公众的一般注意力是否易造成对商品的来源产生混淆或误认为标准。同时,应当注意的是,商标法意义上的商标近似是以是否容易导致相关公众对商品来源的混淆、误认为判断标准,而判断标准的属性为法律问题,并非事实问题,故争议商标与引证商标是否实际导致相关公众对商品来源产生混淆误认仅为参考因素,而不能当然以此对是否容易造成混淆误认进行判定。

本案中,争议商标为中文文字"陶醉乐",引证商标一为中文文字"陶醉",引证商标二为中文文字"陶醉缘"。争议商标完整包含了引证商标一,与引证商标二在文字构成、呼叫等方面近似,且争议商标未形成明显区别于引证商标一、引证商标二的其他含义,故争议商标与引证商标一、引证商标二构成近似商标,原审判决对此认定并无不当,本院予以确认。商标评审委员会及润康泉公司该部分上诉理由缺乏事实及法律依据,本院不予支持。

商品类似,是指商品在功能、用途、生产部门、销售渠道、消费对象等方面相同,或者相关公众一般认为其存在特定联系。在判断商品是否构成类似时,应以相关公众对商品的一般认识进行综合判断,《类似商品和服务区分表》可以作为判断商品类似的参考。

本案中，争议商标指定使用的“啤酒”商品与两引证商标核定使用的“酒(饮料)；果酒(含酒精)”等商品均为酒类饮品，在功能、用途、销售渠道、消费对象等方面相同，属于类似商品，故争议商标指定使用在“啤酒”商品上与引证商标一、二共存，容易造成相关公众对商品来源产生混淆误认，构成了《商标法》第30条所规定情形，原审判决对此认定并无不当，本院予以确认。商标评审委员会及润康泉公司该部分上诉理由缺乏事实及法律依据，本院不予支持。

争议商标指定使用的“麦芽汁(发酵后成啤酒)；无酒精饮料；植物饮料；奶茶(非奶为主)；乳清饮料；豆类饮料；蔬菜汁(饮料)；果汁饮料(饮料)；饮料香精”商品与两引证商标核定使用的“酒(饮料)；果酒(含酒精)”等商品在功能、用途、生产部门、消费对象等方面存在明显的区别，争议商标指定使用在前述商品上与引证商标共存，不致导致相关公众的混淆误认。同时，沱牌舍得公司提交的在案证据仅有部分形成于争议商标申请注册日前，尚不足以证明在争议商标申请注册日前，涉案引证商标经过使用、宣传，已经具有一定知名度。因此，原审判决及被诉裁定关于争议商标在“啤酒”以外商品上与两引证商标未构成使用在类似商品上的近似商标的认定并无不当，本院予以确认。沱牌舍得公司相关上诉理由缺乏事实及法律依据，本院不予支持。

同时，直至本案审理过程中，涉案引证商标仍为有效商标，故其仍然构成争议商标申请注册的在先权利障碍，而且引证商标是否应被予以无效，并不属于本案的审理范围，故润康泉公司相关上诉理由缺乏事实及法律依据，本院不予支持。

综上，原审判决认定事实清楚，适用法律正确，程序合法，本院予以维持。沱牌舍得公司、商标评审委员会及润康泉公司的上诉理由均缺乏事实和法律依据，对其上诉请求本院均不予支持。依照《中华人民共和国行政诉讼法》第89条第1款第1项之规定，判决如下：

驳回上诉，维持原判。

一审案件受理费100元，由国家工商行政管理总局商标评审委员会负担(于本判决生效之日起7日内交纳)；二审案件受理费100元，四川沱牌舍得酒业股份有限公司负担30元(已交纳)，国家工商行政管理总局商标评审委员会负担40元(已交纳)，北京润康泉食品科技有限公司负担30元(已交纳)。

本判决为终审判决。

审 判 长 陶 ×
审 判 员 王××
代理审判员 孙××
2017年12月15日
书 记 员 张××
书 记 员 郭××

【再审申请书及证据目录】

第10140438号“陶醉乐”商标无效行政诉讼
再审申请书

再审申请人（一审原告、二审上诉人）：舍得酒业股份有限公司，地址：四川省。

法定代表人：李强，职务：总经理。

委托代理人：李亚莉、崔雯，工作单位：北京××律师事务所。

再审被申请人（一审被告、二审上诉人）：中国国家工商行政管理总局商标评审委员会，住所地：北京市西城区茶马南街1号。

法定代表人：赵刚。

再审第三人（一审第三人、二审上诉人）：北京润康泉食品科技有限公司。

地址：北京市石景山区。

法定代表人：吴迪。

再审申请人舍得酒业股份有限公司因第10140438号“陶醉乐”商标无效宣告行政纠纷一案，不服北京市高级人民法院于2017年12月22日作出的（2017）京行终××××号行政判决书，根据《中华人民共和国行政诉讼法》第91条之规定，现提出再审申请。

再审请求：

1.判决撤销北京市高级人民法院作出的（2017）京行终××××号行政判决；判决撤销北京知识产权法院作出的（2017）京73行初×××号行政判决；

2.判决撤销再审被申请人作出的商评字［2016］第103117号《关于第10140438号“陶醉乐”商标无效宣告请求裁定书》并重新作出无效裁定；

3.判决再审被申请人承担本案诉讼费用。

诉争商标与引证商标的基本信息如表5表示：

表5　诉争商标与引证商标基本信息

	诉争商标	引证商标一	引证商标二
注册号	10140438	4920495	7389553
商标	陶醉乐	陶醉	陶醉缘
申请日	2011-11-02	2005-09-28	2009-05-12
注册日	2012-12-28	2008-07-28	2010-08-28
类别	32	33	33
指定商品	3201 啤酒、麦芽汁(发酵后成啤酒) 3202 奶茶(非奶为主)、植物饮料、乳清饮料、蔬菜汁(饮料)、无酒精饮料、果汁饮料(饮料)、豆类饮料 3203 饮料香精	3301 料酒、米酒、烧酒、开胃酒、酒精饮料(啤酒除外)、果酒(含酒精)、酒(利口酒)、酒(饮料)、威士忌酒、食用酒精	3301 料酒、果酒(含酒精)、开胃酒、酒(利口酒)、酒(饮料)、威士忌酒、烧酒、酒精饮料(啤酒除外)、葡萄酒、食用酒精
主要功能、用途	1.啤酒、饮料等商品满足日常饮用的需求,在平时生活就餐,家庭聚会或商务宴请时,进行消费的情况十分普遍。走亲访友时,普通消费者选购这些商品作为礼物赠送的情况也较为普遍; 2.麦芽汁(发酵后成啤酒)是啤酒的主要生产原料和啤酒生产制造的基础,麦芽汁的浓度代表啤酒的度数; 3.饮料香精是生产制造酒类商品和无酒精饮料商品普遍添加的原料成分	上述指定商品除料酒外,均是满足日常饮用的需求,在平时生活就餐,家庭聚会或商务宴请时,消费上述指定商品十分普遍。走亲访友时,普通消费者选购上述指定商品作为礼物赠送的情况也较为普遍	上述指定商品除料酒外,均是满足日常饮用的需求,在平时生活就餐,家庭聚会或商务宴请时,消费上述指定商品十分普遍。走亲访友时,普通消费者选购上述指定商品作为礼物赠送的情况也较为普遍
主要相关公众	1.酒水饮料消费者; 2.酒类商品、饮料商品的生产者、销售者(如餐馆酒店等经营者、服务人员,酒吧、KTV等娱乐场所经营者、服务人员等)	1.酒水饮料普通消费者; 2.酒类商品的生产者、销售者(如餐馆酒店等经营者、服务人员,酒吧、KTV等娱乐场所经营者、服务人员等)	1.酒水饮料普通消费者; 2.酒类商品的生产者、销售者(如餐馆酒店等经营者、服务人员,酒吧、KTV等娱乐场所经营者、服务人员等)
销售场所	1.超市、卖场、便利店、电商平台等一般性线上线下销售场所; 2.餐馆、酒店、酒吧等经营性场所	1.超市、卖场、便利店、电商平台等一般性线上线下销售场所; 2.餐馆、酒店、酒吧等经营性场所	1.超市、卖场、便利店、电商平台等一般性线上线下销售场所; 2.餐馆、酒店、酒吧等经营性场所

再审申请理由概述：

2015年12月28日，再审申请人舍得酒业股份有限公司（四川沱牌舍得酒业股份有限公司于2018年1月12日将企业名称变更为舍得酒业股份有限公司，以下简称申请人）针对再审第三人北京润康泉食品科技有限公司（以下简称润康泉公司）注册的第10140438号"陶醉乐"商标向中国国家工商行政管理总局商标评审委员会（以下简称商评委）提出无效宣告请求。2016年11月30日，商评委作出商评字[2016]第103117号《关于第10140438号"陶醉乐"商标无效宣告请求裁定书》（以下简称被诉裁定），对诉争商标予以维持。申请人不服被诉裁定，向北京知识产权法院提起了行政诉讼，北京知识产权法院认为，诉争商标在"啤酒"商品上与引证商标构成使用在类似商品上的近似商标，在其余商品上与引证商标未构成使用在类似商品上的近似商标。商评委、申请人及润康泉公司均不服北京知识产权法院作出的一审判决，均提起了上诉，北京市高级人民法院认为申请人提交的在案证据不足以证明引证商标在争议商标申请日前已经具有一定知名度，诉争商标在"啤酒"商品上与引证商标构成使用在类似商品上的近似商标，在其余商品上与引证商标未构成使用在类似商品上的近似商标，维持了一审判决。

申请人在原审中陈述的事实和理由以及提交证据能够充分证明引证商标在诉争商标申请日前已经具有较高知名度，诉争商标在全部指定商品上与引证商标构成类似商品上的近似商标，容易导致消费者混淆误认。一、二审判决及被诉裁定，均存在认定事实不清和适用法律错误的问题

申请人提起再审申请，通过原审证据结合新证据进一步说明引证商标经过申请人的大量使用，具有较高的知名度，诉争商标之注册并与引证商标使用于同一市场易导致相关公众的混淆误认，构成《商标法》第30条规定之情形，其申请注册具有不当性。因此，申请人所提交的新证据及提出的事实和理由足以推翻原判决，说明原判决认定事实不清，适用法律错误，符合《行政诉讼法》第91条第2项、第4项规定。

一、"陶醉"品牌于诉争商标申请日前已在相关消费者中具有很高的知名度和美誉度

申请人是1951年成立的国家大型企业，是中国最大规模优质白酒制造企业之一，高端陈年老酒贮量位居全国第一，是"中国名酒"企业和川酒"六朵金花"之一。本案引证商标一"陶醉"于2005年9月28日申请注册，并于2008年7月28日核准注册，引证商标二"陶醉缘"于2009年5月12日申请注册，并于2010年8月28日核准注册。

"陶醉"商标经过公司十余年来长时间持续，广泛的使用和成功的商业宣传推广，在全国范围内取得了令人瞩目的销售业绩和知名度，并为国家的经济发展和税收作出了很大的贡献。"陶醉"商标通过使用其显著特征得到了进一步的提升，增强了引

证商标成为相关消费者识别申请人高质量商品来源的功能。“陶醉”商标在2011年和2014年被四川省工商行政管理局认定为“四川省著名商标”,“陶醉酒”于2013年8月被中国酒业协会认定为“中国酒业2013中国名酒典型酒”,于2014年7月7日被四川省人民政府评定为“四川省名牌产品”。商标评审委员会在关于第13658470号“酒仙陶醉”商标不予注册的决定与关于第4920495号“陶醉”商标无效宣告请求裁定书中认定“陶醉”系列白酒已具有较高的知名度和声誉,同时最高人民法院、北京市高级人民法院、北京知识产权法院针对该无效宣告裁定作出的行政判决书中也均认定“陶醉”商标经过申请人长期而广泛的使用和宣传,已经具有一定的知名度。因此,“陶醉”品牌于诉争商标申请日前已在相关消费者中具有很高的知名度和美誉度。

二、诉争商标与引证商标构成使用在类似商品上的近似商标

诉争商标与引证商标构成近似商标的事实,商评委、一审和二审法院均予认可。

1.“啤酒”“麦芽汁(发酵后成啤酒)”商品与酒类商品类似:诉争商标在“啤酒”商品上与引证商标一、二核定使用的“酒(饮料);果酒(含酒精)”等商品均为酒类饮品,在功能、用途、销售渠道、消费对象等方面相同,属于类似商品。对于该点一审、二审法院均予以认可。同时,诉争商标核定使用的商品“麦芽汁(发酵后成啤酒)”与“啤酒”同属于3201类似群组,麦芽是啤酒原料,麦芽汁经发酵是啤酒生产的必要环节,啤酒的度数即为麦芽汁的浓度。鉴于“麦芽汁(发酵后成啤酒)”与“啤酒”具有高度关联性,其与引证商标核定使用的“酒(饮料);果酒(含酒精)”等商品同样应属于类似商品。

2.“无酒精饮料”等商品与酒类商品类似:诉争商标核定使用商品“无酒精饮料、植物饮料、奶茶(非奶为主)、乳清饮料、豆类饮料、蔬菜汁(饮料)、果汁饮料(饮料)”与引证商标核定使用的第33类商品“酒(饮料)”等同为日常饮品,也构成类似商品。二者的相同点有:(1)均在超市、卖场、电商平台等一般性销售场所售出,且摆放位置在同一区域;(2)超市宣传册上也多在同一版面;(3)电商平台上所售酒类商品和无酒精饮料也统一在“酒水饮料”分类下,在同一商品选购界面出现。因此诉争商标核定使用的“无酒精饮料”等商品与引证商标核定使用的“(酒)饮料”等商品在销售渠道、消费对象、功能、用途等方面具有较强的重合性和关联性。

3.“饮料香精”商品与酒类商品类似:诉争商标核定使用的商品“饮料香精”是用于“饮料用的制剂”,而两引证商标所核定使用的“酒(饮料)、酒精饮料(啤酒除外)”等商品在制作过程中均需要前述“饮料用的制剂”商品,因此,二者之间存在原料与成品的密切关联,在生产、供需环节所涉市场主体具有重合性。

三、润康泉公司注册诉争商标具有明显的不正当竞争意图

润康泉公司与申请人属于同行业竞争者,明知“陶醉”品牌的知名度和市场价值,然而该公司在酒类商品上多次申请与申请人享有权利并在先注册的“陶醉”商标近似

的标识“陶醉梦”“陶醉福”“酒仙陶醉”等，该等商标申请因与申请人在先注册的引证商标构成类似商品上的近似商标被驳回、不予注册或无效宣告，同时润康泉公司的股东（路高）针对引证商标一“陶醉”提起的无效宣告程序，均未得到商评委与各级法院的支持，由此可知润康泉公司搭申请人知名品牌“陶醉”的便车，企图非法利用申请人商誉以混淆相关消费者，谋取不正当市场利益的主观恶意十分明显。

如果诉争商标获准注册，陶醉牌酒与陶醉乐牌啤酒和饮料等商品共存于商场、超市或相关消费场所，必然会直接导致消费者的混淆和误认，严重损害相关消费者的利益，以及损害申请人长期诚信经营建立的陶醉酒类商品上的良好声誉，损害申请人的合法权益，同时会扰乱正常的市场秩序。

综上所述，申请人在原审中陈述的事实和理由，以及提交的证据已经能够充分证明诉争商标指定使用的全部商品与引证商标核定使用的商品构成使用在类似商品上的近似商标，共存于同一市场容易造成相关消费者对商品来源的混淆、误认，诉争商标已经构成《商标法》第 30 条规定之情形。申请人再审申请所提交的新证据并结合原审证据足以推翻二审判决，根据《行政诉讼法》第 91 条第 2 项、第 4 项规定，申请人的申请符合再审条件。

故请求贵院对本案进行再审，以维护申请人的合法权益，维护法律的公平正义。

再审申请理由详述：

一、引证商标经过申请人的长期使用宣传和推广已具有很高的知名度和商誉，成为相关消费者识别申请人高品质商品的来源，应当受到法律的保护

（一）在诉争商标申请日前，申请人在核定使用商品上大量、持续、广泛地使用引证商标，使引证商标具有很高知名度，显著特征也得到了进一步的增强

天地百象，日月轮转。申请人的引证商标产品“陶醉”酒严格遵循自然季节的变迁，选六粮，引活水，秉承古法酿造工艺，纯粮制曲，地缸发酵，木甑蒸馏，陶坛封藏，一切顺应自然，顺其自然。酒质纯净透明，酒香纯正协调，酒性更趋柔和淡雅，体味心安而静，悠然自得的人生妙感。“陶醉”酒打破了白酒传统香型的束缚，确定“以浓香为主，多香结合，因味制宜，与时俱进适应客户需求”的工艺技术路线，实现对传统白酒工艺史无前例的变革和调整。“陶醉”酒精选生态六粮，结合米香型酒特有“大米”酿造，使酒体清爽怡畅；结合清香型酒的“粮食浸洗”，体现原酒绵甜爽净；以高温和中高温曲为糖化发酵剂，结合酱香型酒的“原料堆积发酵”，轮轮双轮底，超临界 CO_2 萃取香味成分生产调味酒，具备酱香型酒的幽雅醇厚，不同香型工艺兼容互补，形成独特的复合酿酒工艺，成功酿制幽雅风格浓香白酒，并历经 10 年努力，“陶醉”酒成为幽雅风格浓香白酒的奠基者和领航者。“陶醉”酒经过申请人的使用宣传和推广，已经具有较高的知名度。

1. 申请人引证商标“陶醉”已获得诸多荣誉,知名度已经得到社会广泛认可

早在2011年和2014年的引证商标一“陶醉”就被四川省工商局认定为“四川省著名商标”,“陶醉酒”被认定为“中国酒业2013中国名酒典型酒”以及于2014年7月7日被四川省人民政府评定为“四川省名牌产品”。同时,商标评审委员会在关于第13658470号“酒仙陶醉”商标不予注册的决定中明确指出“引证商标陶醉经长期宣传使用已在相关产品市场具有一定知名度”,关于第4920495号“陶醉”商标无效宣告请求裁定书中,商评委认定“陶醉”系列白酒已具有较高的知名度和声誉,同时最高人民法院、北京市高级人民法院、北京知识产权法院针对该无效宣告裁定作出的行政判决书中也均认定“陶醉”商标经过申请人长期而广泛的使用和宣传,已经具有一定的知名度。“陶醉酒”的知名度和影响力已被社会广泛认可。

证据四(按《再审证据目录》中的编号,以下证据编号均如此):“陶醉”被认定为“中国酒业2013中国名酒典型酒”,2011年、2014年“四川省著名商标”及四川省名牌产品的证书。

2. 申请人“陶醉”品牌酒持续活跃于相关市场,大量第三方报纸杂志对“陶醉酒”进行宣传报道

全国各大报纸杂志在2008年至2011年对申请人及引证商标进行了大量的宣传报道,提升了申请人及其引证商标的知名度。国图检索报告宣传报道列表如表6所示:

证据五:2008—2017年第三方报纸、杂志关于陶醉酒的报道。

表6 2008—2017年第三方报纸、杂志关于陶醉酒的报道统计

序号	时间/期刊号	刊物名称	文章内容	地域
1	2008-05	酿酒科技	50% Vol 陶醉酒。 品评体会:香浓纯正,陈香舒适,绵甜甘洌,香味协调,尾味爽净,多粮浓香风格典雅,酒液全面	全国
2	2008-10-15	品牌	2007年公司年报显示,营业收入较2006年同期增长2.53%;净利润较2006年同期增加107.32%,主要是得益于将中高档白酒陶醉品牌向全国重点市场推广,使“陶醉”酒销量的增加,由此可见,陶醉酒的推出,对整个公司的产品结构调整起到了举足轻重的作用	全国
3	2008-10-25	证券日报	集团2007年推出新款中高档白酒“陶醉”,以此品牌为基础构筑了新的中高档白酒组合。得益于陶醉酒销量的增加,2007年公司营业利润同比增加143%	全国

续表

序号	时间/期刊号	刊物名称	文章内容	地域
4	2008－11－24	华夏酒报	集团将继续利用生态酿酒优势，“陶醉酒”为中端主力品牌。在坚持高、中、低端产品协调发展的同时，不断提高中高档产品的销售收入	全国
5	2008－11－26	黑龙江日报	集团将以陶醉酒为中端主力品牌，坚持高、中、低端产品协调发展	黑龙江
6	2008－12－3	重庆日报	集团将以陶醉酒为中端主力品牌，坚持高、中、低端产品协调发展	重庆
7	2008－12－11	深圳特区报	集团将以陶醉酒为中端主力品牌，坚持高、中、低端产品协调发展	广东
8	2008－12－12	大众日报	集团将以陶醉酒为中端主力品牌，坚持高、中、低端产品协调发展	山东
9	2008－12－20	新华日报	集团将以陶醉酒为中端主力品牌，坚持高、中、低端产品协调发展	全国
10	2009－03－09	华夏酒报	今年重点打造陶醉等重点品牌，从广告宣传、营销政策、品牌策划、市场服务方面突出主销产品。陶醉酒的市场运作也将更具深度和广度	全国
11	2009－03－18	证券日报	2008年公司狠抓产品结构调整拓展公司的市场范围，将陶醉品牌向全国重点市场推广，实现了中高档酒销售的较快增长。抓重点品牌布局，抓住陶醉等主推品牌，产品销售结构调整取得实质性成果。陶醉品牌处于上升期，拥有较高的质量和厚重的文化底蕴，“人生百味皆陶醉”已逐步深入消费者的头脑中，越来越多的消费者认同和赞赏公司的白酒文化	全国
12	2009－03－26	重庆日报	2009年，集团重点打造陶醉为集团重点品牌，从广告宣传、营销政策、品牌策划、市场服务方面突出主销产品	重庆
13	2009－04－18	郑州晚报	2009年推出的“陶醉”品牌，意取“人生百味皆陶醉”，力求将“自然消费、亲切消费、文化消费”的理念贯穿到整体消费环节，应该说是比较切合中端需求市场的	河南
14	2009－08－01	北京晚报	为适应上市公司发展战略需要，进一步理顺产品价格体系，根据市场供需情况，决定从2009年8月1日起对“陶醉”系列产品的对外售价在原价格基础上涨6.5%—10%	北京

续表

序号	时间/期刊号	刊物名称	文章内容	地域
15	2009-08-02	沈阳晚报	为适应上市公司发展战略需要,进一步理顺产品价格体系,根据市场供需情况,决定从2009年8月1日起对“陶醉”系列产品的对外售价在原价格基础上涨6.5%—10%	辽宁
16	2009-08-02	遵义晚报	为适应上市公司发展战略需要,进一步理顺产品价格体系,根据市场供需情况,决定从2009年8月1日起对“陶醉”系列产品的对外售价在原价格基础上涨6.5%—10%	贵州
17	2009-08-02	东南快报	为适应上市公司发展战略需要,进一步理顺产品价格体系,根据市场供需情况,决定从2009年8月1日起对“陶醉”系列产品的对外售价在原价格基础上涨6.5%—10%	全国
18	2009-08-02	黑龙江日报	为适应上市公司发展战略需要,进一步理顺产品价格体系,根据市场供需情况,决定从2009年8月1日起对“陶醉”系列产品的对外售价在原价格基础上涨6.5%—10%	黑龙江
19	2009-08-02	三峡都市报	为适应上市公司发展战略需要,进一步理顺产品价格体系,根据市场供需情况,决定从2009年8月1日起对“陶醉”系列产品的对外售价在原价格基础上涨6.5%—10%	全国
20	2009-08-02	新晚报	为适应上市公司发展战略需要,进一步理顺产品价格体系,根据市场供需情况,决定从2009年8月1日起对“陶醉”系列产品的对外售价在原价格基础上涨6.5%—10%	全国
21	2009-08-02	天天商报	为适应上市公司发展战略需要,进一步理顺产品价格体系,根据市场供需情况,决定从2009年8月1日起对“陶醉”系列产品的对外售价在原价格基础上涨6.5%—10%	全国
22	2009-08-02	东莞日报数字报	为适应上市公司发展战略需要,进一步理顺产品价格体系,根据市场供需情况,决定从2009年8月1日起对“陶醉”系列产品的对外售价在原价格基础上涨6.5%—10%	广东
23	2009-08-02	生活报	为适应上市公司发展战略需要,进一步理顺产品价格体系,根据市场供需情况,决定从2009年8月1日起对“陶醉”系列产品的对外售价在原价格基础上涨6.5%—10%	全国

续表

序号	时间/期刊号	刊物名称	文章内容	地域
24	2009-08-02	东南商报	为适应上市公司发展战略需要,进一步理顺产品价格体系,根据市场供需情况,决定从2009年8月1日起对"陶醉"系列产品的对外售价在原价格基础上涨6.5%—10%	全国
25	2009-08-02	京江晚报	根据市场供需情况,决定从2009年8月1日起对"陶醉"系列产品的对外售价在原价格基础上涨6.5%—10%。	江苏
26	2009-08-02	大江晚报	为适应上市公司发展战略需要,进一步理顺产品价格体系,根据市场供需情况,决定从2009年8月1日起对"陶醉"系列产品的对外售价在原价格基础上涨6.5%—10%	安徽
27	2009-08-03	汕头特区晚报	沱牌为适应上市公司发展战略需要,进一步理顺产品价格体系,根据市场供需情况,决定从2009年8月1日起对"陶醉"系列产品的对外售价在原价格基础上涨6.5%—10%	广东
28	2009-08-03	南方日报	为适应上市公司发展战略需要,进一步理顺产品价格体系,根据市场供需情况,决定从2009年8月1日起对"陶醉"系列产品的对外售价在原价格基础上涨6.5%—10%	广东
29	2009-08-03	吴江日报	为适应上市公司发展战略需要,进一步理顺产品价格体系,根据市场供需情况,决定从2009年8月1日起对"陶醉"系列产品的对外售价在原价格基础上涨6.5%—10%	江苏
30	2009-08-03	北京日报	为适应上市公司发展战略需要,进一步理顺产品价格体系,根据市场供需情况,决定从2009年8月1日起对"陶醉"系列产品的对外售价在原价格基础上涨6.5%—10%	北京
31	2009-08-04	重庆晨报	"陶醉"系列作为集团旗下的高端白酒,率先公开提价,提价幅度约为6.5%—10%。	重庆
32	2009-08-04	都市快报	为适应上市公司发展战略需要,进一步理顺产品价格体系,根据市场供需情况,决定从2009年8月1日起对"陶醉"系列产品的对外售价在原价格基础上涨6.5%—10%	江苏
33	2009-08-04	新快报	为适应上市公司发展战略需要,进一步理顺产品价格体系,根据市场供需情况,决定从2009年8月1日起对"陶醉"系列产品的对外售价在原价格基础上涨6.5%—10%	广东

续表

序号	时间/期刊号	刊物名称	文章内容	地域
34	2009-08-04	西部晨风	为适应上市公司发展战略需要,进一步理顺产品价格体系,根据市场供需情况,决定从2009年8月1日起对"陶醉"系列产品的对外售价在原价格基础上涨6.5%—10%	河南
35	2009-08-06	胜利新生活	为适应上市公司发展战略需要,进一步理顺产品价格体系,根据市场供需情况,决定从2009年8月1日起对"陶醉"系列产品的对外售价在原价格基础上涨6.5%—10%	全国
36	2009-08-07	郑州晚报	为适应上市公司发展战略需要,进一步理顺产品价格体系,根据市场供需情况,决定从2009年8月1日起对"陶醉"系列产品的对外售价在原价格基础上涨6.5%—10%	河南
37	2009-08-10	经理日报	根据市场供需情况,从8月1日起对"陶醉"等系列产品的对外售价在原价格基础上涨6.5%—10%	全国
38	2009-08-12	城市晚报	为适应上市公司发展战略需要,进一步理顺产品价格体系,根据市场供需情况,决定从2009年8月1日起对"陶醉"系列产品的对外售价在原价格基础上涨6.5%—10%	吉林
39	2009-08-12	东南快讯	为适应上市公司发展战略需要,进一步理顺产品价格体系,根据市场供需情况,决定从2009年8月1日起对"陶醉"系列产品的对外售价在原价格基础上涨6.5%—10%	全国
40	2009-08-12	萧山日报	为适应上市公司发展战略需要,进一步理顺产品价格体系,根据市场供需情况,决定从2009年8月1日起对"陶醉"系列产品的对外售价在原价格基础上涨6.5%—10%	江苏
41	2009-08-12	扬州晚报	白酒行业在2009年保持了良好的发展态势,公司陶醉为基础构筑了新的中高档白酒组合	江苏
42	2009-08-12	北京商报	为适应上市公司发展战略需要,进一步理顺产品价格体系,根据市场供需情况,决定从2009年8月1日起对"陶醉"系列产品的对外售价在原价格基础上涨6.5%—10%	北京
43	2009-08-13	新快报	公司对"陶醉"系列产品的对外售价在原价格基础上涨6.5%至10%,得益于此决策,公司在股市震荡的局势下,连续上涨4天,表现抢眼	广东

续表

序号	时间/期刊号	刊物名称	文章内容	地域
44	2009-08-13	21世纪经济报道	为适应上市公司发展战略需要,进一步理顺产品价格体系,根据市场供需情况,决定从2009年8月1日起对“陶醉”系列产品的对外售价在原价格基础上涨6.5—10%	全国
45	2009-08-14	西江都市报	根据市场供需情况,决定从2009年8月1日起对“陶醉”系列产品的对外售价在原价格基础上涨6.5—10%	广西
46	2009-08-18	胜利新生活	集团发布公告,表示从8月1日起上调“陶醉”“舍得”系列产品对外售价,涨幅约6.5%—10%	全国
47	2009-08-25	食品与发酵科技	集团发布公告称,从8月1日起对“陶醉”“舍得”系列产品的对外售价在原价格基础上涨6.5—10%	全国
48	2009-09	声音 voice	从8月1日起对“陶醉”等系列产品的对外售价在原价格基础上涨6.5—10%。	全国
49	2009-11-13	21世纪经济报道	根据市场供需情况,决定对“陶醉”系列产品的对外售价在原价格基础上涨6.5—10%,并加大了“陶醉”等中档产品的营销力度	全国
50	2010-01-10	常州晚报	公司将陶醉定位四大主打产品之一,从产品看,我们相对看好终端价格档在100元上下的陶醉系列产品,该款产品目前实行区域聚焦战略,市场反馈良好	江苏
51	2010-02-01	华夏酒报	从8月1日起对“陶醉”等系列产品的对外销价上调6.5—10%	全国
52	2010-03-17	成都商报	陶醉酒以原汁原味最成都的名义带给成都市民悠闲惬意的生活体验。陶醉酒将携手宽窄巷子、锦里等最成都的文化元素打造成都本土品牌,让消费者喝到优质健康生态的美酒,在彼此欣赏中彼此陶醉	四川
53	2010-04	WINE WORLD(红酒世界)	陶醉,上榜理由:最动情的情侣。“陶醉”意取“人生百味皆陶醉”,力求将“自然消费、亲切消费、文化消费”的理念贯穿到整体消费环节	全国
54	2010-10-22	华夏酒报	集团将以陶醉酒为中端主力品牌,坚持高、中、低端产品协调发展	全国

续表

序号	时间/期刊号	刊物名称	文章内容	地域
55	2011－03－28	企业家日报	在高端白酒涨价后，公司推出“陶醉”……竞相回防其中端市场。地方名酒如果不抓住机会稳固中端市场，将有可能重新被一线品牌占领。为此部分企业已开始尝试香型、技艺及发展模式创新等	全国
56	2011－04－04	企业家日报	2011年公司将继续按照“高产、优质、生态、低碳、低耗、清洁、安全、高效”的总要求，继续调整产品结构，逐步整合企业品牌，带动“陶醉”等品牌的发展	全国
57	2011－06－17	新晚报（数字报）	随着产品结构调整，未来的品牌战略以中高档产品为主，公司产品包括陶醉酒等中高档品种	全国
58	2011－06－20	新晚报（数字报）	随着产品结构调整，未来的品牌战略以中高档产品为主，公司产品包括陶醉酒等中高档品种	全国
59	2011－06－28	证券时报	公司初步形成以陶醉酒等中高档产品布局全国重点市场和区域市场的销售局面	全国
60	2011－06－29	新晚报（数字报）	随着产品结构调整，未来的品牌战略以中高档产品为主，公司产品包括陶醉酒等中高档品种	全国
61	2011－07－21	每日新报（数字报）	“陶醉”等系列产品的对外售价上调6.5%—10%	全国
62	2011－07－26	南方都市报（全国版）	2011年以来，公司营销方面实施七大区战略，设立陶醉等三个事业部	全国
63	2011－08－12	经济参考报	公司改走高端酒路线，自2010年以来，将陶醉系列包装升级	全国
64	2011－09－05	华夏酒报	针对中秋消费市场，陶醉酒采取了“对客户送礼”的销售策略来大打亲情牌	全国
65	2011－09－07	华夏酒报	2011年上半年公司完成品牌整合，陶醉酒等中高档产品体系得到不断完善。上半年最大看点在于：陶醉产品结构开始升级	全国
66	2011－11－18	华西都市报	2011年上半年集团完成品牌整合，陶醉酒等中高档产品体系得到不断完善	全国
67	2011－11－22	天府早报（数字报）	2011年上半年集团完成品牌整合，陶醉酒等中高档产品体系得到不断完善	全国

续表

序号	时间/期刊号	刊物名称	文章内容	地域
68	2011-12-22	经济视点报	如果你关注@舍得酒业,将有机会获陶醉酒一瓶	全国
69	2012-03-13	重庆晨报	陶醉品牌,其酒体具有风格具有"窖香浓郁,清冽甘爽,绵软醇厚,尾净余长,尤以甜静著称"	重庆
70	2012-07-02	证券日报	2011年,公司核心产品和重点产品的梳理开发工作已经完成,确立陶醉为公司三大品牌线之一	全国
71	2012-11-05	淮海晚报	陶醉酒作为集团的核心产品,基本完成了升级工作	江苏
72	2013	声屏世界·广告人	"陶醉"品牌巧妙借助梅花奖的高人气,强化公众对其的关注,大众认知度得到了显著提升	全国
73	2013-01-01	销售与市场(管理版)	陶醉品牌定位中国中高端商务宴请市场,大肆倡导人生百味皆陶醉的生活体验,在人们越来越崇尚健康饮酒、喝好酒、少喝酒的共识下,喊出了"陶醉,让人们不要喝醉,只要陶醉"的品牌理念,很好地满足目标客户的需求,大获成功	全国
74	2013-01-04	吴江日报	陶醉品牌,其酒体具有风格具有"窖香浓郁,清冽甘爽,绵软醇厚,尾净余长,尤以甜静著称"	江苏
75	2013-01-11	成都晚报	年货节上,为了满足广大消费者的需求,各大经销商备足了陶醉酒系列酒,并配套相应的惠民活动	四川
76	2013-01-28	成都商报	新会展年货节,"陶醉6年",严苛标准酿出的好酒让试喝的顾客直夸"名不虚传"	四川
77	2013-01-28	成都晚报	此次年货节上名优白酒阵容强大,陶醉12年酒买一瓶送二瓶3年酒	四川
78	2013-01-28	天府早报	此次年货节上名优白酒阵容强大,陶醉12年酒买一瓶送二瓶3年酒	四川
79	2013-02-08	东方今报	2012年,陶醉酒实现了70%以上的增长率	河南
80	2013-03-22	东方今报	2012年,陶醉酒实现了70%以上的增长率	河南
81	2013-03-29	第一财经日报	陶醉作为集团三大品牌线之一,一直走中高档路线,品质在业内有一定口碑	全国
82	2013-08-28	楚天金报	陶醉作为集团三大品牌线之一,一直走中高档路线,品质在业内有一定口碑	湖北

续表

序号	时间/期刊号	刊物名称	文章内容	地域
83	2013-11-27	华西都市报	2013榜样中国传媒大奖“食安成都”公益评选，白酒行业首批入围名单中含有“陶醉”品牌	全国
84	2015-04-28	四川日报	2010年，“陶醉”商标受内蒙古工商局的保护，查处了一批带有“陶醉”字样的侵权产品	四川
85	2017-03-31	上海证券报	2016年，陶醉酒销售收入3647.58万元，同比上升26.16%	上海
86	2017-03-31	证券时报	2016年，陶醉酒销售收入3647.58万元，同比上升26.16%	全国

3. 申请人一直大量、持续、广泛地使用引证商标

申请人早在2005年就开始委托上海终端市场营销策划有限公司开展陶醉品牌在四川省内的基础市场调研工作，并对“陶醉”酒进行包装设计。并在同年(2005年)与顺庆区前程贸易部签署陶醉酒的销售合同。随后“陶醉”酒凭借其显著的特征及品质保障迅速占领全国各大卖场，销售逐渐覆盖到四川、湖南、宁夏、广东、江苏、新疆、陕西、浙江、山东、河南、河北、云南、重庆、甘肃等全国多个省份。申请人2009年至2010年营业收入近10亿元，2011年至2013年每年营业收入高达近20亿元，陶醉酒作为申请人主打品牌之一，2009年至2013年均保持较高的销量。申请人选取全国范围内不同区域部分经销合同及发票以证明引证商标商品持续广泛的销售情况。

引证商标商品部分经销合同如表7所示：

表7　引证商标商品部分经销合同统计

单位：万元

序号	时间	经销商	陶醉酒金额	地域
1	2005-10-20	顺庆区前程贸易部	—	四川
2	2007-01-01	绵阳城区天城糖酒副食经营部	199	四川
3	2007-07-18	江油市又强商贸部	32	四川
4	2008-01-01	吉林龙谷酒业有限公司	200	吉林
5	2008-01-01	吉林省白山方大商贸有限公司	200	吉林
6	2009-01-01	南充泓庆酒业贸易有限公司	300	四川
7	2009-06-26	曲靖市麒麟区充运综合门市部	120	云南
8	2010-03-25	桂林市嘉华营销策划广告有限公司	50	桂林
9	2010-03-29	彭鸿	50	四川
10	2011-04-03	德阳市区天成副食商贸部	200	四川

续表

序号	时间	经销商	陶醉酒金额	地域
11	2011－04－12	淳安县千岛湖林峰商贸连锁有限公司	80	浙江
12	2011－04－28	山东省济南市星拓商贸有限公司	110	山东
13	2011－03－29	南充市泓庆酒业贸易有限公司	200	四川
14	2011－04－07	徐州市金棕榈商贸有限公司	210	江苏
15	2011－04－10	桂阳惠康商业连锁有限责任公司	170	湖南
16	2011－04－28	山东省临沂市坤泰商贸有限公司	25	山东
17	2011－04－28	银川市兴庆区玲珑商贸中心	100	宁夏
18	2011－05－02	东莞市东城金太斗酒品商行	130	广东
19	2011－07－10	乌鲁木齐东润舍得酒业有限公司	200	新疆
20	2011－10－29	侯予军	500	河南

证据六:申请人与关联公司的关系证明。

证据七:2005年8月10日申请人的关联公司与上海终端营销策划有限公司签订的品牌设计合同。

证据八:2005年申请人与上海高诚艺术包装有限公司签订的购销合同。

证据九:2005—2011年年底申请人及关联公司与经销商签订的经销合同及发票。

证据十:2009—2013年申请人的财务审计报告及2011—2013年纳税证明。

4. 引证商标一直被持续、广泛的通过各种形式进行宣传

申请人投入了大量人力、物力、财力对引证商标产品进行宣传推广,其宣传媒介包括海报、公交站牌流动广告、公交车广告、墙体印刷、LED显示屏、电视、广播电台等。早在2005年12月7日的《遂宁日报》中的首页以及2005年12月15日专刊A4整个版面上就有申请人关于“陶醉酒”的宣传。在2011年至2012年舍得酒业公司花费244.4万元通过四川电视台发布“陶醉酒”的广告,广告对象面向全国的消费者,使得全国各个地区的消费者都对引证商标产品广为熟知。

证据十一:2005年12月5日和7日《遂宁日报》关于陶醉酒广告版面。

证据十二:2011—2012年申请人的关联公司与第三方签订的广告合同。

(二)引证商标受保护记录

由于申请人引证商标商品的高品质和高商誉,使造假者竞相摹仿,牟取不当利益,“陶醉＊”“＊陶醉”“醉陶＊”等摹仿、抄袭、伪造等行为屡屡发生,申请人一直坚持不懈地采取各类防范和阻止措施,获得了国家工商行政管理总局商标局、内蒙古自治区工商局、人民法院等官方机构的法律保护。因此引证商标应当受到更强有力的保护,以维护合法的商标注册和市场经营行为,维护广大消费者的权益。以下是申请

人部分商标受保护记录(见表8),请贵院参考:

表8 引证商标部分受保护记录

<table>
<tr><th>序号</th><th>官方法律文书</th><th>出具单位</th><th>出具日期</th><th colspan="3">具体内容</th></tr>
<tr><td>1</td><td>关于查处侵权“陶醉”商标专用权行为的函</td><td>内蒙古自治区工商行政管理局</td><td>2010-08-13</td><td colspan="3">认定内蒙古鄂尔多斯酒业集团有限公司生产的“陶醉酒”侵犯了舍得酒业公司“陶醉”商标专用权</td></tr>
<tr><td rowspan="3">2</td><td rowspan="3">第13658470号“酒仙陶醉”商标不予注册的决定(2016)商标异字第0000015964号</td><td rowspan="3">国家工商行政管理总局商标局</td><td rowspan="3">2016-05-23</td><td colspan="2">被异议商标</td><td>引证商标</td></tr>
<tr><td>酒仙陶醉
(13658470号)</td><td>申请日
2013-12-03</td><td>陶醉
(4920495号)</td></tr>
<tr><td colspan="3">被异议商标“酒仙陶醉”完整包含第4920495号“陶醉”引证商标,与陶醉商标构成相同及类似商品上的近似商标,不予注册</td></tr>
<tr><td rowspan="3">3</td><td rowspan="3">关于第10135881号“陶醉乐”商标异议复审裁定书商评字[2017]第0000156896号</td><td rowspan="3">商评委</td><td rowspan="3">2017-12-14</td><td colspan="2">被异议商标</td><td>引证商标</td></tr>
<tr><td>陶醉乐
(10135881号)</td><td>申请日
2011-11-01</td><td>陶醉
(4920495号)</td></tr>
<tr><td colspan="3">被异议商标完整包含引证商标陶醉,二者已构成使用在类似商品上的近似商标,不予核准注册</td></tr>
<tr><td rowspan="3">4</td><td rowspan="3">关于第10135898号“陶醉梦”商标异议复审裁定书商评字[2017]第000156894号</td><td rowspan="3">商评委</td><td rowspan="3">2017-12-14</td><td colspan="2">被异议商标</td><td>引证商标</td></tr>
<tr><td>陶醉梦
(10135898号)</td><td>申请日
2011-11-01</td><td>陶醉
(4920495号)</td></tr>
<tr><td colspan="3">被异议商标完整包含引证商标陶醉,二者已构成使用在类似商品上的近似商标,不予核准注册</td></tr>
<tr><td rowspan="3">5</td><td rowspan="3">关于第13658349号“陶醉福”商标无效宣告请求裁定书商评字[2017]第0000138421号</td><td rowspan="3">商评委</td><td rowspan="3">2017-11-14</td><td colspan="2">争议商标</td><td>引证商标</td></tr>
<tr><td>陶醉福
(13658349号)</td><td>申请日
2013-12-03</td><td>陶醉
(4920495号)
陶醉缘
(7389553号)</td></tr>
<tr><td colspan="3">争议商标与引证商标构成使用在类似商品的近似商标,争议商标予以无效宣告</td></tr>
<tr><td rowspan="3">6</td><td rowspan="3">商标权无效宣告请求行政纠纷案(2017)京73行初7510号</td><td rowspan="3">北京知识产权法院</td><td rowspan="3">2018-01-26</td><td colspan="2">争议商标</td><td>引证商标</td></tr>
<tr><td>仰韶醉陶坊
(13044309号)</td><td>申请日
2013-08-07</td><td>陶醉
(4920495号)
醉陶坊
(7389558号)</td></tr>
<tr><td colspan="3">争议商标与引证商标构成使用在同一种或类似商品上的近似商标,维持无效宣告</td></tr>
</table>

续表

<table>
<tr><th>序号</th><th>官方法律文书</th><th>出具单位</th><th>出具日期</th><th colspan="3">具体内容</th></tr>
<tr><td rowspan="3">7</td><td rowspan="3">商标异议复审行政纠纷案(2014)一中知行初字第437号</td><td rowspan="3">北京市第一中级人民法院</td><td rowspan="3">2014－03－19</td><td colspan="2">被异议商标</td><td>引证商标</td></tr>
<tr><td>醉陶老坊(6528387号)</td><td>申请日 2008－01－24</td><td>陶醉(4920495号)</td></tr>
<tr><td colspan="3">被异议商标与引证商标已构成指定使用在相同或类似商品上的近似商标。维持商标异议复审裁定,被异议商标不予核准注册</td></tr>
<tr><td rowspan="3">8</td><td rowspan="3">商标异议复审行政纠纷案(2014)一中知行初字第439号</td><td rowspan="3">北京市第一中级人民法院</td><td rowspan="3">2014－03－19</td><td colspan="2">被异议商标</td><td>引证商标</td></tr>
<tr><td>醉陶坊(6528384号)</td><td>申请日 2008－01－24</td><td>陶醉(4920495号)</td></tr>
<tr><td colspan="3">被异议商标与引证商标已构成指定使用在相同或类似商品上的近似商标,维持商标异议复审裁定,被异议商标不予核准注册</td></tr>
<tr><td rowspan="3">9</td><td rowspan="3">北京市高级人民法院行政判决书(2014)高行(知)终字第1949号</td><td rowspan="3">北京市高级人民法院</td><td rowspan="3">2014－08－22</td><td colspan="2">被异议商标</td><td>引证商标</td></tr>
<tr><td>醉陶坊(6528384号)</td><td>申请日 2008－01－24</td><td>陶醉(4920495号)</td></tr>
<tr><td colspan="3">被异议商标与引证商标构成相同或类似商品上的近似商标,维持一审判决,被异议商标不予核准注册</td></tr>
</table>

证据十三:申请人及其“陶醉”商标受保护记录。

综上所述,引证商标具有较强的显著特征,经过申请人多年的使用、宣传和推广已具有很高的市场占有率,在同行业竞争者中具有很高的知名度,“陶醉”商标实质上已经与申请人之间形成了唯一特定联系。

(三)申请人历史悠久,在酒类行业中具有很高的知名度和影响力,申请人的知名度也直接影响了引证商标在相关公众中的知名度

申请人位于素有“观音故里,诗酒之乡”美称的四川省遂宁市射洪县沱牌镇,地处北纬30.9°——世界上佳酿酒核心地带,是“中国名酒”企业和川酒“六朵金花”之一。舍得酒业公司是高端陈年老酒贮量全国第一的中国最大规模优质白酒制造企业,形成了以酒业为支柱,覆盖包装、制药、商贸、物流等领域的集团企业。拥有玻瓶、制药、热电等子(分)公司20个,总资产超50亿元。申请人在全国首开“生态酿酒”先河,建有全国首座生态酿酒工业园,以“生态循环、绿色环保”著称于中国白酒行业。公司先后被评为“全国文明单位”、“全国环保先进单位”和首批“四川省工业生态园”,被授予全国“五一劳动奖”,获“中国食品文化遗产”“国家级非物质文化遗产”“全国质量奖”等称号。

生态酿美酒,舍得谢天下。在取得良好经济效益的同时,申请人积极反哺回报社会,先后向射洪县柳树中学、射洪青岗中学、射洪中学、西南师范大学、四川大学、西南财经大学、四川爱华学校、贫困山区学校等捐款捐物,支持教育事业发展。据统计,1994年以来,公司用于助教兴学金额达1.1亿元。同时,累计投入1.5亿元修路筑堤、赈灾助残等,支持地方经济和新农村建设。截至2009年年末,累计上缴利税近30亿元,历年上缴税费占地方财政收入的50%以上;安置改制企业员工、社会待业青年、失地农民、农村剩余劳动力近10万人,年均支付农民工工资1400余万元。1998年8月,长江中下游发生特大洪灾,公司向湖南及其他灾区捐款100万元;2002年12月,出资8163万余元修建起8.5公里长的涪江柳树防洪大堤。2006年遂宁地区遭受特大旱灾,向灾区人民送去价值50万元的纯净水,解决了他们的燃眉之急。2008年"5·12"四川汶川大地震发生后,申请人捐款、捐物共1038万元,同时派出18名志愿者赴地震灾区,受到省、市、县表彰。2010年4月,青海玉树地震发生后,申请人捐资1000万元,支援灾区抗震救灾。2010年8月,甘肃舟曲发生泥石流灾害后,申请人捐款捐物达100万元,支援灾区。由于在公益事业中的突出贡献,申请人被授予"中国慈善事业突出贡献奖"和"环球慈善企业奖"。

申请人在酒类行业已享有较高的知名度,实属标杆性企业,公司知名度也直接影响了引证商标在相关公众中的知名度。

证据十四:2004—2009年申请人所获的荣誉。

二、诉争商标与引证商标构成使用在类似商品上的近似商标,依据《商标法》第30条的规定,诉争商标应当无效

(一)诉争商标与引证商标构成近似商标,该事实北京知识产权法院和北京市高级人民法院均已经予以认定

《商标审查标准》中规定:"商标完整地包含他人在先具有一定知名度或者显著性较强的文字商标,易使相关公众认为属于系列商标而对商品或者服务的来源产生误认的,判定为近似商标。"

"商标是在他人在先商标中加上起修饰作用的形容词或者副词以及其他在商标中显著性较弱的文字,所表述的含义基本相同,易使相关公众对商品或者服务的来源产生误认的,判定为近似商标。"

"中文商标由三个或者三个以上汉字构成,仅个别汉字不同,整体无含义或者含义无明显区别,易使相关公众对商品或者服务的来源产生误认的,判定为近似商标。"

《最高人民法院关于审理商标民事纠纷案件适用法律若干问题的解释》(法释〔2002〕32号)第10条规定:"人民法院依据商标法第五十二条第(一)项的规定,认定商标相同或者近似,按照以下原则进行:(一)以相关公众的一般注意力为标准;(二)既要进行对商标的整体比对,又要进行对商标主要部分的比对,比对应当在比对

对象隔离的状态下分别进行;(三)判断商标是否近似,应当考虑请求保护注册商标的显著性和知名度。”

1. 诉争商标与引证商标一构成近似

首先,引证商标“陶醉”使用在酒类商品上具有较强的显著特征。诉争商标由中文文字“陶醉”和“乐”构成。诉争商标的显著识别部分是“陶醉”,“乐”本身并不具有显著特征。

其次,诉争商标“陶醉乐”完整地包含了申请人在先具有很高知名度和很强显著特征的引证商标一“陶醉”,且仅在“陶醉”一词后面添加了一个显著性较弱“乐”字,并不能使诉争商标在整体含义方面产生出足以与引证商标一相区别的其他含义,以相关消费者的一般注意力为标准,极易将其识别为“陶醉”系列或关联商标,两商标构成近似商标。

因此,诉争商标与引证商标一构成近似商标。

2. 诉争商标与引证商标二构成近似商标

首先,诉争商标和引证商标二中均含有“陶醉”二字,二者在文字构成、呼叫等方面近似。

其次,诉争商标“陶醉乐”由“陶醉”和“乐”两部分组成,易被消费者分为“陶醉”和“乐”两部分认读,因此,消费者会将诉争商标与引证商标二视为“陶醉*”的结构。诉争商标与引证商标二的显著识别部分均为“陶醉”,整体含义上无显著区别。

舍得酒业公司作为国内大型酒企经常推出多种系列酒品,事实上也确实围绕“陶醉”牌打造了众多系列品牌,如“陶醉缘”“至尊陶醉”“盛世陶醉”“金典陶醉”“思乡陶醉”“悠悠陶醉”“优雅陶醉”“上品陶醉”“银陶醉”“小陶醉”等。因此,以消费者的一般注意力为标准,极易将诉争商标“陶醉乐”误认为申请人“陶醉”品牌的又一系列商标,从而产生误购。

因此,诉争商标与两引证商标构成近似商标,该事实在北京知识产权法院、北京市高级人民法院作出的一审、二审判决书中已经得到了认定,申请人同意原审法院关于该事实的认定。

(二)诉争商标核定使用的全部商品与引证商标核定使用的商品均构成类似商品

《商标审查及审理标准》第3部分第2条规定:“类似商品是指在功能、用途、生产部门、销售渠道、消费对象等方面相同或基本相同的商品。”

《最高人民法院关于审理商标民事纠纷案件适用法律若干问题的解释》第12条规定:“人民法院依据商标法第五十二条第(一)项的规定,认定商品或者服务是否类似,应当以相关公众对商品或服务的一般认识综合判断;《商标注册用商品和服务国际分类表》《类似商品和服务区分表》可以作为判断类似商品或者服务的参考。”

虽然诉争商标核定使用的商品与引证商标一、二核定使用的商品分别位于《类似商品和服务区分表》第32类及第33类，但是，《最高人民法院关于审理商标授权确权行政案件若干问题的意见》（法发〔2010〕12号）第15条规定："人民法院审查判断相关商品或者服务是否类似，应当考虑商品的功能、用途、生产部门、销售渠道、消费群体等是否相同或者具有较大的关联性……"本案中，尽管诉争商标指定使用的商品与引证商标核准使用的商品不完全相同，但从功能、消费群体、销售渠道和销售场所看，有一定的重合性，存在较大的联系。加之，诉争商标与引证商标标识上基本相同的因素，若共存于市场，容易导致消费者混淆与误认。因此，应认定诉争商标与两引证商标所核准商品构成类似商品。

1. 关于"啤酒"与酒类商品构成类似商品

诉争商标在"啤酒"商品上与引证商标一、二核定使用的"酒（饮料）；果酒（含酒精）"等商品均为酒类饮品，在销售渠道、消费对象、功能、用途等方面相同，属于类似商品，该事实在北京知识产权法院、北京市高级人民法院作出的一审、二审判决书已经得到了认定，申请人同意原审法院关于该事实的认定。

2. 关于"麦芽汁（发酵后成啤酒）"与酒类商品构成类似商品

诉争商标核定使用的商品"麦芽汁（发酵后成啤酒）"与"啤酒"同属于3201类似群组，麦芽是啤酒基础原料，麦芽汁经发酵是啤酒生产的必要环节，啤酒的度数即为麦芽汁的浓度。鉴于"麦芽汁（发酵后成啤酒）"与"啤酒"等酒类饮品具有高度关联性，其与引证商标一、二核定使用的"酒（饮料）；果酒（含酒精）"等商品同样应属于类似商品。

3. 关于"无酒精饮料"等与酒类商品构成类似商品

诉争商标核定使用的"奶茶（非奶为主）、植物饮料、乳清饮料、蔬菜汁（饮料）、无酒精饮料、果汁饮料（饮料）、豆类饮料"等商品与两引证商标核定使用的第33类"酒（饮料）"等商品也构成类似商品，二者在销售渠道、消费对象、功能、用途、生产部门等方面相同或基本相同。

（1）销售渠道方面，由于诉争商标指定使用的商品"奶茶（非奶为主）、植物饮料、乳清饮料、蔬菜汁（饮料）、无酒精饮料、果汁饮料（饮料）、豆类饮料"与两个引证商标核定使用的商品"米酒、烧酒、开胃酒、威士忌酒等"均多为常见饮品，面向的都是普通消费者。因此：

销售场所：通常均为商场、超市、便利店等一般性销售场所，以及酒吧、KTV等经营性场所，且在一般的"烟酒副食"门店中，同时销售酒类商品和无酒精饮料商品。

摆放/出现位置：线下销售场所中均是摆放在"烟酒副食"区域，处于同一货架、同一冰柜或相邻货架；线上电商平台上所售酒类商品和无酒精饮料也统一在"酒水饮料"分类下，在同一商品选购界面出现；超市宣传册上也多在同一版面。

消费者能够在线上或线下销售场所同时接触到以及购买到酒类商品和无酒精饮

料等商品。因此,从销售渠道方面,诉争商标与两个引证商标所核准的商品存在诸多重合。

如果相关消费者在超市购买白酒类商品时,在相同或相邻的销售区域看到“陶醉”牌白酒与“陶醉乐”牌啤酒、饮料同时存在,必然会认为两者来源于同一主体或存在特定的联系,进而产生误购。

证据十五:超市照片、超市宣传海报截图,及天猫超市截图。

(2)销售群体方面,白酒、葡萄酒等酒类商品与啤酒、饮料类商品的销售群体均为普通消费者,酒类商品、饮料商品的生产者、销售者。

(3)消费场合方面,在平时生活就餐,家庭或朋友的聚餐或宴会中,白酒、葡萄酒或果酒类商品与啤酒、饮料类商品会同时消费,一般消费者会同时接触到;走亲访友时,普通消费者选购白酒、葡萄酒等商品、啤酒与饮料类商品作为礼物赠送的情况也较为普遍。

如果此时“陶醉”牌白酒、葡萄酒或果酒和“陶醉乐”牌啤酒和饮料同时出现,必然会导致相关消费者的混淆和误认。

(4)生产原料、功能、用途方面,诉争商标核定使用商品和引证商标核定使用的商品主要原料都是以粮食、水果、水等为主,均属于常见饮品,满足普通消费者日常生活中饮用的需要,具有一定的重合性。

4. 关于“饮料香精”与酒类商品构成类似商品

诉争商标核定使用的“饮料香精”商品与两引证商标核定使用的第 33 类“酒(饮料)”等商品也构成类似商品。“饮料香精”是用于“饮料用的制剂”,普遍适用于酒水、饮料的生产制作,两引证商标所核定使用的“酒(饮料)、酒精饮料(啤酒除外)”等商品在制作过程中均需要前述“饮料用的制剂”商品,因此,二者之间存在原料与成品的密切关联,在生产、供需环节所涉市场主体具有重合性。

因此,诉争商标核定使用的全部商品与两引证商标核定使用的商品在销售渠道、消费群体、功能、用途、生产原料等方面具有较强的重合性和关联性。并且,两引证商标通过再审申请人长期广泛的使用、宣传和推广在全国范围内已具有很高的知名度,诉争商标与引证商标共存于市场,极易使消费者产生混淆误认。

最后,在司法先例中已经认可诉争商标核准注册的第 32 类别“啤酒、不含酒精的饮料”等商品与两引证商标核准注册的第 33 类别“酒(饮料)”等商品构成类似商品。

(1)最高人民法院关于第 1764123 号“芝华仕 CHIVAS”商标的行政裁定书,即(2016)最高法行申 604 号,如表 9 所示:

表 9 法院认定

	诉争商标	引证商标一	引证商标二
商标	CHIVAS 芝华仕	芝華士	芝华士

续表

<table>
<tr><td></td><td colspan="2">诉争商标</td><td colspan="2">引证商标一</td><td colspan="2">引证商标二</td></tr>
<tr><td>注册号</td><td colspan="2">1764123</td><td colspan="2">1122913</td><td colspan="2">1122912</td></tr>
<tr><td>申请人</td><td colspan="2">北京百龙商贸有限责任公司</td><td colspan="2">芝华士兄弟（美洲）有限公司</td><td colspan="2">芝华士兄弟（美洲）有限公司</td></tr>
<tr><td>类别</td><td colspan="2">32</td><td colspan="2">33</td><td colspan="2">33</td></tr>
<tr><td rowspan="2">商品</td><td>3201</td><td>啤酒</td><td rowspan="2">3301</td><td rowspan="2">含酒精饮料（啤酒除外）</td><td rowspan="2">3301</td><td rowspan="2">含酒精饮料（啤酒除外）</td></tr>
<tr><td>3202</td><td>汽水、可乐、矿泉水、果汁饮料（饮料）、不含酒精的开胃酒、水（矿泉水）、乳酸饮料（果制品、非奶）</td></tr>
<tr><td>法院认定</td><td colspan="6">争议商标由中文“芝华仕”及字母组合“CHIVAS”构成，其中中文识别部分与引证商标一第1122913号“芝華士”商标、引证商标二第1122912号“芝华士”商标在文字构成、呼叫，以及给消费者的整体印象方面非常相近。争议商标核定使用在不含酒精的开胃酒等商品上与引证商标一、二核定使用的含酒精饮料（啤酒除外）等商品，在功能用途、消费群体等方面具有一定的重合性。且考虑到引证商标一、二已具有较高的知名度，争议商标与引证商标一、二并存于市场，易使消费者产生混淆误认。故争议商标与引证商标一、二已构成《商标法》第28条所指的使用在类似商品上的近似商标</td></tr>
</table>

（2）北京市高级人民法院关于第8763010号“蘆台春”商标的行政判决书，即（2015）高行（知）终字第4288号行政判决书，如表10所示：

表10　法院认定

<table>
<tr><td></td><td colspan="2">诉争商标</td><td colspan="2">引证商标一</td><td colspan="2">引证商标二</td></tr>
<tr><td>商标</td><td colspan="2">蘆台春</td><td colspan="2">LutaiChun</td><td colspan="2">蘆台春國韵</td></tr>
<tr><td>注册号</td><td colspan="2">8763010</td><td colspan="2">7803829</td><td colspan="2">8421230</td></tr>
<tr><td>申请人</td><td colspan="2">王立强</td><td colspan="2">天津泰达酒业有限公司</td><td colspan="2">天津泰达酒业有限公司</td></tr>
<tr><td>类别</td><td colspan="2">32</td><td colspan="2">33</td><td colspan="2">33</td></tr>
<tr><td rowspan="3">商品</td><td>3201</td><td>啤酒</td><td rowspan="3">3301</td><td rowspan="3">料酒、烧酒、蒸馏饮料、酒精饮料（啤酒除外）、米酒、汽酒、黄酒、食用酒精、酒（饮料）、含水果的酒精饮料</td><td rowspan="3">3301</td><td rowspan="3">料酒、烧酒、蒸馏酒精饮料、葡萄酒、酒精饮料（啤酒除外）、米酒、清酒、黄酒、食用酒精、果酒（含酒精）</td></tr>
<tr><td>3202</td><td>水（饮料）、无酒精饮料、无酒精水果混合饮料、奶茶（非奶为主）、植物饮料、豆类饮料、果汁饮料（饮料）</td></tr>
<tr><td>3203</td><td>烈性酒配料、饮料制剂</td></tr>
<tr><td>法院认定</td><td colspan="6">被异议商标指定使用的无酒精饮料等商品与引证商标核定使用的酒精饮料（啤酒除外）等商品在功能用途、消费对象、销售渠道等方面具有一定的重合性，相关公众同时接触的机会较大，容易使相关公众将两者联系起来，因此，上述商品已构成类似商品</td></tr>
</table>

（3）北京市高级人民法院关于第6569293号“洋河口”商标的行政判决书，即第（2015）高行（知）终字第3374号，如表11所示：

表11 法院认定

	诉争商标	引证商标一	引证商标二
商标	洋河口		洋河
注册号	6569293	259111	1470448
申请人	秦皇岛天马酒业有限公司	江苏洋河酒厂股份有限公司	江苏洋河酒厂股份有限公司
类别	32	33	33
商品	3201 啤酒 3203 饮料制剂	酒	3301 葡萄酒、果酒（精）、开胃酒、蒸馏酒精饮料、蒸馏饮料、含酒精果子饮料、含水果的酒精饮料、蒸煮提取物（利口含酒酒和烈酒）、白兰地
法院认定	诉争商标指定使用的“啤酒、饮料制剂”商品与两件引证商标分别核定使用的“酒、果酒（含酒精）”等全部商品在销售渠道、消费对象等方面具有较强的关联性，诉争商标“洋河口”完整包含了两件引证商标的文字“洋河”，诉争商标与两件引证商标已构成使用在类似商品上的近似商标。洋河公司提交的证据材料能够证明诉争商标申请注册之前引证商标已具有较高知名度且唯一指向洋河公司，诉争商标与二引证商标分别构成使用在同一种或者类似商品上的近似商标		

（4）北京市高级人民法院关于第7797702号“绝味”商标的行政判决书，即（2015）高行（知）终字第3576号，如表12所示：

表12 法院认定

	诉争商标	引证商标一	引证商标二
商标	绝味	绝味	绝味
注册号	7797702	4595912	6503265
申请人	河南恒酒酒业有限公司	绝味食品股份有限公司	绝味食品股份有限公司
类别	33	29	32

续表

	诉争商标		引证商标一		引证商标二	
商品	3301	果酒(含酒精)、烧酒、葡萄酒、酒(利口酒)、白兰地、米酒、汽酒、清酒、黄酒、食用酒精	2901	猪肉食品、食用动物骨髓、香肠、板鸭、肉干、死家禽	3201	啤酒
			2902	鱼制食品	3202	葡萄汁、无酒精饮料、可乐、奶茶(非奶为主)、豆类饮料、矿泉水、水果饮料(不含酒精)、花生奶(软饮料)
			2904	蜜饯		
			2905	腌制蔬菜		
			2913	豆腐制品	3203	饮料制剂
法院认定	被异议商标指定使用的“果酒(含酒精)烧酒、葡萄酒“等商品与引证商标二核定使用的”啤酒“商品均为含酒精的饮品,销售渠道通常为商场、超市,消费对象均为一般消费者,因此上述商品在功能、用途、生产部门、销售渠道、消费对象等方面相同,构成类似商品					

(5)北京市高级人民法院关于第10503964号“黑卡”商标的行政判决书,即(2017)京行终1415号,如表13所示:

表13 法院认定

	诉争商标		引证商标	
商标	黑卡		黑 卡	
注册号	10503964		9806943	
申请人	劳玮锋		黑卡食品饮料有限公司	
类别	33		32	
商品	3301	料酒、苹果酒、鸡尾酒、葡萄酒、烈酒(饮料)、白兰地、含水果酒精饮料、米酒、烧酒、清酒	3201	啤酒
法院认定	本案中,争议商标核定使用的葡萄酒、苹果酒、烧酒、鸡尾酒、烈酒(饮料)、白兰地、含水果酒精饮料、米酒、清酒、料酒等商品与引证商标核定使用的啤酒商品均属于常见酒类饮品,两者在生产方式或有差异,但在销售场所、消费渠道等方面极为近似,应认定为构成类似商品。在此基础上,在不考虑引证商标知名度的情况下,争议商标与引证商标已构成使用在类似商品上的相同商标。因此被告认为原告争议商标与引证商标已构成使用在类似商品上的相同商标的结论并无不当。故原告的相关诉讼理由,缺乏事实及法律依据,本院不予支持			

(6)北京市高级人民法院关于第9071225号“主舵者”商标的行政判决书,即(2016)京行终4867号,如表14所示:

表 14　法院认定

<table>
<tr><td></td><td colspan="2">诉争商标</td><td colspan="2">引证商标一</td><td colspan="2">引证商标二</td></tr>
<tr><td>商标</td><td colspan="2">主舵者</td><td colspan="2">主舵者</td><td colspan="2">主舵者1960</td></tr>
<tr><td>注册号</td><td colspan="2">9071225</td><td colspan="2">7101823</td><td colspan="2">7101825</td></tr>
<tr><td>申请人</td><td colspan="2">章丘市宏田炉料有限公司</td><td colspan="2">法国卡思黛乐兄弟简化股份有限公司</td><td colspan="2">法国卡思黛乐兄弟简化股份有限公司</td></tr>
<tr><td>类别</td><td colspan="2">32</td><td colspan="2">33</td><td colspan="2">33</td></tr>
<tr><td rowspan="2">商品</td><td>3201</td><td>啤酒、姜汁啤酒</td><td rowspan="2">3301</td><td rowspan="2">果酒(含酒精)、开胃酒、烧酒、酒(饮料)、白兰地、米酒、清酒、黄酒、葡萄酒、蜂蜜酒</td><td rowspan="2">3301</td><td rowspan="2">果酒(含酒精)、开胃酒、烧酒、酒(饮料)、白兰地、米酒、清酒、黄酒、葡萄酒、蜂蜜酒</td></tr>
<tr><td>3202</td><td>果汁、水(饮料)、矿泉水、苏打水、汽水、水果饮料(不含酒精)、可乐、奶茶(非奶为主)</td></tr>
<tr><td>法院认定</td><td colspan="6">本案中,被异议商标指定使用的“啤酒、姜汁啤酒、果汁、水(饮料)、矿泉水、苏打水、汽水、水果饮料(不含酒精)、可乐、奶茶(非奶为主)”与引证商标一、二核定使用的“果酒(含酒精)、开胃酒、烧酒、酒(饮料)、白兰地、米酒、清酒、黄酒、葡萄酒、蜂蜜酒”,虽然在《类似商品和服务区分表》中分属不同类别,但“啤酒、姜汁啤酒”商品与引证商标一、二核定使用的“果酒(含酒精)、葡萄酒、米酒”等商品均为含酒精的酒类饮品,在功能用途、生产部门、销售渠道、消费群体等方面高度近似。被异议商标指定使用的“果汁、水(饮料)、矿泉水、苏打水、汽水、水果饮料(不含酒精)、可乐、奶茶(非奶为主)”商品与引证商标一、二核定使用的“酒(饮料)、果酒、蜂蜜酒”等商品在生产部门、销售渠道有诸多重合,消费群体亦有广泛交叉,属于具有较大关联的商品</td></tr>
</table>

证据十六:关于认定32类饮料类商品与33类酒类商品属于具有较大关联商品的在先司法案例。

依据以上在司法先例可知:

在申请人提交的司法先例(芝华士、芦台春、洋河口、绝味、黑卡)中均显示,3201类似群组中“啤酒”等商品与3301类似群组中的酒类商品在销售场所、消费渠道等方面极为近似,构成类似商品。诉争商标核定使用的“麦芽汁(发酵后成啤酒)”商品,属于3201类似群组,与“啤酒”属于同一类似群组,且麦芽汁经发酵后会成为啤酒;故“麦芽汁(发酵后成啤酒)”与引证商标核定使用的酒类商品构成类似商品。

在申请人提交的司法先例(芝华士、芦台春、绝味、主舵者)中均显示,3202类似群组中的“奶茶(非奶为主)、植物饮料、无酒精饮料、果汁饮料(饮料)、豆类饮料”商品与3301类似群组中酒类商品在销售场所、消费渠道等方面具有一定的重合性,相关公众同时接触的机会较大，容易使相关公众将二者联系起来，构成类似商品。诉争商标核定使用的“奶茶（非奶为主）、植物饮料、乳清饮料、蔬菜汁（饮料）、无酒精饮料、果汁饮料（饮料）、豆类饮料”商品，属于3202类似群组，故诉争商标核定使用的“奶茶（非奶为主）、植物饮料、乳清饮料、蔬菜汁（饮料）、无酒精饮料、果汁饮料（饮料）、豆类饮料”商品与引证商标核定使用的酒类商品构成类似商品。

在申请人提交的司法先例（芦台春、洋河口、绝味）中均显示，3203类似群组中的“烈性酒配料、饮料制剂”商品与3301类似群组中酒类商品在销售渠道、消费对象等方面具有较强的关联性，构成类似商品。诉争商标核定使用的“饮料香精”商品，属于3203类似群组，故诉争商标核定使用的“饮料香精”商品与引证商标核定使用的商品构成类似商品。

因此，本案中诉争商标核定使用的全部商品与引证商标一、二核定使用的商品在消费对象、销售渠道、功能、用途等方面具有较高的重合性，相关公众同时接触的机会较大，应当认定构成类似商品。

综上所述，本案中诉争商标与引证商标一、二在全部指定商品上构成使用在类似商品上的近似商标，根据《商标法》第30条的规定，诉争商标在全部指定商品上依法应当予以无效。

三、润康泉公司与申请人属于同行业的竞争者，其申请注册了多个与申请人在先注册并享有较高知名度的“陶醉”商标近似的商标，其主观恶意十分明显

润康泉公司与申请人属于同行业竞争者，基于申请人及其“陶醉”品牌的较高知名度和市场价值，原告理应知晓申请人“陶醉”系列酒，但其仍旧故意在第32类、第33类商品上申请了多个含有“陶醉”的商标，部分商标信息如表15所示：

表15 北京润康泉食品科技有限公司“陶醉”商标及法律状态统计

序号	类别	申请号/注册号	商标名称	申请日期	专用期（起）	状态
1	32	10140438	陶醉乐 （本案诉争商标）	2011－11－02	2012－12－28	
2	33	10135898	陶醉梦	2011－11－01		商评委裁定不予注册，现处于诉讼阶段

续表

序号	类别	申请号/注册号	商标名称	申请日期	专用期(起)	状态
3	33	10135881	陶醉乐	2011－11－01		商评委裁定不予注册，现处于诉讼阶段
4	33	13658349	陶醉福	2013－12－03	2015－02－21	商评委裁定无效宣告，现处于诉讼阶段
5	33	13658470	酒仙陶醉	2013－12－03	2015－02－07	商评委裁定不予注册，现处于诉讼阶段
6	33	15581445	陶醉梦	2014－10－27	2015－12－14	无效宣告程序中
7	33	15581460	陶醉乐	2014－10－27	2015－12－14	无效宣告程序中
8	33	20152417	陶醉春	2016－05－31		驳回复审

商标局、商评委已认定“酒仙陶醉”（注册号：13658470）、“陶醉乐”（申请号：10135881）、“陶醉福”（申请号：13658349）和“陶醉梦”（注册号：10135898）商标不予注册或无效宣告。

此外，2014 年润康泉公司的股东之一路高曾对申请人在本案中所引证的引证商标一第 4920495 号“陶醉”商标提起了无效宣告申请，经过商评委的评审、行政诉讼的一审、二审程序及再审程序，商评委、北京知识产权法院、北京市高级人民法院及最高人民法院均认为，“陶醉”商标核定使用在酒类商品上能够起到区分商品来源的作用，其注册未违反《商标法》第 10 条第 1 款第 8 项，第 11 条第 1 款第 2 项、第 3 项的规定。

因此,全部维持了第4920495号"陶醉"商标的注册。可以看出,润康泉公司想要通过无效"陶醉"商标以达到掩盖其非法抢夺利用申请人商誉、进行不正当竞争行为的非法目的。

润康泉公司一方面主张申请人的陶醉商标应予无效,另一方面自己又申请了许多以"陶醉"为显著特征的系列商标,其抢夺第三人享有知名度的商标资源,进行不正当竞争的主观故意昭然若揭。

结合以上事实可以看出,润康泉公司申请注册"陶醉乐"商标具有主观恶意,不仅会损害舍得酒业公司和消费者的利益,还会扰乱正常的市场竞争秩序,违反《商标法》第7条第1款的规定。

证据十七:润康泉公司的工商登记信息。

证据十八:第4920495号"陶醉"商标无效宣告案件商评委裁定书及法院判决书。

证据十九:润康泉公司在第32类、第33类申请注册包含"陶醉"商标的档案信息。

四、结论与请求

综上所述,申请人通过多年诚信经营,旗下"陶醉"系列品牌白酒商品在全国范围内取得了令人瞩目的销售业绩和知名度。润康泉公司作为申请人的同业竞争者,明知"陶醉"商标的知名度,却在关联性极强的商品上申请注册与申请人在先具有较高知名度的引证商标高度近似的诉争商标,极易引起相关公众的混淆误认,故诉争商标与引证商标已构成使用在类似商品上的近似商标,违反了《商标法》第30条规定。润康泉公司一方面申请申请人的陶醉商标无效,另一方面自己在第32类、第33类商品上申请了多个含有"陶醉"的商标,其抢占申请人具有高知名度的陶醉品牌资源"搭便车",利用申请人商誉进行不正当竞争的主观恶意十分明显,润康泉公司利用注册诉争商标进行不正当竞争的行为应予以制止,诉争商标应当在全部指定商品上予以无效宣告。

综上所述,申请人请求贵院支持再审请求,依法予以改判,撤销北京市高级人民法院作出的(2017)京行终××××号行政判决、撤销北京知识产权法院作出的(2017)京73行初×××号行政判决以及商评委作出的第10140438号"陶醉乐"商标(商评字[2016]第103117号),并令商评委重新作出无效宣告请求裁定。

此致

最高人民法院

再审申请人:舍得酒业股份有限公司

2018年5月16日

附件:行政诉讼再审证据目录(见表16)

诉争商标：**陶醉乐**

申请号/注册号：10140438

注：证据七、十、十三系再审申请人之商业秘密，请原告严加保密，如有泄露，再审申请人将采取相应法律措施，予以追究。

表 16　行政诉讼再审证据目录

序号	证据	证据来源	证明事实	页数	备注
1	舍得酒业公司工商档案信息	国家企业信用信息公示系统	舍得酒业公司是引证商标的权利人，企业名称于2018年1月12日进行变更，主体资格合法	13	再审提交
2	引证商标的档案信息	中国商标网		2	无效阶段提交
3	诉争商标的档案信息	中国商标网	诉争商标基本情况	3	无效阶段提交
4	舍得酒业公司2004年至2009年所获荣誉证明及证书材料	四川省环境保护局/国家统计局工业交通统计局/中国食品工业协会/四川省标准化协会/中国酒文化百强企业评选委员会/中国质量协会/中央精神文明建设指导委员会	舍得酒业公司在行业内享有较高知名度，并持续稳定发展	14	无效阶段提交
5	“陶醉”被认定为“中国酒业2013中国名酒典型酒”，2011年、2014年“四川省著名商标”及四川省名牌产品的证书	四川省工商行政管理局/四川省人民政府/中国酒业协会	“陶醉”商标在诉争商标申请日前已具有较高知名度和美誉度，并通过所积累的商誉，知名度不断提升	5	无效阶段提交
6	舍得酒业公司与关联公司关系证明	再审申请人	成都酱香舍得酒业有限公司和四川百味酒业有限公司系舍得酒业公司经销商；四川沱牌舍得供销有限公司、四川省射洪沱牌供销有限公司、四川射洪沱牌曲酒营销有限公司系舍得酒业公司下属全资子公司；舍得酒业公司系四川沱牌舍得集团有限公司控股的上市公司	6	再审补充+无效提交

续表

<table>
<tr><th>序号</th><th>证据</th><th>证据来源</th><th>证明事实</th><th>页数</th><th>备注</th></tr>
<tr><td>7</td><td>舍得酒业公司关联公司于2005年8月10日与上海终端营销策划有限公司签订的陶醉品牌设计合同</td><td>再审申请人</td><td rowspan="5">舍得酒业公司的“陶醉”品牌早在2005年中期就开始进行品牌设计，并在同年即推出市场。“陶醉”品牌商品在诉争商标申请注册前，一直在销售，且销售额较大，“陶醉”品牌经过大量的销售，已经具有了较高的市场占有率，形成了稳定的市场，“陶醉”品牌具有了较高的知名度，已经和舍得酒业公司建立了稳定的对应关系</td><td>24</td><td>再审提交</td></tr>
<tr><td>8</td><td>2005年12月遂宁市产品质量监督检验所对陶醉酒出具的检验报告</td><td>遂宁市产品质量监督检验所</td><td>5</td><td>再审提交</td></tr>
<tr><td>9</td><td>2005年舍得酒业公司与上海高诚艺术包装有限公司签订的陶醉酒包装及配套产品购销合同</td><td>再审申请人</td><td>4</td><td>再审提交</td></tr>
<tr><td>10</td><td>2005年至2011年年底舍得酒业公司及关联公司与经销商签订的经销合同及发票</td><td>再审申请人</td><td>84</td><td>再审补充+无效提交</td></tr>
<tr><td>11</td><td>舍得酒业公司2011—2014年财务审计报告及2011—2013年纳税证明</td><td>再审申请人</td><td>25</td><td>无效阶段提交</td></tr>
<tr><td>12</td><td>2005年12月5日和12月7日《遂宁日报》关于陶醉酒广告版面</td><td>再审申请人</td><td></td><td>4</td><td>再审提交</td></tr>
<tr><td>13</td><td>2011—2012年舍得酒业公司关联公司与第三方签订的广告合同</td><td>再审申请人</td><td>在诉争商标申请前，舍得酒业公司及其关联公司已经投入大量的人力、物力，宣传该品牌，“陶醉”品牌经过大量的宣传，一直保持着较高的知名度和影响力</td><td>7</td><td>无效提交</td></tr>
</table>

续表

序号	证据	证据来源	证明事实	页数	备注
14	2008—2011 年以“陶醉酒”为关键词的国图检索报告	国家图书馆	舍得酒业公司的“陶醉”品牌自 2008 年起便在全国性报纸杂志、区域性报纸杂志（包括但不限于黑龙江、重庆、广东、山东、四川、江苏）上进行大量介绍，其已在国内具有较高知名度和影响力	60	再审补充＋二审提交
15	舍得酒业公司及其“陶醉”商标受保护记录	内蒙古自治区工商局/商标局/商评委/北京市第一中级人民法院/北京市高级人民法院	含有“陶醉”或者“醉陶”的“陶醉*”“*陶醉”或者“醉陶*”商标均有被国家工商行政管理总局商标局、商评委、北京市第一中级人民法院、北京市高级人民法院判定为与再审申请人“陶醉”商标构成近似而不予核准注册、予以撤销及无效宣告的先例，以及“陶醉”商标被地方工商局予以法律保护的情况	46	再审补充＋二审提交
16	关于认定第 32 类饮料类商品与第 33 类酒类商品属于具有较大关联商品的在先司法案例	再审申请人	在先司法判例中已经认可诉争商标核准注册的第 32 类“不含酒精的饮料、啤酒”等商品与两引证商标核准注册的第 33 类“酒（饮料）”等商品在功能用途、消费群体等方面具有一定的重合性，构成类似商品。且考虑到引证商标一、二已具有较高的知名度，诉争商标与引证商标一、二并存于市场，易使消费者产生混淆误认	28	再审补充提交＋二审提交

续表

序号	证据	证据来源	证明事实	页数	备注
17	润康泉公司的工商登记信息	国家企业信用信息公示系统	润康泉公司与舍得酒业公司是同行业竞争者，明知舍得酒业公司及其引证商标的情况下，具有长期且多次涉嫌摹仿“陶醉”商标的行为，并且想通过无效引证商标“陶醉”，以掩盖其攫取舍得酒业公司商誉，进行不正当竞争的目的。润康泉公司申请注册诉争商标的主观恶意十分明显	10	二审提交
18	关于第4920495号“陶醉”商标无效宣告申请商评委裁定书、一审和二审判决书	商评委/北京知识产权法院/北京市高级人民法院		39	二审提交
19	润康泉公司在第32类、第33类申请的含有“陶醉”字样的商标档案信息	中国商标网		9	二审提交

提交人：舍得酒业股份有限公司

日期：2018年4月20日

【再审判决书】

中华人民共和国最高人民法院
行政判决书

（2019）最高法行再××号

再审申请人（一审原告、二审上诉人）：舍得酒业股份有限公司。住所地：四川省射洪县沱牌镇沱牌大道××。

法定代表人：××，该公司总经理。

委托诉讼代理人：李亚莉，北京××律师事务所律师。

委托诉讼代理人：朱婵媛，北京××律师事务所律师。

被申请人（一审被告、二审上诉人）：国家知识产权局。住所地：北京市海淀区蓟门桥西土城路××。

法定代表人:申长雨,该局局长。

委托诉讼代理人:龚××,该局审查员。

二审上诉人、一审第三人:北京润康泉食品科技有限公司。住所地:北京市石景山区。

法定代表人:吴迪,该公司总经理。

再审申请人舍得酒业股份有限公司(以下简称舍得公司)因与被申请人国家知识产权局、二审上诉人、一审第三人北京润康泉食品科技有限公司(以下简称润康泉公司)商标权无效宣告请求行政纠纷一案,不服北京市高级人民法院(2017)京行终×××号行政判决,向本院申请再审。本院于2018年12月25日作出(2018)最高法行申××××号行政裁定,提审本案。本院依法组成合议庭,于2019年12月10日开庭审理了本案,再审申请人舍得公司委托诉讼代理人李亚莉、朱婵媛到庭参加诉讼,国家知识产权局经本院合法传唤,未到庭参加诉讼,润康泉公司法定代表人吴迪未经法庭许可中途退庭。本案现已审理终结。

舍得公司不服原国家工商行政管理总局商标评审委员会(以下简称商标评审委员会)作出的商评字[2016]第103117号关于第10140438号"陶醉乐"商标无效宣告请求裁定(以下简称被诉裁定),向一审法院起诉称:诉争商标与引证商标一、二在文字构成、呼叫及表达的含义等方面无明显区别,其所核准注册的商品与两引证商标所核准注册的商品构成类似商品,共存于市场易导致相关公众的混淆误认。舍得公司在国内酒企业中具有极高的知名度和影响力,经过长期的使用和广泛的宣传,引证商标一的显著性得到了较大提升,与舍得公司建立起了较为固定的指向关系,具有较高的知名度和美誉度。第三人应当知晓"陶醉"系列商标的知名度和市场价值,却在第32类、第33类商品上注册申请了数件含"陶醉"的商标,具有明显的攀附恶意。依据《中华人民共和国商标法》(以下简称《商标法》)第10条第1款第7项、第8项,第7条,第44条第1款的规定,诉争商标依法应当予以撤销。请求法院撤销被诉裁定并判令商标评审委员会重新作出裁定。

(一审法院经审理查明的事实、认为及裁判结果略,详见一审判决书)

舍得公司不服一审判决,上诉请求撤销一审判决,撤销被诉裁定,由商标评审委员会重新作出裁定。其主要上诉理由为:诉争商标与涉案引证商标构成使用在类似商品上的近似商标,依据《商标法》第30条的规定,应当全部无效;涉案引证商标经过舍得公司长期使用、宣传和推广,已经具有很高知名度和商誉,应受法律保护;润康泉公司与舍得公司属于同行业竞争者,其申请注册了多个与沱牌舍得公司在先注册并享有较高知名度的"陶醉"商标近似的商标,主观恶意明显。

商标评审委员会不服一审判决,上诉请求撤销一审判决,维持被诉裁定。其主要上诉理由为:诉争商标在啤酒商品上与引证商标一、二未构成《商标法》第30条所规定的近似商标，彼此不属于类似商品，而且“陶醉”固有显著性不强，诉争商标在与引证商标一、二存在一定差别的情况下在类似商品上并存，应不致造成相关公众的混淆误认。

润康泉公司不服一审判决，上诉请求撤销一审判决，维持被诉裁定。其主要上诉理由为：一审判决未对引证商标一、二的效力进行审理，存在漏审。同时引证商标一、二违反法律、法规的规定，其表现形式不合法，而且自身缺乏显著性，不应成为有效商标。与本案诉争商标情形相似的商标大量存在，并且均未认定在“啤酒”商品上与“酒（饮料）”等商品构成类似，一审判决不应随意突破《类似商品和服务区分表》，被诉裁定的相关认定正确，应予维持。

二审法院查明的事实与一审判决认定的事实一致。

二审法院审理过程中，舍得公司补充提交了国家图书馆科技查新中心的检索报告、其他案件的行政判决书、润康泉公司申请注册“陶醉”商标的列表、舍得公司与润康泉公司之间发生纠纷的行政裁决等七组证据，拟证明引证商标2008年至2011年在《华夏酒报》《成都商报》《新华日报》等报刊上进行过宣传，在先生效判决中已经认定了第32类“啤酒、不含酒精的饮料”等商品与第33类“酒（饮料）”等商品构成类似，润康泉公司注册诉争商标主观上存在恶意。商标评审委员会对上述证据的真实性予以认可，但认为其并非被诉裁定的依据，且部分证据形成时间晚于诉争商标申请日，二审法院对于上述证据未予采纳。

二审法院认为：本案中，诉争商标为中文文字“陶醉乐”，引证商标一为中文文字“陶醉”，引证商标二为中文文字“陶醉缘”。诉争商标完整包含了引证商标一，与引证商标二在文字构成、呼叫等方面近似，且诉争商标未形成明显区别于引证商标一、引证商标二的其他含义，故诉争商标与引证商标一、引证商标二构成近似商标，一审判决对此认定并无不当，二审法院予以确认。商标评审委员会及润康泉公司该部分上诉理由缺乏事实及法律依据，二审法院不予支持。

诉争商标指定使用的“啤酒”商品与两引证商标核定使用的“酒（饮料）；果酒（含酒精）”等商品均为酒类饮品，在功能、用途、销售渠道、消费对象等方面相同，属于类似商品，故诉争商标指定使用在“啤酒”商品上与引证商标一、二共存，容易造成相关公众对商品来源产生混淆误认，构成了《商标法》第30条所规定情形，一审判决对此认定并无不当，二审法院予以确认。商标评审委员会及润康泉公司该部分上诉理由缺乏事实及法律依据，二审法院不予支持。

诉争商标指定使用的“麦芽汁（发酵后成啤酒）；无酒精饮料；植物饮料；奶茶（非奶为主）；乳清饮料；豆类饮料；蔬菜汁（饮料）；果汁饮料（饮料）；饮料香精”商品与两引证商标核定使用的“酒（饮料）；果酒（含酒精）”等商品在功能、用途、生产部门、消费对象等方面存在明显的区别，诉争商标指定使用在前述商品上与引证商标共存，不致导致相关公众的混淆误认。同时，舍得公司提交的在案证据仅有部分形成于诉争商标申请注册日前，尚不足以证明在诉争商标申请注册日前，涉案引证商标经过使用、宣传，已经具有一定知名度。因此，一审判决及被诉裁定关于诉争商标在“啤酒”以外商品上与两引证商标未构成使用在类似商品上的近似商标的认定并无不当，二审法院予以确认。舍得公司相关上诉理由缺乏事实及法律依据，二审法院不予支持。

同时，直至本案审理过程中，引证商标仍为有效商标，故其仍然构成诉争商标申请注册的在先权利障碍，而且引证商标是否应被予以无效，并不属于本案的审理范围，故润康泉公司相关上诉理由缺乏事实及法律依据，二审法院不予支持。

综上，二审法院判决：驳回上诉，维持原判。

舍得公司不服二审判决，向本院申请再审称，引证商标经长期使用和大量宣传，在诉争商标申请日前就已积累了较高的知名度。诉争商标指定使用在“无酒精饮料、饮料香精”等商品上，与引证商标核定使用的“酒（饮料）”等商品在销售渠道、消费对象、功能、用途等方面具有较强的重合性和关联性，构成类似商品，相关在先判例也对此予以肯定。此外，润康泉公司在酒类商品上申请了包括与引证商标近似的多件知名酒类品牌商标，恶意明显。因此，诉争商标应被全部予以无效。请求本院撤销一、二审判决及被诉裁定，判令商标评审委员会重新作出裁定。

再审审理过程中，舍得公司向本院提交了数份涉及引证商标知名度的补强性证据材料，包括四川省人民政府颁发的“四川名牌产品称号”、四川省遂宁市工商行政管理局颁发的“遂宁市知名商标”证书等，拟证明引证商标在诉争商标申请日前已具有较高的知名度。鉴于上述证据均有原件或相关证明文件，本院对其真实性予以认可，对其关联性和证明力，本院将结合其他事实一并评述。

润康泉公司向本院提交了数份证据材料，根据其证明目的，上述证据材料可分为两类：一类是来源于词典、书籍、期刊、报纸、学术论文、网络媒体等涉及“陶醉”含义的节选摘录，以及关于商标显著性认定裁判文书等证据材料，拟证明本案二引证商标不具备商标法所要求的显著性，合法性存疑，不能用于与诉争商标进行比对。一类是关于商品分类的行政机关审理标准、司法裁判文书等证据材料，拟证明诉争商标与引证商标核定使用的商品不构成类似。舍得公司认为上述证据材料不应予以采信。本院认为，鉴于润康泉公司未提供上述材料的原件，故其真实性存疑，对其关联性和证明力，本院将结合其他事实一并评述。

本院另查明：根据中央机构改革部署，原国家工商行政管理总局商标局、商标评审委员会的相关职责由国家知识产权局统一行使。

本院认为，本案的焦点问题为：诉争商标的注册是否违反《商标法》第30条的规定。

本案中，引证商标“陶醉”“陶醉缘”与诉争商标的“陶醉乐”均完整地包含了“陶醉”字样，二者在呼叫、拼写、含义方面并无二致，诉争商标标识与二引证商标标识构成近似。

在审查判断相关商品或者服务是否类似时，应当考虑商品的功能、用途、生产部门、销售渠道、消费群体等是否相同或者具有较大的关联性，以及是否容易使相关公众认为商品或者服务是同一主体提供的，或者其提供者之间存在特定联系。诉争商标指定使用的“奶茶（非奶为主）、植物饮料、乳清饮料、蔬菜汁（饮料）、无酒精饮料、果汁饮料（饮料）、豆类饮料、饮料香精”与引证商标一、二核定使用的商品虽然没有直接形成完全对应，但均属于日常生活中常见的饮品，在制作原料上存在一定重合性，且往往同时出现于餐饮类经营场所中相近的酒水饮料销售区域内，其面向的消费群体通常会为了餐聚等目的将前述商品同时纳入采购的范畴，误购概率较高。此外，根据舍得公司提交的有关引证商标获得“省著名商标”、“市知名商标”、国家及省级行业协会优秀称号、大量宣传广告及受保护记录来看，引证商标一、二在诉争商标申请日前已积累了一定的商誉，具备了一定的知名度。综上，诉争商标在指定使用的商品类别上，容易使相关公众对商品来源混淆误认，故其已与两引证商标构成类似商品上的近似商标。

此外，润康泉公司提出二引证商标不具有显著性，不能与诉争商标进行比对。本院认为，润康泉公司的该项主张实质上系对二引证商标的有效性提出的异议，不属于本案审理范围，本院对此不予评述。

综上，舍得公司的再审申请理由成立，被诉裁定及一审、二审判决应予撤销。依照《中华人民共和国行政诉讼法》第70条、第89条第1款第2项，《关于适用〈中华人民共和国行政诉讼法〉的解释》第119条第1款、第122条的规定，判决如下：

一、撤销北京市高级人民法院（2017）京行终××××号行政判决；

二、撤销北京市知识产权法院（2017）京73行初×××号行政判决；

三、撤销国家工商行政管理总局商标评审委员会商评字［2016］第103117号关于第10140438号“陶醉乐”商标无效宣告请求裁定书；

四、国家知识产权局就第10140438号“陶醉乐”商标重新作出无效宣告请求裁定。

本案一审案件受理费100元、二审案件受理费100元，均由国家知识产权局负担。

本判决为终审判决。

审判长　佟　×
审判员　吴　×
审判员　毛××
2020年3月25日
法官助理　马××
书记员　刘××

办案总结

本案的关键点在于认定争议商标指定使用的第32类无酒精饮料商品与引证商标核定使用的第33类酒类商品是否构成类似商品。

首先，对于此类商品关联性的案件，即使核定商品或服务在《商品及服务类似区分表》中分属不同类别，我们也可以通过从商品本身关联性、商标知名度、争议商标申请人主观恶意等多种因素出发进行阐述，在阐述商品关联性时，可以通过结合图片，以使这种关联性更加清晰明了，并通过结果在先司法判例以支持我方的观点。其次，引证商标知名度对商品关联性判断至关重要，是法院认定商品关联性的重要参考，通过证明引证商标具有较高知名度，争议商标使用在类似商品上，容易导致相关消费者的混淆误认。最后，争议商标申请人的主观恶意也是此类案件的重要参考因素之一。具体到本案中，我所从以上方面出发提供了大量证据证明我们的诉讼请求。

一、商品本身的关联性

首先，代理人检索并提交了大量在先司法判例，以证明在在先司法判例中已经认可争议商标核定使用的第32类无酒精饮料商品与第33类酒类商品在功能用途、消费群体等方面具有一定重合性，构成类似商品。

其次，通过走访了许多超市、便利店及餐厅，对无酒精饮料商品和酒类商品的货架、宣传海报以及餐厅的菜单等进行了拍照，同时对线上天猫超市等平台进行了截图，以证明实际经营过程中，无酒精饮料商品和酒类商品通常在销售时放在同一区域、临近货架，餐厅的菜单上也同上将无酒精饮料商品与酒类商品也统一在“酒水饮料”分类下，线上平台上也通常将无酒精饮料商品和酒类商品置于同一界面，因此消费者能同时接触到两个商品。

最后，结合在先司法判例及图片，代理人分别从功能用途、消费对象、销售场所、消费对象等几方面分别展开论述，以证明争议商标与引证商标共存，容易导致相关公众的混淆误认。

二、引证商标知名度

再审阶段，代理人重点收集、整理了引证商标知名度的证据，包括但不限于荣誉证书、销售合同及发票、广告合同及发票，陶醉酒资产负债表及利润表等新证据。

同时多次前往各大图书馆，大量收集有关引证商标的宣传报道。

再审中，代理人特别提交了引证商标曾被认定为四川省著名商标与曾经在司法案件中受保护记录的相关证据。

综合以上知名度证据，最高人民法院认为引证商标在争议商标申请日前具备了一定知名度，争议商标在指定使用的商品类别上，容易使相关公众对商品来源混淆误认。

三、争议商标申请人的主观恶意

本案中，代理人通过列表方式证明润康泉公司作为同行业竞争者，在知晓舍得公司

“陶醉”品牌的较高知名度和市场价值的情况下，自 2011 年开始在第 32 类、第 33 类商品大量申请注册与引证商标高度近似的商标，并多次针对舍得公司的引证商标一一提起无效宣告程序以及诉讼程序，主观恶意明显。

同时，通过进一步调查，发现润康泉公司申请注册了上百枚商标并未实际使用，还存在抄袭、摹仿行业内知名企业的行为，由此可以推定，润康泉公司申请注册争议商标具有明显主观恶意。

综合以上三方面的证据，最高人民法院依据“混淆理论”最终认定，争议商标在指定使用的商品类别上，容易使相关公众对商品来源混淆误认，故诉争商标与引证商标指定类别虽然分属类似商品区分表中的不同类别，但是构成类似商品上的近似商标，应予全部无效。

专家点评

在本案中，争议商标与引证商标核定使用的商品类别分属《类似商品和服务区分表》（以下简称《区分表》）的第 32 类和第 33 类。因此，国家知识产权局商评委基于《区分表》，认为争议商标核定使用的无酒精饮料商品与引证商标核定使用的酒类商品不构成类似商品。

原告不服国家知识产权局商评委的裁定提起行政诉讼及上诉，针对无酒精饮料商品与酒类商品的类似性问题继续补充证据，包括在先类似案例，以证明争议商标核定使用的第 32 类“啤酒”等商品与引证商标核定使用的酒类商品构成类似商品，以及国家图书馆检索报告等证据，以证明引证商标在争议商标申请日前已经具有较高知名度。但是，最终一审及二审法院只部分支持了原告（上诉人）的诉讼请求，认定争议商标核定使用的“啤酒”与引证商标核定使用“酒（饮料）；果酒（含酒精）”等商品均为酒类饮品，在功能、用途、销售渠道、消费对象等方面相同，属于类似商品。而争议商标核定使用的除“啤酒”以外的商品均是不含有酒精的饮料商品，与引证商标核定使用的酒类商品在功能、用途、销售渠道、消费对象等方面存在明显区别，争议商标与引证商标在其各自核定的商品上使用，不致引起消费者的混淆或误认。其中，二审法院还考虑到在案证据不能证明引证商标在争议商标申请日前具有较高知名度。最终，一审法院及二审法院均认定争议商标在“啤酒”商品上与引证商标构成使用在类似商品上的近似商标，在其余商品上与引证商标未构成使用在类似商品上的近似商标。

再审阶段，原告（再审申请人）的代理人针对二审判决书中认定的“原告提交的证据尚不足以证明在争议商标申请注册日前，引证商标经过使用、宣传，已经具有一定知名度”方面，重点收集、整理了“陶醉”商标知名度、商品类似性及第三人（被申请无效宣告的注册商标的注册人）主观恶意的证据。

最高人民法院在判断相关商品或服务是否类似时，考虑了商品的功能、用途、生产部门、销售渠道、消费群体等是否相同或具有较大关联性，以及是否容易使相关公众认为商品或服务是同一主体提供的，或其提供者之间存在特定联系。基于申请人（原告）在一审、二审提交的证据以及再审中新提供的证据，最高人民法院最终认定争议商标核定使用的无酒精饮料商品与引证商标核定使用的酒类商品虽然没有直接形成完全对应,但均属于日常生活中的常见饮品,在制作原料上存在一定重合性,且往往同时出现于餐饮类经营场所中相近的酒水饮料销售区域内,其面向的消费群体通常会为了聚餐等目的将前述商品同时纳入采购范畴,误购概率较高。同时,根据申请人新提供的知名度证据,能够证明引证商标在争议商标申请日前已经具备了一定知名度。综上,争议商标在指定使用的商品类别上,容易使相关公众对商品来源混淆误认,故诉争商标与引证商标构成类似商品上的近似商标。

本案的代理人花费大量时间和精力到图书馆查阅资料、收集补充证据材料,让法官看到了无酒精饮料商品与酒类商品在现实中存在的高度混淆可能性,最终通过再审达成了跨商品类别认定近似商品的目的,从而帮助当事人成功撤销了诉争商标在所有核准商品上的注册,避免了当事人的商标被他人恶意搭蹭车注册和使用而产生混淆的可能性,维护了当事人的合法权益,值得同行借鉴和学习。

审核人、点评人:北京律师智库重大复杂案件研究专家组秘书长　马建律师

复核人:北京律师智库重大复杂案件研究专家组　裴娜律师

长期善意使用并获得了一定的市场知名度是在后商标要取得与在先商标共存的前提

——北京内联升鞋业有限公司与北京福联升鞋业有限公司商标异议复审行政纠纷

争议焦点

案涉商标经过长期使用，能否仅因其已经形成一定的市场知名度来判定其是否应与在先商标共存？

关键词

市场共存　善意使用

案情简介

被异议商标系北京福联升鞋业有限公司（以下简称福联升公司）于2009年6月29日向国家工商行政管理总局商标局（以下简称商标局）申请注册。在被异议商标法定异议期内，北京内联升鞋业有限公司对其提起异议申请，商标局经审理后于2012年5月29日作出裁定：内联升公司所提异议理由不成立，被异议商标予以核准注册。

2012年7月11日，内联升公司不服商标局裁定，向商标评审委员会提出复审，请求不予核准被异议商标注册。主要理由是引证商标具有很高知名度，被异议商标与其构成近似商标。引证商标是内联升公司的知名商号，被异议商标损害了其商号权。商标评审委员会经审查后裁定被异议商标不予核准注册。

福联升公司不服商评委裁定，于2014年向北京市某中级人民法院提起诉讼，请求撤销裁定，内联升公司作为第三人也被一同告上了法庭。

福联升公司表示，其商标是以“福”字为核心，“福”字和“内”字读音、字形等有明显差异。福联升公司聘请牛莉等知名演员作为形象代言人，在全国进行了广泛持续的广告宣传，足以使相关公众认知、识别被异议商标与引证商标相区分。此外，福联升公司表示，其在国内拥有1000多家加盟店，产品销售范围涵盖北京、河北、河南、湖北等32省市，已有很高知名度，两个商标共存于市场，公众不会混淆。一审法院经审理后认为，两个商标存在差异，两者不构成近似，判决撤销商评委的裁定，判令商评委针对被异议商标重新作出裁定。

商评委不服原审判决，向北京市高级人民法院提起上诉。商标评审委员会请求依法撤销原审判决，维持原裁定。其主要理由是被异议商标作为图文组合商标，对于中国相关公众而言，其显著识别部分为其中文，该显著识别部分与引证商标仅首字不同，在文字构成、呼叫上相近，构成近似商标。内联升公司主要上诉理由是：原审法院在对商标近似性进行对比时，仅进行了物理对比，没有考虑引证商标的知名度，也未考虑福联升公司的主观恶意。

2014年12月，北京市高级人民法院经审理后认为，引证商标在被异议商标申请注册前已经具有极高的知名度和美誉，当二者同时使用在同一种或类似商品上时，公众容易误认为二者是同一市场主体的系列商标，因此两者构成近似。最终，北京市高级人民法院认定，一审法院认定有误，判决撤销其一审判决，维持商评委的裁定，判定被异议商标无效。

二审败诉后，福联升公司又向最高人民法院提出了再审申请，称被异议商标已经形成一定的市场知名度，不会导致相关公众混淆。2015年11月18日，最高法裁定驳回了福联升公司的再审申请。

案件历程

【一审判决书】

北京市某中级人民法院
行政判决书

（2014）××知行初字第××28号

原告：北京福联升鞋业有限公司，住所地：北京市密云县河南寨镇荆栗园村振兴街168号。

法定代表人：王敬欣，经理。

委托诉讼代理人：何×，北京市××律师事务所律师。

委托诉讼代理人：张×，北京市××律师事务所律师。

被告：国家工商行政管理总局商标评审委员会，住所地：北京市西城区茶马南街1号。

法定代表人：何训班，主任。

委托诉讼代理人：汪××，国家工商行政管理总局商标评审委员会审查员。

第三人：北京内联升鞋业有限公司，住所地北京市西城区大栅栏街34号。

法定代表人：程来祥，董事长。

委托诉讼代理人：王正志，北京高文律师事务所律师。

原告北京福联升鞋业有限公司（以下简称福联升公司）因商标异议复审行政纠纷一案，不服被告国家工商行政管理总局商标评审委员会（以下简称商标评审委员会）于2013年12月2日作出的商评字[2013]第123029号关于第7504400号“福联升FULIANSHENG及图”商标异议复审裁定（以下简称第123029号裁定），于法定期限内向本院提起行政诉讼。本院受理后，依法组成合议庭，并通知第123029号裁定的相对人北京内联升鞋业有限公司（以下简称内联升公司）作为本案第三人参加诉讼。本院于2014年7月7日公开开庭对本案进行了审理。原告福联升公司的委托代理人何×，被告商标评审委员会的委托代理人汪××，第三人内联升公司的委托代理人王正志到庭参加诉讼。本案现已审理终结。

第123029号裁定系商标评审委员会针对内联升公司就福联升公司经国家工商行政管理总局商标局（以下简称商标局）初步审定并公告的第7504400号“福联升FULIANSHENG及图”商标（以下简称被异议商标）所提异议复审申请而作出。商标评审委员会在该裁定中认为：

第7504400号“福联升FULIANSHENG及图”商标显著识别部分与第125412号“内联升”商标在文字构成、呼叫、含义上相近，两商标核定使用的商品在销售渠道、消费对象等方面较为接近或有密切关联，属于同一种或类似或关联性较强商品。两商标同时使用在同一种或类似或关联性较强商品上，易导致消费者对商品的来源产生混淆误认，已构成《商标法》第28条所指使用在同一种或类似或关联性较强商品上的近似商标。

鉴于商标评审委员会在判定被异议商标与引证商标是否构成同一种或类似或关联性较强商品上的近似商标时，已考虑引证商标知名度因素并不予核准被异议商标注册，内联升公司商标已获得充分保护，无须再给予其驰名商标的特殊保护，故对于内联升公司主张的《商标法》第13条规定，商标评审委员会不再予以评述。

综上所述，商标评审委员会依据《商标法》第28条、第33条、第34条的规定，裁定：被异议商标不予核准注册。

原告福联升公司诉称：被异议商标与引证商标区别明显，二者并存不会导致相关公众的混淆、误认，不构成使用在相同或类似商品上的近似商标。请求法院撤销被诉裁定，判决商标评审委员会重新作出裁定。

被告商标评审委员会辩称：被诉裁定认定事实清楚，适用法律正确，作出程序合法，请求法院予以维持。

第三人内联升公司述称：被诉裁定作出程序合法、认定事实清楚、适用法律正确，请求维持被诉裁定。

本院经审理查明：

被异议商标为第7504400号“福联升FULIANSHENG及图”商标，由福联升公司于2009年6月29日申请注册，指定使用商品为第25类“服装、内衣、鞋”。

引证商标的申请日期在被异议商标申请之前，经商标局核准注册后使用在第25类“鞋”商品上，经续展后商标权期限至2023年2月28日止。

在被异议商标的法定异议期内，内联升公司对其提起异议申请。商标局经审理后于2012年5月29日作出异议裁定书，裁定内联升公司所提异议理由不成立，被异议商标予以核准注册。2012年7月11日，内联升公司不服该裁定，向商标评审委员会提出复审，请求不予核准被异议商标注册。复审期间，内联升公司提交了引证商标为驰名商标的批复；中华老字号的证书、国家非物质文化遗产的证书；中国布鞋第一家的证书；《人民日报》等媒体对内联升公司以及引证商标的宣传报道。

诉讼期间，原告向本院提交了其加盟店营业执照、合同及照片、网络查询资料、商标注册材料、营业执照、宣传材料、荣誉材料、另案证据材料、裁定书、其他商标情况等证据材料，用以证明被异议商标通过长期广泛的宣传使用，已获得较高的知名度，不会与引证商标造成相关公众的混淆误认。

上述事实，有被异议商标和引证商标档案、商标局第30306号裁定、当事人提交的证据及当事人陈述等在案佐证。

本院认为：

虽然2013年8月30日修正的《中华人民共和国商标法》已于2014年5月1日施行，但鉴于本案被诉裁定的作出时间处于2001年商标法施行期间，故依据《中华人民共和国立法法》第93条的规定，本案应适用2001年《商标法》进行审理。

本案涉及以下几个争议焦点问题：

一、福联升公司在诉讼阶段向本院补充提交的证据是否应予采纳的问题。

依据法律规定，无正当理由未在行政阶段向被告提交的证据，不是被告作出被诉决定的依据，在诉讼阶段一般不予采纳。但本案中，首先，原告所有的被异议商标一旦被撤销，原告将没有其他的救济渠道，如机械地对其在诉讼阶段补充提交的证据一概不予采纳，可能导致实体处理得不公平；其次，原告提交的证据显示其对被异议商标的宣传和使用已遍及全国且持续至本案诉讼阶段，采纳其在诉讼阶段补充提交的证据，有利于进一步查明全部事实，包括被告作出第123029号裁定后发生的事实。综合考虑上述因素，本院对原告在诉讼阶段补充提交的证据酌情予以采纳。

二、被异议商标是否与引证商标构成了近似商标，从而违反了《商标法》第28条的规定。

首先，被异议商标为图文组合商标，图形部分具有较强的独创性，并占比较大，其图形部分亦为显著识别部分，而引证商标为纯文字商标；其次，被异议商标文字部分的字体与引证商标的字体存在明显差异，两商标首字不同，在读音、字形、含义等方面也差异明显；最后，被异议商标易被相关公众理解为“福气联发升腾”等意，而引证商标中的“内”指大内宫廷，“联升”指连升三级，两商标在含义存在差别。

另外，根据《最高人民法院关于审理商标授权确权行政案件若干问题的意见》第1条的规定，对于使用时间较长、已建立较高市场声誉和形成相关公众群体的诉争商标，应当准确把握商标法有关保护在先商业标志权益与维护市场秩序相协调的立法精神，充分尊重相关公众已在客观上将相关商业标志区别开来的市场实际，注重维护已经形成和稳定的市场秩序。

本案中，综合原告提交的证据可知，原告对被异议商标进行了长期广泛的宣传和使用，使被异议商标建立了较高市场声誉，形成了相关公众群体，相关公众客观上可以将其与引证商标相区分。在判断被异议商标能否得以注册时，应注重维护这种已经形成和稳定的市场秩序。

综合考虑以上因素，本院认为，被异议商标与引证商标共存于市场，使用在相同或类似商品上时，不会导致相关公众的混淆误认，不构成《商标法》第28条所指的使用在相同或类似商品上的近似商标。被告的相关认定缺乏事实和法律依据，本院不予支持。

综上，商标评审委员会作出的第123029号裁定的主要证据不足，依法予以撤销。依照《中华人民共和国行政诉讼法》第54条第2项第1目之规定，本院判决如下：

一、撤销国家工商行政管理总局商标评审委员会作出的商评字[2013]第12309号“关于第7504400号‘福联升FULIANSHENG及图’商标异议复审裁定”；

二、国家工商行政管理总局商标评审委员会针对北京内联升公司就第7504400号“福联升FULIANSHENG及图”商标提出的异议复审申请，重新作出裁定。

案件受理费100元，由被告国家工商行政管理总局商标评审委员会负担（于本判决生效之日起7日内交纳）。

如不服本判决，各方当事人均可在本判决书送达之日起15日内，向本院递交上诉状及副本,并交纳上诉案件受理费 100 元,上诉于北京市高级人民法院。

审 判 长 夏××
代理审判员 董 ×
人民陪审员 聂××
2014 年 7 月 30 日
书 记 员 亢 ×

【上诉状】

上诉状

上诉人:北京内联升鞋业有限公司。

法定代表人:程某某,董事长。

地址:北京西城区。

被上诉人:北京福联升鞋业有限公司。

法定代表人:王某某。

地址:北京密云县河南寨荆栗园村。

被上诉人:国家工商行政管理总局商标评审委员会。

法定代表人:何训班。

地址:北京西城区茶马南街 1 号。

因上诉人与被上诉人商标异议复审行政纠纷一案,上诉人不服(2014)××知行初字第××28 号判决书,特提起上诉。

上诉请求:

1. 请求撤销(2014)××知行初字第××28 号判决书,驳回被上诉人的一审诉讼请求;

2. 本案诉讼费由第一被上诉人承担。

事实与理由:

上诉人认为,一审认定事实不清,适用法律错误,应予以改判,理由如下:

一、一审认定依据事实不清,采纳了无证明力的证据。

一审中,对于仅有个人签字的合同,在没有其他证据佐证情况下,且上诉人也对证据的真实性提出异议后(在一审表述为不认可内容真实性,仅认可原件、复印件一致形式上的真实性),一审认定被上诉人在全国开设“1000 多家加盟店”,过于主观臆断。

同时，一审对于被上诉人仅仅聘请二三线的电视剧演员牛莉作为形象代言人，就认为其对涉案商标进行了大量宣传，也是主观臆断，不符合事实。

二、“福联升”与“内联升”构成近似，一审判决错误。

1. 内联升是存续百年的老字号，在中国其驰名度高、影响力大。在被上诉人获得第一个“福联升”商标前就成为中国驰名商标，同时“内联升”的相关布鞋工艺也被认定为非物质文化遗产。并被包括毛泽东、周恩来、邓小平等几代中国最高领导人喜爱。

2. 内联升商标系独创性较强的臆造词汇。其中“联”并非“连”，故而其固有显著性较高。其中“联升”二字本身也具有显著性，并且是该商标整体中较为吸引消费者眼球的部分。

3. 被上诉人的“福联升”商标，也用了上诉人商标中的主要部分“联升”而非“连升”。一审法院对此“福联升”的解释为，该商标容易被相关公众理解为“福气联发升腾”。在中国，一般消费者可能理解“连升”的意思，但一般消费者无法像一审法院将“联升”二字理解为“连升”的错别字。鉴于“联升”二字为独创的组合，显著性较高，而被上诉人又是从事布鞋行业，其显然知道原告“内联升”商标，又以牵强的解释来使用“联升”，显然仍无法脱离傍名牌的主观恶意，属于违反诚实信用的行为。

三、关于近似的判断，有三种情形，本案符合第 3 种，一审法院仅仅以第 1 种进行物理对比，造成判决错误。

1. 两商标均不具有知名度：通常是按照事实的物理性对比，即按照字音、字形排列组合等自然要素整体对比。

2. 两商标具有旗鼓相当的较高知名度：认定是否近似，要考虑使用背景、历史因素等。

3. 两商标知名度相差悬殊，认定是否近似，需要对比消费者关注的主要部分，决定是否构成近似，而不采取整体对比形式。只要主要部分具有造成消费者混淆的可能性，即可推定二者构成近似。

同时，一审法院在仅仅物理对比时，还考虑了被上诉人图形具有较强独创性，在整个商标中所占比例较大，将独创性与显著性完全等同，系对法理的理解错误。

四、一审未考虑被上诉人的主观恶意。

被上诉人将中国最知名的老字号“瑞蚨祥”和“内联升”拆分组合进行注册“祥联升”，在第 18 类钱包手提包等注册“爱布士”等，在第 25 类布鞋类别注册十余个“福联升”及“福连升”等相同或近似商标、拼音商标，其在注册之时就考虑了无法注册的风险。同时，被上诉人仅在北京注册公司，其生产销售总部全部在石家庄，而销售时确以北京布鞋作为销售卖点，并虚构故事伪装成百年老字号企业，也是对消费者的欺骗。

五、关于一审认定的被上诉人所谓的“大量宣传及广泛加盟店、荣誉证书”等不足以支撑一审判决结果。

上诉人认为，结合上述事实，被上诉人在明知使用“福联升”可能造成纠纷时仍使用，其对该咎由自取的后果应该承担责任，而不能再考虑其使用中创建了多少的商誉问题。

同时，上诉人认为，一种侵犯他人在先要得的使用行为，无论使用的时间及强度，都不能创设任何的在后权利。否则将冲击注册商标制度。也不符合商标法对于维护市场竞争制度的创设预期。何况，本案中，短短7年的时间，在没有大量广告合同及发票，销售合同及发票，缴纳利税等佐证下，仅凭一个二三线电视剧明星的代言，以及全部为个人加盟的加盟合同，和没有公信力的所谓荣誉证书，就判断已经具有较高市场声誉，形成相关公众群体，是错误地运用了最高人民法院的司法指导政策。

六、一审判决关于“一旦被撤销将无其他救济渠道”的表述，恰恰是机械地引用最高人民法院的司法政策。

本案中，被上诉人不止本案一个商标在注册，仍有其他已经注册的“福联升”商标，不存在所谓的“无法获得其他救济渠道”的情况。

同时，本案中，恰恰是鉴于系争商标是图形及文字组合商标，而综观全案，也没有证据证明系争商标进行了宣传、使用。即使有宣传和使用，也无法排除是对被上诉人其他注册商标的宣传、使用。

因被上诉人也注册了“福连升”，其并非无其他选择，而必使用“福联升”。

据上论结，本案应以上诉人的较高驰名度、老字号的较长使用时间，以及被告的主观恶意，综合把握“近似”的判断，而非简单的物理对比。故此，一审判决片面、机械引用最高院的司法政策，而未考虑案件的具体事实，导致判决结果错误，应予以改判，以维护上诉人合法权益，也是出于对中华民族历史传承老字号的保护，否则，势必引起众多“联升”的效仿，导致藤萝缠死大树的悲剧。

故，请法院查明事实，依法裁决，支持上诉人的上诉请求。

此致

北京市高级人民法院

上诉人：北京内联升鞋业有限公司

2014年8月10日

【二审判决书】

北京市高级人民法院
行政判决书

(2014)高行(知)终字第××××号

上诉人(原审被告):国家工商行政管理总局商标评审委员会,住所地北京市西城区茶马南街1号。

法定代表人:何训班,主任。

委托诉讼代理人:孙×,国家工商行政管理总局商标评审委员会审查员。

上诉人(原审第三人):北京内联升鞋业有限公司,住所地北京市西城区大栅栏街34号。

法定代表人:程某某,董事长。

委托诉讼代理人:王正志,北京高文律师事务所律师。

委托诉讼代理人:商家泉,北京高文律师事务所律师。

被上诉人(原审原告):北京福联升鞋业有限公司,住所地北京市密云县。

法定代表人:王某某,经理。

委托诉讼代理人:何×,北京市××律师事务所律师。

委托诉讼代理人:张×,北京市××律师事务所律师。

上诉人国家工商行政管理总局商标评审委员会(以下简称商标评审委员会)、上诉人北京内联升鞋业有限公司(以下简称内联升公司)因商标异议复审行政纠纷一案,不服北京市某中级人民法院(2014)京字第××××号行政判决,向本院提起上诉。本院于2014年10月8日受理本案后,依法组成合议庭,于2014年11月20日公开开庭进行了审理。上诉人内联升公司的委托代理人王正志、商家泉,被上诉人北京福联升鞋业有限公司(以下简称福联升公司)的委托代理人何×、张×到庭参加了诉讼。上诉人商标评审委员会经本院传唤未到庭参加诉讼,本院依法对其缺席审理。本案现已审理终结。

北京市某中级人民法院查明:被异议商标系第7504400号“福联升FULIANSHENG及图”商标,由福联升公司于2009年6月29日向国家工商行政管理总局商标局(以下简称商标局)提出注册申请,指定使用商品为第25类“服装、内衣、鞋”等。

引证商标系第125412号“内联升”商标,其申请日期在被异议商标申请之前,核定使用在第25类“鞋”商品上,经续展后商标权期限至2023月2月28日止,现所有人为内联升公司。

在被异议商标法定异议期内,内联升公司对其提起异议申请。商标局经审理后于2012年5月29日作出(2012)商标异字第30306号《"福联升FULIANSHENG及图"商标异议裁定书》(以下简称第30306号裁定),裁定:内联升公司所提异议理由不成立,被异议商标予以核准注册。

2012年7月11日,内联升公司不服商标局第30306号裁定,向商标评审委员会提出复审,请求不予核准被异议商标注册。其主要理由是:引证商标具有很高的知名度,其中"内"指大内宫廷,"联升"指连升三级,被异议商标与引证商标构成近似商标。引证商标曾被认定为驰名商标,被异议商标是对驰名引证商标的复制、摹仿。"内联升"是内联升公司的知名商号,被异议商标损害了其商号权。

内联升公司向商标评审委员会提交了以下主要证据:(1)2007年8月20日,商标局认定引证商标为驰名商标的批复;(2)引证商标被商务部认定为中华老字号的证书、内联升公司的"内联升千层底布鞋制作技艺"于2011年11月被文化部认定为国家级非物质文化遗产的证书、中国商业名牌管理委员会办公室于2006年6月28日认定内联升公司为"中国布鞋第一家"的证书;(3)《人民日报》等媒体对内联升公司以及引证商标的宣传报道。

2013年12月2日,商标评审委员会作出商评字(2013)第123029号《关于第7504400号"福联升FULIANSHENG及图"商标异议复审裁定书》(以下简称第123029号裁定)。商标评审委员会在该裁定中认为:被异议商标的显著识别文字部分是"福联升",其与引证商标在文字构成、呼叫、含义上相近,被异议商标指定使用的"服装、鞋、帽子"等商品与引证商标核定使用的"鞋"等商品在销售渠道、消费对象等方面较为接近或有密切关联,属于同一种或类似或关联性较强商品。两商标同时使用在同一种或类似或关联性较强商品上,易导致消费者对商品的来源产生混淆误认,已构成2001年10月27日修正的《中华人民共和国商标法》(以下简称2001年《商标法》)第28条所指使用在同一种或类似或关联性较强商品上的近似商标。鉴于在判定被异议商标与引证商标是否构成同一种或类似或关联性较强商品上的近似商标时,已考虑引证商标知名度因素并不予核准被异议商标注册,内联升公司商标已获得充分保护,无须再给予其驰名商标的特殊保护,故对于内联升公司称被异议商标是对其驰名商标的复制摹仿,违反2001年《商标法》第13条规定的主张,不再予以评述。被异议商标与内联升公司商号有一定区别,不能认定被异议商标的申请注册会使消费者将之与内联升公司商号相联系,进而对商品来源产生混淆误认,损害内联升公司的商号权。据此,内联升公司的该项主张不能成立。其他申请理由缺乏事实和法律依据,均不予支持。综上,依据2001年《商标法》第28条、第33条、第34条的规定,商标评审委员会裁定:被异议商标不予核准注册。

福联升公司不服,向北京市某中级人民法院提起诉讼,请求撤销第123029号裁定。

在原审诉讼中,福联升公司向法院补充提交了以下主要证据,主要用以证明被异议商标通过长期广泛的宣传使用,已获得较高的知名度,不会与引证商标造成相关公众的混淆误认:

证据1:福联升公司官方网站“品牌形象”页截图,证明被异议商标体现以“福”字为核心的独立含义和意义,“福”是福联升公司商标的核心关键词和企业文化;

证据2:福联升公司聘影视明星牛莉作为企业形象代言人的合同、发票及相关证据,证明福联升公司通过牛莉等知名演员作为形象代言人,并在全国进行广泛持续的广告宣传,有效提升了“福联升”商标的知名度和美誉度,足以使相关公众认知、识别原告的“福联升”商标,并与“内联升”相区分,两者从未在市场上让消费者混淆、误解商品来源;

证据3:内联升公司企业经营、宣传情况对比,证明福联升公司和内联升公司各自独立运营各自品牌,在经营及社会活动中,从未存在过品牌交集、混淆的事实;

证据4:福联升公司及其“福联升”品牌获得的荣誉证书,证明“福联升”品牌在公众中拥有较高的辨识度、知名度,消费者以一般注意力足以区分福联升公司与内联升公司的商标,不会混淆、误解商品来源;

证据5:福联升公司所有的第5504976号、第10225117号、第10225048号、第10225176号商标注册证,内联升公司针对第5504976号商标提出异议申请时的《异议理由》及《证据目录》,第5504976号“内联升”商标以及其他“福联升”商标异议裁定书,证明内联升公司曾以本案相类似的事实和相同理由,对第5504976号商标以及其他“福联升”商标提出过异议,最终商标局裁定其异议不成立,上述“福联升”商标准予核准注册;

证据6:同仁堂与台仁堂、东来顺与西来顺等注册商标,用以证明首字不同而其余文字相同的商标均不构成近似商标;

证据7:“福联升”品牌1712家加盟连锁店经营档案,证明福联升公司的“福联升”商标在国内已经拥有1000多家加盟店,产品销售范围涵盖北京、河北、河南、山东、山西、湖北等32省市,已具有很高的知名度。

商标评审委员会和内联升公司认为福联升公司提交的上述证据未在行政阶段向其提交,不是作出第123029号裁定的依据,应不予采纳。内联升公司对福联升公司提交的上述证据的真实性予以认可,但不认可其证明目的。

原审庭审中,福联升公司表示对被异议商标核定使用的商品与引证商标核定使用的商品构成类似商品无异议。

北京市某中级人民法院认为,本案应适用2001年《商标法》进行审理。本案中,被异议商标一旦被撤销,福联升公司将没有其他救济渠道,如机械地对其在诉讼阶段补充提交的证据一概不予采纳,可能导致实体处理的不公平。此外,福联升公司提交的证据显示其对被异议商标的宣传和使用已遍及全国且持续至本案诉讼阶段,采纳其在诉讼阶段补充提交的证据,有利于进一步查明全部事实,包括商标评审委员会作出第123029号裁定后发生的事实。综合考虑上述因素,对福联升公司在诉讼阶段补充提交的证据酌情予以采纳。鉴于内联升公司对上述证据的真实性予以认可,经审查对上述证据的真实性予以确认。

鉴于福联升公司对被异议商标指定使用的商品与引证商标核定使用的商品构成类似商品无异议,故本案主要审查两商标标识是否构成近似标识。首先,从显著识别部分来看,被异议商标为图文组合商标,其图形部分具有较强的独创性,在整个商标中所占的比例较大,因此其图形部分亦为其显著识别部分,而引证商标为纯文字商标;其次,被异议商标文字部分的字体与引证商标的字体存在明显差异,前者中的"福"字与后者中的"内"字在读音、字形、含义等方面也差异明显;最后,被异议商标"福联升"一般易被相关公众理解为"福气联发升腾"等意,而据内联升公司在异议复审申请书中的陈述,引证商标"A"中的"内"指大内宫廷,"联升"指连升三级,因此两者含义存在差别。综上,被异议商标的标识与引证商标的标识存在一定差异。另外,对于使用时间较长、已建立较高市场声誉和形成相关公众群体的诉争商标,应当准确把握商标法有关保护在先商业标志权益与维护市场秩序相协调的立法精神,充分尊重相关公众已在客观上将相关商业标志区别开来的市场实际,注重维护已经形成和稳定的市场秩序。本案中,综合福联升公司提交的证据可知,其对被异议商标进行了长期广泛的宣传和使用,包括聘请影视明星作为企业形象代言人、开展大量的经营活动和公益性活动、在全国各地拥有1000多家加盟店、被有关部门和组织授予了各种荣誉等,使被异议商标建立了较高市场声誉,形成了相关公众群体,相关公众客观上可以将其与引证商标相区分。在判断被异议商标能否得以注册时,应注重维护这种已经形成和稳定的市场秩序。

综合考虑以上因素,被异议商标与引证商标共存于市场,使用在相同或类似商品上时,不会导致相关公众的混淆误认,不构成2001年《商标法》第28条所指的使用在相同或类似商品上的近似商标。商标评审委员会的相关认定缺乏事实和法律依据,不应支持。

综上,北京市某中级人民法院依照《中华人民共和国行政诉讼法》第54条第2项第1目之规定,判决:(1)撤销商标评审委员会第123029号裁定;(2)商标评审委员会针对内联升公司就被异议商标提出的异议复审申请重新作出裁定。

商标评审委员会和内联升公司不服原审判决,向本院提起上诉。商标评审委员会请求依法撤销原审判决,维持第123029号裁定。其主要上诉理由是:被异议商标作为图文组合商标,对于中国相关公众而言,其显著识别部分为中文"福联升",该显著识别部分与引证商标"内联升"仅首字不同,在文字构成、呼叫上相近,构成近似商标。而且,考虑到引证商标在被异议商标申请注册前已具有一定知名度,两商标同时使用在相同或类似商品上,易导致消费者误认为两商标来源于同一市场主体或具有某种关联性,故被异议商标与引证商标构成使用在相同或类似商品上的近似商标,违反了2001年《商标法》第28条的规定。

内联升公司请求撤销一审判决,驳回福联升公司的一审诉讼请求。其主要上诉理由是:(1)原审法院认定事实不清,采纳了无证明力的证据。对于福联升公司提交的仅有个人签字的合同,在没有其他证据佐证,且内联升公司对证据真实性提出异议的情况下,即认定福联升公司在全国开设1000多家加盟店,属于主观臆断。仅根据聘请演员牛莉作为形象代言人即认为福联升公司对被异议商标进行了大量宣传,也属主观臆断。(2)原审法院认定被异议商标与引证商标不构成近似商标错误。内联升公司是存续百年的老字号,驰名度高、影响力大。引证商标是独创性较强的臆造词汇,其中"联升"二字是较为吸引消费者眼球的部分。被异议商标也使用了引证商标的主要部分"联升",福联升公司作为从事布鞋的行业,显然知道"内联升"商标,以牵强的解释来使用"联升",无法脱离傍名牌的主观恶意,违反诚实信用原则。原审法院在对商标近似性进行对比时,仅进行了物理对比,没有考虑引证商标的知名度,也未考虑福联升公司的主观恶意。福联升公司仅在北京注册公司,其生产销售总部全部在石家庄市,而销售时又以老北京布鞋作为销售卖点,属于对消费者的欺骗。

福联升公司服从原审判决。

经审理查明:原审判决查明事实基本清楚,且有被异议商标和引证商标档案、第30306号裁定、当事人提交的证据、第123029号裁定及当事人陈述等在案佐证,本院对原审法院查明的事实予以确认。

另查,福联升公司向原审法院提交的证据7中的加盟连锁店经营档案包括:加盟合同、加盟店实景照片、出货单、付款收据、产品样式等。

原审庭审中,内联升公司对福联升公司提交的加盟合同的真实性不予认可,提出加盟店实景照片及宣传图片有作假的嫌疑,但并未就此提交反证。

本院诉讼中,内联升公司在开庭前向本院补充提交了下列证据:

1. 第7307621号"内联升"商标和第4730603号"福履"商标的商标注册证、内联升公司所获荣誉、相关媒体对内联升公司的报道、北京老字号协会文件、领导视察和名人参观的照片及报道、广告宣传合同、资产负债表、纳税表、纳税信用A级企业证书、中国商业联合会中华老字号工作委员会出具的书面意见,证明内联升公司及其"内联升"商标知名度极高,是国家商务部认定的"中华老字号";

2. 商业特许经营信息管理系统备案查询情况,证明福联升公司无特许经营资格;

3. "生活2014"光盘,证明因内联升公司及其商标知名度极高,市场上存在众多傍名牌现象;

4. 北京市密云县河南寨镇荆栗园村民委员会盖章并签有"内联升"名字的情况说明,证明福联升公司并未在其注册地实际经营;

5. 网络上有关福联升公司的负面报道,证明福联升公司在公众中信誉差;

6. 中国中轻产品质量保障中心负面报道及相关判决书,证明福联升公司荣誉证书的发证机构无授予企业荣誉的资格。

商标评审委员会对上述证据予以认可,认为可以证明被异议商标与引证商标构成近似商标。福联升公司认为上述证据不是新证据,不应采信,同时认可内联升公司的知名度,但对上述证据中网页打印件的真实性不予认可,并提出上述证据不足以证明福联升公司具有恶意。经查,上述证据6中的判决书案号显示为一审案件,但结尾处却写明"本判决为终审判决"。

庭审结束后,内联升公司再次补充提交了一份网页打印件,用以证明福联升公司虚假宣传,傍老字号的历史。鉴于该证据系在庭审结束后提交,且未经公证认证,故本院对此不予采纳。

上述事实,有福联升公司向原审法院提交的证据、原审庭审笔录、内联升公司向本院补充提交的证据及当事人陈述等在案佐证。

本院认为:2013年8月30日修正的《中华人民共和国商标法》已于2014年5月1日施行,鉴于本案第123029号裁定的作出时间处于2001年《商标法》施行期间,依据《中华人民共和国立法法》第84条的规定,本案应适用2001年《商标法》进行审理。

原审庭审中,内联升公司对福联升公司在诉讼阶段补充提交的部分证据真实性提出了质疑,并非原审判决记载的对上述证据的真实性无异议,原审法院对该事实认定有误,本院对此予以纠正。

内联升公司在庭审结束前向本院补充提交的证据虽非商标评审委员会作出第123029号裁定的依据,但其与本案的处理结果存在较为密切的关系,且福联升公司对其中用以证明引证商标及内联升公司知名度的证据予以认可,故本院对上述证据予以采纳。但福联升公司是否取得特许经营资格及其是否在登记注册的地址办公,与认定福联升公司申请注册被异议商标是否存在主观恶意无关;网络上有关福联升公司的负面报道均为个人意见,且数量很少,且与认定福联升公司申请注册被异议商标的主观状态无关;有关判决书存在明显瑕疵,且评奖机构的资质与认定福联升公司申请注册被异议商标的主观状态亦无关联。因此,内联升公司有关福联升公司申请注册被异议商标具有主观恶意的上诉理由,证据不足,本院不予支持。

2001年《商标法》第28条规定,申请注册的商标,凡不符合本法有关规定或者同他人在同一种商品或者类似商品上已经注册的或者初步审定的商标相同或者近似的,由商标局驳回申请,不予公告。

鉴于福联升公司对被异议商标指定使用的商品与引证商标核定使用的商品构成同一种或类似商品不持异议，故本院仅就被异议商标与引证商标是否近似进行评述。

商标近似，是指商标的文字字形、读音、含义或者图形的构图及颜色，或者其各要素组合后的整体结构相似，或者其立体形状、颜色组合近似，易使相关公众对商品的来源产生误认或者认为其来源存在某种特定联系。判断商标是否近似，应当考虑商标的音、形、义等因素，采用隔离观察、整体比对的方法，并以相关公众的一般注意力为标准综合判断。

本案中，被异议商标为图文组合商标，引证商标为文字商标，二者在整体视觉效果上虽有差异，但图文组合的被异议商标中的汉字“福联升”系其主要认读和识别部分，该部分与引证商标“内联升”相比，仅首字不同，且后两个汉字“联升”并非固定的词语组合，而是内联升公司所独创，二者具有一定的近似性。同时，考虑到引证商标在被异议商标申请日前已经具有一定知名度，当二者同时使用在同一种或类似商品上时，相关公众容易误认为二者是同一市场主体提供的系列商标，或者误认为二者的提供者之间存在某种特定联系。因此，被异议商标与引证商标构成使用在同一种或类似商品上的近似商标。原审法院有关被异议商标与引证商标不构成2001年《商标法》第28条规定情形的认定有误，本院对此予以纠正。

综上，商标评审委员会和内联升公司的上诉理由成立，对其上诉请求本院均予以支持。原审判决认定事实和适用法律均有误，依法应予纠正。依据《中华人民共和国行政诉讼法》第61条第2项，《最高人民法院关于执行〈中华人民共和国行政诉讼法〉若干问题的解释》第70条之规定，判决如下：

一、撤销北京市某中级人民法院(2014)××知行初字第××28号行政判决书；

二、维持国家工商行政管理总局商标评审委员会作出的商评字(2013)第123029号《关于第7504400号“福联升FULIANSHENG及图”商标异议复审裁定书》。

一审案件受理费100元，由北京福联升鞋业有限公司负担(已交纳)；二审案件受理费100元，由北京福联升鞋业有限公司负担(于本判决书生效之日起7日内交纳)。

本判决为终审判决。

审　判　长　谢××
代理审判员　钟　×
代理审判员　袁××
2014年12月8日
书　记　员　王××

【再审裁定书】

中华人民共和国最高人民法院
行政裁定书

（2015）知行字第×××号

再审申请人（二审被上诉人、一审原告）：北京福联升鞋业有限公司。住所地：北京市密云县隆源大厦A座3单元201。

法定代表人：王敬欣，该公司总经理。

委托代理人：吴新华，北京市××律师事务所律师。

委托代理人：张×，北京市××律师事务所律师。

被申请人（一审被告、二审上诉人）：国家工商总局商标评审委员会。住所地：北京市西城区茶马南街1号。

法定代表人：何训班，该委员会主任。

委托代理人：孙×，该委员会审查员。

被申请人（一审第三人、二审上诉人）：北京内联升鞋业有限公司。住所地：北京市西城区大栅栏街34号。

法定代表人：程来祥，该公司董事长。

委托代理人：商家泉，北京高文律师事务所律师。

再审申请人北京福联升鞋业有限公司（以下简称福联升公司）因与被申请人国家工商行政管理总局商标评审委员会（以下简称商标评审委员会）、北京内联升鞋业有限公司（以下简称内联升公司）商标异议复审行政纠纷一案，不服北京市高级人民法院于2014年12月8日作出的（2014）高行（知）终字第××××号行政判决，向本院申请再审。本院依法组成合议庭对本案进行审查。现已审查终结。

福联升公司申请再审称：（1）二审判决认定事实、适用法律错误。①二审判决认定被异议商标与引证商标构成近似商标，认定事实错误。被异议商标与引证商标在构成要素、整体外观上有明显区别，被异议商标为图文组合商标，由图形、汉语拼音“FULIANSHENG”及汉字“福联升”组合而成。其中，图形居于上部，视觉效果突出，显著性很强，汉字“福联升”居于下部，为美术字体。引证商标则为纯文字商标，“内联升”文字为书法字体，“联”“升”二字还是繁体字。二审判决仅将两商标的文字部分进行比较，进而得出片面、错误的结论。②在文字商标中，首个文字往往在呼叫、视觉、含义上起主要作用。如果首字或首字母不同，通常不认为是近似商标。本案中，被异议商标文字为“福联升”，引证商标文字为“内联升”，呼叫、含义明显不同，根据审查惯例，两商标不应被认定为近似商标。③二审判决称"'联升'并非固定的词语组合，而是内联升公司所独创"，与事实不符。首先，"联升"文字并非北京内联升公司所独创，清朝乾隆年间就有一位名叫"联升"的人，其生卒年月远早于"内联升"的诞生时间。其次，在很多商品或服务类别上，很多行业里，均有使用"联升"文字作为商标、字号进行登记注册的情形。④二审判决未对再审申请人在评审及诉讼阶段提交的有关使用、宣传被异议商标的证据进行评述，导致得出错误结论。再审申请人成立于2006年9月13日，主要经营鞋帽、衣服和箱包等产品。再审申请人在成立之时就开始使用"福联升"作为字号、商标，取寓意为"福气联发升腾"。此后，又请专人设计公司VI视觉识别系统，聘请著名演员牛莉担任品牌形象代言人，并投入大量广告宣传费用，致力于推广老北京布鞋文化，创立拥有自主知识产权的知名品牌。截至目前，再审申请人已在全国30多个省份开设了1000多家加盟店，产品畅销全国，广受消费者认可。二审判决在判断被异议商标与引证商标是否近似时，未对被异议商标的使用、宣传证据进行任何评述，进而得出片面、错误结论。(2)被异议商标经过再审申请人长期广泛的宣传和使用，已经具有了较高的知名度，并得到了广大消费者的普遍认可。由于再审申请人与被申请人在商标标识、门脸招牌、店面装潢、产品种类、市场定位、销售区域等方面均存在明显差异，被异议商标与引证商标共存于市场，从未导致相关公众的混淆误认。被异议商标使用时间较长，已建立起较高市场声誉和形成相关公众群体，根据《最高人民法院关于审理商标授权确权行政案件若干问题的意见》的规定，应当准确把握商标法有关保护在先商业标志权益与维护市场秩序相协调的立法精神，充分尊重相关公众已在客观上将相关商业标志区别开来的市场实际，注重维护已经形成和稳定的市场秩序，被异议商标理应获准注册。如果不予注册，将给再审申请人及其加盟商造成重大损失，从而产生不良社会影响，不利于社会稳定。

商标评审委员会提交答辩意见称服从二审判决。

内联升公司提交答辩意见称：(1)被异议商标与引证商标构成相同类别商品上的近似商标。避免来源混淆是商标近似判断时需要考虑的基本原则，应当以诚实信用原则具体把握是否构成近似问题。考虑到物理对比、知名度、固有显著性、再审申请人选用"联升"的意图等因素，应认定二者构成近似，具体理由如下：①两商标仅"福"及"内"不同。②从"内联升"的固有显著性看，在被申请人使用"联升"二字前，没有证据证明"联升"和"鞋"或"布鞋"之间存在指代关系或其他联系，再审申请人对于使用"福联升"没有合理解释。③从二者知名度差别看，引证商标系中国驰名商标、中华老字号、国家非物质文化遗产，荣获"中国布鞋第一家"称号，从党和国家领导人到明星再到普通公众，都熟知引证商标。而再审申请人注册、使用被异议商标的时间较短，没有知名度。④"内联升"之所以被核准注册，并非仅因为其所使用的美术字体，故不能以被异议商标未使用引证商标的美术字体而认为二者不近似。相关公众也不会因字体的不同,而将两个商标相区分。在市场环境下,相关公众极易对使用两商标的布鞋产品的来源产生误认,认为它们是同一厂家生产、销售,或认为二者存在某种联系。⑤两商标存在“混淆、误认”的可能性。两商标构成近似,使用商品相同,销售渠道相同,消费者群体相同,被申请人商标的固有显著性及知名度较高。⑥在考察再审申请人使用“联升”二字的意图时,应特别注意到以下事实:首先,再审申请人为石家庄企业,并实际在石家庄生产、经营,却在北京注册“北京福联升鞋业有限公司”,且在产品宣传上使用“老北京布鞋”字样。其次,其注册的“福联升”商标,系将两个老字号“内联升”“福履”各取一个字,属于违反诚实信用、搭便车的行为。最后,“福联升”是将被申请人的引证商标“内联升”与第4730603号“福履”商标组合,注册“福联升”。而且,再审申请人还将被申请人的“内联升”与老字号企业驰名商标“瑞蚨祥”组合,注册了第8467083号“祥联升”商标,其攀附商誉的不正当竞争意图明显。(2)再审申请人违反诚实信用原则,侵犯被申请人的在先字号权益和在先商标权。①在被异议商标注册前,被申请人商品在市场上获得了商誉和声誉,并以一些显著特征而知名。②再审申请人有意或无意地错误表达了与被申请人存在联系,并造成了消费者混淆、误认。③被申请人受到了损害,或可能具有受到损害的危险,如客户流失、商誉减损、商标显著性淡化等。(3)再审申请人使用被异议商标的时间不长,本案并非历史因素导致商标并存,而是因不正当竞争行为导致的市场共存,基于保护在先权利及消费者利益,不应核准注册被异议商标。(4)对于任何侵犯在先合法权利(权益)的使用行为,不能创设任何在后的合法权益。再审申请人无视引证商标的存在,在相同商品上注册及使用被异议商标,不能因此获得法律上的合法权利。再审申请人应认识到继续使用与“内联升”文字有关的商标可能导致的侵权责任或注册不能的后果,并停止使用相关商标。但再审申请人此后仍然继续注册、使用、宣传相关商标,由此造成的后果,应自行承担。(5)“福联升”具有虚假宣传行为。其宣传“福联升”为乾隆四十一年春开业,由纪晓岚赐名,并编排了一段与纪晓岚有关的故事。此宣传极易误导消费者,使消费者误认为该公司是中华老字号,具有悠久的历史,与其2006年成立的事实严重不符。

再审申请人向本院提交了6份证据,具体如下:(1)证据1、证据2、证据6为其在全国部分加盟店的营业执照、合同以及相关照片,其加盟店分布在28个省、自治区、直辖市,用于证明被异议商标经过长期、广泛的使用,建立了较高的市场声誉。相关加盟店的照片显示,其招牌标注“老北京布鞋”或“北京布鞋”“福联升”等字样,并标注有被异议商标图形部分。相关加盟合同书上记载的协议签约地点均为“石家庄市广安大街美东国际C座2305”。相关联系电话均为0311开头,但地址为“北京市密云开发区168号”。(2)证据3为“联升”百度词条,用于证明清代即有名为“联升”的自然人,引证商标中的“联升”不具有独创性。(3)证据4为含有“联升”文字的143

项商标查询结果,用于证明"联升"不具有独创性,且普遍使用在各个商品及服务类别上。该证据显示,除被异议商标外,再审申请人还在鞋类等商品上申请了"祥联升""步联升""鑫联升""尚品福联升""爱尚福联升"等10余项包含"联升"文字的商标。(4)证据5为企业详细查询结果,用于证明通过企业信息查询,可查询到使用"联升"作为字号的企业55个(不完全统计)。对于上述证据能否实现再审申请人的证明目的,本院将在下文中结合本案焦点问题予以评述。

本院认为,本案焦点为被异议商标与引证商标是否构成近似商标,是否符合2001年修订的《中华人民共和国商标法》(以下简称《商标法》)第28条的规定。

《商标法》第28条规定,申请注册的商标同他人在同一种或者类似商品上已经注册的商标相同或者近似的,不应予以核准注册。关于商标民事纠纷案件中商标相同或者近似的认定,《最高人民法院关于审理商标民事纠纷案件适用法律若干问题的解释》第10条规定:人民法院认定商标相同或者近似按照以下原则进行,即(1)以相关公众的一般注意力为标准;(2)既要进行对商标的整体比对,又要进行对商标主要部分的比对,比对应当在比对对象隔离的状态下分别进行;(3)判断商标是否近似,应当考虑请求保护注册商标的显著性和知名度。根据《商标法》第28条的规定并参照上述司法解释的规定,本院认为被异议商标与引证商标近似,不符合《商标法》第28条的规定,具体理由如下:

首先,从两商标的音、形、义看。虽然被异议商标兼具文字和图形,但其文字部分"福联升"为商标的呼叫部分,起到主要的识别作用。将"福联升"与引证商标相比,二者仅首字不同,其余的"联升"两字完全相同,相关公众对两商标的称呼近似。而且,引证商标中的"联升"并非固定的词语组合。虽然再审申请人提交的证据3表明在清代存在名字中包含"联升"的自然人,以及另有其他商标或者企业名称中包含有"联升",但该自然人并非知名人物,不为相关公众所熟悉。再审申请人也没有提交证据证明在引证商标申请日之前,另有他人在鞋类商品上曾使用"联升"。因此,二审判决认定"'联升'并非固定的词语组合,而是内联升公司所独创",并无不当。

其次,从引证商标的显著性和知名度看。根据一、二审判决以及本院审查查明的事实,"内联升"系中国驰名商标,先后被认定为中华老字号、国家非物质文化遗产,荣获"中国布鞋第一家"等荣誉称号,其销售的布鞋产品在相关公众中具有极高的美誉。在引证商标具有如此高的显著性和知名度的情况下,与其构成近似商标的范围较普通商标也应更宽,同业竞争者亦相应地应具有更高的注意和避让义务。

再次,关于被异议商标的知名度和使用情况。再审申请人提交证据1、证据2、证据6,用于证明其在全国28个省、自治区、直辖市发展有若干加盟店,形成了一定的知名度。但所述证据仅能证明被异议商标在其各地的加盟店中使用,形成了一定的市场规模,但不足以证明被异议商标具有较高的知名度和显著性。在引证商标具有较高的知名度和显著性,并且被异议商标与引证商标标识近似的情况下,再审申请人提交的证据不足以证明被异议商标与引证商标形成了有效的市场区分。相关公众施以一般注意力,客观上仍然容易对引证商标和被异议商标的商品来源产生混淆误认,或者误认为被异议商标与引证商标所指代的商品存在特定联系。

最后,《民法通则》第4条规定:“民事活动应当遵循……诚实信用的原则。”本案中再审申请人与被申请人均制造、销售布鞋产品,再审申请人作为同地域的同业竞争者,理应对被申请人及其引证商标的知名度和显著性有相当程度的认识。因此,再审申请人在鞋类商品上注册、使用有关商标时,理应遵守诚实信用原则,注意合理避让而不是恶意攀附被申请人及其引证商标的知名度和良好商誉,造成相关公众混淆误认。然而,本案相关证据表明,再审申请人在注册、使用被异议商标时存在攀附被申请人与引证商标的明显恶意。其一,再审申请人提交的加盟合同书上均记载签约地点为“石家庄市广安大街美东国际C座2305”,相关联系电话的区号亦为0311,表明其实际经营地为河北省石家庄市。但再审申请人却将企业注册在北京市密云县,并将企业名称注册为与被申请人企业名称仅有一字之差的“北京福联升鞋业有限公司”。由此可见,再审申请人从商标、注册地乃至企业名称上,都有意贴近被申请人及其引证商标。其二,如前所述,引证商标中的“联升”系由被申请人首次使用在布鞋类商品上,并且构成引证商标的主要呼叫部分和识别部分。再审申请人主张其使用“联升”的原因,在于取其“联发升腾”之义。但所谓“联发升腾”既非成语,亦非汉语中的既有词汇,故再审申请人有关其选用“联升”的理由明显有悖常理。其三,再审申请人不仅无正当理由注册具有“联升”字样的被异议商标,还围绕“联升”字样,在同类商品及其他类别商品上另行申请注册10余项包含有“联升”文字的其他商标,其主观恶意愈加明显。其四,虽然被异议商标经过一定时间和范围的使用,客观上形成了一定的市场规模,但是,有关被异议商标的使用行为大多是在被异议商标申请日之后,尚未核准注册的情况下发生的。再审申请人在其大规模使用被异议商标之前,理应认识到由于被异议商标与引证商标近似,并且引证商标具有较高的知名度和显著性,故存在被异议商标不被核准注册,乃至因使用被异议商标导致侵犯引证商标注册商标权的法律风险。再审申请人未能尽到合理的注意和避让义务,仍然申请注册并大规模使用被异议商标,由此带来的不利后果理应自行承担。相反,在再审申请人作为同业竞争者明知或者应知引证商标具有较高知名度和显著性,仍然恶意申请注册、使用与之近似的被异议商标的情形下,如果仍然承认再审申请人此种行为所形成的所谓市场秩序或知名度,无异于鼓励同业竞争者违背诚实信用原则,罔顾他人合法在先权利,强行将其恶意申请的商标做大、做强。这样既不利于有效区分市场,亦不利于净化商标注册、使用环境,并终将严重损害在先商标权人的合法权益以及广大消费者的利益,违背诚实信用原则以及商标法“保护商标专用权”“维护商标信誉”“保障消费者和生产、经营者的利益”等立法宗旨。因此,再审申请人有关被异议商标经过使用,已经形成一定的市场知名度,不会导致相关公众混淆的主张,缺乏事实和法律依据,本院不予支持。

综上,福联升公司的再审申请不符合《中华人民共和国行政诉讼法》第91条之规定,本院裁定如下:

驳回北京福联升鞋业有限公司的再审申请。

审　判　长　王××
代理审判员　杜××
代理审判员　佟　×
2015年11月18日
书　记　员　刘××

办案总结

一、两家公司概况

【北京内联升鞋业有限公司】

北京内联升鞋业有限公司成立于1953年1月1日,系具百年历史的中华老字号企业,于1979年成功获得注册125412号“内联升”商标,并于2007年被商标局认定为“中国驰名商标”。2006年8月荣获中国商业联合会授予的“中国布鞋第一家”称号。

【福联升公司】

福联升公司成立于2006年9月13日,企业名称仅与内联升公司一字之差,其实际经营地为石家庄。该公司在2009年6月29日于25类“鞋”上申请注册了“福联升 FULIANSHENG及图”商标,并在该类申请注册了多个含“福联升”的商标。

二、一波三折的案件

(商评委阶段——内联升公司胜诉)

2009年6月29日,福联升公司申请“福联升 FULIANSHENG 及图”商标于第25类“鞋”等上,内联升公司提起异议申请,未获支持后申请异议复审。

商标评审委员会裁定认为,两商标构成近似商标,违反了2001年《商标法》第28条的规定。

(一审诉讼阶段——内联升公司败诉)

福联升公司不服商评委裁定,起诉至北京市某中级人民法院。某中院认为两标识存在差异,并依据《最高人民法院关于审理商标授权确权行政案件若干问题的意见》第1条认为,福联升公司对系争商标进行了长期广泛的宣传和使用,使其建立了较高市场声誉,形成了一定市场，客观上能够区分两商标，判断是否近似时，应考虑注重维护这种已经形成和稳定的市场秩序。

遂判决撤销商评委裁定，重新作出裁定。

（二审诉讼阶段及最高院再审阶段——内联升公司胜诉）

内联升公司与商评委不服某中院的判决，向北京市高级人民法院提出上诉，请求撤销初审法院的判决，维持商评委的裁定。

北京市高级人民法院认为，两商标仅首字不同，且后两个汉字是内联升公司所独创，二者具有一定的近似性。同时，“内联升”商标具有一定知名度，当二者同时使用在同一种或类似商品上时，易使相关公众产生混淆误认。遂判决撤销北京市某中级人民法院的判决，维持商评委的裁定。

后福联升公司不服北京高院的判决，向最高人民法院申请再审。

最高人民法院认同了北京市高级人民法院关于两商标构成近似的判断，并且，结合相关证据认定福联升公司存在主观恶意，从而裁定驳回再审申请。

三、具体案件具体分析

商标的知名度对商标近似判断具有一定影响。本案中，二审及再审阶段结合相关证据，法院认定了“内联升”商标的知名度，并认为，在有较高的显著性和知名度的情况下，与其近似商标的范围较普通商标也应更宽，同业竞争者亦相应地应具有更高的注意和避让义务。

法院虽认可了“福联升”商标经过一定时间和范围的使用，客观上形成了一定的市场规模，但在其具有主观恶意的前提下，如仍承认其所谓形成的市场秩序无异于鼓励同业竞争者违背诚实信用原则，将严重损害商标权人的合法权益及消费者的利益。

专家点评

本案因被异议商标申请人不服商评委裁定，起诉至法院。一审法院认为两标识存在差异，并依据《最高人民法院关于审理商标授权确权行政案件若干问题的意见》第1条认为，被异议商标申请人对系争商标进行了长期广泛的宣传和使用，使其建立了较高市场声誉，形成了一定市场，客观上能够区分两商标，判断是否近似时，应考虑注重维护这种已经形成和稳定的市场秩序。遂判决撤销商评委裁定，重新作出裁定。

引证商标权利人与商评委不服一审判决，向北京市高级人民法院（以下简称北京高院）提出上诉，北京高院在二审时采纳了引证商标权利人律师的代理意见，认为两商标仅首字不同，且后两个汉字是引证商标权利人独创，二者具有一定的近似性。同时，引证商标具有一定知名度，当二者同时使用在同一种或类似商品上时，易使相关公众产生混淆误认。遂判决撤销一审法院的判决，维持商评委的裁定。后被异议商标申请人不服北京高院的判决，向最高人民法院（以下简称最高院）申请再审。最高院认为，在被异议商标申请人作为同业竞争者明知或者应知引证商标具有较高知名度和显著性，仍然恶意申请注册、使用与之近似的被异议商标的情形下，如果仍然承认再审申请人此种行为所形成的所谓市场秩序或知名度，无异于鼓励同业竞争者违背诚实信用原则，罔顾他人合法在先权利，强行将其恶意申请的商标做大、做强。最终最高院驳回被异议商标申请人再审申请。

本案中被异议商标申请人作为同地域的同业竞争者，理应对引证商标的知名度和显著性有相当程度的认识。因此，被异议商标申请人在同类商品上注册、使用有关商标时，应当遵守诚实信用原则，注意合理避让，而不应恶意攀附引证商标的知名度和良好商誉，从而造成相关公众混淆误认。虽然被异议商标经过一定时间和范围的使用在客观上形成了一定的市场规模，但是，有关被异议商标的使用行为大多是在被异议商标申请日之后，尚未核准注册的情况下发生的。被异议商标申请人在其大规模使用被异议商标之前，理应认识到由于被异议商标与引证商标近似，并且引证商标具有较高的知名度和显著性，故存在被异议商标不被核准注册，乃至因使用被异议商标导致侵犯引证商标注册商标权的法律风险。被异议商标申请人未能尽到合理的注意和避让义务，仍然申请注册并大规模使用被异议商标，由此带来的不利后果理应自行承担。本案再一次为心存侥幸傍他人名牌的商标注册和使用行为敲响了警钟：申请注册时如存在恶意，还是存在被无效宣告的较高法律风险，会导致其投入的大规模商标使用成本打了水漂，岂非偷鸡不成蚀把米。商标的申请和使用还请遵循诚实信用的原则。

审核人、点评人：北京律师智库重大复杂案件研究专家组　秘书长　马建律师

复核人：北京律师智库重大复杂案件研究专家组组长　王峥律师

对侵害商标权的商品来源的举证责任分配原则

——深圳齐善食品有限公司诉哈尔滨南岗区齐善素食店侵害商标权纠纷

争议焦点

南岗善素食店使用有“齐善”字样的牌匾、包装袋等店招和经营被诉侵权商品，是否经齐善公司许可，是否构成商标侵权，是否有合法来源，以及如何确定责任。

关键词

商标侵权　许可　举证责任

案情简介

一、一审法院以被告哈尔滨市南岗区齐善素食店未经齐善公司许可销售被诉侵权商品且不能证明侵权商品的来源合法为由，支持齐善公司的诉讼请求

一审法院认为，涉案“齐善”“齐善食品”商标合法有效，齐善公司作为上述商标的独占许可使用人有权提起本案诉讼。被诉侵权商品“汉堡素肉碎”的瓶盖和侧面瓶贴上印有“齐善食品”商标，该商标与第 7666787 号、第 7744046 号“齐善食品”商标相同。南岗区齐善素食店未经商标注册人的许可，在类似商品上使用与案涉注册商标相同或近似的商标，容易造成相关公众的混淆、误认，属于侵犯注册商标专用权的行为。南岗区齐善素食店不能证明其销售的被诉侵权商品是来源于齐善公司或齐善公司授权生产的真实商品，也不能证明其使用行为经齐善公司许可，应承担停止侵权、赔偿损失等民事责任。一审法院判决南岗区齐善素食店停止销售侵害齐善公司商标权的商品，并赔偿经济损失 10 万元。

二、二审法院以应由齐善公司承担其购买的“汉堡素肉碎”并非该公司所生产的举证责任为由，改判驳回齐善公司的诉讼请求

该案被评为黑龙江法院2018年十大知识产权典型案例。

二审法院认为，齐善公司主张其公证购买的“汉堡素肉碎”是假冒“齐善食品”商标的商品，即应当举证证明其购买的“汉堡素肉碎”并非该公司所生产，与该公司生产的同类产品存在显著区别。但齐善公司并未举证证明其公证购买的“汉堡素肉碎”是否为该公司生产，也不能说明该“汉保素肉碎”与正品的区别，应承担举证不能的法律后果。一审判决仅以南岗区齐善素食店销售的“汉保素肉碎”瓶盖和侧面瓶贴上印有“齐善食品”商标为由，即认定南岗区齐善素食店侵犯了齐善公司的注册商标专用权，缺乏事实与法律依据，予以纠正。二审法院改判驳回了齐善公司的诉讼请求。

三、最高人民法院明确齐善公司已经完成应尽的侵权举证义务，并裁定指令二审法院再审本案

最高人民法院认为，齐善公司主张“汉堡素肉碎”是假冒“齐善食品”商标的食品，且已提出证据证明该商品系从齐善素食店购买的证据，已经尽到了应尽的举证义务，原审法院要求原告举证证明其购买的“汉堡素肉碎”并非该公司所生产的举证责任的做法不正确，理应由被告举证。二审判决认为应当由深圳齐善公司举证证明其从南岗齐善素食店公证购买的“汉堡素肉碎”并非该公司所生产，与该公司生产的同类产品存在显著区别，举证责任分配有所不当。二审法院应进一步查明南岗齐善素食店销售的标注有“齐善”的商品是否为其购入的合法商品，进而对是否构成侵权以及侵权责任作出认定。

最高人民法院据此指令二审法院再审本案。

案件历程

【一审判决书】

哈尔滨市中级人民法院
民事判决书

(2018)黑0×民初3×5号

原告：深圳齐善食品有限公司，住所地：深圳市宝安区沙井街道和一第一工业区第4栋。

法定代表人：谢某源，总经理。

委托诉讼代理人：孔丽芳，女，1981年2月8日生，汉族，该公司法务职员，住山东省阳谷县。

委托诉讼代理人：蔡××，北京市×××律师事务所律师。

被告：哈尔滨市南岗区齐善素食店，经营场所：黑龙江省哈尔滨市南岗区东大直街副44号1层。

经营者：张宏，男，1969年1月2日生，汉族，户籍地哈尔滨市。

委托诉讼代理人：张××，女，1990年5月8日生，汉族，户籍地哈尔滨市南岗区。

委托诉讼代理人：张×，北京市××律师事务所律师。

原告深圳齐善食品有限公司（以下简称齐善公司）与被告哈尔滨市南岗区齐善素食店（以下简称南岗齐善素食店）侵害商标权纠纷一案，本院于2018年4月2日受理后，依法适用普通程序，公开开庭进行了审理。原告齐善公司委托诉讼代理人孔某芳、蔡××到庭参加诉讼，被告南岗齐善素食店经营者张宏及其委托诉讼代理人张××、张春到庭参加诉讼。本案现已审理终结。

齐善公司向本院提出诉讼请求：(1)南岗齐善素食店立即停止生产、销售并销毁假冒“齐善”标识的侵犯齐善公司商标专用权的商品；(2)南岗齐善素食店立即停止在门楣、销售票据、购物袋上使用并销毁标有“齐善”标识的侵犯齐善公司商标专用权的标识；(3)南岗齐善素食店赔偿齐善公司经济损失及合理费用30万元。事实理由如下：齐善公司系第1313980号和第1353852号“齐善”商标、第7666787号、第7738303号和第7744046号的“齐善食品”商标专用权人，该商标经过多年宣传推广使用广为相关公众知晓，有较高知名度。南岗齐善素食店销售标有“齐善”标识的商品侵犯了齐善公司商标专用权。同时南岗齐善素食店在门楣、销售票据、购物袋生产销售标有“齐善”标识商品的行为，侵犯了齐善公司商标专用权。南岗齐善素食店作为同行业经营者，在替他人推销与齐善公司经营范围相同的素食产品时，未经齐善公司许可，在门楣、销售票据、购物袋上使用“齐善”标识，侵犯了齐善公司商标专用权。南岗齐善素食店侵权行为是故意实施的行为，恶意性明显，应当依法承担赔偿法律责任。

南岗齐善素食店辩称：齐善公司的各项诉讼请求均不成立，应全部驳回。南岗齐善素食店的部分标识虽与齐善公司商标相同，然而南岗齐善素食店的行为是齐善公司长期以来完全授权、认可的，是南岗齐善素食店与齐善公司长期以来的合作内容之一。虽然齐善公司在羽翼丰满后可以过河拆桥，可以终止与南岗齐善素食店的合作，可以终止南岗齐善素食店与齐善公司商标相同标识的使用，但这并不意味着南岗齐善素食店的使用行为是侵权行为。齐善公司长期以来鼓励、认可南岗齐善素食店与其商标相同标识的使用，特别在齐善公司初创时期通过南岗齐善素食店等全国各地类似的100多个店，对齐善公司的商标、产品大力推广，对齐善公司知名度的提高作出了历史性的贡献。齐善公司基本上不耗费自己的资源，借助南岗齐善素食店等100多个店面的力量，实现了自己市场上的扩张。在实际20年左右的一直合作过程中，齐善公司一直没有指责南岗齐善素食店及其负责人张宏有所谓的侵权行为，但是在齐善公司羽翼丰满之后，南岗齐善素食店的行为居然变成了侵权行为。齐善公司在全国各地提起的各个侵权诉讼，其中南岗齐善素食店的诉讼相当特殊。齐善公司名义下的被齐善公司当作“齐善公司分公司”的全国100多个与南岗齐善素食店类似的专卖店，只有南岗齐善素食店遭到了起诉。在全国各地的侵权诉讼中，之所以说南岗齐善素食店的被起诉是独特的，是因为南岗齐善素食店不同于任何其他的被告。其他的被告可以说是齐善公司在市场上名声鹊起后通过侵权行为，与齐善公司争夺市场份额，他们与齐善公司成长、奋斗的历史风马牛不相及，没有为齐善公司作出过任何的一点点贡献。而南岗齐善素食店不同。南岗齐善素食店同全国100多家的均以“齐善”命名的店面，均被纳入齐善公司的旗下，是齐善公司在全国范围内的专卖店之一，是齐善公司在各地市场中引以自豪的重要成员之一（齐善公司的认识也是如此）。公正是法律的基本目标和价值判断之一。且人民法院依法查明事实，对南岗齐善素食居之齐善公司的关系进行恰当的法律评价，准确适用法律。南岗齐善素食店在此声明，鉴于齐善公司正式改变了以往与南岗齐善素食店的合作模式，不再把南岗齐善素食店及其负责人张宏看作是自己的旗下的一员，即把南岗齐善素食店踢出局，那么，南岗齐善素食店从此以后将与齐善公司各自遵循《商标法》《反不正当竞争法》等保护市场秩序的法律规定，恪守边界。未来任何一方若有侵权行为发生，依法担责。

本院经审理，认定如下事实：1993年4月30日，齐善公司成立，经营范围：经营电子商务、进出口及相关配套业务、软包装即食面筋制品、纯素味酱、纯素冷冻点心、豆类制品、人造大豆蛋白及制品等其他食品的生产与销售；魔芋制品的生产与销售；方便面、糕点的批发；预包装食品的批发和销售；食品销售。

1999年9月14日，齐善公司获准注册第1313980号“齐善”商标，核定使用商品第29类：水果罐头，蔬菜罐头，腌制蔬菜，蔬菜汤料，速冻方便菜肴，酱菜，腐乳，甜果冻，食物蛋白，魔芋蛋白。注册有效期自1999年9月4日至2009年9月13日，后续展至2019年9月13日。

2000年1月14日，齐善公司核准注册第1353852号“齐善”商标，核定使用商品第30类：饺子，方便面，酱油（调味品），酱菜（调味品），味精，注册有效期续展至2020年1月13日。

2010年12月14日，豪亿国际有限公司获准注册第7666787号“齐善食品”商标，核定使用商品为第29类：蔬菜罐头，蔬菜汤料，食用菜籽油，干食用菌，食物蛋白，速冻方便菜肴，酱菜，食品用胶，食物蛋白，腐竹。注册有效期至2020年12月13日。

2011年1月14日，豪亿国际有限公司获准注册第7738303号“齐善食品”商标，核定服务项目第35类：广告传播，样品散发，广告，商业管理辅助，工商管理辅助，商业管理咨询(顾问)，特许经营的商业管理，进出口代理，替他人推销。注册有效期至2020年12月13日。

2011年11月7日，豪亿国际有限公司获准注册第7744046号“齐善食品”(该商标下方的英文为“Whole Perfect Food”)商标，核定使用商品第30类：可可，茶，糖，糖果，蜂蜜，糕点，方便米饭，谷类制品，方便面，米果，食用面筋，魔芋粉，冰淇淋，食盐，调味酱油，调味料，酵母，食用芳香剂，家用嫩肉剂。注册有效期至2021年11月6日。

2013年8月20日，经国家商标局核准，上述5个注册商标均转让给深圳和之善投资有限公司(以下简称和之善公司)。

2015年3月17日，和之善公司与齐善公司签订《商标使用许可合同》，主要内容为：和之善公司将其第1313980号“齐善”、第1353852号“齐善”、第7666787号“齐善食品”、第7738303号“齐善食品”、第7744046号“齐善食品”商标许可齐善公司使用在核定服务项目上，许可使用期限自2015年3月31日起至2020年3月30日止；许可使用形式为独占许可；未经和之善公司授权，齐善公司不得以任何形式和理由将商标许可第三方使用；在他人实施假冒上述注册商标、侵犯上述注册商标等商标侵权行为的情况下，齐善公司可以单独以自己名义向任何第三方主张权利等。

1998年5月和8月，《深圳特区报》《经济导报》《质量时报》《大河报》《信息时报》，都对齐善公司的素食进行了报道。1998年11月8日，《中国食品资讯》以《二十一世纪健康食品》为题对齐善公司进行了深度报道；1998年8月27日，《质量时报》以《素食：开辟饮食新领域》为题通过对齐善公司董事长余昭德的访谈对齐善公司的齐善食品进行了宣传报道；1998年9月16日，《当代营销》以《21世纪健康食品》为题对其上市的齐善公司的齐善食品进行了报道；1998年12月17日，《沿海新闻报》以《健康素食在港城》为题对齐善公司的齐善食品进行了报道；1999年4月29日，《企业市场报》以《“齐善”素食探秘》为题，对齐善公司的齐善素食进行了宣传报道；1999年8月，《北京纪事》以《为自己营造健康与美味》为题，对齐善公司及其素食产品进行了报道；1999年8月3日，天津《农工商时报》在B2版以《21世纪健康走向》为题，对齐善公司的齐善食品进行了报道；1999年8月5日，浙江《温岭报》以《健康素食，引导饮食新潮流》为题，对齐善公司的齐善素食进行了宣传报道；2005年，齐善公司创刊国际标准刊号为1992—6839的《健康与素食》杂志对素食及齐善素食产品进行了大量报道和宣传；2007年2月11日，唐山电视台《唐山话题》栏目录制《齐善专题》，对齐善公司的齐善食品进行了报道。同月，齐善公司的齐善食品被“市场调查网”在《中国质量万里行》栏目中评为知名企业上榜品牌；2007年5月14日，《温州商报》以《市民餐桌渐兴素食》对齐善公司的齐善食品作报道；2007年5月20日，唐山电视台《马太太持家》电视栏目中对齐善公司的齐善食品作报道。2009年9月5日，福建电视台录制的“我行我素”的节目,对齐善公司的齐善素食进行报道。2010 年 9 月 30 日,江苏省广电总台特派出摄制组对齐善公司江苏省销售中心进行全方位专题报道,在江苏城市频道《午间特快》节目播出。2013 年 9 月刊的《四川烹饪》以《仿荤素食篇》对素食进行了详细介绍,并标明菜品提供方为齐善公司。另外,齐善公司为推广素食理念,宣扬素食文化,提升齐善公司齐善素食的知名度进行了如下活动:2012 年,应湖南怀化市旅游局、宗教局邀请,参与承办了 2012 年 10 月 28 日开幕的怀化第一届素食民俗旅游文化节;2012 年 10 月 19—22 日,参加了第七届中国厦门国际佛事用品展览会;参加“深圳首届公益金百万行”活动;为“深圳祈福钟慈善晚会”提供晚宴;参加“厦门国际素食展”;参加国际佛事用品展;举办齐善素食新品发布会;在上海、北京、江苏、山东等地庙宇进行供斋等活动,用齐善素食做出的“佛跳墙”,还在“栖霞素斋美食节”上获得“最佳创新素食奖”。

南岗齐善素食店举示的营业执照显示:南岗齐善素食店,注册号 230103601125048;类型个体工商户;经营者:张宏;注册日期 2015 年 3 月 18 日;核准日期 2015 年 3 月 17 日;经营范围:批发零售:预包装食品。南岗齐善素食店举示的《会议记录》显示:“以李秀华为负责人的南岗齐善素食店于 2011 年 4 月 15 日办理了注销登记。”齐善公司举示 2018 年 7 月 4 日查询国家企业信用信息公示系统企业信用信息公示报告显示:南岗齐善素食店,注册号 230103600144943;类型个体工商户;经营者:李秀华;注册日期 2005 年 10 月 25 日;核准日期 2015 年 3 月 17 日;登记状态注销。经营范围:经销:预包装食品。

2017 年 9 月 13 日,和之善公司委托代理人向哈尔滨市香坊公证处申请保全证据公证,公证人员于 2017 年 9 月 14 日在哈尔滨市南岗区夫大直街副 44 号“齐善素食”店铺购买外包装标有齐善食品汉堡素肉碎、“素香缘”珍珠素肉碎、“素香缘”家常素燕丸、“众素”俄式风味素烤串、“尚德威”风味素香柳 5 件食品,标有“齐善素食”购物袋一个,合计人民币 31.3 元,获得齐善素食购物小票一张。公证员对店铺内部、外观进行拍照,对购买的物品进行拍照并封存,并制作(2017)黑哈香证内经字第 487 号公证书。公证书所附照片显示店铺门楣的牌匾上有“齐善素食”四个大字,封存实物包装盒上贴有哈尔滨市香坊公证处封条及公章,日期为 2017 年 9 月 14 日,侧面标有“(2017)黑哈香证正内经字第 487 号公证书封存的物品”字样。当庭拆封封存实物,包装箱内有一个塑料包装袋,袋上两面正中均印有齐善素食 4 个大字标识,大字下方有“Whole Perfect Food”标识,“齐善素食”和其下方的“Whole Perfect Food”以橙色为底构成一个整体标识。下方印有:地址:哈尔滨市南岗区东大直街副 44 号。塑料包装袋内有齐善汉堡素肉碎、珍珠素肉碎各一瓶,俄式风味素烤串、风味素柳、家常素燕丸各一袋和“齐善素食”购物小票一张,金额 31.3 元。其中齐善汉堡素肉碎的瓶盖和侧面瓶贴上均印有“齐善食品 Whole Perfect Food”商标、生产商“深圳齐善食品有限公司”。

2017年8月15日，北京市×××律师事务所为齐善公司出具《山东增值税专用发票》1张，金额为4万元。9月14日，黑龙江省哈尔滨市香坊公证处为齐善公司出具《黑龙江省增值税普通发票》一张，金额为3010元。

南岗齐善素食店陈述：南岗齐善素食店于2005年10月25日有一个营业执照，字号名称和现在一样，经营者是张宏，由张宏和张宏前妻李秀华共同经营。2006年8月，李秀华把那个营业执照注销了。2006年10月，张宏和李秀华离婚。李秀华把原营业执照注销后，又成立了一个同名的齐善素食店，经营者是李秀华。之后在2011年张宏又经工商局把经营者是李秀华的工商执照注销了。2015年3月18日，又重新恢复成张宏的名。被诉侵权商品是从标识的厂家进的货。齐善酱料（齐善汉堡肉碎）来源于哈尔滨市南岗区素百味食品经销部，哈尔滨市南岗区上品缘贸易商行。南岗齐善素食店举示了2018年5月14日，哈尔滨市南岗区素百味食品经销部出具的收款收据1张，规格品名为“三杯鸡”“汉堡肉碎”，和2017年7月11日哈尔滨市南岗区上品缘贸易商行的“素食肉碎（齐善）”单据复印件1张，以证明被诉侵权商品的来源。

齐善公司陈述：2015年3月18日之前，齐善公司确实与同样名称为“齐善素食店”的经营机构进行过合作。现“齐善素食店”营业执照注册号与原“齐善素食店”的注册号不同，不是一个主体。李秀华经营的原“齐善素食店”于2015年3月17日注销。张宏经营的南岗齐善素食店注册成立以来，其身份为另一素食品牌素香缘食品代理商，其明知齐善公司与素香缘品牌在上海有商标侵权纠纷，仍为素香缘品牌侵权提供便利，在门楣、销售票据、购物袋上使用“齐善”标识，销售“素香缘”等素食商品，欺骗广大消费者，称“素香缘”为“齐善”系列品牌，生产假冒“齐善”商品在店内搭配混售，宣扬齐善公司的产品质量较差，已快破产等信息，严重破坏了齐善公司已形成的优良市场资源和商誉，其销售标有“齐善”标识商品的行为严重侵犯了和之善公司第1313980号和第1353852号“齐善”商标和第7666787号、第7744046号“齐善食品”商标专用权和齐善公司的独占许可使用权。请求法院按照法律规定，酌定赔偿数额。

以上事实有第1313980号、第1353852号、第7666787号、第7738303号、第7744046号“齐善食品”号商标注册证，《核准商标转让证明》《商标使用许可合同》、黑龙江省哈尔滨市香坊公证处（2017）黑哈香证内经字第487号公证书及封存被诉侵权商品实物、《企业信用信息公示报告》，以及双方当事人陈述等证据在案证实。

本院认为：和之善公司的第1313980号“齐善”、第1353852号“齐善”、第7666787号“齐善食品”、第7738303号“齐善食品”、第7744046号“齐善食品”注册商标合法有效，受法律保护。和之善公司授权齐善公司独占许可使用上述商标，并可以单独以齐善公司名义向任何第三方主张权利亦有效。南岗齐善素食店对上述注册商标权和齐善公司主张本案权利无异议，对南岗齐善素食店销售被诉侵权产品，并且使用带有“齐善”字样的牌匾等店招也无异议。本案争议的焦点是：南岗齐善素食店使用有“齐善”字样的牌匾、包装袋等店招和经营被诉侵权商品是否经齐善公司许可，是否构成商标侵权，是否有合法来源，以及如何确定责任。

《商标法》(2013 年修正)第 57 条规定：“有下列行为之一的，均属侵犯注册商标专用权：(一)未经商标注册人的许可，在同一种商品上使用与其注册商标相同的商标的；(二)未经商标注册人的许可，在同一种商品上使用与其注册商标近似的商标，或者在类似商品上使用与其注册商标近似的商标，容易导致混淆的；(三)销售侵犯注册商标专用权的商品的……”《最高人民法院关于审理商标民事纠纷案件适用法律若干问题的解释》(法释〔2002〕32 号)第 8 条规定：“商标法所称相关公众，是指与商标所标识的某类商品或者服务有关的消费者和与前述商品或者服务的营销有密切关系的其他经营者。”第 9 条规定：“商标法第五十二条第(一)项规定的商标相同，是指被控侵权的商标与原告的注册商标相比较，二者在视觉上基本无差别。”第 11 条规定：“商标法第五十二条第(一)项规定的类似商品，是指在功能、用途、生产部门、销售渠道、消费对象等方面相同，或者相关公众一般认为其存在特定联系、容易造成混淆的商品。”《商标法实施条例》第 76 条规定：“在同一种商品或者类似商品上将与他人注册商标相同或者近似的标志作为商品名称或者商品装潢使用，误导公众的，属于商标法第五十七条第(二)项规定的侵犯注册商标专用权的行为。”南岗齐善素食店销售的被诉侵权商品汉堡素肉碎与涉案第 1313980 号、第 7666787 号、第 1353852 号、第 7744046 号注册商标核定使用的商品属类似商品。在被诉侵权商品“汉堡素肉碎”的瓶盖和侧面瓶贴上印有“齐善食品 Whole Perfect Food”商标，该商标与第 7666787 号、第 7744046 号“齐善食品 Whole Perfect Food”商标相同。南岗齐善素食店在其购物袋上使用的“齐善素食 Whole Perfect Food”(上下排列)标识及在牌匾及购物收据上使用的“齐善素食”标识与涉案第 7666787 号、第 7744046 号“齐善食品 Whole Perfect Food”商标，第 1313980 号、第 1353852 号“齐善”商标相比较，南岗齐善素食店所使用的“齐善素食 Whole Perfect Food”(上下排列)标识与“齐善素食”标识均含有“齐善”文字，与涉案注册商标中的“齐善”二字相比，二者读音相同，字形基本一致；南岗齐善素食店所使用的“齐善素食 Whole Perfect Food”(上下排列)标识与涉案第 7666787 号、第 7744046 号“齐善食品 Whole Perfect Food”商标都显著使用了“齐善”文字，英文部分相同，且二者均为上下结构排列，整体视觉效果相似。综上，南岗齐善素食店使用的“齐善素食 Whole Perfect Food”(上下排列)标识和“齐善素食”标识与涉案注册商标相比较，易使相关公众产生混淆，二者构成近似。南岗齐善素食店与齐善公司均主要经营素食，二者的主营产品、消费对象相同，南岗齐善素食店未经商标注册人的许可，在类似商品上使用与涉案注册商标相同或近似的商标，容易造成消费者以及与齐善公司的商品营销有密切关系的其他经营者的混淆、误认，属于商标法第57条第2项规定的侵犯注册商标专用权的行为。综上，南岗齐善素食店应对其侵犯注册商标专用权的行为承担相应的法律责任。

《侵权责任法》第15条第1款规定：承担侵权责任的方式主要有：(1)停止侵害；……(6)赔偿损失。《最高人民法院关于审理商标民事纠纷案件适用法律若干问题的解释》(法释〔2002〕32号)第21条第1款规定："人民法院在审理侵犯注册商标专用权纠纷案件中，依据民法通则第一百三十四条、商标法第五十三条的规定和案件具体情况，可以判决侵权人承担停止侵害、排除妨碍、消除危险、赔偿损失、消除影响等民事责任。"《商标法》第64条第2款规定："销售不知道是侵犯注册商标专用权的商品，能证明该商品是自己合法取得并说明提供者的，不承担赔偿责任。"南岗齐善素食店辩称其与齐善公司系合作关系，但其不能举示任何合同或者齐善公司授权的证明文件。南岗齐善素食店举示的证据，均不能证明2015年3月18日南岗齐善素食店重新注册之后，经齐善公司或者和之善公司许可，经营被诉侵权商品。关于被诉侵权商品的来源，南岗齐善素食店自认不是在齐善公司进货，其主张该商品系于2018年5月14日在哈尔滨市南岗区素百味食品经销部购买，与2017年9月13日公证保全购买的时间不相符。南岗齐善素食店负有诚信经营、销售真实商品的义务。南岗齐善素食店不能证明其销售的被诉侵权商品是源于齐善公司或齐善公司授权生产的真实商品，也不能证明齐善公司许可其在同一种商品上，将与涉案注册商标相同或者近似的标志作为商品名称或者商品装潢使用，侵害了涉案注册商标专用权，应承担停止侵权、赔偿损失等民事责任。

《商标法》(2013年修正)第63条第1款规定，"侵犯注册商标专用权的赔偿数额，按照权利人因被侵权所受到的实际损失确定；实际损失难以确定的，可以按照侵权人因侵权所获得的利益确定；权利人的损失或者侵权人获得的利益难以确定的，参照该商标许可使用费的倍数合理确定。对恶意侵犯商标专用权，情节严重的，可以在按照上述方法确定数额的一倍以上三倍以下确定赔偿数额。赔偿数额应当包括权利人为制止侵权行为所支付的合理开支"；第63条第3款规定，"权利人因被侵权所受到的实际损失、侵权人因侵权所获得的益、注册商标许可使用费难以确定的，由人民法院根据侵权行为的情节判决给予三百万元以下的赔偿"。《最高人民法院关于审理商标民事纠纷案件适用法律若干问题的解释》第16条规定，"侵权人因侵权所获得的利益或者被侵权人因被侵权所受到的损失均难以确定的，人民法院可以根据当事人的请求或者依职权适用商标法第五十六条第二款的规定确定赔偿数额。人民法院在确定赔偿数额时，应当考虑侵权行为的性质、期间、后果，商标的声誉，商标使用许可费的数额，商标使用许可的种类、时间、范围及制止侵权行为的合理开支等因素综合确定”;第17条规定:“商标法第五十六条第一款规定的制止侵权行为所支付的合理开支,包括权利人或者委托代理人对侵权行为进行调查、取证的合理费用。人民法院根据当事人的诉讼请求和案件具体情况,可以将符合国家有关部门规定的律师费用计算在赔偿范围内。”由于南岗齐善素食店因侵权所得利益和齐善公司因被侵权所受损失及注册商标许可使用费均难以确定,故应在法定赔偿范围内根据本案的具体情况判定南岗齐善素食店的赔偿数额。考虑南岗齐善素食店的经营规模、经营地域、企业性质、经营时间,考虑南岗齐善素食店侵权行为的性质、后果、主观过错,考虑涉案注册商标及齐善公司的声誉及知名度,考虑齐善公司为制止侵权所支付公证费等因素,综合判定南岗齐善素食店的赔偿数额。齐善公司请求赔偿数额过高,对其不符合本案实际情况不合理部分不予支持。

综上所述,齐善公司的诉讼请求部分成立,对其成立部分予以支持。依据《商标法》第57条、第63条,《商标法实施条例》第76条,《最高人民法院关于审理商标民事纠纷案件适用法律若干问题的解释》第8条、第9条、第11条、第16条、第17条、第21条,《侵权责任法》第15条的规定,判决如下:

一、哈尔滨市南岗区齐善素食店于判决生效之日起停止销售侵害深圳齐善食品有限公司涉案第1313980号“齐善”、第1353852号“齐善”、第7666787号“齐善食品”、第7744046号“齐善食品”商标专用权的商品;

二、哈尔滨市南岗区齐善素食店于判决生效之日起停止在门楣、销售票据、购物袋上使用带有“齐善”字样的标识;

三、哈尔滨市南岗区齐善素食店赔偿深圳齐善食品有限公司经济损失及为制止侵权所支付的合理开支合计10万元,于判决生效之日起10日内付清。

如果未按本判决指定的期限履行给付金钱义务,应当依照《中华人民共和国民事诉讼法》第253条之规定,加倍支付迟延履行期间的债务利息。

案件受理费5800元,由哈尔滨市南岗区齐善素食店负担2000元,由深圳齐善食品有限公司负担3800元。

如不服本判决,可在判决书送达之日起15日内,向本院递交上诉状,并按对方当事人的人数提出副本,上诉于黑龙江省高级人民法院。

审判长　×××

审判员　×××

审判员　×××

2018年8月10日

书记员　×××

【二审判决书】

黑龙江省高级人民法院
民事判决书

(2018)黑民终×××号

上诉人(原审原告):深圳齐善食品有限公司,住所地:深圳市宝安区沙井街道和一第一工业区第4栋。

法定代表人:谢某源,该公司总经理。

委托诉讼代理人:孔丽芳,该公司法务职员。

委托诉讼代理人:蔡××,北京市×××律师事务所律师。

上诉人(原审被告):哈尔滨市南岗区齐善素食店,经营场所:黑龙江省哈尔滨市。

经营者:张宏,男,1969年1月2日出生,汉族,现住黑龙江省哈尔滨市。

委托诉讼代理人:张××,女,1990年5月8日出生,回族,张宏妻子,住黑龙江省哈尔滨市。

委托诉讼代理人:薛×,黑龙江××律师事务所律师。

上诉人深圳齐善食品有限公司(以下简称齐善公司)因与上诉人哈尔滨市南岗区齐善素食店(以下简称南岗齐善素食店)侵害商标权纠纷一案,不服哈尔滨市中级人民法院于2018年8月10日作出的(2018)黑0×民初3×5号民事判决,向本院提起上诉。本院于2018年11月8日立案后,依法组成合议庭,公开开庭进行了审理。上诉人齐善公司的委托诉讼代理人蔡××,上诉人南岗齐善素食店经营者张宏及其委托诉讼代理人张××、薛×到庭参加诉讼。本案现已审理终结。

齐善公司的上诉请求:请求变更原审判决第三项为南岗齐善素食店赔偿齐善公司经济损失及为制止侵权支付的合理费用30万元。事实和理由:(1)"齐善"及"齐善食品"商标自20世纪90年代开始使用,90年代末进行注册,经齐善公司多年经营、致力宣传,使"齐善"及"齐善食品"商标在全国范围内的素食界具备很高知名度。因此,从"齐善""齐善食品"商标的历史及知名度看,一审判决的赔偿数额过低。(2)南岗齐善素食店恶意侵权,张宏是"素香缘"品牌的哈尔滨地区总代理,其在经营中对"齐善"品牌恶意诋毁和中伤,严重损害了"齐善"食品的商誉。张宏借助李秀华经销10余年积累的齐善素食消费群体,虚假宣传,生产假冒齐善公司畅销款"汉堡素肉碎",且擅自销售带有"齐善"标识的商品,并在门楣、销售票据、购物袋上使用案涉商标,足以使一般消费者认为其销售的商品与齐善公司有关,混淆商品来源,损害消费者合法权益。在当地影响极其恶劣,对案涉商标的声誉造成极大的负面影响,给齐善公司造成巨大经济损失。(3)南岗齐善素食店侵犯齐善公司多个商标的商标权利,侵权赔偿数额应当按照多个商标计算,且齐善公司远在深圳,维权难度较大,差旅费用较高,仅律师代理费就4万元,而一审法院对于侵犯多个商标权的赔偿数额加上制止侵权的合理费用总计10万元,数额明显偏低,应提高赔偿数额。

南岗齐善素食店辩称,齐善公司成立时,没有任何市场知名度,因齐善公司的创始人于丙堂与张宏的母亲是佛友,二人愿意共同开创素食事业,于是张宏辞去工作,在东三省进行齐善素食产品的推广销售工作。正是由于像张宏这样数百名经销商夜以继日地为齐善公司开拓市场,齐善公司才得以取得现有声誉。齐善公司与张宏一直保持着近20年的合作关系,张宏销售齐善食品不存在侵权问题,更谈不上赔偿问题。此外,齐善公司关于南岗齐善素食店恶意中伤齐善品牌等主张,均没有提交证据证明。故齐善公司的上诉请求不能成立,请求二审法院予以驳回。

南岗齐善素食店的上诉请求:撤销一审判决,改判驳回齐善公司的诉讼请求,一、二审诉讼费用由齐善公司负担。事实与理由:(1)南岗齐善素食店于2005年10月25日成立后一直以该主体从事民事活动,经营者始终是张宏,经营场所未发生改变。哈尔滨市南岗区人民法院(以下简称南岗区法院)(2008)南民一初字第524号民事判决书和黑龙江省高级人民法院(以下简称黑龙江省法院)(2013)黑监民再字第25号民事判决书在离婚财产处分上均判决南岗齐善素食店归张宏所有。根据黑龙江省普利斯司法鉴定中心作出的(2013)普鉴字第118号司法鉴定报告书的检验结果及哈尔滨市工商行政管理局南岗分局(以下简称南岗工商局)2013年12月24日会议纪要,能够证实南岗齐善素食店从2005年10月25日成立至今只有一家。(2)南岗齐善素食店与齐善公司合作近20年,齐善公司从未通知解除合作关系,南岗齐善素食店不存在侵权。从齐善公司刊物《齐善食谱》所使用的照片及齐善公司的出货单、物流运输单等,能够形成完整的证据链条,证实齐善公司与南岗齐善素食店存在多年的合作关系。(3)一审判决无法执行。一审判决第二项为南岗齐善素食店停止在门楣、销售票据、购物袋上使用带有"齐善"字样的标识。然而,南岗工商局颁发的营业执照确定了南岗齐善素食店名称的合法性和正当使用性。在司法机关尚未确定该营业执照非法的前提下,南岗齐善素食店有权使用"齐善"商号,同时依法享受该商号的使用权。

齐善公司辩称:(1)南岗齐善素食店所述恰恰证明自2006年8月至2015年3月南岗齐善素食店的实际经营者并非张宏,而是李秀华,本案中的南岗齐善素食店与2015年之前的南岗齐善素食店不是同一主体。齐善公司从未许可南岗齐善素食店销售齐善食品,双方之间不存在销售代理关系,齐善公司没有通知解除合同的义务。(2)根据《最高人民法院关于审理商标民事纠纷案件适用法律若干问题的解释》(法释〔2002〕32号)第1条第2项的规定,将与他人商标相同或近似的文字作为企业的字号,在相同或类似商品上突出使用,容易使相关公众产生误认的构成商标侵权,齐善公司的齐善商标注册使用类别涵盖了各类素食商品及第35类，按照上述规定，南岗齐善素食店构成商标侵权，不存在一审判决无法执行的问题。

齐善公司向一审法院起诉请求：(1)南岗齐善素食店立即停止生产、销售并销毁假冒“齐善”标识的侵犯齐善公司商标专用权的商品；(2)南岗齐善素食店立即停止在门楣、销售票据、购物袋上使用并销毁标有“齐善”标识的侵犯齐善公司商标专用权的标识；(3)南岗齐善素食店赔偿齐善公司经济损失及合理费用30万元。

一审法院认定事实：1993年4月30日，齐善公司成立，经营范围：经营电子商务、进出口及相关配套业务、软包装即食面筋制品、纯素味酱、纯素冷冻点心、豆类制品、人造大豆蛋白及制品等其他食品的生产与销售；魔芋制品的生产与销售；方便面、糕点的批发；预包装食品的批发和销售；食品销售。

1999年9月14日，齐善公司获准注册第1313980号“齐善”商标，核定使用商品第29类：水果罐头，蔬菜罐头，腌制蔬菜，蔬菜汤料，速冻方便菜肴，酱菜，腐乳，甜果冻，食物蛋白，魔芋蛋白。注册有效期自1999年9月4日至2009年9月13日，后续展至2019年9月13日。

2000年1月14日，齐善公司核准注册第1353852号“齐善”商标，核定使用商品第30类：饺子，方便面，酱油(调味品)，酱菜(调味品)，味精，注册有效期续展至2020年1月13日。

2010年12月14日，豪亿国际有限公司获准注册第7666787号“齐善食品”商标，核定使用商品为第29类：蔬菜罐头，蔬菜汤料，食用菜籽油，干食用菌，食物蛋白，速冻方便菜肴，酱菜，食品用胶，食物蛋白，腐竹。注册有效期至2020年12月13日。

2011年1月14日，豪亿国际有限公司获准注册第7738303号“齐善食品”商标，核定服务项目第35类：广告传播，样品散发，广告，商业管理辅助，工商管理辅助，商业管理咨询(顾问)，特许经营的商业管理，进出口代理，替他人推销。注册有效期至2020年12月13日。

2011年11月7日，豪亿国际有限公司获准注册第7744046号“齐善食品”(该商标下方的英文为“Whole Perfect Food”)商标，核定使用商品第30类：可可，茶，糖，糖果，蜂蜜，糕点，方便米饭，谷类制品，方便面，米果，食用面筋，魔芋粉，冰淇淋，食盐，调味酱油，调味料，酵母，食用芳香剂，家用嫩肉剂。注册有效期至2021年11月6日。

2013年8月20日，经国家商标局核准，上述5个注册商标均转让给深圳和之善投资有限公司(以下简称和之善公司)。

2015年3月17日，和之善公司与齐善公司签订《商标使用许可合同》，主要内容为：和之善公司将其第1313980号“齐善”、第1353852号“齐善”、第7666787号“齐善食品”、第7738303号“齐善食品”、第7744046号“齐善食品”商标许可齐善公司使用在核定服务项目上,许可使用期限自2015年3月31日起至2020年3月30日止;许可使用形式为独占许可;未经和之善公司授权,齐善公司不得以任何形式和理由将商标许可第三方使用;在他人实施假冒上述注册商标、侵犯上述注册商标等商标侵权行为的情况下,齐善公司可以单独以自己名义向任何第三方主张权利等。

1998年5月和8月,《深圳特区报》《经济导报》《质量时报》《大河报》《信息时报》,都对齐善公司的素食进行了报道。1998年11月8日,《中国食品资讯》以《二十一世纪健康食品》为题对齐善公司进行了深度报道;1998年8月27日,《质量时报》以《素食:开辟饮食新领域》为题通过对齐善公司董事长余昭德的访谈对齐善公司的齐善食品进行了宣传报道;1998年9月16日,《当代营销》以《21世纪健康食品》为题对其上市的齐善公司的齐善食品进行了报道;1998年12月17日,《沿海新闻报》以《健康素食在港城》为题对齐善公司的齐善食品进行了报道;1999年4月29日,《企业市场报》以《"齐善"素食探秘》为题,对齐善公司的齐善素食进行了宣传报道;1999年8月,《北京纪事》以《为自己营造健康与美味》为题,对齐善公司及其素食产品进行了报道;1999年8月3日,天津《农工商时报》在B2版以《21世纪健康走向》为题,对齐善公司的齐善食品进行了报道;1999年8月5日,浙江《温岭报》以《健康素食,引导饮食新潮流》为题,对齐善公司的齐善素食进行了宣传报导;2005年,齐善公司创刊国际标准刊号为1992-6839的《健康与素食》杂志对素食及齐善素食产品进行了大量报导和宣传;2007年2月11日,唐山电视台《唐山话题》栏目录制《齐善专题》,对齐善公司的齐善食品进行了报道。同月,齐善公司的齐善食品被"市场调查网"在《中国质量万里行》栏目中评为知名企业上榜品牌;2007年5月14日,《温州商报》以《市民餐桌渐兴素食》对齐善公司的齐善食品作报道;2007年5月20日,唐山电视台《马太太持家》电视栏目中对齐善公司的齐善食品作报道。2009年9月5日,福建电视台录制的"我行我素"的节目,对齐善公司的齐善素食进行报道。2010年9月30日,江苏省广电总台特派出摄制组对齐善公司江苏省销售中心进行全方位专题报道,在江苏城市频道《午间特快》节目播出。2013年9月刊的《四川烹饪》以《仿荤素食篇》对素食进行了详细介绍,并标明菜品提供方为齐善公司。另外,齐善公司为推广素食理念,宣扬素食文化,提升齐善公司齐善素食的知名度进行了如下活动:2012年,应湖南怀化市旅游局、宗教局邀请,参与承办了2012年10月28日开幕的怀化第一届素食民俗旅游文化节;2012年10月19—22日,参加了第七届中国厦门国际佛事用品展览会;参加"深圳首届公益金百万行"活动;为"深圳祈福钟慈善晚会"提供晚宴;参加"厦门国际素食展";参加国际佛事用品展;举办齐善素食新品发布会;在上海、北京、江苏、山东等地庙宇进行供斋等活动,用齐善素食做出的"佛跳墙",还在"栖霞素斋美食节"上获得"最佳创新素食奖"。

南岗齐善素食店举示的营业执照显示:南岗齐善素食店,注册号230103601125048;

类型个体工商户；经营者：张宏；注册日期2015年3月18日；核准日期2015年3月17日；经营范围：批发零售：预包装食品。南岗齐善素食店举示的《会议记录》显示："以李秀华为负责人的南岗齐善素食店于2011年4月15日办理了注销登记。"齐善公司举示2018年7月4日查询国家企业信用信息公示系统企业信用信息公示报告显示：南岗齐善素食店，注册号230103600144943；类型个体工商户；经营者：李秀华；注册日期2005年10月25日；核准日期2015年3月17日；登记状态注销。经营范围：经销：预包装食品。

2017年9月13日，和之善公司委托代理人向哈尔滨市香坊公证处申请保全证据公证，公证人员于2017年9月14日在哈尔滨市南岗区夫大直街副44号"齐善素食"店铺购买外包装标有齐善食品汉堡素肉碎、"素香缘"珍珠素肉碎、"素香缘"家常素燕丸、"众素"俄式风味素烤串、"尚德威"风味素香柳5件食品，标有"齐善素食"购物袋一个，合计人民币31.3元，获得齐善素食购物小票一张。公证员对店铺内部、外观进行拍照，对购买的物品进行拍照并封存，并制作(2017)黑哈香证内经字第487号公证书。公证书所附照片显示店铺门楣的牌匾上有"齐善素食"四个大字，封存实物包装盒上贴有哈尔滨市香坊公证处封条及公章，日期为2017年9月14日，侧面标有"(2017)黑哈香证内经字第487号公证书封存的物品"字样。当庭拆封封存实物，包装箱内有一个塑料包装袋，袋上两面正中均印有齐善素食4个大字标识，大字下方有"Whole Perfect Food"标识，"齐善素食"和其下方的"Whole Perfect Food"以橙色为底构成一个整体标识。下方印有地址：哈尔滨市南岗区东大直街副44号。塑料包装袋内有齐善汉堡素肉碎、珍珠素肉碎各一瓶，俄式风味素烤串、风味素柳、家常素燕丸各一袋和"齐善素食"购物小票一张，金额31.3元。其中齐善汉堡素肉碎的瓶盖和侧面瓶贴上均印有"齐善食品"商标、生产商"深圳齐善食品有限公司"。

2017年8月15日，北京市×××律师事务所为齐善公司出具《山东增值税专用发票》1张，金额为4万元。9月14日，黑龙江省哈尔滨市香坊公证处为齐善公司出具《黑龙江省增值税普通发票》一张，金额为3010元。

南岗齐善素食店在一审庭审时陈述：南岗齐善素食店于2005年10月25日有一个营业执照，字号名称和现在一样，经营者是张宏，由张宏和张宏前妻李秀华共同经营。2006年8月，李秀华把那个营业执照注销了。2006年10月，张宏和李秀华离婚。李秀华把原营业执照注销后，又成立了一个同名的齐善素食店，经营者是李秀华。之后在2011年张宏又经工商局把经营者是李秀华的工商执照注销了。2015年3月18日，又重新恢复成张宏的名。被诉侵权商品是从标识的厂家进的货。齐善酱料(齐善汉堡肉碎)源于哈尔滨市南岗区素百味食品经销部，哈尔滨市南岗区上品缘贸易商行。南岗齐善素食店举示了2018年5月14日，哈尔滨市南岗区素百味食品经销部出具的收款收据1张，规格品名为"三杯鸡""汉堡肉碎"，和2017年7月11日哈尔滨市南岗区上品缘贸易商行的“素食肉碎(齐善)”单据复印件1张,以证明被诉侵权商品的来源。

齐善公司在一审庭审时陈述:2015年3月18日之前,齐善公司确实与同样名称为“齐善素食店”的经营机构进行过合作。现“齐善素食店”营业执照注册号与原“齐善素食店”的注册号不同,不是一个主体。李秀华经营的原“齐善素食店”于2015年3月17日注销。张宏经营的南岗齐善素食店注册成立以来,其身份为另一素食品牌素香缘食品代理商,其明知齐善公司与素香缘品牌在上海有商标侵权纠纷,仍为素香缘品牌侵权提供便利,在门楣、销售票据、购物袋上使用“齐善”标识,销售“素香缘”等素食商品,欺骗广大消费者,称“素香缘”为“齐善”系列品牌,生产假冒“齐善”商品在店内搭配混售,宣扬齐善公司的产品质量较差,已快破产等信息,严重破坏了齐善公司已形成的优良市场资源和商誉,其销售标有“齐善”标识商品的行为严重侵犯了和之善公司第1313980号和第1353852号“齐善”商标和第7666787号、第7744046号“齐善食品”商标专用权和齐善公司的独占许可使用权。请求法院按照法律规定,酌定赔偿数额。

一审法院认为:和之善公司的第1313980号“齐善”、第1353852号“齐善”、第7666787号“齐善食品”、第7738303号“齐善食品”、第7744046号“齐善食品”注册商标合法有效,受法律保护。和之善公司授权齐善公司独占许可使用上述商标,并可以单独以齐善公司名义向任何第三方主张权利亦有效。南岗齐善素食店对上述注册商标权和齐善公司主张本案权利无异议,对南岗齐善素食店销售被诉侵权产品,并且使用带有“齐善”字样的牌匾等店招也无异议。本案争议的焦点是:南岗齐善素食店使用有“齐善”字样的牌匾、包装袋等店招和经营被诉侵权商品是否经齐善公司许可,是否构成商标侵权,是否有合法来源,以及如何确定责任。

《中华人民共和国商标法》第57条规定:“有下列行为之一的,均属侵犯注册商标专用权:(一)未经商标注册人的许可,在同一种商品上使用与其注册商标相同的商标的;(二)未经商标注册人的许可,在同一种商品上使用与其注册商标近似的商标,或者在类似商品上使用与其注册商标近似的商标,容易导致混淆的;(三)销售侵犯注册商标专用权的商品的……”《最高人民法院关于审理商标民事纠纷案件适用法律若干问题的解释》(法释〔2002〕32号)第8条规定:“商标法所称相关公众,是指与商标所标识的某类商品或者服务有关的消费者和与前述商品或者服务的营销有密切关系的其他经营者。”第9条规定:“商标法第五十二条第(一)项规定的商标相同,是指被控侵权的商标与原告的注册商标相比较,二者在视觉上基本无差别。”第11条规定:“商标法第五十二条第(一)项规定的类似商品,是指在功能、用途、生产部门、销售渠道、消费对象等方面相同,或者相关公众一般认为其存在特定联系、容易造成混淆的商品。”

《中华人民共和国商标法实施条例》第76条规定:“在同一种商品或者类似商品上将与他人注册商标相同或者近似的标志作为商品名称或者商品装潢使用,误导公众的,属于商标法第57条第2项规定的侵犯注册商标专用权的行为。”南岗齐善素食店销售的被诉侵权商品汉堡素肉碎与涉案第1313980号、第7666787号、第1353852号、第7744046号注册商标核定使用的商品属类似商品。在被诉侵权商品“汉堡素肉碎”的瓶盖和侧面瓶贴上印有“齐善食品 Whole Perfect Food”商标,该商标与第7666787号、第7744046号“齐善食品 Whole Perfect Food”商标相同。南岗齐善素食店在其购物袋上使用的“齐善素食 Whole Perfect Food”(上下排列)标识及在牌匾及购物收据上使用的“齐善素食”标识与涉案第7666787号、第7744046号“齐善食品 Whole Perfect Food”商标,第1313980号、第1353852号“齐善”商标相比较,南岗齐善素食店所使用的“齐善素食 Whole Perfect Food”(上下排列)标识与“齐善素食”标识均含有“齐善”文字,与涉案注册商标中的“齐善”二字相比,二者读音相同,字形基本一致;南岗齐善素食店所使用的“齐善素食 Whole Perfect Food”(上下排列)标识与涉案第7666787号、第7744046号“齐善食品 Whole Perfect Food”商标都显著使用了“齐善”文字,英文部分相同,且二者均为上下结构排列,整体视觉效果相似。综上,南岗齐善素食店使用的“齐善素食 Whole Perfect Food”(上下排列)标识和“齐善素食”标识与涉案注册商标相比较,易使相关公众产生混淆,二者构成近似。南岗齐善素食店与齐善公司均主要经营素食,二者的主营产品、消费对象相同,南岗齐善素食店未经商标注册人的许可,在类似商品上使用与涉案注册商标相同或近似的商标,容易造成消费者以及与齐善公司的商品营销有密切关系的其他经营者的混淆、误认,属于商标法第57条第2项规定的侵犯注册商标专用权的行为。综上,南岗齐善素食店应对其侵犯注册商标专用权的行为承担相应的法律责任。

《侵权责任法》第15条第1款规定:“承担侵权责任的方式主要有:(一)停止侵害;……(六)赔偿损失……”《最高人民法院关于审理商标民事纠纷案件适用法律若干问题的解释》第21条第1款规定:“人民法院在审理侵犯注册商标专用权纠纷案件中,依据民法通则第一百三十四条、商标法第五十三条的规定和案件具体情况,可以判决侵权人承担停止侵害、排除妨碍、消除危险、赔偿损失、消除影响等民事责任。”《中华人民共和国商标法》(2013年修正)第64条第2款规定:“销售不知道是侵犯注册商标专用权的商品,能证明该商品是自己合法取得并说明提供者的,不承担赔偿责任。”南岗齐善素食店辩称其与齐善公司系合作关系,但其不能举示任何合同或者齐善公司授权的证明文件。南岗齐善素食店举示的证据,均不能证明2015年3月18日南岗齐善素食店重新注册之后,经齐善公司或者和之善公司许可,经营被诉侵权商品。关于被诉侵权商品的来源,南岗齐善素食店自认不是在齐善公司进货,其主张该商品系于2018年5月14日在哈尔滨市南岗区素百味食品经销部购买,与2017年9

月13日公证保全购买的时间不相符。南岗齐善素食店负有诚信经营、销售真实商品的义务。南岗齐善素食店不能证明其销售的被诉侵权商品是来源于齐善公司或齐善公司授权生产的真实商品，也不能证明齐善公司许可其在同一种商品上，将与涉案注册商标相同或者近似的标志作为商品名称或者商品装潢使用，侵害了涉案注册商标专用权，应承担停止侵权、赔偿损失等民事责任。

《商标法》第63条第1款规定，“侵犯注册商标专用权的赔偿数额，按照权利人因被侵权所受到的实际损失确定；实际损失难以确定的，可以按照侵权人因侵权所获得的利益确定；权利人的损失或者侵权人获得的利益难以确定的，参照该商标许可使用费的倍数合理确定。对恶意侵犯商标专用权，情节严重的，可以在按照上述方法确定数额的一倍以上三倍以下确定赔偿数额。赔偿数额应当包括权利人为制止侵权行为所支付的合理开支”；第63条第3款规定，“权利人因被侵权所受到的实际损失、侵权人因侵权所获得的利益、注册商标许可使用费难以确定的，由人民法院根据侵权行为的情节判决给予三百万元以下的赔偿”。《最高人民法院关于审理商标民事纠纷案件适用法律若干问题的解释》第16条规定，“侵权人因侵权所获得的利益或者被侵权人因被侵权所受到的损失均难以确定的，人民法院可以根据当事人的请求或者依职权适用商标法第五十六条第二款的规定确定赔偿数额。人民法院在确定赔偿数额时，应当考虑侵权行为的性质、期间、后果，商标的声誉，商标使用许可费的数额，商标使用许可的种类、时间、范围及制止侵权行为的合理开支等因素综合确定”；第17条规定，“商标法第五十六条第一款规定的制止侵权行为所支付的合理开支，包括权利人或者委托代理人对侵权行为进行调查、取证的合理费用。人民法院根据当事人的诉讼请求和案件具体情况，可以将符合国家有关部门规定的律师费用计算在赔偿范围内”。由于南岗齐善素食店因侵权所得利益和齐善公司因被侵权所受损失及注册商标许可使用费均难以确定，故应在法定赔偿范围内根据本案的具体情况判定南岗齐善素食店的赔偿数额。考虑南岗齐善素食店的经营规模、经营地域、企业性质、经营时间，考虑南岗齐善素食店侵权行为的性质、后果、主观过错，考虑涉案注册商标及齐善公司的声誉及知名度，考虑齐善公司为制止侵权所支付公证费等因素，综合判定南岗齐善素食店的赔偿数额。齐善公司请求赔偿数额过高，对其不符合本案实际情况不合理部分不予支持。

一审法院据此判决：(1)哈尔滨市南岗区齐善素食店于判决生效之日起停止销售侵害深圳齐善食品有限公司涉案第1313980号“齐善”、第1353852号“齐善”、第7666787号“齐善食品”、第7744046号“齐善食品”商标专用权的商品；(2)哈尔滨市南岗区齐善素食店于判决生效之日起停止在门楣、销售票据、购物袋上使用带有“齐善”字样的标识；(3)哈尔滨市南岗区齐善素食店赔偿深圳齐善食品有限公司经济损失及为制止侵权所支付的合理开支合计10万元,于判决生效之日起10日内付清。案件受理费5800元,由哈尔滨市南岗区齐善素食店负担2000元,由深圳齐善食品有限公司负担3800元。

二审诉讼中,齐善公司提交了一份律师代理费发票,意在证明齐善公司本案二审产生的维权费用。南岗齐善素食店对该证据的真实性及证明问题没有异议。本院对该证据予以确认。

南岗齐善素食店为证明其主张,向本院提交了以下证据:

证据1:个体工商户设立登记申请和个体工商户营业执照。意在证明:2005年10月25日,张宏申请设立南岗齐善素食店,南岗工商局颁发营业执照,字号名称为"哈尔滨市南岗区齐善素食店";经营者为张宏,性质为个体经营,经营场所为哈尔滨市南岗区东大直街副44号。

证据2:南岗区法院(2008)南民一初字第524号民事判决书和黑龙江省法院(2013)黑监民再字第25号民事判决书。意在证明:法院生效判决判令南岗齐善素食店经营权归张宏所有。

证据3:黑龙江省普利斯司法鉴定中心[普利斯司法鉴定中心(2013)普鉴字第118号]司法鉴定检验报告书。意在证明:南岗工商局委托黑龙江省普利斯司法鉴定中心进行文件检验,检验结果为:(1)送检的2006年8月1日个体工商户注销登记申请书上申请人处署名"张宏"的签名不是张宏本人所书写;(2)送检的2011年4月20日公司注销登记申请书上清算组负责人处署名"张宏"的签名不是张宏本人所书写;(3)送检的2011年4月19日证明上法定代表人签名处署名"张宏"的签名不是张宏本人所书写;(4)送检的2011年4月19日哈尔滨随缘居素食餐饮有限公司第九次股东会会议决议上全体股东签字(盖公章)处署名"张宏"的签名不是张宏本人所书写;(5)送检的2011年4月19日哈尔滨随缘居素食餐饮有限公司清算组报告上清算小组成员签字(盖章)处署名"张宏"的签名不是张宏本人所书写。结合南岗工商局2013年12月24日上午会议记录,证明2005年10月25日,张宏申请设立的南岗齐善素食店从未合法变更过,民事主体只有一个。

证据4:中国建设银行交易明细查询单及在全国企业信用信息系统查询的沈阳市沈河区齐善缘素食商行信息。结合张宏与齐善公司东北区域经理张宇翔的短信记录,意在证明内容:2014年4月30日至2015年6月23日,南岗齐善素食店向齐善公司指定的收款人贾桂秋中国建设银行账户支付货款8525.407元,南岗齐善素食店与齐善公司一直进行实质性合作。

齐善公司的质证意见为:对证据一的真实性、合法性没有异议,对证明的问题有异议。认为2005年南岗齐善素食店的工商营业执照与本案无关,2005年南岗齐善素食店的注册号与本案南岗齐善素食店的注册号不同,能够证明2005年南岗齐善素食店与本案被告并非同一主体。对证据2的真实性、合法性没有异议。认为该证据系张宏与李秀华之间的民事纠纷,对齐善公司不产生直接的法律效力,与本案无关。对证据3的真实性、合法性没有异议。认为鉴定结论"不是张宏本人签字",恰恰能够证明实际经营者非张宏本人,实际经营者李秀华,且属于南岗工商局的内部争议,对齐善公司不产生直接的法律效力。认为证据4与本案没有关联性,因中国建设银行交易明细中没有任意一笔汇款是汇给齐善公司的,沈阳市沈河区齐善缘素食商行的经营者是贾桂秋,说明贾桂秋与齐善公司不存在劳动关系,其民事行为与齐善公司无关,无权代表齐善公司。

本院的认证意见为:因齐善公司对南岗齐善素食店举示的证据1、证据2、证据3的真实性、合法性均无异议,该三组证据来源合法,与本案具有关联性,本院对该三组证据予以采信。证据4仅能证明南岗齐善素食店向贾桂伙汇款的事实,但不能证明贾桂秋是齐善公司指定的收款人。

二审另查明,2005年10月25日,张宏申请设立南岗齐善素食店,南岗工商局核准注册并颁发营业执照,性质为个体经营,经营场所为哈尔滨市南岗区东大直街副44号。

2013年11月27日,南岗工商局作出哈工商南公撤字(2013)第2号《关于撤销哈尔滨市南岗区南岗齐善素食店注销登记的决定》,主要内容为:"2006年8月1日,我局核准了哈尔滨市南岗区南岗齐善素食店的注销登记。现经我局核查,该注销登记是他人在张宏(该店负责人)不知情的情况下,以张宏的名义向我局申请该个体工商户的注销登记,并通过伪造该个体工商户经营者张宏签字的形式,向我局提交了《个体工商户注销登记申请书》以欺骗的手段在我局办理了该个体工商户的注销登记。经我局2013年11月21日局长办公会议研究决定,撤销我局于2006年8月1日作出的核准该个体工商户的注销登记,恢复到该次注销登记之前的原登记事项。"

据南岗齐善素食店工商档案中"个体工商户注销登记档案目录"记载:该个体户于2011年4月15日注销。但因张宏的齐善素食店无房照,暂时无法恢复打照,为保障并确保张宏房照拿到手后还能用上齐善素食店这个名称,我们于2013年将该户(李秀华注销的齐善素食店)恢复,占住齐善素食店。目前,张宏房照已拿到手,为此,我们科经请示主管领导,重新将李秀华的齐善素食店注销,确保张宏的齐善素食店拿照。落款处有南岗工商局监管科毛伯才签名,时间为2015年12月3日。

一审诉讼时,齐善公司为证明其多年来对齐善素食进行了大量的宣传活动,提交了齐善公司到全国各地寺院进行供斋的照片,其中多张照片均能体现张宏参加了齐善公司的供斋活动。

2008年,张宏向哈尔滨市南岗区人民法院起诉李秀华,要求重新分配夫妻关系存续期间的财产。该院于2009年11月20日作出(2008)南民一初字第524号民事判决。根据该判决查明的事实,张宏与李秀华于2006年11月9日在民政部门协议离婚。离婚后,双方仍继续经营齐善素食店,并判决南岗齐善素食店、长春齐善素食店的经营权归张宏所有。该案后经黑龙江省高级人民法院再审,黑龙江省高级人民法院于2014年3月11日作出(2013)黑监民再字第25号民事判决,确认了一审判决已查明的事实,并判决维持了一审关于南岗齐善素食店、长春齐善素食店的经营权归张宏所有的判项。

除此,本院二审查明的其他事实与原审判决认定的事实一致。

本院认为,根据齐善公司、南岗齐善素食店的上诉请求、理由及答辩意见,本案争议的焦点问题为:

一、南岗齐善素食店销售的被诉侵权商品是否侵犯了齐善公司案涉注册商标的专用权。

《民事诉讼法》(2017年修正)第64条规定:"当事人对自己提出的主张,有责任提供证据。"《最高人民法院关于适用〈中华人民共和国民事诉讼法〉的解释》(法释〔2015〕5号)第90条规定:"当事人对自己提出的诉讼请求所依据的事实或者反驳对方诉讼请求所依据的事实,应当提供证据加以证明,但法律另有规定的除外。在作出判决前,当事人未能提供证据或者证据不足以证明其事实主张的,由负有举证证明责任的当事人承担不利的后果。"齐善公司主张其公证购买的"汉堡素肉碎"是假冒"齐善食品"商标的商品,根据前述法律规定,齐善公司应当举证证明其购买的"汉堡素肉碎"并非该公司所生产,与该公司生产的同类产品存在显著区别。但齐善公司在二审庭审中,明确表示不能确定亦不能举证证明其公证购买的"汉堡素肉碎"是否为该公司生产,且不能说明该"汉堡素肉碎"与正品的区别。故齐善公司未能提供证据证明南岗齐善素食店销售了侵犯其注册商标专用权的商品,其关于南岗齐善素食店销售了侵犯案涉注册商标专用权商品的主张不能成立,本院不予支持。一审判决仅以南岗齐善素食店销售的"汉堡素肉碎"瓶盖和侧面瓶贴上印有"齐善食品 Whole Perfect Food"商标,与案涉第7666787号、第7744046号"齐善食品 Whole Perfect Food"商标相同为由,即认定南岗齐善素食店侵犯了齐善公司的注册商标专用权,缺乏事实与法律依据,本院予以纠正。

二、南岗齐善素食店在门楣、销售票据、购物袋上使用"齐善"标识是否侵犯了齐善公司案涉注册商标专用权。

南岗齐善素食店系张宏于2005年10月注册成立,在成立之初就以"齐善"为字号,销售齐善公司生产的各类素食商品。虽然齐善公司与南岗齐善素食店没有签订书面合同,但齐善公司并不否认双方存在事实上的合作关系。根据齐善公司食谱中哈尔滨齐善素食店的照片能够证实,齐善公司对南岗齐善素食店使用"齐善"及"齐善食品"商标的行为系明知并认可。南岗齐善素食店自注册成立一直持续经营,其名称及经营地址始终未发生变化。虽然李秀华曾于2006年8月1日在工商机关办理过注销登记,但随即又重新注册了以其本人为经营者的南岗齐善素食店,此次注销登记仅是为实现变更经营者而采取的内部审批手续,后已被南岗工商局决定撤销,恢复到2005年10月原登记事项。根据(2013)黑监民再字第25号民事判决已查明的事实,即使在2006年11月9日张宏与李秀华离婚后,李秀华登记为南岗齐善素食店经营者期间,南岗齐善素食店仍然是由张宏与李秀华共同经营,并判令自2014年3月21日起,南岗齐善素食店的经营权归张宏所有。现南岗齐善素食店营业执照记载的注册时间并非其真实的注册成立时间,而是工商机关为纠正核准李秀华注销登记错误,保留南岗齐善素食店名称,因其电脑系统内部操作程序所导致,不能以此否认南岗齐善素食店经营时间具有延续性。故自2005年10月25日至今,张宏一直是南岗齐善素食店的实际经营者。齐善公司关于与该公司合作的是李秀华任经营者的南岗齐善素食店,与本案中的南岗齐善素食店非同一主体的主张,与事实不符,亦有违诚实信用原则,不能成立。根据齐善公司与南岗齐善素食店的交易习惯,能够认定齐善公司许可南岗齐善素食店使用案涉商标,故在双方没正式解除合作关系之前,南岗齐善素食店在门楣、销售票据、购物袋上使用"齐善""齐善食品"标识具有正当合理性,不构成侵权。现齐善公司拒绝再向南岗齐善素食店提供商品并提起本案诉讼,系以行为明确要解除与南岗齐善素食店的合作关系,不再授权南岗齐善素食店使用案涉商标,故南岗齐善素食店自本判决生效之日起不再享有对案涉商标的使用权。

综上,一审判决认定事实不清,适用法律错误,本院予以纠正。依照《民事诉讼法》第170条第1款第2项规定,判决如下:

一、撤销哈尔滨市中级人民法院(2018)黑0×民初3×5号民事判决第一项、第三项。

二、维持哈尔滨市中级人民法院(2018)黑0×民初3×5号民事判决第二项。

三、二审案件受理费17400元,由深圳齐善食品有限公司负担。

本判决为终审判决。

审判长　×××

审判员　×××

审判员　×××

2018年12月27日

书记员　×××

【再审申请书】

再审申请书

再审申请人(一审原告,二审上诉人):深圳齐善食品有限公司。

住所地:深圳市宝安区沙井街道和一第一工业区第4栋。

法定代表人:谢某源,职务:总经理。

再审被申请人(一审被告,二审上诉人):哈尔滨市南岗区齐善素食店。

住所地:哈尔滨市南岗区东大直街副44号1层。

法定代表人:张宏。

联系方式:0451－825504660451－82550766。

再审申请人因与再审被申请人侵害商标权纠纷一案,不服黑龙江省高级人民法院于2018年12月27日作出的(2018)黑民终×××号民事判决书,现依据《民事诉讼法》第200条第2项、第6项之规定,向中华人民共和国最高人民法院申请再审。

再审请求:

1. 判决撤销(2018)黑民终×××号民事判决书(二审判决);

2. 判决维持(2018)黑0×民初3×5号民事判决书第1、2项(一审判决);

3. 判决改判(2018)黑0×民初3×5号民事判决书第3项,被申请人支付申请人经济损失及为制止侵权支付的合理开支共计30万元(一审判决);

4. 判决再审被申请人承担本案一审、二审阶段诉讼费用。

申请事由:

依据《民事诉讼法》第200条第2项:原判决、裁定认定的基本事实缺乏证据证明的;第6项:原审判决、裁定适用法律确有错误的。

事实与理由:

二审法院基本事实认定不清,法律适用错误。具体理由如下:

一、被申请人使用"齐善"标识牌匾、包装袋等店招和经营"齐善"汉堡素肉碎商品未经申请人许可,构成商标侵权。

关于该事实,一审法院认定事实清楚,二审法院认定事实不清。

被申请人销售"齐善"汉堡素肉碎商品侵犯了申请人商标专用权。2017年9月13日公证时,申请人与被申请人没有合作关系,被申请人为另一侵权品牌"素香缘"代理商,不正当利用曾经销"齐善"正品的历史背景,以及"齐善"品牌在素食行业的知名度,掠夺申请人竞争优势,非法获利。被申请人未经许可擅自销售涉案商品,侵犯了申请人第7666787号、第7744046号商标专用权。

1. 被申请人一审阶段提供证据7、证据8证明涉案商品源于他人。

被申请人在一审阶段自认涉案“汉堡素肉碎”不是在申请人处进货，提供证据显示货品源于他人。证据7收据显示，2017年7月11日，被申请人从哈尔滨市南岗区上品缘贸易商行购买90元“素食肉碎”（齐善）。证据8收据显示，2018年5月14日，被申请人从哈尔滨市南岗区素百味食品经销部购买90元“汉堡肉碎”。该证据形成时间晚于公证日期，与本案无关。

被申请人提交证据7仅有收据，没有往来发票，不能客观证明该交易实际发生，不能证明涉案商品具有合法来源。被申请人曾经销我公司商品，且涉案商品作为畅销商品深受消费者喜爱，在其不能提供合法来源的情况下，申请人认为案涉商品为被申请人未经许可，擅自委托他人加工的假冒商品。

2. 二审法院违反举证规则，不要求被申请人证明其销售“齐善”汉堡素肉碎商品是否为正品，反而要求申请人证明案涉商品并非源于己方，于法无据。

二审法院庭审中重点审理了张宏是否为被申请人经营者事宜，该事实与本案无关。进而在无实物的情况下，要求申请人当庭陈述正品与案涉侵权商品的区别，将举证责任倒置，被申请人只需证明张宏为其经营者，而无须对涉案商品是否侵权承担任何举证责任。此种侵权判定逻辑思维可能与二审法院知识产权案件较少，缺乏审判经验有关。请贵院予以纠正，提高地方法院知识产权案件审判水平。

3. 被申请人销售“齐善”汉堡素肉碎商品侵犯了申请人第7666787号、第7744046号商标专用权。

案涉商品瓶盖、侧面瓶贴印有齐善食品 Whole Perfect Food，该标识与第7666787号、第7744046号商标相同，汉堡素肉碎商品为一种食用蛋白，调味酱料，与前述商标核定商品构成相同或近似商品。被申请人未经许可，销售的涉案商品来源不明，侵犯了申请人前述商标专用权。

二、被申请人未经许可，擅自使用“齐善”“齐善素食”标识牌匾、包装袋等店招，侵犯了申请人第7666787号、第7744046号、第1313980号、第1353852号商标专用权。

（一）被申请人未经许可，擅自使用“齐善”“齐善素食”标识牌匾、包装袋等店招。

公证时，被申请人为新品牌“素香缘”代理商，该品牌未经我公司许可生产销售“鸿运旺财鸡”“甘露火腿”的商标侵权行为经上海知识产权法院判决已生效。被申请人利用曾为“齐善”代理商身份，恶意使用“齐善”标识牌匾、包装袋等店招实施商标侵权行为，销售“素香缘”品牌素食及其他品牌素食商品，扰乱了申请人正常市场经营秩序。

申请人与被申请人商标许可使用期间仅限于被申请人从申请人处持续购买正牌

商品期间，2015 年 3 月 18 日之后，双方合作关系结束，案涉商品为快速消费品，保质期仅有 12 个月。公证日期为 2017 年 9 月 13 日，早已超过销售正品的合理期限。二审法院错误地认为素食商品这种仅有较短保质期的商品永不过期，莫须有的凭空捏造一种所谓交易习惯，以及起诉方为明确解除合作关系的揣测，稀里糊涂办案。尤其要注意到被申请人为“素香缘”品牌代理商，店内绝大部分商品为其他品牌素食商品，少量几瓶来源不明假冒商品以及未经许可擅自使用“齐善”“齐善素食”标识牌匾、包装袋等店招，侵权主观恶意明显，应予以严惩。

（二）被申请人擅自使用“齐善”“齐善素食”标识牌匾、包装袋等店招，侵犯了申请人第 7666787 号、第 7744046 号、第 131398 号、第 1353852 号商标专用权。

被申请人在其购物袋上使用齐善食品 Whole Perfect Food，在牌匾及购物收据上使用“齐善素食”标识与申请人第 7666787 号、第 7744046 号、第 1313980 号、第 1353852 号商标相比较“齐善”均为显著识别部分，且齐善食品 Whole Perfect Food 与第 7666787 号、第 7744046 号商标相同，被申请人店铺主要经营不同品牌素食，其经营的商品与涉案商标核定商品生产部门、销售渠道、消费对象等相同，被申请人未经许可擅自使用申请人权利商标销售其他品牌素食及假冒“齐善”品牌商品的行为，侵犯了申请人涉案商标专用权，应予以制止。

（三）被申请人具有侵权主观恶意，影响恶劣，在哈尔滨地区对“齐善”品牌造成重大不良影响，应予以严惩。

申请人成立于 1993 年，注册资本 1260 万元港币，是目前国内规模最大、装备最优、技术最强、品质一流的中外合作素食食品加工企业。1998 年开始全国各大知名媒体、广播电台对“齐善”品牌在全国范围内进行了持续性广泛报道，并获得素食界一致认可。同时申请人注重公益事业，多地创办“齐善希望小学”，供养寺院体弱、年长师父。

如今，齐善已成为了国内素食业界的领军企业，拥有了国内和国际上庞大的销售网络，目前，在全国各省都有齐善的经销商，大、中城市都有齐善的专卖店，目前已经完成 CIS 统一装修的有 200 家专卖店，在中国内地形成了东北、华北、华中、华南、华东和西部销售板块。而且在东南亚、欧、美、澳洲、中国香港特别行政区等国家和地区也备受青睐。营养美味的齐善产品已享誉中国，走向世界。

被申请人曾销售“齐善”品牌素食，对“齐善”品牌在素食行业知名度明确知晓，依照诚实信用原则和正常的商业经营管理秩序，其在经营其他品牌时应严于律己，避免其他品牌与“齐善”品牌混淆，但被申请人恶意侵权，且至今仍持续侵权，一审判赔 10 万元，数额明显偏低，不利于肃清市场，有效遏制被申请人侵权行为。二审判赔零，更是给被申请人肆意侵权营造有利环境，致使目前被申请人仍在肆意侵权。

李克强总理每年反复强调营造和谐的经商环境,严厉打击遏制知识产权侵权行为,加重知识产权侵权赔偿,让侵权人有所畏惧,不敢轻易侵权。二审法院的地方保护主义思想严重,鼓励保护当地企业侵害他人知识产权的行为应得到制止。故请贵院全额支持申请人一审请求赔偿额30万元。

综上,申请人认为二审法院认定基本事实不清,适用法律确有错误,致使再审申请人的利益受到了严重的损害。为此,恳请最高人民法院维护再审申请人的合法权益,依法改判。

【再审裁定书】

中华人民共和国最高人民法院
民事裁定书

(2019)最高法民申××××号

再审申请人(一审原告、二审上诉人):深圳齐善食品有限公司。住所地:广东省深圳市宝安区沙井街道和一第一工业区第四栋。

法定代表人:谢媛源,该公司总经理。

委托诉讼代理人:孔丽芳,北京市炜衡律师事务所律师。

委托诉讼代理人:蔡××,北京市×××律师事务所律师。

被申请人(一审被告、二审上诉人):哈尔滨市南岗区齐善素食店。经营场所:黑龙江省哈尔滨市南岗区东大直街副44号1层。

经营者:张宏,男,1969年1月2日出生,汉族,住黑龙江省哈尔滨市南岗区南通大街258号文化家园A至B栋1层1号。

委托诉讼代理人:薛×,黑龙江××律师事务所律师。

再审申请人深圳齐善食品有限公司(以下简称齐善公司)因与被申请人哈尔滨市南岗区齐善素食店(以下简称南岗齐善素食店)侵害商标权纠纷一案,不服黑龙江省高级人民法院(2018)黑民终×××号民事判决,向本院申请再审。本院依法组成合议庭对本案进行了审查,现已审查终结。

齐善公司申请再审称:(1)南岗齐善素食店未经许可,销售带有“齐善食品”标志的汉堡素肉碎,侵犯其涉案商标权。①二审法院举证责任分配错误。齐善公司已提供了在南岗齐善素食店公证购买标注有“齐善食品”的汉堡素肉碎,应由南岗齐善素食店对于被诉侵权商品的合法来源或者其使用“齐善食品”商标的合法来源作出说明并提供证据。二审法院认为齐善公司应当证明被诉侵权商品并非源于齐善公司，这属于举证责任分配错误。②南岗齐善素食店销售的汉堡素肉碎商品的瓶盖、侧面瓶贴印有“齐善食品”标志，该标志与齐善公司享有权利的第7666787号和第7744046号商标相同，且销售的汉堡素肉碎与该商标核定使用的“食用蛋白，调味酱料”等构成类似商品，容易使相关公众产生混淆误认。南岗齐善素食店亦未提供合法来源证据，其前述行为侵犯了涉案商标专用权。(2)南岗齐善素食店未经许可，擅自使用“齐善”“齐善素食”标识牌匾、包装等店招，侵犯了涉案商标专用权。齐善公司与南岗齐善素食店合作关系自2015年3月18日之后结束，侵权公证日为2017年9月13日，早已超过销售库存正品的合理期限。南岗齐善素食店仍在使用“齐善”“齐善素食”标识牌、包装袋等店招，与齐善公司享有权利的第7666787号“齐善食品”、第7744046号“齐善食品”、第1313980号“齐善”、1353852号“齐善”商标标识相同或者近似，使用商品类别类似，容易使消费者产生混淆误认，构成侵犯注册商标专用权。请求本院再审本案，撤销一、二审判决，支持齐善公司全部诉讼请求。

南岗齐善素食店答辩称：(1)南岗齐善素食店自2005年10月25日成立以来始终只有一家，民事主体始终唯一。期间南岗齐善素食店的经营者张宏的前妻李秀华曾私自冒用张宏签名办理了南岗齐善素食店的经营者变更和注销手续，上述行为已经哈尔滨市工商行政管理局南岗分局查证并予以撤销。深圳齐善公司与南岗齐善速食店之间长期合作，南岗齐善素食店获得了齐善品牌的长期授权，使用齐善品牌和店招不构成侵权。(2)南岗齐善素食店销售的带有齐善商标的汉堡素肉碎商品均是从齐善公司的其他销售商处合法购入的，不构成商标侵权。(3)齐善公司提起诉讼表明不愿再继续与南岗齐善素食店合作，南岗齐善素食店已经停止使用“齐善标识”，不存在侵权行为。

本院经审查认为，本案争议焦点为被申请人南岗齐善素食店的行为是否侵犯涉案注册商标专用权。

首先，关于南岗齐善素食店销售标注有“齐善”商标的商品的行为是否构成侵权。《最高人民法院关于适用〈中华人民共和国民事诉讼法〉的解释》(法释〔2015〕5号)第90条规定：当事人对自己提出的诉讼请求所依据的事实或者反驳对方诉讼请求所依据的事实，应当提供证据加以证明，但法律另有规定的除外。本案中，深圳齐善公司已经提交在南岗齐善素食店公证购买被诉侵权商品的公证书。且公证时，南岗齐善素食店未获得销售“齐善”商品的授权。在齐善公司已经提供了有关被诉侵权行为初步证据的情况下，南岗齐善素食店主张其销售的“齐善”商品为合法购入齐善公司的商品，应当就该商品具有合法来源或者获得授权承担举证责任。二审判决认为应当由深圳齐善公司举证证明其从南岗齐善素食店公证购买的“汉堡素肉碎”并非该公司所生产，与该公司生产的同类产品存在显著区别，举证责任分配有所不当。二审法院应进一步查明南岗齐善素食店销售的标注有“齐善”的商品是否为其购入的合法商品，进而对是否构成侵权以及侵权责任作出认定。

其次，关于南岗齐善素食店在门楣、销售票据、购物袋上使用“齐善”“齐善食品”标识的行为是否构成侵权。本案中，虽然南岗齐善素食店曾作为再审申请人齐善公司的独家代理商，开展经营活动，但并无证据证明双方曾就涉案商标的使用签订有许可合同。且双方当事人均认可在2015年3月18日之后，齐善公司即停止向南岗齐善素食店供货。在没有明确法律依据或权利人的合法授权的情况下，南岗齐善素食店在齐善公司停止供货后，仍然在商业活动中继续使用“齐善”“齐善食品”商业标识，已构成商标侵权行为。二审法院以齐善公司提起本案诉讼作为解除双方合作的意思表示，缺乏法律和事实依据。二审法院应当结合在案证据综合判断上述商标侵权行为的持续时间以及南岗齐善素食店应当承担的赔偿责任。

综上，齐善公司的申请再审理由成立依照《民事诉讼法》第204条、第206条，《最高人民法院关于适用〈中华人民共和国民事诉讼法〉的解释》第395条第1款的规定，裁定如下：

一、指令黑龙江省高级人民法院再审本案；

二、再审期间，中止原判决的执行。

审判长　×××

审判员　×××

审判员　×××

2019年9月29日

书记员　×××

办案总结

商标权利人和被诉侵权人对侵权商品来源所承担的举证责任分配原则是本案的重点与难点。

《民事诉讼法》(2017年修正)第64条规定：“当事人对自己提出的主张，有责任提供证据。”《最高人民法院关于适用〈中华人民共和国民事诉讼法〉的解释》(法释〔2015〕5号)第90条规定：“当事人对自己提出的诉讼请求所依据的事实或者反驳对方诉讼请求所依据的事实，应当提供证据加以证明，但法律另有规定的除外。”

最高人民法院经审查认为，本案争议焦点为被申请人南岗齐善素食店的行为是否侵犯涉案注册商标专用权。

首先，关于南岗齐善素食店销售标注有齐善商标的商品的行为是否构成侵权。《最高人民法院关于适用〈中华人民共和国民事诉讼法〉的解释》第 90 条规定："当事人对自己提出的诉讼请求所依据的事实或者反驳对方诉讼请求所依据的事实，应当提供证据加以证明，但法律另有规定的除外。"本案中，深圳齐善公司已经提交在南岗齐善素食店公证购买被诉侵权商品的公证书，且公证时，南岗齐善素食店未获得销售齐善商品的授权。在齐善公司已经提供了有关被诉侵权行为初步证据的情况下，南岗齐善素食店主张其销售的齐善商品为合法购入齐善公司的商品，应当就该商品具有合法来源或者获得授权承担举证责任。

其次，关于南岗齐善素食店在门楣、销售票据、购物袋上使用齐善"齐善食品"标识的行为是否构成侵权。本案中，虽然南岗齐善素食店曾作为再审申请人齐善公司的独家代理商，开展经营活动，但并无证据证明双方曾就涉案商标的使用签订有许可合同。且双方当事人均认可在 2015 年 3 月 18 日之后，齐善公司即停止向南岗齐善素食店供货。在没有明确法律依据或权利人的合法授权的情况下，南岗齐善素食店在齐善公司停止供货后，仍然在商业活动中继续使用"齐善""齐善食品"商业标识，已构成商标侵权行为。

二审法院以齐善公司提起本案诉讼作为解除双方合作的意思表示，缺乏法律和事实依据。二审法院应当结合在案证据综合判断上述商标侵权行为的持续时间以及南岗齐善素食店应当承担的赔偿责任。

专家点评

一、二审阶段概要

二审法院判决：撤销哈尔滨市中级人民法院（2018）黑 0 × 民初 3 ×5 号民事判决第 1 项、第 3 项；维持哈尔滨市中级人民法院（2018）黑 0 × 民初 3 ×5 号民事判决第 2 项。

二、再审申请阶段概要

最高人民法院裁定：（1）指令黑龙江省高级人民法院再审本案；（2）再审期间，中止原判决的执行。

三、最高人民法院的主要观点

最高人民法院认为，《最高人民法院关于适用〈中华人民共和国民事诉讼法〉的解释》第 90 条规定："当事人对自己提出的诉讼请求所依据的事实或者反驳对方诉讼请求所依据的事实，应当提供证据加以证明，但法律另有规定的除外。"本案中，深圳齐善公司已经提交在南岗齐善素食店公证购买被诉侵权商品的公证书，且公证时，南岗齐善素食店未获得销售"齐善"商品的授权。在齐善公司已经提供了有关被诉侵权行为初步证据的情况下，南岗齐善素食店主张其销售的"齐善"商品为合法购入齐善公司的商品，应当就该商品具有合法来源或者获得授权承担举证责任。二审判决认为应当由深圳齐善公司举证证明其从南岗齐善素食店公证购买的"汉堡素肉碎"并非该公司所生产，与该公司生产的同类产品存在显著区别，举证责任分配有所不当。二审法院应进一步查明南岗齐善素食店销售的标注有"齐善"的商品是否为其购入的合法商品，进而对是否构成侵权以及侵权责任作出认定。

另外,关于南岗齐善素食店在门楣、销售票据、购物袋上使用“齐善”“齐善食品”标识的行为是否构成侵权。本案中,虽然南岗齐善素食店曾作为再审申请人齐善公司的独家代理商,开展经营活动,但并无证据证明双方曾就涉案商标的使用签订有许可合同。且双方当事人均认可在2015年3月18日之后,齐善公司即停止向南岗齐善素食店供货。在没有明确法律依据或权利人的合法授权的情况下,南岗齐善素食店在齐善公司停止供货后,仍然在商业活动中继续使用“齐善”“齐善食品”商业标识,已构成商标侵权行为。二审法院以齐善公司提起本案诉讼作为解除双方合作的意思表示,缺乏法律和事实依据。二审法院应当结合在案证据综合判断上述商标侵权行为的持续时间以及南岗齐善素食店应当承担的赔偿责任。

四、法律风险提示及建议

本案明确了商标侵权纠纷中的举证责任分配原则。《民事诉讼法》第64条规定:“当事人对自己提出的主张,有责任提供证据。”《最高人民法院关于适用〈中华人民共和国民事诉讼法〉的解释》第90条规定:“当事人对自己提出的诉讼请求所依据的事实或者反驳对方诉讼请求所依据的事实,应当提供证据加以证明,但法律另有规定的除外。在作出判决前,当事人未能提供证据或者证据不足以证明其事实主张的,由负有举证证明责任的当事人承担不利的后果。”在商标侵权案件中,当原告已经提供了有关被诉侵权行为的初步证据的情况下,被告就应当就该商品具有合法来源或者获得授权承担举证责任。在被告未就合法来源问题加以举证的前提下,不应当过度地加重原告的举证责任。在实践中,对于案涉侵权商品并非原告公司生产这一消极事实的证明本身就存在较大难度。本案中,最高人民法院对商标侵权合法来源抗辩问题的举证责任分配问题进行了清晰的说明,具有很强的指导意义。

审核人、点评人:北京律师智库重大复杂案件研究专家组成员　王正志律师

复核人:北京律师智库重大复杂案件研究专家组成员　杨安进律师

外观设计专利无效争议中关于"现有设计"的判断标准问题

——北京奇虎公司等诉国家知识产权局、北京江民公司等GUI专利无效案

争议焦点

对不特定公众发布的内测阶段的软件，对该软件所采取的控制措施是否构成为公众所知的现有设计，从而影响外观设计专利的有效性？

关键词

专利无效　图形用户界面　现有设计

案情简介

本案涉及"带图形用户界面的电脑"的外观设计专利(ZL201430329167.3)，专利权人为北京奇虎科技有限公司等。

2016年8月，北京江民新科技术有限公司(以下简称江民公司)针对本专利向专利复审委员会提出无效宣告请求，理由是本专利与其提交的证据所示现有设计或现有设计特征的组合相比不具有明显区别，不符合《专利法》第23条第2款的规定，应宣告无效。

2018年3月，专利复审委员会宣告涉案专利权全部无效。奇虎公司等向北京知识产权法院提起行政诉讼。

江民公司提交的证据表明，在专利申请日之前，发帖人将带有本专利图形用户界面设计的软件公开在卡饭论坛上，其安装界面提示仅供试用并要求输入体验码，仅有部分能够获得体验资格的用户可以试用该软件。其后，跟帖人发布7-Zip软件下载提示，使公众可以通过7-Zip软件下载使用该软件。

一审法院认为在案证据不足以证明在本专利申请日之前体验用户负有明示或默示

的保密义务,所述下载软件不属于《专利法》第24条第3项所规定的不丧失新颖性宽限期的情形,判决驳回奇虎公司等的诉讼请求。奇虎公司等不服,向最高人民法院(以下简称最高院)知识产权法庭提起上诉。

奇虎公司等认为,其不认可披露7-Zip破解方法的发帖人泄露了本专利的内容。即使该发帖人泄露了本专利的内容,该情形是否适用宽限期规定,也仅与发帖人是否经申请人同意有关,而与体验用户是否有保密义务无关,除非能够证明发帖人是体验用户。

本案中,体验用户与申请人之间存在契约关系,在申请体验码时已经承担了保密义务,如果体验用户泄露了内容,则构成了公开,应适用宽限期规定,不丧失新颖性。在发帖人与体验用户并非同一的情况下,增加体验用户具有保密义务作为发帖人行为适用宽限期的前提条件,显属不当,应予以纠正。

最高人民法院认为,他人未经申请人同意而泄露其内容所造成的公开,其核心在于他人违背申请人意愿而将发明创造的内容公开;本案中证据所述的软件公开行为,属于《专利法》第24条第3项所规定的不丧失新颖性宽限期的情形,纠正了一审法院的错误,撤销北京知识产权法院作出的判决,撤销国家知识产权局作出的无效宣告请求审查决定,并要求其重新作出决定。

案件历程

【一审判决书】

北京知识产权法院

行政判决书

(2018)京73行初××××号

原告:北京奇虎科技有限公司,住所地:北京市朝阳区酒仙桥路。

法定代表人:周××,执行董事。

委托诉讼代理人:路×,男,汉族,北京奇虎科技有限公司员工,家住北京市昌平区。

委托诉讼代理人:李×,女,汉族,北京奇虎科技有限公司员工,家住北京市朝阳区。

原告:北京奇智商务咨询有限公司,住所地:北京市朝阳区。

法定代表人:邢××,执行董事。

委托诉讼代理人:韩羽枫,北京市隆安律师事务所律师。

委托诉讼代理人:陈×,北京市隆安律师事务所实习律师。

被告:国家知识产权局,住所地北京市海淀区蓟门桥西土城路6号。

法定代表人:申长雨,局长。

委托诉讼代理人:徐××,国家知识产权局审查员。

委托诉讼代理人:刘××,国家知识产权局审查员。

第三人:北京江民新科技术有限公司,住所地:北京市海淀区蓝靛厂金源时代购物中心。

法定代表人:郭××,执行董事。

委托诉讼代理人:王××,北京××律师事务所律师。

委托诉讼代理人:赵××,北京××律师事务所律师。

原告北京奇虎科技有限公司(以下简称奇虎公司)和北京奇智商务咨询有限公司(以下简称奇智公司),因外观设计专利权无效行政纠纷一案,不服原国家知识产权局专利复审委员会(以下简称原专利复审委员会)于2018年3月8日作出的第35179号无效宣告请求审查决定(以下简称被诉决定),于法定期限内向本院提起行政诉讼。本院受理后,依法组成合议庭,通知与本案存在利害关系的北京江民新科技术有限公司(以下简称江民新科公司)作为第三人参加诉讼,于2019年12月16日公开开庭进行了审理。原告奇虎公司的委托诉讼代理人路×、李×,原告奇智公司的委托诉讼代理人韩羽枫、陈×,被告国家知识产权局的委托诉讼代理人徐××、刘××,第三人江民新科公司的委托诉讼代理人王××、赵××到庭参加了诉讼。本案现已审理终结。

被诉决定系原专利复审委员会针对江民新科公司就奇虎公司、奇智公司拥有的专利号为201430329167.3、名称为"带图形用户界面的电脑"的外观设计专利(以下简称本专利)提出的无效宣告请求所作出的。原专利复审委员会在被诉决定中认定:

一、法律依据

《中华人民共和国专利法》(以下简称《专利法》)第23条第2款和《专利法》第24条。

二、证据及相关事实认定

(一)关于证据1

1.关于帖子真实性

该帖子所显示的发帖时间2014年8月19日即为其真实发帖日期,帖子中记载的下载软件链接、跟帖人的发言内容在相应的记录时间也为真实存在。

2.关于能否在本专利申请日之前下载相关软件

通过证据1可认定任何人通过所述帖子列出的下载地址链接,即可在本专利申请日之前下载链接所指向的相关软件。反证2不能否定前述结论。

3.公证日所下载软件与本专利申请日之前所下载软件是否一致

本案中,在公证日2016年7月7日之前该软件下载链接从未更新过2014年8月19日之后修改版本的软件。本案证据1帖子中列出的软件下载链接采用的是以同一下载地址结合不同文件名指向唯一对应的软件这一通行做法。在无相反证据证明，特别是该软件下载指向的服务器为专利权人公司的服务器，专利权人未提交证据证明其主张的情况下，应推定证据1帖子中列出的软件下载地址和文件名指向的软件为唯一对应的同一版本软件。反证2不能证明证据1中下载链接所指向的软件存在不同版本。

4. 对所下载软件是否任何人都能正常安装使用

普通公众通过帖子链接下载“setup_10_priv. exe”软件后，按照该帖中网友提示的方法，通过安装通用的“7－Zip”压缩解压软件，并按常规操作方法对“setup_10_priv. exe”提取解压，即可安装成功并正常使用该软件，该过程并未利用特别软件或采用特殊手段，即任何非特定人对所述下载软件借助通用软件的通常操作都能实现正常安装使用。针对双方对此争议的几方面焦点问题合议组进一步认定如下：

(1)“7－Zip”软件作为一款通用的压缩解压软件，压缩和解压是其基本功能，任何版本都应当会具备，不同版本通常情况下其压缩文件的基本格式不会出现实质性改变，特别是从2016年版本号为16. ××及2014年版本号为专利权人所述9. ××来看，应均为成熟版本，可解压缩的文件类型应基本固定；虽然其版本差异可能会在压缩和运行效率、附加功能、运行稳定性等方面有所不同，但本案中采用的“提取到‘setup－10－priv\’”实质为基本的解压功能，通常情况下所解压提取的文件不会因所述版本不同而不同。而且证据1所述发帖中以及专利权人提交的反证7所示该发帖中网友回复发言，均未见反映不能解压的情形。

(2)虽然以自解压形式直接点击安装在没有体验码情况下确不能安装使用，但本案前述帖子中提示了另一种以7－Zip软件解压的安装方法，按照该方法，任何非特定人如前述借助通用软件的通常操作都能实现正常安装；通过解压和压缩软件进行解压提取文件，所采用的也是解压和压缩软件普通的解压缩功能的操作，而不涉及密码破解等特殊操作；在无证据证明情况下应认为所下载的7－Zip软件为未经过第三方改编过的7－Zip普通解压和压缩软件，不涉及密码破解等特殊功能，因此应认为通过其解压可以实现正常安装使用所述“360安全卫士10.0”安装软件。

5. 关于通过7－Zip软件解压缩安装所述下载软件是否违法，由此取得的相关证据是否能够作为定案依据

公众通过7－Zip软件解压缩安装所述下载软件是否违反上述法规规定，并不影响相关软件界面设计是否构成现有设计的认定。本案中公证机构通过相关解压缩方法安装所述下载软件之后，仅依法定职责对所述下载软件运行过程作保全证明，不属于严重侵害他人合法权益、违反法律禁止性规定或者严重违背公序良俗的方法形成或者获取的证据，可以作为认定案件事实的根据。

6. 专利权人主张所述下载软件是内测的保密软件、下载使用所述软件的体验用

户需要高级别并承担保密义务,因而不构成向公众公开。

原专利复审委员会认为,本案中所述下载软件客观上已处于任何人可下载安装使用而为公众所知的事实状态,因此无论所述软件是否为保密软件、所称保密义务是否成立均不影响是否构成现有设计的认定。

综上所述,所述下载软件呈现的图形用户界面设计属于本专利申请日之前公开的现有设计。

(二)关于证据2

发帖中分别贴出多幅相关软件的图形用户界面设计贴图,相关发帖内容已处于能够为公众得知的状态,所述发帖时间或最后编辑时间均早于本专利申请日,因此帖子中贴图所示图形用户界面设计属于本专利申请日之前公开的现有设计。

(三)关于证据3、证据4

如证据3、证据4所示设计属于本专利申请日之前公开的现有设计。

(四)关于专利权人提交的反证证据

关于专利权人提交反证用于证明不构成现有设计,其具体欲证明的事实及相关主张是否成立已在前述证据认定中相结合作认定,不再赘述。其中关于专利权人通过反证证明和主张的前述下载软件为内测软件具有保密要求、安装使用具有保密义务,其是否成立与专利权人主张的不丧失新颖性的宽限期直接相关,故见以下认定。

三、关于是否属于不丧失新颖性宽限期的情形

本案中证据1前述卡饭论坛帖子及下载链接页面均未见任何关于保密要求的信息,专利权人提交的证据也不足以证明所述下载软件的使用具有明示或默示的保密要求,理由如下:所述下载软件本身并未明示保密要求,相关证据也不足以证明对体验用户具有保密约定;设置体验码不能证明对软件试用具有保密要求;专利权人提交的证据不足以证明体验试用软件的用户负有保密义务,也不足以证明其为行业惯例。

综上所述,专利权人提交的证据不足以证明本专利申请日之前试用者对本案所述下载软件的体验试用负有保密义务,因此所述下载软件的公开不属于《专利法》第24条规定的"他人未经申请人同意而泄露其内容的"不丧失新颖性的宽限期情形。

四、关于《专利法》第23条第2款

本专利设计1、设计2与证据1和证据3所示现有设计组合相比不具有明显区别,不符合《专利法》第23条第2款的规定。

据此,原专利复审委员会宣告本外观设计专利权全部无效。

原告奇虎公司、奇智公司不服被诉决定,在法定期限内向本院提起行政诉讼称:(1)被诉决定采信非法手段获取的证据作为认定现有设计的依据,导致事实认定错误,具体体现为:①被诉决定中认定现有设计的证据根本没有公开"360安全卫士"的界面,而仅仅是披露了"360安全卫士"体验版安装文件地址和非法破解方法;②被诉

决定中认定现有设计的依据取得方式明显不合法，江民新科公司通过非法破解获取了“360 安全卫士”的安装程序“setup - 10_priv. exe”；③对非法破解行为所获取的证据采信违反证据采信规则，进行公证的行为属于对非法行为进行的公证。(2)《专利法》意义上的“公开”系处于公众想得知就能得知的法律状态，而不是违背秘密信息持有人的意志能够得到即“公开”，被诉决定关于新颖性相关的“公开”理解有误，故请求法院依法撤销被诉决定，并判令被告重新作出无效宣告请求审查决定。

被告国家知识产权局辩称，被诉决定认定事实清楚，适用法律正确，审理程序合法，审查结论正确，奇虎公司和奇智公司的诉讼请求和理由不能成立，故请求法院依法驳回其诉讼请求。

第三人江民新科述称，证据 1 已经充分证明所显示的软件界面设计已构成本专利的现有设计，通过 7 - Zip 软件解压缩安装所下载软件，并不违反证据规则和法律规定，且原告主张不丧失新颖性宽展期于法无据，故请求法院依法驳回其诉讼请求。

本院经审理查明：

本专利是专利号为 201430329167.3，名称为“带图形用户界面的电脑”的外观设计专利，本专利的申请日为 2014 年 9 月 5 日，授权公告日为 2014 年 11 月 5 日，专利权人为奇虎公司、奇智公司。

针对本专利，江民新科公司于 2016 年 8 月 8 日向原专利复审委员会提出了无效宣告请求，理由是本专利与其提交的证据所示现有设计或现有设计特征的组合相比不具有明显区别，因此本专利不符合《专利法》第 23 条第 2 款的规定，应予宣告无效。江民新科公司提交了证据 1—4，其中：

证据 1 是北京市长安公证处（2016）京长安内经证字第 18612 号公证书复印件，公证时间为 2016 年 7 月 7 日，具体内容涉及：访问卡饭论坛，在该论坛中找到标题为“360 安全卫士 10 下载地址”的帖子，该帖子显示发帖时间为 2014 年 8 月 19 日，点击所列链接地址，下载文件“setup_10_priv. exe”，通过百度搜索 7 - Zip 软件下载并安装，将“setup_10_priv. exe”文件通过安装好的 7 - Zip 软件提取到文件夹，点击所提取文件中的“360safe. exe”文件运行该软件，其页面左上角显示“360 安全卫士 10. 0Beta”。

奇虎公司、奇智公司针对上述无效宣告请求于 2016 年 10 月 8 日提交意见陈述书，同时提交了反证 1—7，其中：反证 1 是北京市方圆公证处（2016）京方圆内经证字第 21382 号公证书复印件，公证时间为 2016 年 9 月 28 日，具体内容涉及：访问卡饭论坛、米柚论坛、爱毒霸社区和软件测试论坛，在上述网站中找到相关帖子及评论。

反证 2 是北京市方圆公证处（2016）京方圆内经证字第 21511 号公证书复印件，公证时间为 2016 年 9 月 29 日，具体内容涉及：访问爱毒霸社区、360 体验中心、卡饭论坛、360 安全社区等,找到相关帖子及评论;进入百度知道、百度文库、百度百科等,找到 360 安全卫士十大版本、软件注册破解案例教程等内容。

反证 3 是北京市方圆公证处(2016)京方圆内经证字第 19020 号公证书复印件,公证时间为 2016 年 9 月 2 日,具体内容涉及:访问卡饭论坛,在该论坛中找到标题为"360 安全卫士 10 下载地址"的帖子,点击帖子中的连接下载 setup - 10 - priv. exe 文件,双击运行所述下载软件是弹出 360 安全卫士 10 窗口:仅供获得优先体验资格的用户使用,请输入体验码。

反证 4 是北京市方圆公证处(2016)京方圆内经证字第 20045 号公证书复印件,公证时间为 2016 年 9 月 14 日,具体内容涉及:访问 360 体验中心,找到体验流程详解,该部分对体验流程进行了详细介绍。

反证 7 是证据 1 中的部分相关网页及其关联网页的打印件,其中部分评论回复显示:"要体验码,等级不够""7 - Zip 解压后安装""还不完美,等待新版中""试过了,被卡住了,有些啃爹"。

原专利复审委员会于 2016 年 10 月 28 日进行了口头审理,并于 2018 年 3 月 26 日作出被诉决定。

在本案庭审过程中,原告明确表示对证据及相关事实认定、对不属于不丧失新颖性宽限期情形的认定持有异议,对本专利与证据 1、证据 3 的对比判断不持异议。

2017 年 7 月 10 日,经北京市工商行政管理局朝阳分局核准,奇智公司的名称由"奇智软件(北京)有限公司"变更为"北京奇智商务咨询有限公司"。

上述事实,有本专利授权公告文本、被诉决定中的证据 1、反证 1—4、反证 7、当事人提交的其他证据及当事人陈述等在案佐证。

本院认为:

结合各方当事人的诉辩主张,本案的争议焦点包括:(1)证据 1 中所述下载软件呈现的图形用户界面设计是否属于本专利申请日之前公开的现有设计;(2)本专利是否属于《专利法》第 24 条第 3 项所规定的不丧失新颖性宽限期的情形。

一、关于证据 1 中所述下载软件呈现的图形用户界面设计是否属于本专利申请日之前公开的现有设计

《专利法》第 23 条第 2 款规定,授予专利权的外观设计与现有设计或者现有设计特征的组合相比,应当具有明显区别。

(一)公证日所下载软件版本与发帖日可下载软件版本是否一致

软件的数字签名时间表示软件的完成时间,根据证据 1 所述下载软件的数字签名时间,可以确定该软件的完成时间为 2014 年 8 月 19 日。至于反证 2 中卡饭论坛标题为"360 安全卫士 10.0 抢先体验 P5 版【转帖】"的发帖,其与证据 1 中的帖子并非同一发帖,两个帖子中界面控制和显示状态不同可以说明二者非同一版本,但不能证

明证据1中所述下载软件存在不同版本，不能用于否定公证日所下载软件与本专利申请日之前所下载软件的一致性。故根据在案证据，可以认定在证据1公证日之前证据1的下载链接未对该版本进行过更新。

（二）2016年版本的7－Zip软件和2014年版本的7－Zip软件是否均能对exe文件解压并正常安装

不同版本的软件在其界面、运行效果等方面可能会存在一定差异，但对于该款软件的最基本功能，先后版本都应当具备，否则将失去其存在的基本价值。就7－Zip压缩解压软件而言，相较于2014年版本，2016年版本因升级优化在运行方面应更为成熟，但就二者共同应具有的基本功能——解压缩而言不会发生实质性改变，即对于2016年版本能够解压的文件，2014年版本通常也能实现解压功能，且证据1中所述发帖的大部分跟帖回复中未见反馈不能解压的情形，故针对所述下载软件，2016年版本7－Zip软件和2014年版本7－Zip软件均应能解压并正常安装。此外，虽然个别网友评论出现了卡顿问题，但考虑到所用设备与网络环境的不同，在缺乏其他证据予以印证的情况下，尚不足以认定2014年版本的7－Zip软件不能对所述下载软件解压和安装；同时，即便如个别网友评论所言下载软件存在不完善之处，这与图形用户界面的公开亦并不具有直接关联性。

（三）通过7－Zip软件对所述下载软件进行安装是否为破解行为，是否导致不能适用《专利法》第23条第2款的规定

7－Zip软件是一款通用的压缩解压软件，虽然为开源软件可以被修改，但是根据证据1下载、运行和操作7－Zip软件的公证过程可见，其未经过他人修改且没有证据表明涉及密码破解等特殊操作；虽然通过自解压形式对所述下载软件进行安装需要输入体验码，但因体验码与软件保密并不直接相关，故7－Zip软件不需要体验码即可实现相关操作并不能说明其为软件破解行为；普通公众通过帖子链接下载所述软件后，按照该帖中网友提示的方法，通过安装通用的7－Zip压缩解压软件，并按常规操作方法对所述下载软件提取解压，均应能够正常安装使用，现有证据不足以证明所述下载软件的功能被破坏且无法正常使用；并且，不同类型的解压缩软件支持的文件格式并不相同，winrar和winzip软件不能对exe格式的自解压文件进行提取并不意味着其他软件如7－Zip软件无法提取，也不意味着7－Zip软件提取文件的行为是破解行为。综上所述，应当认定通过7－Zip软件对所述下载软件进行安装采用的是普通的解压缩操作。

现有设计指的是申请日以前在国内外为公众所知的设计，如果所述下载软件客观上处于任何人可下载安装使用而为公众所知的事实状态，即可基于该事实状态直接认定相关设计构成现有设计。本案中，既然任何非特定人通过7－Zip软件可以正常安装使用所述下载软件，则证据1不仅仅是公开了一种安装方式，在按照提示安装

运行所述下载软件的过程中,相关的界面设计内容亦为公众所获知,亦即该软件的界面设计实际上已处于为公众所知的状态,在此情况下,所述软件是否为保密软件、通过7-Zip软件解压缩安装所述下载软件是否违反法律规定,均不影响现有设计的认定。

(四)对通过7-Zip软件解压缩的行为进行公证而形成的证据,能否作为定案依据

证据1是公证机关工作人员依据法定职责对所述软件的下载、解压、安装及运行过程进行的保全操作及证明,是借助通用软件的常规操作对软件运行情况进行的记录,不违背司法部门关于公证程序的相关规则;公证机关工作人员不存在侵犯著作权的主观意图和客观行为,证据1也不属于原告所述的严重侵害他人合法权益、违反法律禁止性规定或者严重违背公序良俗的方法形成或者获取的证据,可以作为认定案件事实的根据,被诉决定并未违反证据采信规则。

综上,证据1中所述下载软件呈现的图形用户界面处设计于能够为公众得知的状态,且其时间早于本专利的申请时间,故属于本专利申请日之前公开的现有设计。

二、关于本专利是否属于《专利法》第24条第3项所规定的不丧失新颖性宽限期的情形

根据《专利法》第24条第3项的规定,申请专利的发明创造在申请日以前6个月内,他人未经申请人同意而泄露其内容的,不丧失新颖性。他人未经申请人同意而泄露其内容所造成的公开,包括他人未遵守明示或者默示的保密信约而将发明创造的内容公开,也包括他人用威胁、欺诈或者间谍活动等手段从发明人或者申请人那里得知发明创造的内容而后造成的公开。本案中,本专利申请日之前体验用户对本案证据1中所述下载软件的体验试用是否负有保密义务,是判断本专利是否属于该款项所述情形的核心,此处的保密义务既包含明示的保密义务,也包含默示的保密义务。

首先,所述下载软件并未明确要求体验用户遵守保密规定。对所述下载软件以自解压形式进行安装时,其安装界面提示的是"仅供获得优先体验资格的用户试用"并要求输入体验码。可见,所述下载软件意在供具有资格的用户试用、体验,而体验码一般是对试用者资格的限制,其本身与保密要求并不具有直接的关联性。况且,在案证据也不能证明具有资格的用户的标准和人员范围。至于反证2发帖中所列的进入360体验中心的相关链接,与点击该链接所实际进入的360体验中心的网址并不相符,其实际指向的均是2016年公证当时的360体验中心网页,在该网页受控于原告自身服务器的情况下,不能确定2016年公证时显示的体验中心网页是否经过了修改;另,在相关论坛已经出现大量发帖、跟帖回复的情况下,没有证据证明原告对此进行了禁止性的声明或者采取了哪些积极补救措施。因此,根据在案证据,不能说明原告

在2014年针对所述下载软件采取了必要的防止泄露的措施,亦不能直接证明或间接推定出2014年发帖之时体验中心页面对领取体验码的用户存在保密承诺的要求,故所述下载软件对于体验用户是否具有保密义务未予以明示。

其次,所述下载软件并未默示体验用户具有保密义务。

根据所述下载软件自解压时安装界面以及2016年360体验中心网页所示内容,可以认为体验用户对于尚未发布的产品拥有优先体验权和意见建议权,但并不能直接说明所述下载软件处于内测阶段;而网友评论具有较强的主观性,在缺乏其他证据予以印证的情况下,依据个别网友的评论无法直接认定所述下载软件在督导内测,且对督导的内测保密要求亦不能视为对体验用户的保密要求。此外,不同类型的内测软件根据其所处的行业领域、市场地位、开发程度等对是否需要保密以及保密程度会有不同的要求,退一步而言,即便是软件处于内测阶段,根据原告列举的江民、小米、金山毒霸、搜狗输入法等不同类型内测软件的要求,亦不足以说明对于内测阶段的软件进行保密构成软件行业的通常观念和商业习惯。

综上,在案证据不足以证明在本专利申请日之前体验用户负有明示或默示的保密义务,所述下载软件不属于《专利法》第24条第3项所规定的不丧失新颖性宽限期的情形。

综上所述,被诉决定认定事实清楚、适用法律及结论正确,作出程序合法,奇虎公司、奇智公司的诉讼请求缺乏事实和法律依据,依照《行政诉讼法》第69条之规定,判决如下:

驳回原告北京奇虎科技有限公司、北京奇智商务咨询有限公司的诉讼请求。

案件受理费100元,由原告北京奇虎科技有限公司、北京奇智商务咨询有限公司负担(已交纳)。

如不服本判决,各方当事人可于本判决送达之日起15日内,向本院提交上诉状及其副本,并交纳上诉案件受理费100元,上诉于中华人民共和国最高人民法院。如在上诉期满后7日内未交纳上诉案件受理费的,按自动撤回上诉处理。

审 判 长　仪××
人民陪审员　张××
人民陪审员　芮××
2019年11月25日
法官助理　×　×
书 记 员　×　×

【上诉状】

行政上诉状

上诉人(原审原告)：北京奇虎科技有限公司，住所地：北京市朝阳区酒仙桥路。

法定代表人：周××，执行董事。

上诉人(原审原告)：北京奇智商务咨询有限公司，住所地：北京市朝阳区。

法定代表人：邢××，执行董事。

被上诉人(原审被告)：国家知识产权局，住所地：北京市海淀区蓟门桥西土城路6号。

法定代表人：申长雨，局长。

被上诉人(原审第三人)：北京江民新科技术有限公司，住所地北京市海淀区蓝靛厂金源时代购物中心。

法定代表人：郭××，执行董事。

上诉人因侵害外观设计专利权无效行政纠纷一案，不服北京知识产权法院(2018)京73行初××××号行政判决，特提出上诉。

上诉请求：

1. 依法撤销北京知识产权法院(2018)京73行初××××号行政判决，改判支持上诉人原审全部诉讼请求；或者撤销北京知识产权法院(2018)京73行初××××号行政判决，并将本案发回重审。

2. 本案的诉讼费用由被上诉人承担。

上诉理由：

一、原审法院事实查明有误，应予纠正

(1)原审法院关于涉案自解压安装软件的密码保护被故意避开认定为正常解压缩操作而非破解查明有误。

权利人以"体验码"为名称的密码保护其软件，系保护其软件著作权的技术措施。发帖人及其他人明知涉案自解压安装软件正常安装使用需具备相关资格条件并经软件著作权人许可方可合法获得软件安装所需的体验码，而实施故意避开原告为保护该软件著作权而采取的技术措施，显然属于破解行为。体验码本身就是密码的另外一种叫法，故原审判决认为体验码与软件保护并不直接相关显然属于事实认定错误。

上诉人提供证据明确证明所下载涉案自解压安装软件经过7-Zip破解之后安全防护等主要功能都遭到破坏，无法正常使用，显然利用"7-Zip"软件去解压缩"360安全卫士"安装程序的手段属于对"360安全卫士"的恶意破坏，这种对现有设计的取得方式明显不合法，原审在事实认定上存在明显错误。

(2)原审关于涉案自解压软件能够被2016年版本7-Zip软件破解即推定可以被2014年版本的7-Zip软件破解认定有误。

原审中上诉人提供多项证据显示当时经7-Zip软件破解后的涉案自解压安装软件无法正常安装使用的情况下,仅仅根据2016年版本的7-Zip破解后安装能够实现部分功能的事实即认定“2016年版本7-Zip软件和2014年版本7-Zip软件均应能解压并正常安装”认定有误。

(3)原审法院采信通过非法破解行为所获取的证据,严重违反证据采信规则,不应作为原审认定事实的依据,应予以纠正。

《最高人民法院关于适用〈中华人民共和国民事诉讼法〉的解释》(法释〔2015〕5号)第106条规定:“对以严重侵害他人合法权益、违反法律禁止性规定或者严重违背公序良俗的方法形成或者获取的证据,不得作为认定案件事实的根据。”如上所述,被诉决定中作为认定现有设计的证据系采用非法破解手段而获取。未经软件著作权人许可并合法获得软件安装所需的体验码,本案第三人实施破解行为系故意避开或破坏原告为保护该软件著作权而采取的技术措施,严重违反了《著作权法》(2010年修正)第48条第6项“未经著作权人或者与著作权有关的权利人许可,故意避开或者破坏权利人为其作品、录音录像制品等采取的保护著作权或者与著作权有关的权利的技术措施的”和《计算机软件保护条例》(2013年修订)第24条第3项“故意避开或者破坏著作权人为保护其软件著作权而采取的技术措施的”的规定,属于“违反法律禁止性规定形成或者获取的证据”,不得作为认定案件事实的根据。

(4)原审法院认定“在案证据不足以证明本专利申请日之前体验用户附有明示或者默示的保密义务”属于事实查明错误,应予纠正。

原审中上诉人从涉案自解压安装软件的安装文件命名,申请体验码的级别设置,在360网站申请体验码时的保密要求,包括原审第三人在内的其他多个软件开发企业内测的保密要求等组成完整的证据链,充分证明了体验用户负有上诉人已经明示的保密义务,原审法院在无相反证据情况下不予采信,违反人民法院关于证据采信的相关规定,应予以纠正。

二、原审法院法律理解适用错误,应予纠正

(一)关于现有设计认定标准有误

原审法院确定“所述软件是否为保密软件、通过7-Zip软件解压缩安装所述下载软件是否违反法律规定,均不影响现有设计的认定”有误,应予以纠正。

1. 所述软件为保密软件,属于未公开信息在有限范围内的可获知并不等于该信息的公开,其包含内容不构成现有技术或设计。

特定范围内的人获取了未公开信息,即使该特定范围的人不具有明示的保密义务,只要其未将未公开信息向社会公众公开,而仅其自己掌握,该未公开信息仍局限在有限范围内。需要注意的是特定范围内的人不具有应社会公众需要，向社会公众公开的义务，与“图书馆最后一本书”事例不同的是，图书馆具有向社会公众传播知识的义务。特定范围内的人能够获知，或者已经获知并不具备专利法意义上的任何人想获得即可获得的可获得性，所以其他人并不能够从这些人中想获得即可获得，即该信息并非处于任何人想获得即可获得的状态，因此，不构成专利法意义上的公开。

2. 社会公众通过7－Zip软件解压缩安装所述下载软件属于既违反法律规定，又违背权利人保密意愿的获知，不属于专利法意义上的公开。

《专利审查指南》规定的现有技术公开方式就公开内容而言，该三种公开都应该是直接公开了所述技术或者外观设计，而非公开技术或外观设计的承载物。本案中上诉人仅仅允许特定范围内的人经过申请、审核并承担保密义务的情况下安装包含涉案外观设计专利的加密的软件，并未决定将涉案外观设计专利公之于众；相反，是通过体验码的方式设置了技术保护措施，进行了保密的限制，显然不能构成公开。正如专利审查指南该段所述“印有‘内部资料’‘内部发行’等字样的出版物确系在特定范围内发行并要求保密的，不属于公开出版物”，根据基本的司法逻辑，入罪举轻以明重；出罪举重以明轻，连仅仅简单申明“内部资料”“内部发行”等字样并能说明在特定范围发行并要求保密即可认定不属于公开出版物，而本案中采用技术手段进行限制，并有保密要求，其严格程度远远高于前者，更不能视为公开了。

《专利审查指南》所述三种公开方式均不违背当事人的意志进行获知，从社会公众角度而言，均是通过合法的途径，尊重信息持有人愿意公开的意志，而进行的获知。就本案而言，首先，我们不认为在第三人证据1中所述帖子的指引下，在专利申请日之前，社会公众能够获知到软件运行所产生的用户界面；其次，本案中在原审第三人证据1中所述帖子根本没有公开“360安全卫士”的界面，而仅仅是披露了“360安全卫士”体验版安装文件地址和非法破解方法；最后，退一步讲，即使在原审第三人证据1中所述帖子引导下社会公众能够破解后运行涉案软件，知道软件运行所产生的用户界面，但是因为该软件运行破解了原告采取的技术防卫措施，技术防卫措施的难度高低不论，均属于违法行为，违反了原告不对社会公众开放的意思表示，该种违背原告意思表示的获知不属于专利法意义上的公开。

（二）原审法院关于新颖性宽限期的理解适用有误，应予纠正

《专利法》第24条规定：“申请专利的发明创造在申请日以前六个月内，有下列情形之一的，不丧失新颖性：……（三）他人未经申请人同意而泄露其内容的。”原审法院在适用该条款时附加了“本案中，本专利申请日之前体验用户对本案证据一中所述下载软件的体验试用是否附有保密义务，是判断本专利是否属于该款项所述情形的核心”，增加该前提条件于法无据，限制了权利人正当行使权利，应予以纠正。

首先，上诉人不认可披露7－Zip破解方法的发帖人泄露了涉案外观设计专利的

内容。其次,假定即使该发帖人泄露了涉案外观设计专利的内容,该情形是否适用宽限期规定,也仅仅与发帖人是否经申请人同意有关,而与体验用户是否有保密义务无关,除非能够证明发帖人是体验用户,才需要考虑体验用户是否具有明示或者默示的保密义务。本案中体验用户是与申请人之间存在契约关系,在申请体验码时已经承担了保密义务,如果体验用户泄露了内容,则构成了公开,则应适用宽限期规定,不丧失新颖性;即使假定未要求体验用户承担保密义务,如果其泄露了内容,则构成公开,不适用宽限期。在发帖人与体验用户并非同一的情况下,增加体验用户具有保密义务作为发帖人行为适用宽限期的前提条件,显属不当,应予以纠正。

综上,原审法院查明案件事实不清,适用法律错误,已明显损害了上诉人的合法权益。为了正确适用法律,依法维护法律的尊严,维护上诉人的合法权益,特提请二审法院改判支持上诉人原审全部诉讼请求或依法发回重审。

此致

最高人民法院

上诉人:北京奇虎科技有限公司

奇智软件(北京)有限公司

2020 年 1 月 8 日

【二审判决书】

中华人民共和国最高人民法院
行政判决书

(2020)最高法知行终×××号

上诉人(原审原告):北京奇虎科技有限公司。住所地:北京市朝阳区。

法定代表人:周鸿祎,该公司执行董事。

委托诉讼代理人:路×,男,该公司员工。委托诉讼代理人:李×,女,该公司员工。

上诉人(原审原告):北京奇智商务咨询有限公司。住所地:北京市朝阳区酒仙桥路6号院2号楼B座2层、3层301—306室。

法定代表人:陈昊,该公司执行董事。

委托诉讼代理人:韩羽枫,北京市世泽律师事务所律师。

委托诉讼代理人:陈×,北京汲智翼成知识产权代理事务所专利代理师。

被上诉人(原审被告):国家知识产权局。住所地:北京市海淀区蓟门桥西土城路6号。

法定代表人:申长雨,该局局长。

委托诉讼代理人:徐××,该局审查员。

委托诉讼代理人:刘××,该局审查员。

原审第三人:北京江民新科技术有限公司。住所地:北京市海淀区蓝靛厂金源时代购物中心B区#B座701-1室。

法定代表人:郭昌盛,该公司执行董事。

委托诉讼代理人:王卫东,北京大成律师事务所律师。

委托诉讼代理人:赵海生,北京大成律师事务所律师。

上诉人北京奇虎科技有限公司(以下简称奇虎公司)、北京奇智商务咨询有限公司(以下简称奇智公司)因与被上诉人国家知识产权局、原审第三人北京江民新科技术有限公司(以下简称江民公司)外观设计专利权无效行政纠纷一案,不服北京知识产权法院于2019年12月25日作出的(2018)京73行初××××号行政判决,向本院提起上诉。本院于2020年11月16日立案后,依法组成合议庭,于2020年12月14日公开开庭进行了审理,奇虎公司的委托诉讼代理人路×、李×,奇智公司的委托诉讼代理人韩羽枫、陈×,国家知识产权局的委托诉讼代理人徐××、刘××,江民公司的委托诉讼代理人赵海生到庭参加诉讼。本案现已审理终结。

奇虎公司、奇智公司上诉请求:(1)依法改判,支持奇虎公司、奇智公司原审全部诉讼请求,或者撤销原审判决,发回重审;(2)本案的诉讼费用由国家知识产权局承担。事实和理由:(1)原审法院事实查明有误,应予纠正。①原审法院将涉案自解压安装软件的密码保护被故意避开认定为正常解压缩操作而非破解,事实查明有误。②原审法院关于涉案自解压软件能够被2016年版本7-Zip软件破解即推定可以被2014年版本的7-Zip软件破解,事实认定有误。③原审法院采信通过非法破解行为所获取的证据,严重违反证据采信规则,不应作为认定事实的依据,应予以纠正。④原审法院认定,在案证据不足以证明本专利申请日之前体验用户负有明示或者默示的保密义务属于事实查明错误,应予纠正。(2)原审法院法律适用错误,应予纠正。①关于现有设计认定标准有误。第一,所述软件为保密软件,属于未公开信息,在有限范围内的可获知并不等于该信息的公开,其包含内容不构成现有设计。第二,社会公众通过7-Zip软件解压缩安装所述下载软件属于既违反法律规定,又违背权利人保密意愿的获知,不属于《中华人民共和国专利法》(以下简称专利法)意义上的公开。②原审法院关于新颖性宽限期的理解有误,应予纠正。原审法院在适用该条款时,附加了本专利申请日之前体验用户对本案证据1中所述下载软件的体验试用是否负有保密义务,是判断本专利是否属于该款项所述情形的核心,增加该前提条件于法无据,限制了权利人正当行使权利,应予以纠正。首先,奇虎公司、奇智公司不认可披露7-Zip破解方法的发帖人泄露了本专利的内容。其次,即使该发帖人泄露了本专利的内容,该情形是否适用宽限期规定,也仅仅与发帖人是否经申请人同意有关,而与体验用户是否有保密义务无关,除非能够证明发帖人是体验用户,才需要考虑体验用户是否负有明示或者默示的保密义务。本案中体验用户与申请人之间存在契约关系,在申请体验码时已经承担了保密义务,如果体验用户泄露了内容,则构成了公开,应适用宽限期规定,不丧失新颖性;假定未要求体验用户承担保密义务,如果其泄露了内容,则构成公开,不适用宽限期。在发帖人与体验用户并非同一的情况下,增加体验用户具有保密义务作为发帖人行为适用宽限期的前提条件,显属不当,应予以纠正。

国家知识产权局辩称:原审判决认定事实清楚,适用法律正确,程序合法,请求二审法院在查明事实的基础上驳回上诉。江民公司述称:原审判决认定事实清楚,适用法律正确,请求二审法院驳回上诉,维持原判。

奇虎公司、奇智公司向原审法院提起诉讼,原审法院于2018年4月27日立案受理。奇虎公司、奇智公司起诉请求:撤销国家知识产权局专利复审委员会(以下简称专利复审委员会)作出的第35179号无效宣告请求审查决定(以下简称被诉决定)。事实和理由:(1)被诉决定采信非法手段获取的证据作为认定现有设计的依据,导致事实认定错误。具体体现为:①被诉决定中认定现有设计的证据根本没有公开360安全卫士的界面,而仅仅是披露了360安全卫士体验版安装文件地址和非法破解方法。②被诉决定中认定现有设计的依据取得方式明显不合法,江民公司通过非法破解获取了360安全卫士的安装程序setup_10_priv.exe。③对非法破解行为所获取证据的采信违反证据采信规则,进行公证的行为属于对非法行为进行的公证。

(2)专利法意义上的公开,系处于公众想得知就能得知的法律状态,而不是违背秘密信息持有人的意志能够得到即公开,被诉决定关于新颖性相关的公开理解有误。故请求法院依法撤销被诉决定,并判令国家知识产权局重新作出无效宣告请求审查决定。

国家知识产权局原审辩称:被诉决定认定事实清楚,适用法律正确,审理程序合法,审查结论正确,奇虎公司和奇智公司的诉讼请求和理由不能成立,故请求法院依法驳回其诉讼请求。

江民公司原审述称:证据1已经充分证明所显示的软件界面设计已构成本专利的现有设计,通过7-Zip软件解压缩安装所下载软件,并不违反证据规则和法律规定,且奇虎公司和奇智公司主张不丧失新颖性宽限期于法无据,故请求法院依法驳回其诉讼请求。

原审法院认定事实:本专利是带图形用户界面的电脑、专利号为201430329167.3的外观设计专利,本专利的申请日为2014年9月5日,授权公告日为2014年11月5日,专利权人为奇虎公司、奇智公司。

针对本专利,江民公司于2016年8月8日向专利复审委员会提出了无效宣告请求,理由是本专利与其提交的证据所示现有设计或现有设计特征的组合相比不具有明显区别,因此本专利不符合《专利法》第23条第2款的规定,应予宣告无效。江民公司提交了证据1—4,其中:

证据1是北京市长安公证处(2016)京长安内经证字第18612号公证书复印件,公证时间为2016年7月7日,具体内容涉及:访问卡饭论坛,在该论坛中找到标题为"360安全卫士10下载地址"的帖子,该帖子显示发帖时间为2014年8月19日,点击所列链接地址,下载文件"setup_10_priv. exe",通过百度搜索7-Zip软件下载并安装,将"setup_10_priv. exe"文件通过安装好的7-Zip软件提取到文件夹,点击所提取文件中的360safe. exe文件运行该软件,其页面左上角显示"360安全卫士10.0Beta"。

奇虎公司、奇智公司针对上述无效宣告请求于2016年10月8日提交意见陈述书,同时提交了反证1—7,其中:

反证1是北京市方圆公证处(2016)京方圆内经证字第21382号公证书复印件,公证时间为2016年9月28日,具体内容涉及:访问卡饭论坛、米柚论坛、爱毒霸社区和软件测试论坛,在上述网站中找到相关帖子及评论。

反证2是北京市方圆公证处(2016)京方圆内经证字第21511号公证书复印件,公证时间为2016年9月29日,具体内容涉及:访问爱毒霸社区、360体验中心、卡饭论坛、360安全社区等,找到相关帖子及评论;进入百度知道、百度文库、百度百科等,找到360安全卫士十大版本、软件注册破解案例教程等内容。

反证3是北京市方圆公证处(2016)京方圆内经证字第19020号公证书复印件,公证时间为2016年9月2日,具体内容涉及:访问卡饭论坛,在该论坛中找到标题为"360安全卫士10下载地址"的帖子,点击帖子中的链接下载setup_10_priv. exe文件,双击运行所述下载软件是弹出360安全卫士10窗口:仅供获得优先体验资格的用户使用,请输入体验码。

反证4是北京市方圆公证处(2016)京方圆内经证字第20045号公证书复印件,公证时间为2016年9月14日,具体内容涉及:访问360体验中心,找到体验流程详解,该部分对体验流程进行了详细介绍。

反证7是证据1中的部分相关网页及其关联网页的打印件,其中部分评论回复显示:"要体验码,等级不够",7-Zip解压后安装"还不完美,等待新版中""试过了,被卡住了,有些啃爹"。

专利复审委员会于2016年10月28日进行了口头审理,并于2018年3月8日作

出被诉决定,认定:

一、法律依据

专利法第23条第2款和专利法第24条。

二、证据及相关事实认定

(一)关于证据1

1. 关于帖子真实性

该帖子所显示的发帖时间2014年8月19日即为其真实发帖日期,帖子中记载的下载软件链接、跟帖人的发言内容在相应的记录时间亦为真实存在。

2. 关于能否在本专利申请日之前下载相关软件

通过证据1可认定任何人通过所述帖子列出的下载地址链接,即可在本专利申请日之前下载链接所指向的相关软件。反证2不能否定前述结论。

3. 公证日所下载软件与本专利申请日之前所下载软件是否一致

本案中,在公证日2016年7月7日之前该软件下载链接从未更新过2014年8月19日之后修改版本的软件。本案证据1帖子中列出的软件下载链接采用的是以同一下载地址结合不同文件名指向唯一对应的软件这一通行做法。在无相反证据证明,特别是该软件下载指向的服务器为专利权人公司的服务器,专利权人未提交证据证明其主张的情况下,应推定证据1帖子中列出的软件下载地址和文件名指向的软件为唯一对应的同一版本软件。反证2不能证明证据1中下载链接所指向的软件存在不同版本。

4. 对所下载软件是否任何人都能正常安装使用

普通公众通过帖子链接下载“setup_10_priv. exe”软件后,按照该帖中网友提示的方法,通过安装通用的“7 – Zip”压缩解压软件,并按常规操作方法对“etup_10_priv. exe”提取解压,即可安装成功并正常使用该软件,该过程并未利用特别软件或采用特殊手段,即任何非特定人对所述下载软件借助通用软件的通常操作都能实现正常安装使用。针对双方对此争议的几方面焦点问题合议组进一步认定如下:

(1)7 – Zip软件作为一款通用的压缩解压软件,压缩和解压是其基本功能,任何版本都应当会具备,不同版本通常情况下其压缩文件的基本格式不会出现实质性改变,特别是从2016年版本号为16. × ×及2014年版本号为专利权人所述9. × ×来看,应均为成熟版本,可解压缩的文件类型应基本固定;虽然其版本差异可能会在压缩和运行效率、附加功能、运行稳定性等方面有所不同,但本案中采用的“提取到‘setup_10_priv’”实质为基本的解压功能,通常情况下所解压提取的文件不会因所述版本不同而不同。而且证据1所述发帖中以及专利权人提交的反证7所示该发帖中网友回复发言,均未见反映不能解压的情形。

(2)虽然以自解压形式直接点击安装在没有体验码情况下确不能安装使用,但本案前述帖子中提示了另一种以7－Zip软件解压的安装方法，按照该方法，任何非特定人如前述借助通用软件的通常操作都能实现正常安装；通过解压和压缩软件进行解压提取文件，所采用的也是解压和压缩软件普通的解压缩功能的操作，而不涉及密码破解等特殊操作；在无证据证明情况下应认为所下载的7－Zip软件为未经过第三方改编过的7－Zip普通解压和压缩软件，不涉及密码破解等特殊功能，因此应认为通过其解压可以实现正常安装使用所述"360安全卫士10.0"安装软件。

5. 关于通过7－Zip软件解压缩安装所述下载软件是否违法，由此取得的相关证据是否能够作为定案依据

公众通过7－Zip软件解压缩安装所述下载软件是否违反上述法规规定，并不影响相关软件界面设计是否构成现有设计的认定。本案中公证机构通过相关解压缩方法安装所述下载软件之后，仅依法定职责对所述下载软件运行过程作保全证明，不属于严重侵害他人合法权益、违反法律禁止性规定或者严重违背公序良俗的方法形成或者获取的证据，可以作为认定案件事实的根据。

6. 专利权人主张所述下载软件是内测的保密软件、下载使用所述软件的体验用户需要高级别并承担保密义务，因而不构成向公众公开

专利复审委员会认为，本案中所述下载软件客观上已处于任何人可下载安装使用而为公众所知的事实状态，因此无论所述软件是否为保密软件、所称保密义务是否成立均不影响是否构成现有设计的认定。

综上所述，所述下载软件呈现的图形用户界面设计属于本专利申请日之前公开的现有设计。

（二）关于证据2

发帖中分别贴出多幅相关软件的图形用户界面设计贴图，相关发帖内容已处于能够为公众得知的状态，所述发帖时间或最后编辑时间均早于本专利申请日，因此帖子中贴图所示图形用户界面设计属于本专利申请日之前公开的现有设计。

（三）关于证据3、证据4

证据3、证据4所示设计属于本专利申请日之前公开的现有设计。

（四）关于专利权人提交的反证证据

关于专利权人提交反证用于证明不构成现有设计，其具体欲证明的事实及相关主张是否成立已在前述证据认定中相结合作认定，不再赘述。其中关于专利权人通过反证证明和主张的前述下载软件为内测软件具有保密要求、安装使用具有保密义务，其是否成立与专利权人主张的不丧失新颖性的宽限期直接相关，故见以下认定。

三、关于是否属于不丧失新颖性宽限期的情形

本案中证据1前述卡饭论坛帖子及下载链接页面均未见任何关于保密要求的信息，专利权人提交的证据也不足以证明所述下载软件的使用具有明示或默示的保密

要求。理由如下:所述下载软件本身并未明示保密要求,相关证据也不足以证明对体验用户具有保密约定;设置体验码不能证明对软件试用具有保密要求;专利权人提交的证据不足以证明体验试用软件的用户负有保密义务,也不足以证明其为行业惯例。

综上所述,专利权人提交的证据不足以证明本专利申请日之前试用者对本案所述下载软件的体验试用负有保密义务,因此所述下载软件的公开不属于专利法第24条规定的,他人未经申请人同意而泄露其内容的不丧失新颖性的宽限期情形。

四、关于专利法第23条第2款

本专利所示设计1、设计2与证据1和证据3所示现有设计组合相比不具有明显区别,不符合专利法第23条第2款的规定。

据此,专利复审委员会宣告本专利权全部无效。

原审法院认为,结合各方当事人的诉辩主张,本案的争议焦点包括:(1)证据1中所述下载软件呈现的图形用户界面设计是否属于本专利申请日之前公开的现有设计;(2)本专利是否属于专利法第24条第3项所规定的不丧失新颖性宽限期的情形。

(一)关于证据1中所述下载软件呈现的图形用户界面设计是否属于本专利申请日之前公开的现有设计

1. 公证日所下载软件版本与发帖日可下载软件版本是否一致

软件的数字签名时间表示软件的完成时间,根据证据1所述下载软件的数字签名时间,可以确定该软件的完成时间为2014年8月19日。至于反证2中卡饭论坛标题为“360安全卫士10.0抢先体验P5版【转帖】”的发帖,其与证据1中的帖子并非同一发帖,两个帖子中界面控制和显示状态不同可以说明二者非同一版本,但不能证明证据1中所述下载软件存在不同版本,不能用于否定公证日所下载软件与本专利申请日之前所下载软件的一致性。故根据在案证据,可以认定在证据1公证日之前证据1的下载链接未对该版本进行过更新。

2. 2016年版本的7-Zip软件和2014年版本的7-Zip软件是否均能对exe文件解压并正常安装

不同版本的软件在其界面、运行效果等方面可能会存在一定差异,但对于该款软件的最基本功能,先后版本都应当具备,否则将失去其存在的基本价值。就7-Zip压缩解压软件而言,相较于2014年版本,2016年版本因升级优化在运行方面应更为成熟,但就二者共同应具有的基本功能——解压缩而言,不会发生实质性改变,即对于2016年版本能够解压的文件,2014年版本通常也能实现解压功能,且证据1中所述发帖的大部分跟帖回复中未见反馈不能解压的情形,故针对所述下载软件,2016年版本7-Zip软件和2014年版本7-Zip软件均应能解压并正常安装。此外,虽然个别网友评论出现了卡顿问题,但考虑到所用设备与网络环境的不同,在缺乏其他证据予以印证的情况下,尚不足以认定2014年版本的7-Zip软件不能对所述下载软件解压和安装;同时,即便如个别网友评论所言下载软件存在不完善之处,这与图形用户界面的公开亦并不具有直接关联性。

3. 通过7 – Zip 软件对所述下载软件进行安装是否为破解行为,是否导致不能适用专利法第23条第2款的规定

7 – Zip 软件是一款通用的压缩解压软件,虽然为开源软件可以被修改,但是根据证据1下载、运行和操作7 – Zip 软件的公证过程可见,其未经过他人修改且没有证据表明涉及密码破解等特殊操作;虽然通过自解压形式对所述下载软件进行安装需要输入体验码,但因体验码与软件保密并不直接相关,故7 – Zip 软件不需要体验码即可实现相关操作并不能说明其为软件破解行为;普通公众通过帖子链接下载所述软件后,按照该帖中网友提示的方法,通过安装通用的7 – Zip 压缩解压软件,并按常规操作方法对所述下载软件提取解压,均应能够正常安装使用,现有证据不足以证明所述下载软件的功能被破坏且无法正常使用;并且,不同类型的解压缩软件支持的文件格式并不相同,winrar 和 winzip 软件不能对 exe 格式的自解压文件进行提取并不意味着其他软件如7 – Zip 软件无法提取,也不意味着7 – Zip 软件提取文件的行为是破解行为。综上所述,应当认定通过7 – Zip 软件对所述下载软件进行安装采用的是普通的解压缩操作。

现有设计指的是申请日以前在国内外为公众所知的设计,如果所述下载软件客观上处于任何人可下载安装使用而为公众所知的事实状态,即可基于该事实状态直接认定相关设计构成现有设计。本案中,既然任何非特定人通过7 – Zip 软件可以正常安装使用所述下载软件,则证据1不仅仅是公开了一种安装方式,在按照提示安装运行所述下载软件的过程中,相关的界面设计内容亦为公众所获知,亦即该软件的界面设计实际上已处于为公众所知的状态,在此情况下,所述软件是否为保密软件、通过7 – Zip 软件解压缩安装所述下载软件是否违反法律规定,均不影响现有设计的认定。

4. 对通过7 – Zip 软件解压缩的行为进行公证而形成的证据,能否作为定案依据

证据1是公证机关工作人员依据法定职责对所述软件的下载、解压、安装及运行过程进行的保全操作及证明,是借助通用软件的常规操作对软件运行情况进行的记录,不违背司法部门关于公证程序的相关规则;公证机关工作人员不存在侵犯著作权的主观意图和客观行为,证据1也不属严重侵害他人合法权益、违反法律禁止性规定或者严重违背公序良俗的方法形成或者获取的证据,可以作为认定案件事实的根据,被诉决定并未违反证据采信规则。

综上,证据1中所述下载软件呈现的图形用户界面设计处于能够为公众得知的状态,且其时间早于本专利的申请时间,故属于本专利申请日之前公开的现有设计。

(二)关于本专利是否属于专利法第24条第3项所规定的不丧失新颖性宽限期的情形

本案中,本专利申请日之前体验用户对本案证据1中所述下载软件的体验试用是否负有保密义务,是判断本专利是否属于该款项所述情形的核心,此处的保密义务既包含明示的保密义务,也包含默示的保密义务。

首先,所述下载软件并未明确要求体验用户遵守保密规定。对所述下载软件以自解压形式进行安装时,其安装界面提示的是“仅供获得优先体验资格的用户试用”并要求输入体验码。可见,所述下载软件意在供具有资格的用户试用、体验,而体验码一般是对试用者资格的限制,其本身与保密要求并不具有直接的关联性。况且,在案证据也不能证明具有资格的用户的标准和人员范围。至于反证2发帖中所列的进入360体验中心的相关链接,与点击该链接所实际进入的360体验中心的网址并不相符,其实际指向的均是2016年公证当时的360体验中心网页,在该网页受控于奇虎公司、奇智公司自身服务器的情况下,不能确定2016年公证时显示的体验中心网页是否经过了修改;另外,在相关论坛已经出现大量发帖、跟帖回复的情况下,没有证据证明奇虎公司、奇智公司对此进行了禁止性的声明或者采取了哪些积极补救措施。因此,根据在案证据,不能说明奇虎公司、奇智公司在2014年针对所述下载软件采取了必要的防止泄露的措施,亦不能直接证明或间接推定出2014年发帖之时体验中心页面对领取体验码的用户存在保密承诺的要求,故所述下载软件对于体验用户是否具有保密义务未予以明示。

其次,所述下载软件并未默示体验用户具有保密义务。根据所述下载软件自解压时安装界面以及2016年360体验中心网页所示内容,可以认为体验用户对于尚未发布的产品拥有优先体验权和意见建议权,但并不能直接说明所述下载软件处于内测阶段;而网友评论具有较强的主观性,在缺乏其他证据予以印证的情况下,依据个别网友的评论无法直接认定所述下载软件在督导内测,且对督导的内测保密要求亦不能视为对体验用户的保密要求。此外,不同类型的内测软件根据其所处的行业领域、市场地位、开发程度等对是否需要保密以及保密程度会有不同的要求,退一步而言,即便是软件处于内测阶段,根据奇虎公司、奇智公司列举的江民、小米、金山毒霸、搜狗输入法等不同类型内测软件的要求,亦不足以说明对于内测阶段的软件进行保密构成软件行业的通常观念和商业习惯。

综上,在案证据不足以证明在本专利申请日之前体验用户负有明示或默示的保密义务,所述下载软件不属于专利法第24条第3项所规定的不丧失新颖性宽限期的情形。

原审法院判决:驳回奇虎公司、奇智公司的诉讼请求。案件受理费100元,由奇虎公司、奇智公司负担。

二审审理中,奇虎公司、奇智公司提交了5份新的证据:

新证1:7－Zip官网时间戳证据,拟证明7－Zip的常规操作方法对象不包括exe文件;

新证2:吾爱破解网站网页时间戳证据,拟证明7-Zip可以用来破解WPS Office软件;

新证3:吾爱破解网站网页时间戳证据,证明7-Zip可以破解exe文件的做法并不是常规操作,需要向破解网站求助才可以知晓;

新证4:博客网页时间戳证据,拟证明使用解压软件RAR,可以以破坏App软件保护措施的方式非法获取到App中他人享有著作权的音频文件;

新证5:涉案360安全卫士软件安装后使用情况时间戳证据,拟证明按照江民公司的取证方式获得的360安全卫士在安装后进行使用时防护、漏洞修复等核心功能均无法正常工作。

国家知识产权局的质证意见为:上述证据均未在无效程序和一审程序中提交,属于超期提交的证据,奇虎公司、奇智公司未提出此前程序未获得上述证据的理由;同时,上述证据也不能证明其所主张的事实。

江民公司的质证意见为:除了上述证据存在超期提交的问题外,对上述证据的真实性、关联性和合法性均不予认可。

本院的认证意见为:上述证据均为时间戳证据,对上述证据的真实性予以认可,但是否达到其证明目的将结合本案事实进行说明。

国家知识产权局和江民公司均未提交新的证据。原审查明的事实基本属实,本院予以确认。

本院认为,根据各方的诉辩意见,本案二审中争议焦点为:

(一)证据1所披露的内容是否构成专利法第23条第4款规定的现有设计;

(二)如证据1所披露的内容构成现有设计,本案是否属于专利法第24条第3项规定的可以适用新颖性宽限期的情形。

(一)证据1所披露的内容是否构成专利法第23条第4款规定的现有设计

根据专利法第23条第4款的规定,现有设计是指申请日以前在国内外为公众所知的设计。现有设计公开的方式包括在国内外以出版物形式公开、以使用等方式公开和以其他方式公开三种。使用公开,是指由于使用而导致设计方案的公开,或者导致设计方案处于公众可以得知的状态。使用公开的方式包括能够使公众得知其设计的任何公开方式,只要通过该方式使有关设计内容处于公众想得知就能够得知的状态,就构成使用公开,一般并不取决于其是否实际被公众得知。判断是否为公众所知,应当主要从以下几个方面进行:一是不特定第三人获知现有设计是否受到特定条件的限制,但获知人数、地域范围、支付金钱、注册申请等因素不足以构成限制;二是获知现有设计的不特定公众是否对现有设计负有保密义务;三是为公众所知是现实的而非可能存在的状态。其中,获知现有设计的不特定第三人是否负有保密义务,一般分为基于法律规定或者合同约定负有保密责任的情形以及根据社会观念或者商业习惯承担默示保密义务的情形。

本案中，证据1系专利申请日前上载至互联网名为卡饭论坛的标题为“360安全卫士10下载地址”的帖子，任何人登录论坛均可使用7－Zip软件下载该帖子中链接的“360安全卫士10.0版本”软件，将“setup_10_priv.exe”文件通过7－Zip软件提取到文件夹，点击所提取文件中的“360safe.exe”文件运行，“360安全卫士10.0Beta”软件即显示在页面上。从在案证据可知，上载至卡饭论坛的360安全卫士10下载地址的软件有两种打开方式：一种方式是一定技术级别的人可以申请类似密码的体验码后通过自解压形式对所述下载软件进行安装，另一种方式即证据1所记载的方式，任何人均可下载安装使用。卡饭论坛是国内知名的软件交流论坛，具有较高的信誉度，该论坛对访问者并未设定任何限制。证据1可以证明，虽然发帖人将软件链接发至论坛上，同时限制了访问下载条件，即只有获得体验码的人可以下载，但是由于跟帖人明确提示可以通过7－Zip软件提取到文件夹，由此导致任何访问者均可根据该提示下载运行“360安全卫士10.0Beta”软件。因此，证据1中所述下载软件呈现的图形用户界面设计处于能够为公众得知的状态，且其时间早于本专利的申请时间，故属于本专利申请日之前公开的现有设计。原审判决及被诉决定对此认定正确，本院予以支持。

奇虎公司和奇智公司上诉主张，原审法院采信通过非法破解行为所获取的证据严重违反证据采信规则。但是，众所周知，7－Zip软件是一款通用的压缩解压软件，虽然为开源软件可以被修改，但是根据证据1下载、运行和操作7－Zip软件的公证过程可见，其未经过他人修改且没有证据表明涉及密码破解等特殊操作，故7－Zip软件不需要体验码即可实现相关操作并不能说明其为软件破解行为；普通公众通过帖子链接下载所述软件后，按照该帖中网友提示的方法，通过安装通用的7－Zip压缩解压软件，并按常规操作方法对所述下载软件提取解压，均应能够正常安装使用，现有证据不足以证明所述下载软件的功能被破坏且无法正常使用。综上所述，应当认定通过7－Zip软件对所述下载软件进行安装采用的是普通的解压缩操作。奇虎公司和奇智公司的此项上诉主张不能成立，本院不予支持。

奇虎公司和奇智公司上诉主张，原审法院关于涉案自解压软件能够被2016年版本7－Zip软件破解即推定可以被2014年版本的7－Zip软件破解，事实认定有误。对此，本院认为，不同版本的软件在其界面、运行效果等方面可能会存在一定差异，但对于该款软件的最基本功能，新旧版本原则上均会具备，否则将失去其存在的基本价值。就7－Zip压缩解压软件而言，相较于2014年版本，2016年版本因升级优化在运行方面应更为成熟，但就二者共同应具有的基本功能——解压缩而言，一般不会发生实质性改变。即对于2016年版本能够解压的文件，2014年版本通常也能实现解压功能。而且证据1中所述发帖的大部分跟帖回复中未见反馈不能解压的情形，故针对所述下载软件，2016年版本7－Zip软件和2014年版本7－Zip软件均应能解压并正常安装。此外,虽然个别网友评论出现了卡顿问题,但考虑到所用设备与网络环境的不同,在缺乏其他证据予以印证的情况下,尚不足以认定2014年版本的7-Zip软件不能对所述下载软件解压和安装。奇虎公司和奇智公司的此项上诉主张不能成立,本院不予支持。

(二)关于本专利是否属于专利法第24条第3项所规定的不丧失新颖性宽限期的情形

根据专利法第24条第3项的规定,申请专利的发明创造在申请日以前6个月内,他人未经申请人同意而泄露其内容的,不丧失新颖性。他人未经申请人同意而泄露其内容所造成的公开,其核心在于他人违背申请人意愿而将发明创造的内容公开,其具体表现形式包括但不限于:他人未遵守明示的保密义务或者根据社会观念、商业习惯所应承担的默示的保密义务而将发明创造的内容公开;他人用威胁、欺诈或者间谍活动等非法手段从发明人或者申请人那里得知发明创造的内容而后造成的公开,等等。判断是否违背申请人意愿的公开时,可以从申请人主观的意思表示和客观的行为综合考虑,即申请人主观上是否愿意将其发明创造的内容公开,或者放任公开行为的发生;客观上是否采取一定保密措施确保其发明创造不被公众所容易知晓。

《专利法》第24条规定的符合新颖性宽限期的情形针对的是所公开的内容属于申请专利的发明创造本身,或者公开的内容相对于申请专利的发明创造而言,其差别至少不能超出影响新颖性的范围。本案涉及图形用户界面外观设计专利,根据《专利法》第2条的规定,外观设计专利是产品与外观设计的结合。本专利的产品名称为带图形用户界面的电脑,即产品为电脑,显示的如设计图及变化状态图所示的图形用户界面。专利权人奇虎公司、奇智公司主张新颖性宽限期的在先公开的内容虽然是360安全卫士10.0Beta软件中所呈现的图形用户界面,并没有出现所述电脑。但是,由于该软件通常是在电脑上运行,必须以电脑等硬件作为载体,考虑到图形用户界面外观设计的特殊性,可以将360安全卫士10.0Beta软件中所呈现的图形用户界面视为判断是否符合新颖性宽限期时在先公开的内容。

本案中,现有的证据1可以证明在专利申请日之前发帖人将带有本专利图形用户界面设计的软件公开在卡饭论坛上,但其安装界面提示的是"仅供试用"并要求输入体验码,仅有部分能够获得体验资格的用户可以试用该软件。其后,跟帖人发布7-Zip软件下载提示,使得公众可以通过7-Zip软件下载使用该软件。需要指出的是,奇虎公司和奇智公司认可2014年8月19日卡饭论坛上的软件链接属于内部测试,但主张发帖人未经同意泄露软件内容。此外,根据证据2的内容,获得优先体验资格的用户也进一步披露了所述软件内容。对此,本院分析如下:

第一,就发帖人而言,首先,其明确表示该软件,仅供获得优先体验资格的用户试用并要求输入体验码。从发帖人的意思表示以及其采用体验码限制措施可知,其主观上并不愿意将所述软件的内容公开，也没有证据证明其存在放任所述软件公开行为的发生的意愿；客观上其采取了要求输入体验码的保密措施确保该软件内容不被公众所容易知晓。因此，发帖人已经按照专利申请人的要求履行不公开的义务，未公开所述软件，其不属于《专利法》第24条第3项规定的“他人”。其次，通过发帖人上述行为，根据社会观念和软件内测的商业惯例，作出7-Zip软件下载提示的跟帖人应当明知或者应知发帖人或者软件权利人有保密的意思和行为，并因此负有默示保密义务。但是，跟帖人违背了基于社会观念及商业惯例所承担的默示保密义务，披露了所述软件的非正常打开方式并向社会公众呈现出软件中的图形用户界面，违背专利申请人的意愿，应当属于《专利法》第24条第3项规定的“他人未经申请人同意而泄露其内容”的情形。

第二，就可以获得优先体验资格的用户而言，由于体验中心页面对领取体验码的用户存在保密承诺的要求，体验用户应当遵守其保密约定。专利申请人的真实意图在于所述下载软件仅限于供具有资格的用户试用、体验，而体验码一般是对试用者资格的限制。因此，虽然体验码并非密码，但其所起到的作用与密码基本相同，均是限定接触到该软件的人员的范围。故对于可以获得优先体验资格的用户，其当然具有明示的保密义务，其违反约定的保密义务泄露申请人的发明创造属于《专利法》第24条第3项规定的情形。

综上，证据1因跟帖人提示行为导致所述下载软件呈现的图形用户界面设计处于能够为公众得知的状态，且其时间早于本专利的申请时间，故属于本专利申请日之前公开的现有设计，但由于本院认为证据1所述软件公开行为属于《专利法》第24条第3项所规定的不丧失新颖性宽限期的情形，故证据1不能作为在先设计的对比文件。而证据1所呈现的对比设计系被诉决定认定本专利不符合《专利法》第23条第2款的基础，由于该基础不能成立，被诉决定应予撤销。鉴于江民公司还提出其他证据和理由国家知识产权局尚未予以评述，国家知识产权局应当继续针对其他理由进行评述。

综上所述，原审判决及被诉决定认定事实清楚，但适用法律错误，应予撤销。奇虎公司、奇智公司的上诉主张成立，对其上诉请求应予支持。依照《专利法》(2008年修正)第23条第4款、第24条第3项，《行政诉讼法》(2017年修正)第89条第1款第2项、第3款之规定，判决如下：

一、撤销北京知识产权法院作出的(2018)京73行初××××号行政判决；

二、撤销国家知识产权局作出的第35179号无效宣告请求审查决定；

三、国家知识产权局针对北京江民新科技术有限公司就名称为“带图形用户界面的电脑”、专利号为201430329167.3的外观设计专利所提出的无效宣告请求重新作出决定。

一、二审案件受理费各100元,均由国家知识产权局负担。本判决为终审判决。

审判长 焦 ×
审判员 钱××
审判员 魏 ×
2021年5月31日
法官助理 潘××
书记员 韩 ×

办案总结

一、案情简介

"带图形用户界面的电脑"的外观设计专利(ZL201430329167.3),专利权人为北京奇虎科技有限公司(以下简称奇虎公司)、北京奇智商务咨询有限公司(以下简称奇智公司)。

针对本专利,2016年8月8日,北京江民新科技术有限公司(以下简称江民公司)向专利复审委员会提出了无效宣告请求,理由是本专利与其提交的证据所示现有设计或现有设计特征的组合相比不具有明显区别,不符合《专利法》第23条第2款的规定,应宣告无效。

2018年3月,专利复审委员会宣告涉案专利权全部无效。

二、案件办理过程

奇智公司不服原国家知识产权局专利复审委员会(以下简称原专利复审委员会)于2018年3月8日作出的第35179号无效宣告请求审查决定,委托我所作为其诉讼代理人向北京知识产权法院提起行政诉讼。

2019年12月16日,北京知识产权法院公开开庭审理了本案。我们提交了北京方圆公证处(2016)京方圆内经证字第21382号、第21511号、第19020号、第20045号公证书复印件等证据,内容涉及访问卡饭论坛、米柚论坛、爱毒霸社区和软件测试论坛,以及上述网站中找到的相关帖子及评论;进入百度知道、百度文库、百度百科等,找到360安全卫士十大版本、软件注册破解案例教程;访问卡饭论坛,在该论坛中找到标题为"360安全卫士10下载地址"的帖子,点击帖子中的连接下载setup_10_pri.exe文件,双击运行所述下载软件是弹出360安全卫士10窗口:仅供获得优先体验资格的用户使用,请输入体验码;访问360体验中心,找到体验流程详解,该部分对体验流程进行了详细介绍等内容。北京知识产权法院认为在案证据不足以证明本专利申请日之前体验用户负有明示或默示的保密义务，所述下载软件不属于《专利法》(2008 年修正)第 24 条第 3 项所规定的不丧失新颖性宽限期的情形，并于 2019 年 12 月 25 日作出(2018)京 73 行初 3909 号行政判决，驳回了奇虎公司、奇智公司的诉讼请求。奇虎、奇智公司不服该判决，向最高人民法院提起上诉。

2020 年 12 月 14 日，最高人民法院公开开庭审理了本案。二审审理中，我们提交了 5 份新证据，即 7 – Zip 官网时间戳证据、吾爱破解网站网页时间戳证据、吾爱破解网站网页时间戳证据、博客园网页时间戳证据、涉案 360 安全卫士软件安装后使用情况时间戳证据。

最高人民法院认为，由于证据 1 所述软件公开行为属于《专利法》第 24 条第 3 项所规定的不丧失新颖性宽限期的情形，故证据 1 不能作为在先设计的对比文件。而证据 1 所呈现的对比设计系被诉决定认定本专利不符合《专利法》第 23 条第 2 款的基础，由于该基础不能成立，被诉决定应予撤销。原审判决及被诉决定认定事实清楚，但适用法律错误，应予撤销。奇虎公司、奇智公司的上诉主张成立，对其上诉请求应予支持。

三、案件判决结果

最高人民法院(以下简称最高院)依照《专利法》第 23 条第 4 款、第 24 条第 3 项，《行政诉讼法》第 89 条第 1 款第 2 项、第 3 款之规定，判决如下：

一、撤销北京知识产权法院作出的(2018)京 73 行初××××号行政判决；

二、撤销国家知识产权局作出的第 35179 号无效宣告请求审查决定；

三、国家知识产权局针对北京江民新科技术有限公司就名称为“带图形用户界面的电脑”、专利号为 201430329167.3 的外观设计专利所提出的无效宣告请求重新作出决定。

一、二审案件受理费各 100 元，均由国家知识产权局负担。

本判决为终审判决。

四、办案总结及体会

本案中焦点在于证据 1 中所述下载软件呈现的图形用户界面设计是否属于本专利申请日之前公开的现有设计及本案是否属于《专利法》第 24 条第 3 项所规定的不丧失新颖性宽限期的情形。我们提交了公证书等反证证明下载软件为内测的保密软件、下载使用所述软件的体验用户需要高级别并承担保密义务，因而不构成向公众公开；并主张内测阶段的软件进行保密构成软件行业的通常观念和商业习惯，但是一审法院认为提交的证据不足以证明本专利申请日之前试用者对本案所述下载软件的体验试用负有保密义务，增加该前提条件于法无据，限制了权利人正当行使权利，关于新颖性宽限期的理解有误。最高院认为他人未经申请人同意而泄露其内容所造成的公开，其核心在于他人违背申请人意愿而将发明创造的内容公开，证据 1 所述软件公开行为属于《专利法》第 24 条第 3 项所规定的不丧失新颖性宽限期的情形，支持了我们的上诉请求。

本案直接回答了专利法的基础概念“什么是专利法意义上的公开”，以及对如何在特殊情况下适用专利法宽限期的法律规定作了详细论述。

专家点评

判断是否为公众所知，应当主要从以下几个方面进行：一是不特定第三人获知现有设计是否受到特定条件的限制，但获知人数、地域范围、支付金钱、注册申请等因素不足以构成限制；二是获知现有设计的不特定公众是否对现有设计负有保密义务；三是为公众所知是现实的而非可能存在的状态。其中，获知现有设计的不特定第三人是否负有保密义务，一般分为基于法律规定或者合同约定负有保密责任的情形以及根据社会观念或者商业习惯承担默示保密义务的情形。

他人未经申请人同意而泄露其内容所造成的公开，其核心在于他人违背申请人意愿而将发明创造的内容公开，其具体表现形式包括但不限于：他人未遵守明示的保密义务或者根据社会观念、商业习惯所应承担的默示的保密义务而将发明创造的内容公开；他人用威胁、欺诈或者间谍活动等非法手段从发明人或者申请人那里得知发明创造的内容而后造成的公开，等等。判断是否违背申请人意愿的公开时，可以从申请人主观的意思表示和客观的行为综合考虑，即申请人主观上是否愿意将其发明创造的内容公开，或者放任公开行为的发生；客观上是否采取一定保密措施确保其发明创造不被公众所容易知晓。

本案涉及软件行业常见的一个问题：在申请专利之前，进行软件内测，而在软件内测过程中，就可能存在软件公开，从而导致相关专利因丧失新颖性而被无效的情形。

2008 年《专利法》第 24 条第 3 项的规定，申请专利的发明创造在申请日以前 6 个月内，他人未经申请人同意而泄露其内容的，不丧失新颖性。

因此，专利权人为了证明软件内测并不导致专利丧失新颖性，就需要证明相关公开属于“在申请日以前六个月内，他人未经申请人同意而泄露其内容”的情形。

本案中，原专利复审委、一审法院均认为在论坛公开发布的涉案软件链接，属于对公众的公开，北京奇虎公司等并未对软件的公开形式和范围等进行控制，故涉案专利丧失新颖性。

二审法院则从软件开发者的主观意图和客观行为两个方面进行了更细致深入的分析，认为从控制体验者范围、体验码等方面，可以推断软件开发者有保密的意愿，而解压软件的提供者则违反了默示保密义务，软件体验者负有明示的保密义务，这些综合情形使得对涉案软件的公开将属于“未经申请人同意而泄露”，相关专利不因此而丧失新颖性。

专利因丧失新颖性而被宣告无效后，权利自始无效，这对专利权人的利益损失还是非常大的。因此，软件开发者应当在软件以任何形式向任何范围的人公开前，就应该申请专利，这是避免丧失新颖性的最好办法。

实践中，由于企业内部的技术、商务、知识产权等管理部门有时协调不到位等因素，导致在申请专利之前，有关发明创造就被公开了。这种情况下的弥补办法，就是在适当位置以适当方式作出保密要求，这样就可以享受专利法规定的新颖性宽限期。但是，从本案情况可见，由于这种情形对举证责任要求较高，且在保密义务认定上存在分歧，故依赖新颖性宽限期的做法存在较大风险，不宜成为企业处理专利问题的常规途径。

审核人、点评人：北京律师智库重大复杂案件研究专家组成员　杨安进律师

复核人：北京律师智库重大复杂案件研究专家组成员　王正志律师

ROBOTS 协议（爬虫协议）对于网络机器人的限制行为应当区分应用场景

——北京 Z 公司与 W 公司不正当竞争纠纷案

争议焦点

ROBOTS 协议对于网络机器人限制行为是否需区分应用场景？如何判断行为正当性？

关键词

robots 协议　应用场景　非搜索引擎　自主经营权

案情简介

北京 Z 公司（被上诉人、原审原告）经营的主要产品为“头条网”“今日头条”等。北京 W 公司（上诉人、原审被告）是微博平台 weibo. com、weibo. cn 的主办单位。

Z 公司主张，W 公司在m. weibo. cn网站的 robots. txt 文件中声明如下内容，将 Z 公司的网络机器人“Toutiaospider”宣示为不受欢迎者，构成不正当竞争。

User - agent：Toutiaospider

Disallow：/

User - agent：*

Disallow：* gsid = *

一审法院认为，W 公司以文字宣示方式单方限制 Z 公司抓取对其他经营者公开的信息，与互联网行业普遍遵循的开放、平等、公平、促进信息流动的原则相悖，损害了网络市场的竞争秩序。

二审法院认为，由于非搜索引擎场景应用的网络机器人，已经不像搜索引擎那样当然地对公众利益，以及互联网的互联、互通、共享、开放的精神产生影响，因此，在判断非搜索引擎场景下 robots 协议对于网络机器人限制行为的正当性时，不宜当然地借用对于搜索引擎进行限制的规则，而其核心在于保护网站经营者的自主经营权与维护其他经营者利益、维护消费者利益、维护竞争秩序之间的平衡。因此，本案应从以下几方面进行分析：

首先，robots 协议已经成为维系企业核心竞争力，维系市场有序竞争的一种手段，在不损害消费者利益、不损害公共利益、不损害竞争秩序的情况下，应当允许网站经营者通过 robots 协议对其他网络机器人的抓取进行限制，这是网站经营者经营自主权的一种体现。

其次，在非搜索引擎的应用场景中，特别是在类似本案 Z 公司的“Toutiaospider”网络机器人将抓取后的内容直接“移植”到“微头条”，实现对 WB 内容实质性替代的应用场景，没有实质上增加消费者的消费体验。

再次，Z 公司对于其他网站经营者通过 robots 协议拒绝其网络机器人抓取是认可的，被诉行为与 Z 公司的经营意愿并不违背。

最后，反不正当竞争法对互联网行业的竞争行为进行规制时不应过多考虑静态利益和商业成果，而应立足于竞争手段的正当性和竞争机制的健全性，更应考虑市场竞争的根本目标。对于网站经营者通过 robots 协议限制其他网站网络机器人抓取的行为，不应作为一种互联网经营模式进行绝对化的合法性判断。

最终，二审法院认为，被诉行为属于 W 公司企业自主经营权范畴内的正当行为，并不构成不正当竞争，撤销一审判决，驳回 Z 公司的诉讼请求。

案件历程

【一审判决书】

北京××××法院
民事判决书

(2017)京××民初 2020 号

原告：北京 Z 公司，住所地：北京市海淀区××××。

法定代表人：张××，总经理。

委托诉讼代理人：曲××，男，汉族，北京 Z 科技有限公司员工。

委托诉讼代理人：宋××，女，汉族，北京 Z 科技有限公司员工。

被告:北京 W 公司,住所地:北京市海淀区×××。

法定代表人:刘××,经理。

委托诉讼代理人:李××,北京××律师事务所律师。

委托诉讼代理人:杜×,北京××事务所律师。

原告 Z 公司诉被告 W 公司不正当竞争纠纷一案,本院于 2017 年 12 月 22 日受理后,依法组成合议庭于 2020 年 6 月 5 日公开开庭进行了审理。原告 Z 公司的委托诉讼代理人曲××、宋××,被告 W 公司的委托诉讼代理人李××、杜×均到庭参加了诉讼。本案现已审理终结。

原告 Z 公司向本院提出诉讼请求:(1)判令被告立即停止通过 robots. txt 对原告的不正当竞争行为;(2)判令被告在本案判决生效之日起 3 日内,在"新浪微博"网站(包括 weibo. com、weibo. cn、m. weibo. cn 网站)首页显著位置连续 30 天刊登声明,消除影响;(3)判令被告赔偿原告经济损失人民币 1 亿元及制止侵权的合理支出 50 万元;(4)判令被告承担本案的全部诉讼费用。事实和理由:W 公司出于恶意限制竞争的不正当目的,在 m. weibo. cn 网站的 robots. txt 文件中,仅针对"今日头条"进行限制,阻止"今日头条"的网络机器人(ToutiaoSpider)抓取上述网站中对公众和其他所有网络机器人完全公开并可以自由访问的网站内容,具有限制和妨碍自由竞争的极大主观恶意。一方面,导致 Z 公司无法及时、完整地获取 W 公司网站的内容,降低 Z 公司平台的良好用户体验,严重影响用户对 Z 公司服务的市场评价,客观上增强 W 公司在相应竞争领域的市场优势地位。另一方面,导致 Z 公司在相应竞争领域处于明显不利的地位,严重损害 Z 公司合法权益。W 公司的上述行为严重违反了互联网行业公认的商业道德,违反了公平竞争、诚实信用的基本原则,不仅损害了 Z 公司的合法权益,也严重损害了用户利益,扰乱了互联网行业正常的竞争秩序,构成不正当竞争,应当承担停止侵权、消除影响和赔偿损失等法律责任。

被告 W 公司辩称:(1)W 公司将 Z 公司的爬虫机器人置于 robots. txt 黑名单,未损害(也不可能损害)Z 公司的人身权、财产权利(或法益),本案不符合诉的基本要件,应依法裁定驳回起诉。(2)W 公司对 robots 协议的设置行为属于公司经营自主决定范围,且有合理的理由认为 Z 公司是不受欢迎者,并将其置于黑名单,Z 公司经营的"今日头条"针对搜狐等多个主体实施了多起侵犯他人著作权、肖像权及不正当竞争行为,均表明 Z 公司的网络机器人不受欢迎,有必要置于黑名单。请求法院裁定驳回起诉。

本院经审理查明:

Z 公司成立于 2012 年 3 月 9 日,主要从事互联网信息服务、技术开发、技术推广等,其经营的主要产品为"头条网""今日头条"等。

W 公司成立于 2010 年 8 月 9 日,主要从事互联网信息服务、技术开发、技术咨询等。ICP/CP 地址/域名信息备案管理系统显示,W 公司是 WB 平台 weibo. com、weibo. cn 的主办单位。

(2017)××字第 50906 号公证书显示,今日头条网站合作说明页面的蜘蛛协议载明如下内容:《今日头条》支持蜘蛛协议“ToutiaoSpider”。“ToutiaoSpider”系 Z 公司所有和经营的“今日头条”产品的网络机器人。

(2017)××字第 36959 号公证书显示,W 公司在 m. weibo. com 网站的 robots. txt. 文件中声明如下内容(以下简称涉案声明):

User - agent:ToutiaoSpider

Disallow:/

User - agent: *

Disallow: * gsid = *

W 公司认可该涉案声明内容的真实性,认为该声明内容仅能证明 W 公司在 m. weibo. com网站的 robots. txt. 文件中将 Z 公司的网络机器人“ToutiaoSpider”宣示为不受欢迎者,不能证明 W 公司针对“今日头条”实施了不正当竞争行为。

(2017)××字第 17854 号公证书载明:Archive 抓取留存的 m. weibo. com 网站快照页面显示,2016 年 4 月 15 日,W 公司在 m. weibo. com 网站的 robots. txt. 文件中显示上述涉案声明。2016 年 4 月 14 日,m. weibo. com 网站快照未显示上述涉案声明。Z 公司据此证明 W 公司于 2016 年 4 月 15 日修改了 m. weibo. com 网站的 robots 协议,W 公司对该事实表示认可。

(2018)××字第 07006 号公证书显示,2018 年 5 月 14 日,W 公司在 m. weibo. com 网站的 robots. txt. 文件仍显示上述涉案声明,W 公司对该事实表示认可。

(2017)××字第 16406 号、第 18497 号公证书显示,2017 年 1 月 16 日、2017 年 11 月 28 日,申请人依次登录天天快报 App、腾讯新闻 App、一点咨讯 App、手机百度 App,可以搜索到相关 WB 内容。(2018)××字第 01868 号公证书显示,2018 年 3 月 1 日,腾讯 WB、搜狐 WB、人民 WB、东方 WB、百家号的 robots 协议文件中未显示有针对 Z 公司网络机器人 ToutiaoSpider 的相关内容。

(2019)××字第 09858 号公证书载明,Archive 抓取留存的 m. weibo. com 网站快照页面显示,2019 年 7 月 18 日,W 公司修改了上述网站中的 robots. txt. 文件声明,修改后的声明内容部分显示为:

User - agent:Baiduspider

Disallow:

User - agent:360spider

Disallow:

……

该公证书显示修改后的声明中未包含涉及网络机器人 ToutiaoSpider 的相关内容。庭审中,W 公司认可 m. weibo. com 网站 robots. txt. 文件中涉案声明已经于 2019 年 7 月 18 日进行了修改。

中国互联网协会 2012 年 11 月 1 日发布的《互联网搜索引擎服务自律公约》(以下简称《自律公约》)第 3 条规定,本公约适用于中国互联网协会会员单位和自愿加入《自律公约》的互联网从业单位,并且倡议其他从业单位积极遵守。第 4 条规定,互联网搜索引擎服务提供者应当遵循守法、诚信、公平、中立、客观的基本原则,遵从开放、平等、协作、分享的互联网精神,积极维护国家利益、公共利益和行业利益,尊重权利人的合法权益。第 8 条规定,互联网站所有者设置机器人协议应遵循公平、开放和促进信息自由流动的原则,限制搜索引擎抓取应由行业公认合理的正当理由,不利用机器人协议进行不正当竞争行为,积极营造鼓励创新、公平公正的良性竞争环境。附件 2 显示《互联网搜索引擎服务自律公约》发起单位名单为:百度、即刻搜索、盘古搜索、奇虎 360、盛大文学、搜狗、腾讯、网易、XL、宜搜、易查无限、中搜。

Z 公司主张按照 W 公司的侵权获利计算赔偿数额为 1 亿元,具体的计算方式为 WB 2017 年全年、2018 年全年、2019 年前三季度的广告收入共计 36.21 亿美元×移动端广告收入占比 80%×侵权贡献率 0.6% =0.17 亿美元,约合人民币 1.2 亿元,远超过本案主张的赔偿数额及合理支出。为此,Z 公司提交了 WB 2017 年、2018 年、2019 年前三季度财报情况及中国互联网络发展状况统计报告,其中,WB 2017 年财报显示,截至 2017 年 12 月,WB 月活跃用户增至 3.92 亿,2017 年全年净营收 11.5 亿美元,广告和营销营收 9.967 亿美元。WB 2018 年财报显示,2018 年 12 月,WB 月活跃用户达到 4.62 亿,全年净营收 11.5 亿美元,广告和营销营收 15.0 亿美元。WB 2019 年财报显示,2019 年第一季度广告和营销营收 3.411 亿美元、第二季度广告和营销营收 3.707 亿美元、第三季度广告和营销营收 4.125 亿美元。此外,Z 公司还提交了中国互联网络信息中心发布的《第 41 次中国互联网网络发展状况统计报告》、(2017)××字第 18496 号公证书、WB 社区公告、《WB 服务使用协议》。其中《第 41 次中国互联网网络发展状况统计报告》显示,2017 年中国网民用户达到 7.72 亿人,WB 用户使用率达到 40.9%,约占中国网民用户数的一半。

Z 公司主张为制止被告 W 公司涉案行为的合理支出 50 万元,包括翻译费、律师费和公证费。为此,原告 Z 公司提交了某有限公司 2020 年 3 月 16 日出具的发票号为××号翻译费发票 4979 元、某公证处 2018 年 5 月 22 日出具的发票号为××号公证服务费发票 5440 元、某公证处 2018 年 6 月 28 日出具的发票号为××号公证费发票 7420 元、某公证处 2018 年 6 月 28 日出具的发票号为××号公证费发票 10760 元、某公证处 2018 年 6 月 28 日出具的发票号为 21496348 号公证费发票 5744 元。庭审中,Z 公司明确其在本案中主张 46 万元律师费,但没有相应的发票予以佐证。

另查明,W 公司提交了(2017)京××民初 20003 号民事判决书、(2017)京××民初 20013 号民事判决书、(2018)京××民初 21660 号民事判决书、(2017)京××民初 22544 号民事判决书等相关判决和发布虚假新闻及 Z 公司爬虫机器人爬取网站内容致网站瘫痪的相关报道,用于证明在将原告 Z 公司的爬虫机器人置于黑名单之前,Z 公司经营的"今日头条"有多起侵犯他人著作权、肖像权及不正当竞争行为,Z 公司的爬虫机器人为不受欢迎者。

庭审中,W 公司认可在 2016 年设置 robots. txt 文件声明时只是针对 Z 公司。此外,Z 公司、W 公司均认可 W 公司的涉案单方宣示行为只是文字上的记载,没有其他技术上的限制措施,且所有网络用户都可以看到 W 公司在 m. weibo. com 网站的 robots. txt. 文件中的涉案声明。

上述事实有电信与信息业务经营许可证、域名备案信息、(2017)×字第 29494 号公证书、(2017)×字第 50906 号公证书、(2017)×字第 36959 号公证书、(2017)×字第 17854 号公证书、(2017)×字第 16406、18497 号公证书、(2018)×字第 01868 号公证书、(2019)×字第 09858 号公证书、《互联网搜索引擎服务自律公约》、发票及庭审笔录等证据在案佐证。

本院认为:根据原被告双方的诉辩意见,经双方当事人确认,本案的争议焦点为被告 W 公司在涉案网站 robots 协议中的单方宣示行为是否构成不正当竞争。

2018 年 1 月 1 日实施的《中华人民共和国反不正当竞争法》已于 2019 年 4 月 23 日修正,因本案被诉行为的发生时间及起诉时间处于 1993 年反不正当竞争法施行期间,而本案的审理同时处于 1993 年与 2019 年反不正当竞争法施行期间,故本案涉及新旧反不正当竞争法的适用问题。

《立法法》(2015 年修正)第 93 条规定,"法律、行政法规、地方性法规、自治条例和单行条例、规章不溯及既往,但为了更好地保护公民、法人和其他组织的权利和利益而作的特别规定除外"。因针对反不正当竞争法的法律适用并无特别规定,而本案被诉行为发生于 1993 年反不正当竞争法施行期间,故依据上述规定中的法不溯及既往的原则,本案适用 1993 年《中华人民共和国反不正当竞争法》(以下简称 1993 年《反不正当竞争法》)。

1993 年《反不正当竞争法》第 2 条第 1 款规定,经营者在市场交易中,应当遵循自愿、平等、公正、诚信的原则,遵守公认的商业道德。第 2 款规定,本法所称的不正当竞争,是指经营者违反本法规定,损害其他经营者的合法权益,扰乱社会经济秩序的行为。在网络不正当竞争纠纷中,被告通过信息网络实施反不正当竞争法未作出特别规定的竞争行为,违背公平竞争原则、诚实信用原则和公认的商业道德,足以损害原告合法权益、扰乱正常的市场竞争秩序的,可以认定构成 1993 年《反不正当竞争法》第 2 条规定的不正当竞争行为。

本案中,被告W公司在m.weibo.com网站robots协议中以文字宣示方式单方限制原告Z公司网络机器人抓取相关网页内容的行为属于1993年《反不正当竞争法》特别条款未予以明确规定的行为,故本案判定该行为是否构成1993年《反不正当竞争法》第2条所指的不正当竞争行为,应从该行为的损害后果及是否具有不正当性两个方面予以考量。

一、关于被告W公司涉案行为的损害后果

1993年《反不正当竞争法》第1条规定,“为保障社会主义市场经济的健康发展,鼓励和保护公平竞争,制止不正当竞争行为,保护经营者、消费者的合法权益,制定本法”。因此,1993年《反不正当竞争法》的立法目的包含保护市场竞争秩序、保护经营者、消费者的合法权益三个层面。判断被诉行为是否构成1993年《反不正当竞争法》第2条所指的不正当竞争行为,应在兼顾经营者、消费者和社会公众利益,在权衡被诉行为对竞争相对方合法权益的损害程度、对消费者合法权益和市场竞争秩序的影响程度等基础上对损害后果作出综合认定。

首先,从被诉行为是否对原告Z公司合法权益构成损害的角度来看,本案中,被告W公司在m.weibo.com网站robots协议中以文字宣示方式单方限制原告Z公司的网络机器人抓取对公众和其他所有网络机器人完全公开的相关网页内容,导致原告Z公司的网络机器人无法正常抓取相关网络信息,直接降低了原告Z公司“今日头条”平台的用户体验,影响了网络用户对原告Z公司相关网络平台的市场评价,也一定程度上降低了原告Z公司“今日头条”网络平台的竞争优势,损害了原告Z公司的合法权益。

其次,从被诉行为是否对消费者合法权益构成损害的角度来看,本案中,被告W公司在m.weibo.com网站robots协议中以文字宣示方式单方限制原告Z公司“今日头条”网络机器人抓取相关网页信息,影响了网络用户对其所选择的“今日头条”客户端的正常使用,且在一定程度上迫使存在相关信息检索需求的网络用户只能通过其他平台获取相关信息,增加了网络用户的选择成本,损害了网络用户的选择权,从而损害了相关网络用户的合法权益。

最后,从被诉行为是否对市场竞争秩序构成损害的角度来看,本院认为,市场竞争应该按照相关法律规定,遵循自愿、平等、公正、诚信的原则,互联网行业亦应遵循上述原则。本案中,被告W公司作为互联网信息服务经营者,应当坚持诚实信用原则,公平对待其他经营者。但是,被告W公司以在m.weibo.com网站robots协议中以文字宣示方式单方限制原告Z公司抓取对其他经营者公开的相关网络信息,显然违背了公平竞争原则。此外,本院认为,robots协议的设立初衷在于引导网络机器人更有效地抓取对网络用户有用的信息,从而促进信息共享。本案中被告W公司的涉案行为造成相关网络用户无法完整地获取相关信息,人为设置了网络信息正常流动的障碍,这与互联网行业普遍遵循的开放、平等、公平、促进信息流动的原则相悖,与网络行业互联互通的基本价值不符,损害了网络市场的竞争秩序。

二、关于被告涉案行为是否具有不正当性

市场竞争鼓励公平竞争与创新发展,法院对1993年《反不正当竞争法》第2条的适用持十分慎重的态度,以防止因不适当扩大不正当竞争范围而妨碍自由、公平竞争。一般而言,只有在该行为违反公认的商业道德时,才宜将其认定为不正当竞争行为。根据本案查明的事实可知,《自律公约》是在中国互联网协会组织下,由部分会员提出草案,并得到包括XL公司在内的互联网企业广泛签署的行业自律公约,反映了互联网行业的行业惯例和商业规则,因此,可以将《自律公约》作为认定互联网行业公认商业道德的参考。

《自律公约》第8条规定,互联网站所有者设置机器人协议应遵循公平、开放和促进信息自由流动的原则,限制搜索引擎抓取应有行业公认合理的正当理由,不利用机器人协议进行不正当竞争行为,积极营造鼓励创新、公平公正的良性竞争环境。

本案中,被告W公司在m. weibo. com网站robots协议中以文字宣示方式单方限制Z公司抓取对公众和其他所有网络机器人完全公开的相关网页内容,本质上按照经营主体来区分网络信息是否可以被抓取,而并非按照信息内容本身区分是否可被抓取,此种针对性的限制措施显然与行业公认的robots协议公平、开放和促进信息自由流动原则不符,与互联网行业普遍遵从的开放、平等、分享、协作的互联网精神相悖,不利于维护公平参与、理性竞争的互联网市场竞争环境。

被告W公司抗辩称原告Z公司经营的"今日头条"针对搜狐等其他主体实施的多起侵犯他人著作权、肖像权及不正当竞争行为表明其网络机器人不受欢迎,限制原告Z公司抓取相关内容具有正当性,属于企业自主经营权的范围。对此,本院认为,原告Z公司侵犯他人著作权、肖像权及不正当竞争行为与本案并无直接因果关系。此外,任何企业的自主经营不能违反公平竞争、诚实信用的基本原则,以牺牲其他经营者的合法权益的"自主"会最终破坏整个市场竞争秩序,不应受到法律保护。因此,即使原告Z公司存在侵犯他人著作权、肖像权及不正当竞争行为,亦不构成被告W公司以限制互联网信息流动方式限制原告Z公司抓取相关网页内容的合法依据。故被告W公司的上述抗辩意见不构成其采取涉案行为的正当理由。综上,被告W公司在m. weibo. com网站robots协议中以文字宣示方式单方限制Z公司抓取相关网页内容的涉案行为违反了公平竞争、诚实信用原则和互联网行业公认的商业道德。

关于赔偿数额,1993年《反不正当竞争法》第20条规定,"经营者违反本法规定,给被侵害的经营者造成损害的,应当承担赔偿责任,被侵害的经营者的损失难以计算的,赔偿额为侵权人在侵权期间因侵权所获得的利润;并应当承担被侵害的经营者因调查该经营者侵害其合法权益的不正当竞争行为所支付的合理费用"。

本案中,原告Z公司主张按照被告W公司的侵权获利计算应赔偿其人民币1亿元,具体的计算方式为WB2017年全年、2018年全年、2019年前三季度的广告收入共计36.21亿美元×移动端广告收入占比80%×侵权贡献率0.6% =0.17亿美元,约合人民币1.2亿元,超过其主张的赔偿数额。对此,本院认为,在无其他证据佐证且被告W公司不认可上述计算方式的情况下,原告Z公司的上述计算方式难以准确反映被告W公司因涉案行为的所获利润,且在本案原告Z公司亦未提交证据其损失的情况下,原告Z公司因被告W公司涉案行为所造成的损失难以计算,故本院将根据被告W公司的主观过错程度、不正当竞争行为持续时间及范围、不正当竞争行为本身造成的实际影响等因素综合酌定赔偿数额。

关于合理支出,原告Z公司虽主张50万元,但是在本案中原告仅提供了4979元翻译费发票和共计29364元的公证费发票。关于律师费,原告Z公司虽在本案中主张律师费46万元,但是没有提交相应的委托代理合同或律师费发票,本案原告Z公司在实际庭审中亦无律师出庭,故本院仅对翻译费、公证费共计34343元予以支持。

关于是否应该消除影响,本院认为,本案被告W公司的不正当竞争行为降低了用户对于原告Z公司"今日头条"平台的评价,客观上对于其在互联网业内的声誉产生了一定影响,原告Z公司请求被告W公司在"新浪微博"网站首页显著位置连续30天刊登声明消除影响并未超出合理限度,按照合理性和必要性原则,本院对于原告Z公司的该项诉讼请求予以支持。

综上,依据1993年12月1日起施行的《中华人民共和国反不正当竞争法》第1条、第2条第1款和第2款、第20条,《中华人民共和国立法法》(2015年修正)第93条之规定,本院判决如下:

一、自本判决生效之日起,W公司立即停止涉案不正当竞争行为;

二、W公司在本案判决生效之日起3日内,在"新浪微博"网站(包括weibo.com、weibo.cn、m.weibo.cn网站)首页显著位置连续30天刊登声明,消除影响(声明内容需经法院审核,逾期不履行,法院将依据Z公司的请求,在相关媒体上公布判决书主要内容,费用由W公司负担);

三、W公司赔偿Z公司经济损失30万元及制止侵权的合理支出34343元。

如果未按本判决指定的期间履行给付金钱义务,应当按照《中华人民共和国民事诉讼法》(2017年修正)第253条规定,加倍支付迟延履行期间的债务利息。

案件受理费544300元,由Z公司负担244300元(已交纳),由W公司负担300000元(于本判决生效之日起7日内交纳)。

如不服本判决,双方当事人可于判决书送达之日起15日内,向本院递交上诉状及副本,并交纳上诉案件受理费,上诉于北京市高级人民法院。

审 判 长　×××
审 判 员　×××
审 判 员　×××
2020年12月16日
法官助理　×××
书 记 员　×××

【二审代理词】

代理意见

尊敬的审判长、审判员:

上诉人W公司与被上诉人Z公司不正当竞争纠纷一案(以下简称本案)已由贵院受理,现上诉人发表代理意见如下:

一、网络机器人(亦称爬虫)具有不同应用场景及用途,网站设置robots协议限制不同性质用途的网络机器人是否具有不当性,应根据不同的应用场景及用途,以不同的商业道德作为标准。

爬虫是目前互联网领域获取第三方网站信息和数据最常用的技术手段之一,是通过编程来自动实现对目标站点和目标信息的批量获取。虽然爬虫技术最初应用于搜索引擎场景,但随着数字经济的发展,技术的更迭,爬虫技术早已脱离搜索引擎而应用于各类其他场景中。正如《互联网搜索引擎服务自律公约》(以下简称《搜索引擎自律公约》)第7条所述,"网络机器人,是自动爬行网络的程序。搜索引擎利用这些程序索引网站内容,垃圾邮件发送者使用网络机器人扫描获取电子邮件地址,网络机器人还有很多其他用途"。

竞争法领域与其他传统法律领域的主要区别之一,在于传统法律领域是依据既定规则来划分各方的权利变化,竞争法领域则更强调从个案中找寻规则。尤其是在反不正当竞争法对竞争行为未作出特别规定,法院适用该法第2条的规定对行为予以调整时,相关分析与认定更加依赖于具体应用场景。不同应用场景下,行为是否具有不当性或可责性、损害后果是否发生,都有着不同的评判标准。网络机器人的用途效果在不同的应用场景中差异非常明显,因此,网站对网络机器人进行限制是否具有不正当性,应当结合网络机器人的应用场景和用途,考虑具体场景中的行业惯例和商业道德进行具体分析和认定,而不应不加区分地将评判搜索引擎网络机器人的标准套用在其他所有类型和用途的网络机器人之上。

(一)搜索引擎网络机器人的用途通常与“促进信息共享”相关,具有公益性和互利性。网站对搜索引擎网络机器人进行限制应具有行业公认合理的正当理由。

互联网搜索引擎服务,是指搜索引擎服务商按照网络用户的需要,从互联网上海量的网络信息中挑选出符合网络用户要求的网页,将包括这些网页的地址链接和简介等内容的搜索结果按照特定的排序提供给网络用户,以便网络用户进行选择访问从而获取相关信息的网络服务。为提高效率,搜索引擎一般采用爬虫技术,使用网络机器人事先访问网站上的网页内容,将网页的网络地址和关键字一并存储在搜索引擎服务器上,当用户在搜索引擎中输入希望搜索的信息后,搜索引擎将用户希望搜索的信息与事先存储的关键字进行对比,找出相对应的信息,列出网页的地址链接、简介等信息。此时用户如希望了解网页的具体信息,需点击搜索引擎所列结果信息后跳转至相应网站的对应网页进行阅览。

由此可见,搜索引擎的功能和目的是快速定位网络信息,让网络用户能在较短时间内从互联网的海量信息中检索到所需信息,从而进入信息所处的网站进行访问和阅览。因此,搜索引擎的网络机器人进入一个对公众开放的网站抓取信息通常不会损害网站的利益,反而有利于其宣传推广,利于网站获得更多的网络流量和潜在用户。此时,信息资源得到较大程度的共享和使用,搜索引擎服务商、被收录的网站、网络用户各方的利益均得以保障和实现,实现多方共赢。网络机器人在搜索引擎的应用场景下,具有公益性和互利性,随意限制搜索引擎网络机器人,可能会打破多方共赢的局面,损害公共利益。因此,正如《自律公约》第 8 条所约定的,“互联网站所有者设置机器人协议……限制搜索引擎抓取应有行业公认合理的正当理由”。

(二)非搜索引擎的网络机器人的用途通常与“促进信息共享”无关,具有私利性甚至损人利己性质。网站对非搜索引擎网络机器人进行限制应属于网站对自身合法权益进行保护的自主经营范畴。

网站经营者对网站数据和内容享有一定的合法权利或权益,对自身享有合法权利或权益的内容进行处分,设置何种声明、进行何种限制,本应属于自主经营的私权范畴,可以自由决定而不受到第三方干预。如前所述,网络机器人具有不同用途,有的用途与社会公共利益相关,有的用途仅为一己私利,还有的用途涉及侵权、不正当竞争甚至构成犯罪(可参考 W 公司二审提交的参考资料第二部分)。搜索引擎的功能及行为后果,与信息共享的公共利益相关,且不会对网站利益造成损害,基于互联网领域公平、开放、共享和促进信息自由流动的原则,在面对具备上述特征的搜索引擎时,网站的自主经营权应受到一定程度的限缩,将自主经营的私权一部分让渡于公共利益,这是必要与合理的。然而,网络机器人在非搜索引擎的应用场景之下,其功能、目的、行为后果与搜索引擎完全不同,在不涉及公共利益的应用场景中,网站的自主经营权不应受到侵蚀,合法权益不应受到任意侵害。

非搜索引擎网络机器人应用场景具有多样性,其特征通常如下:

第一,非搜索引擎网络机器人的功能与目的,通常不是满足网络用户的信息检索需求,与信息共享等公共利益无关,而仅仅是自身的利益。如垃圾邮件发送者使用网络机器人扫描获取电子邮件地址,显然与公共利益无关,仅是为了其自身利益。

第二,非搜索引擎网络机器人通常不会产生多方互利共赢的情形,而是具有损人利己的属性。如在数据竞争领域,非搜索引擎网络机器人通常抓取的是网站网页内容的全部或实质部分,对网络用户输出的结果也是网页复制或与之实质性相似的内容。这样的应用场景下,网络机器人的行为对网站内容构成实质性替代,明显具有损人利己的属性。

第三,非搜索引擎网络机器人通常会损害市场竞争秩序,损害消费者的合法权益。由于非搜索引擎网络机器人没有类似搜索引擎的反哺网站的过程和效果,而是单方面攫取,可能会产生降低创新、劣币驱逐良币的不良后果。如果任由非搜索引擎网络机器人"复制—粘贴"式地获取数据和搬运数据,对网站经营者造成损害,则经营者不愿再投入成本、研发新产品以收集和利用数据,最终损害市场竞争秩序,损害消费者整体及长远利益。

综上所述,搜索引擎与非搜索引擎属于不同领域,所面临的商业道德标准存在显著区别。如果说"引导抓取、促进流通"是针对搜索引擎领域网络机器人的商业道德,那么"自主经营、保护权益"就是针对非搜索引擎领域网络机器人的商业道德所在。

二、涉案网络机器人 ToutiaoSpider 与互联网搜索引擎服务无关,而是应用于直接展示和提供内容服务的产品,不应以搜索引擎领域的商业道德评价 W 公司的涉案行为。

(一)Z 公司的搜索引擎产品"头条搜索"上线于 2019 年 8 月 10 日,在涉案行为停止之后,ToutiaoSpider 不是搜索引擎服务的网络机器人。

根据 W 公司二审证据 9(证据第 412—413 页),"头条搜索"的百度百科介绍,"头条搜索是 Z 推出的网页版搜索,于 2019 年 8 月 10 日上线","2020 年 2 月 26 日,头条搜索独立 App 开始内测"。

根据 W 公司二审证据 10(证据第 415 页),2019 年 8 月 13 日搜狐新闻网站的文章显示,"近日 Z 公司的'头条搜索'正式上线,目前只有简单的搜索页面","此前,Z 公司通过'Z 招聘'公众号首次公开了布局搜索引擎的动作"。

根据 W 公司二审证据 11(证据第 423 页),Z 公司的微信公众号"Z 招聘"于 2019 年 7 月 31 日发布文章《这里有一个打造全新搜索引擎的机会你要不要?》,内容为"Z 搜索部门"的招聘信息。主要内容包含"我们支持着 Z 全线产品的搜索功能""我们正在打造一个用户更加理想的通用搜索引擎”。这说明 Z 公司在 2019 年 7 月 31 日前即便有搜索部门,今日头条网站即便有搜索服务,也只是针对其网站站内内容的搜索,不属于全网的通用搜索引擎。

Z 公司主张其头条搜索上线时间为 2019 年 3 月 15 日,根据谁主张、谁举证的原则,Z 公司应对其主张的该项事实承担举证责任。Z 公司的二审证据 1—3 均为传来证据,证明力较低,且与 W 公司二审证据 9—11 相矛盾,未达到相应的证明标准。鉴于 Z 公司是 TT 搜索的开发者和经营者,其不但有义务,而且有能力提交大量、充分、直接的证据证明头条搜索的上线时间。《最高人民法院关于民事诉讼证据的若干规定》(法释〔2019〕19 号)第 95 条的规定:“一方当事人控制证据无正当理由拒不提交,对待证事实负有举证责任的当事人主张该证据的内容不利于控制人的,人民法院可以认定该主张成立。”因此,依据现有证据和证据规则,应当认定 Z 公司的此项主张不成立。

根据前述内容可知,Z 公司是在 2019 年 8 月 10 日正式上线搜索引擎服务,在此之前没有相关服务,即 Z 公司是在 2019 年 7 月 18 日 W 公司停止涉案行为之后,才正式推出搜索引擎服务。在本案被诉行为持续期间(2016 年 4 月 15 日至 2019 年 7 月 18 日),Z 公司并未经营搜索引擎产品和服务,涉案 ToutiaoSpider 不可能是搜索引擎的网络机器人。

(二)“头条搜索”的网络机器人是 Bytespider,而不是涉案 ToutiaoSpider。

根据 W 公司二审证据 8(证据第 378—379 页),Z 公司的官方头条号“头条搜索”于 2019 年 11 月 15 日发布的《头条搜索 spider 介绍》中明确写明“每个独立的搜索引擎都有自己的网页抓取程序爬虫(Spider)”,“头条搜索”的爬虫 UA 为“Bytespider”。很明显地,根据 Z 公司的声明,“头条搜索”的网络机器人是 Bytespider,而不是涉案 ToutiaoSpider。无论头条搜索上线时间为 2019 年 3 月 15 日还是 8 月 10 日,“头条搜索”的网络机器人 Bytespider 均非涉案 robots 协议中设定的爬虫,故均与本案无关。

(三)Z 公司通过 ToutiaoSpider 抓取 WB 数据内容后,是将其用于填充今日头条的内容服务产品,而非向用户提供搜索引擎服务。

根据 Z 公司一审补充证据目录二中的证据 9“(2017)× ×字第 18496 号公证书——微头条删除链接公证(部分链接)”,Z 公司以此证明其遵守了 robots 协议,在微头条中删除了大量内容。同时,Z 公司的代理人在二审中也确认“Z 公司通过 ToutiaoSpider 抓取 WB 数据内容后只用于微头条”。然而,“微头条”不是搜索引擎服务,而是直接展示内容的社交属性产品。

根据 W 公司一审证据 3、二审证据 13—15,微头条是今日头条的社交产品,该产品直接展现用户发布的图文、短视频、直播等动态内容,与网友产生互动,建立社交关系,其产品形态与 W 公司的 WB 产品具有较高的相似度。Z 公司使用 ToutiaoSpider

抓取 WB 数据内容后,直接用于填充“微头条”产品的相应内容,使 WB 内容直接成为了今日头条的内容,这与搜索引擎服务存在明显区别(如表 1 所示):

表 1　搜索引擎服务与内容产品服务的差异

	搜索引擎服务	内容产品服务
功能目的	信息快速检索	内容展示
机器人抓取内容	网页地址、关键字信息	网页图文内容
内容展示	仅提供网页链接和内容简介	提供完整或实质的网站内容不提供被爬取网站的网页链接
内容阅览方式	需跳转至被爬取网站阅览	直接阅览无法跳转
行为后果	促进信息共享不会替代用户对网站的访问增加被爬取网站访问量	抢占信息内容实质性替代被爬取网站攫取被爬取网站的访问量

(四)W 公司的涉案行为不应以搜索引擎领域的商业道德进行评价。

《搜索引擎自律公约》是为规范互联网搜索引擎服务,促进互联网搜索引擎行业健康可持续发展而制定,适用范围应限于互联网搜索引擎服务。如前所述,涉案 ToutiaoSpider 与互联网搜索引擎服务无关,不应直接套用《搜索引擎自律公约》作为商业道德对涉案行为进行评价。

三、W 公司在 robots 协议中限制 ToutiaoSpider 抓取 WB 数据的行为完全具备正当性。

基于上述分析,对于非具有公共利益属性的网络机器人,W 公司可以基于自主经营权,自由决定是否对其进行限制。更何况,W 公司在本案中针对 ToutiaoSpider 的限制还具备多项正当、合理理由。

(一)W 公司限制 ToutiaoSpider 抓取 WB 数据内容,是维护自身合法权益的正当手段。

随着互联网科技的高速发展,数据价值在信息社会中凸显得尤为重要。数据是互联网经营者重要的经营资源,包括社交应用在内的各类互联网产品或服务之所以能迅速产生广泛影响力、形成巨大的经营规模并实现商业目的,其中重要的原因是网络平台能够高效聚集大量用户,使“注意力经济”能最大限度发挥成效。数据的获取和使用,不仅能成为企业竞争优势的来源,更能为企业创造更多的经济效益,是经营者重要的商业资源。

W 公司作为 WB 平台的经营者,为收集、整理数据,以及维护数据运行和安全而付出大量成本,对通过自身经营活动吸引用户所积累的平台数据享有合法权益。平台数据是 W 公司的重要经营资源,W 公司通过 WB 生态链对数据进行衍生性使用以获取经营利益。对于未经许可擅自抓取并使用 WB 平台数据的行为,W 公司有权采取必要措施予以制止。对此,已有多份生效判决对此进行确认。

如前文所述,涉案网络机器人 ToutiaoSpider 不是应用于搜索引擎服务,而是用于内容服务产品,服务于“移植 WB 内容至今日头条”,W 公司已就该行为向北京市某区人民法院提起诉讼,案号为(2017)京××民初 24530 号,目前一审判决已认定 Z 公司的移植行为构成不正当竞争,正如 Z 公司的代理人在二审中所述,ToutiaoSpider 在本案中仅用于该移植行为,由此可见,ToutiaoSpider 作为移植行为的辅助手段,其不当性不言而喻。

因此,W 公司为维护自身合法权益,在 robots 协议中设置相关声明,以尝试对不当行为进行限制与阻止,是正当合理的。

(二)在 Z 公司声明网站可使用 robots 协议拒绝 ToutiaoSpider 的情况下,W 公司限制 ToutiaoSpider 具备正当性。

根据 Z 公司一审第一次补充证据 1、W 公司二审证据 6(第 335 页),Z 公司在今日头条网站中声明 ToutiaoSpider 是今日头条的网络机器人,同时也声明:“我们尊重所有的网络媒体,如媒体不希望内容被《今日头条》推荐,请及时邮件至 bd@t＊＊t＊＊＊.com 邮箱,或在网站页面中根据拒绝蜘蛛协议(Robots Exclusion Protocol)加注拒绝收录的标记,我们将对有异议的内容采取断开链接的做法。”这是 Z 公司对所有网站发出的要约,针对此类要约,网站如不希望内容被 ToutiaoSpider 抓取,以设置 robots协议的方式予以拒绝或限制,是合理的行为方式,此类方式也已被生效判决所认可(见 W 公司二审证据 7)。[1]

据此,W 公司在 robots 协议中对 ToutiaoSpider 进行限制,正是对 Z 公司上述声明的合理回应,也是对其要约进行的承诺,双方就此达成合意。基于此,W 公司限制 ToutiaoSpider 也具备正当性。

(三)“未经许可不得爬取网站内容”是互联网行业公认的行为准则。网站在 robots 协议中对特定网络机器人进行限制,以防止内容被随意抓取,是互联网行业内非常普遍的行为方式。

据(2017)京××民初 24530 号判决记载(第 22—23 页),中国网络版权产业联盟发布的《中国网络版权与数据信息使用规则及竞争规范》规定,“未经许可,不得爬取其他网站平台中用户发布的内容”。此外,《今日头条用户协议》《互动百科服务协议》《百家号平台服务协议》等多家网站的用户协议中,均有关于未经网站许可,用户不得自行或授权第三人将网站内容搬运至其他网站进行展示的约定。以上内容表明,未经许可不得爬取其他网站中的内容,是互联网行业公认的行为准则,已成为互联网行业和数据行业在规范行业管理过程中通用的商业模式、行业惯例和商业道德。

---

〔1〕 参见(2009)沪一中民五(知)初字第 23 号民事判决书。

根据 W 公司二审证据 16—17,途牛网、知乎、淘宝网等多家网站为防止网站内容被竞争对手随意抓取,均对特定网络机器人设置了限制,这是网站充分行使自主经营权的体现。Z 公司经营的今日头条网站,在 robots 协议中限制了除自己的网络机器人(ToutiaoSpider 与 Bytespider)以外的所有网络机器人对今日头条网站内容进行抓取,说明其也认为网站可以自主选择对网络机器人的限制。因此,W 公司对 ToutiaoSpider 进行限制,也应是正当合理的。

(四)本案与(××)京×民终 487 号案件的案情存在明显区别。

(××)京民终 487 号(以下简称 487 号案)也是针对网站在 robots 协议中限制网络机器人所引发的争议。但值得注意的是,本案案情与 487 号案存在明显区别,不能简单以该案裁判结果直接套用于本案。区别主要有:

第一,所限制的网络机器人性质不同。487 号案 BD 公司 robots 协议限制的是 QH 公司的通用搜索引擎“×××搜索引擎”的网络机器人对其相关网页内容的抓取,而本案 W 公司限制的是 Z 公司非用于搜索引擎,且进行不当行为的网络机器人的抓取。

第二,所面临的商业道德评判标准不同。487 号案是对搜索引擎网络机器人进行限制,《搜索引擎自律公约》可视为评判行为是否正当的参考或依据;本案是对非搜索引擎网络机器人的限制,与搜索引擎不属于同一领域,如前文所述,所面临的商业道德评判标准不应相同。“自主经营、保护权益”才是本案的商业道德所在。

第三,限制的设置前提不同。487 号案 BD 公司对××搜索引擎的限制,是在 QH 公司要求其开放网络资源的情形下仍然进行限制;本案是 Z 公司公开声明将尊重网络 robots 协议中加注拒绝收录的标记的情形下,W 公司设置的限制。

可见,本案案情恰好是 487 号案的另一侧面,487 号案对于网站设置 robots 协议限制搜索引擎网络机器人的规则进行了充分说理和评判,本案是对于网站设置 robots 协议限制非搜索引擎网络机器人的规则进行探究。

四、涉案行为不会对合法权益及竞争秩序产生损害后果。

(一)涉案行为不会对 Z 公司的合法权益构成损害。

第一,本案中,Z 公司使用网络机器人 ToutiaoSpider 所带来的利益不属于合法权益。如前文所述,Z 公司使用网络机器人 ToutiaoSpider 进行的移植行为已被法院认定构成不正当竞争,依据不当行为获取的利益不应属于合法权益。

第二,W 公司的涉案行为并未对 Z 公司造成损害后果。robots 协议只是“文字宣示”,不是技术措施,这是互联网行业内众所周知的事实,作为“文字宣示”的 robots 协议,只能从理论上而无法实际上阻止网络机器人抓取网站数据。事实上,在 W 公司设置相关限制后,Z 公司并未遵守,仍然持续、大量地移植微 WB 内容,根据(2017)京××民初 24530 号判决认定的事实,仅在案证据能够证明的移植内容即达 6000 余条,为Z公司带来超过60亿次的浏览量,给W公司造成的损失,或Z公司因此所获利益超过2000万元。可见,W公司的涉案行为客观上并未达到阻止Z公司获取W公司网站内容的结果,未对Z公司造成任何损害后果,Z公司也未提交任何证据证明涉案行为对其造成了任何损害。

(二)涉案行为不会对消费者的合法权益构成损害。

ToutiaoSpider应用于Z公司的内容服务产品,W公司经营的WB也是内容服务产品。W公司通过自身经营活动,积累了众多用户,WB用户在使用WB产品时发布了大量的WB内容。基于此,作为正常理性的网络用户,访问WB网站或客户端查看WB内容是符合常理的选择。如网络用户需要快速检索WB内容,应使用百度搜索、360搜索等搜索引擎网站进行信息检索,得到检索结果后,从搜索引擎点击跳转至WB网站或客户端进行浏览。

正常理性的网络用户不会有直接通过今日头条网站或客户端查看WB内容的预期,有信息检索需求的网络用户也不会直接使用一款内容服务产品去检索其他网站的内容。因此,W公司的涉案行为对网络用户不会产生任何影响,不会损害消费者的合法权益。

(三)涉案行为不会对市场竞争秩序构成损害。

如前文所述,互联网搜索引擎由于其功能和行为后果,其与信息共享、信息自由流动密切相关,而ToutiaoSpider应用于非搜索引擎服务,其抓取和使用WB内容的行为具有明显不当性。也正如(2017)京××民初24530号判决所述,"Z公司的被诉行为,既缺乏合法授权,又不当的损害了W公司的合法权益,扰乱了市场竞争秩序,对社会整体福利并无增益,并将损害消费者的长远利益,故违反了《反不正当竞争法》第2条之规定,构成不正当竞争"。因此,W公司的涉案行为是在自主经营权的范围内,作出的自我保护措施,也是对Z公司公开声明的回应,是维护市场竞争秩序的行为。而ToutiaoSpide对于W公司进行的移植行为,才会对市场竞争秩序造成损害。

五、W公司不应承担一审判决判令的法律责任。

(一)W公司不应承担停止涉案行为的法律责任。

根据一审判决查明的事实(一审判决书第5页),"m. weibo. com(应为m. weibo. cn)网站robots. txt文件中涉案声明已经于2019年7月18日进行了修改""修改后的声明中未包含涉及网络机器人ToutiaoSpider的相关内容"。可见,涉案行为已经停止,无论涉案行为是否具有不当性,W公司都不应再次承担停止涉案行为的法律责任。

(二)W公司不应当承消除影响的法律责任。

W公司的涉案行为不具有不正当性,不应承担消除影响的法律责任。退一步讲,即便涉案行为被认定具有不当性,W公司也不应承担消除影响的法律责任。

第一,robots 协议只是网站声明哪些内容能够被哪些网络机器人访问的记载,不带有任何评价的态度。所涉及的也仅是交易机会和数据流量,属于纯粹的财产利益问题,与商业信誉无关,不会对其评价造成任何影响。

第二,涉案 robots 协议系针对网络机器人,不会影响用户决策和用户评价。robots 协议的作用是标示限制网络机器人访问的数据,对象不是普通用户;其所在的位置并非用户浏览网页时可以直接获得,反而,查询 robots. txt 文件需要专门的操作步骤,普通用户难以查阅;此外,robots 协议的语言是程序语言,而非自然语义,普通用户难以识别。因此,按照一般用户的浏览习惯,其在浏览 WB 网站内容时不会查看 robots 协议的内容,涉案行为客观上不会降低用户对于 Z 公司今日头条平台的评价,也不会影响用户的产品使用选择。

第三,涉案 robots 协议仅发布在 m. weibo. cn 中,一审判决判令 W 公司在 weibo. com、weibo. cn 中刊登声明,明显超出了涉案行为的影响范围。

(三)W 公司不应当承担赔偿损失的法律责任。

W 公司的涉案行为不具有不正当性,不会对合法权益及竞争秩序造成损害,不应承担赔偿损失的法律责任。

一审判决认定"原告 Z 公司的上述计算方式难以准确反映被告 W 公司因涉案行为的所获利润",然而事实上,W 公司是在自主经营的范畴内,为维护自身合法权益,为制止 Z 公司不当行为所采取的措施,而非借此获利。

一审判决认定"原告 Z 公司因被告 W 公司涉案行为所造成的损失难以计算",然而事实上,涉案行为不会对 Z 公司的合法权益构成损害,也与 Z 公司主张的损害后果无因果关系。Z 公司所称根据 robots 协议,删除了其产品中的部分 WB 内容,是其停止不正当行为的客观表现,而非涉案行为给 Z 公司造成的损害后果。

综上所述,恳请贵院依据事实与法律,依法维护 W 公司的合法权益,支持 W 公司的全部上诉请求。

上诉人:W 公司

【二审判决书】

北京市高级人民法院
民事判决书

（2021）京民终×××号

上诉人（原审被告）：北W公司，住所地：北京市海淀区。

法定代表人：曹×，董事长。

委托诉讼代理人：吴子芳，北京市融泰律师事务所律师。

委托诉讼代理人：郭凌云，男，W公司员工。

被上诉人（原审原告）：Z公司，住所地：北京市海淀区。

法定代表人：张××，总经理。

委托诉讼代理人：曲××，Z公司员工。

委托诉讼代理人：宋××，Z公司员工。

上诉人W公司因与被上诉人Z公司不正当竞争纠纷一案，不服北京××法院（2017）京××民初2020号民事判决（以下简称一审判决），向本院提起上诉。本院于2021年3月22日受理后，依法组成合议庭，于2021年5月18日公开开庭进行了审理。上诉人W公司的委托诉讼代理人吴子芳、郭××，被上诉人Z公司的委托诉讼代理人曲××、宋××到庭参加了诉讼。本案现已审理终结。

W公司上诉请求：撤销一审判决，依法驳回Z公司的全部诉讼请求。事实和理由：（1）一审判决认定被诉行为"导致Z公司的网络机器人无法正常抓取相关网络信息"，从而认定被诉行为具有损害后果，属认定事实错误。Robots协议只是文字宣示，不是技术措施，客观上无法阻止网络机器人抓取网络数据。事实上，被诉行为并未导致Z公司网络机器人无法正常抓取有关网络信息，Z公司在被诉行为发生后仍然持续、大量抓取新浪微博数据。（2）"ToutiaoSpider"不是搜索引擎网络机器人，一审判决认为被诉行为会对网络用户的信息检索需求造成影响，并依据《互联网搜索引擎服务自律公约》判断被诉行为不具有正当性，明显错误。Z公司的搜索引擎产品"头条搜索"于2019年8月10日正式上线，此时被诉行为已于2019年7月18日停止，Z公司官方头条号公示的"头条搜索"爬虫UA为"Bytespider"，而非"ToutiaoSpider"。Z公司使用"ToutiaoSpider"抓取的内容并非用于搜索引擎服务，而是用于"微头条"等社交性质的内容产品，并向用户直接展示。（3）网络机器人具有众多不同用途，需结合不同用途进行评价，搜索引擎网络机器人与非搜索引擎网络机器人在功能与价值评价上存在显著区别，搜索引擎网络机器人的用途与促进信息共享相关，具有公益性和互助性,而非搜索引擎网络机器人的用途与促进信息共享无关,往往对竞争对手造成损害。(4)即使被诉行为构成不正当竞争,W公司也不应承担消除影响的责任,且一审判决判令的消除影响范围超出了被诉行为的影响范围。(5)被诉行为持续到2019年《中华人民共和国反不正当竞争法》(以下简称反不正当竞争法)修订之后,本案应适用2019年反不正当竞争法,一审判决适用法律错误。(6)被诉行为已经停止,一审判决不应再判令停止被诉行为。(7)一审判决中的“m. weibo. com”均应为“m. weibo. cn”。

Z公司辩称:(1)Z公司的搜索引擎产品于2018年11月即已上线,本案完全可以适用搜索引擎的司法实践及行业惯例,《互联网搜索引擎服务自律公约》可作为本案“公认商业道德”的参考;(2)W公司针对Z公司设置唯一黑名单的时间远远早于其声称的Z公司抓取新浪微博内容的时间,该唯一黑名单的设置并无合理理由,违反了相关法律规定和行业公认的商业道德,构成不正当竞争;(3)被诉行为损害了Z公司的合法权益,损害了网络用户的合法权益,也损害了网络市场的竞争秩序;(4)一审判决判令W公司停止被诉行为、消除影响于法有据;(5)由于2019年反不正当竞争法与1993年反不正当竞争法在第2条的规定上并无本质区别,故即便本案应适用2019年反不正当竞争法,一审判决结论也无不当;(6)有关一审判决中的“m. weibo. com”均应为“m. weibo. cn”,仅系笔误,纠正即可,无须重新作出判决。

Z公司向一审法院起诉请求:(1)判令W公司立即停止通过robots. txt对Z公司的不正当竞争行为;(2)判令W公司在判决生效之日起3日内,在“新浪微博”网站(包括weibo. com、weibo. cn、m. weibo. cn网站)首页显著位置连续30天刊登声明,消除影响;(3)判令W公司赔偿Z公司经济损失1亿元及制止侵权的合理支出50万元。

一审法院认定事实:(与一审判决书查明内容一致)

一审法院认为,W公司在m. weibo. com网站robots协议中以文字宣示方式单方限制Z公司的网络机器人抓取对公众和其他所有网络机器人完全公开的相关网页内容,导致Z公司的网络机器人无法正常抓取相关网络信息,直接降低了Z公司“今日头条”平台的用户体验,影响了网络用户对Z公司相关网络平台的市场评价,也一定程度上降低了Z公司“今日头条”网络平台的竞争优势,损害了Z公司的合法权益。

同时,W公司在m. weibo. com网站robots协议中以文字宣示方式单方限制Z公司“今日头条”网络机器人抓取相关网页信息,影响了网络用户对其所选择的“今日头条”客户端的正常使用,且在一定程度上迫使存在相关信息检索需求的网络用户只能通过其他平台获取相关信息,增加了网络用户的选择成本,损害了网络用户的选择权,从而损害了相关网络用户的合法权益。

此外,robots协议的设立初衷在于引导网络机器人更有效地抓取对网络用户有用的信息,从而促进信息共享。W公司作为互联网信息服务经营者,应当坚持诚实信用原则,公平对待其他经营者,但其以在 m. weibo. com 网站 robots 协议中以文字宣示方式单方限制 Z 公司抓取对其他经营者公开的相关网络信息,显然违背了公平竞争原则。W 公司的被诉行为造成相关网络用户无法完整地获取相关信息,人为设置了网络信息正常流动的障碍,这与互联网行业普遍遵循的开放、平等、公平、促进信息流动的原则相悖,与网络行业互联互通的基本价值不符,损害了网络市场的竞争秩序。

《互联网搜索引擎服务自律公约》是在中国互联网协会组织下,由部分会员提出草案,并得到包括 W 公司在内的互联网企业广泛签署的行业自律公约,反映了互联网行业的行业惯例和商业规则,因此,可以将该公约作为认定互联网行业公认商业道德的参考。该公约第 8 条规定,互联网站所有者设置机器人协议应遵循公平、开放和促进信息自由流动的原则,限制搜索引擎抓取应有行业公认合理的正当理由,不利用机器人协议进行不正当竞争行为,积极营造鼓励创新、公平公正的良性竞争环境。

W 公司在 m. weibo. com 网站 robots 协议中以文字宣示方式单方限制 Z 公司抓取对公众和其他所有网络机器人完全公开的相关网页内容,本质上按照经营主体来区分网络信息是否可以被抓取,而并非按照信息内容本身区分是否可被抓取,此种针对性的限制措施显然与行业公认的 robots 协议公平、开放和促进信息自由流动原则不符,与互联网行业普遍遵从的开放、平等、分享、协作的互联网精神相悖,不利于维护公平参与、理性竞争的互联网市场竞争环境。

Z 公司侵犯他人著作权、肖像权及不正当竞争行为与本案并无直接因果关系。此外,任何企业的自主经营不能违反公平竞争、诚实信用的基本原则,以牺牲其他经营者的合法权益的"自主"会最终破坏整个市场竞争秩序,不应受到法律保护。因此,即使 Z 公司存在侵犯他人著作权、肖像权及不正当竞争行为,亦不构成 W 公司以限制互联网信息流动方式限制 Z 公司抓取相关网页内容的合法依据。因此,W 公司的相关抗辩意见不构成其采取被诉行为的正当理由。

综上,W 公司在 m. weibo. com 网站 robots 协议中以文字宣示方式单方限制 Z 公司抓取相关网页内容的被诉行为违反了公平竞争、诚实信用原则和互联网行业公认的商业道德。

在无证据证明 W 公司因被诉行为所获利润,Z 公司也未举证证明其损失的情况下,根据 W 公司的主观过错程度、涉案不正当竞争行为持续时间及范围、涉案不正当竞争行为本身造成的实际影响等因素综合酌定赔偿数额。

就合理支出而言,因 Z 公司没有提交相应的委托代理合同或律师费发票,在实际庭审中亦无律师出庭,故仅对翻译费、公证费共计 34343 元予以支持。

W 公司的不正当竞争行为降低了用户对于 Z 公司"今日头条"平台的评价,客观上对于其在互联网业内的声誉产生了一定影响,Z 公司请求 W 公司在"新浪微博"网站首页显著位置连续 30 天刊登声明消除影响并未超出合理限度,按照合理性和必要性原则，对于Z公司的该项诉讼请求予以支持。

综上，依据1993年反不正当竞争法第1条，第2条第1款、第2款，第20条，《立法法》第93条之规定判决：(1)自判决生效之日起，W公司立即停止涉案不正当竞争行为；(2)W公司在判决生效之日起3日内，在"新浪微博"网站(包括weibo.com、weibo.cn、m.weibo.cn网站)首页显著位置连续30天刊登声明，消除影响(声明内容需经法院审核，逾期不履行，法院将依据Z公司的请求，在相关媒体上公布判决书主要内容，费用由W公司负担)；(3)W公司赔偿Z公司经济损失30万元及制止侵权的合理支出34343元。

本院诉讼中，W公司和Z公司均补充提交了证据，根据补充提交的证据及当事人陈述，另查明以下事实：

Z公司将"ToutiaoSpider"网络机器人抓取的结果用于"微头条"等产品，其中包括自2016年10月开始，将抓取的新浪微博内容发布到"微头条"中。"微头条"与新浪微博相同，均是社交性质的内容产品。

Z公司认可其在W公司设置上述限制声明后，仍然使用"ToutiaoSpider"网络机器人抓取了新浪微博的内容，并根据是否获得新浪微博博主的授权对抓取后的内容是否用于"微头条"产品进行处理，对于获得授权的内容仍然用于"微头条"产品。

针对Z公司将抓取的新浪微博内容直接用于"微头条"的行为，W公司于2017年向北京市某区人民法院提起不正当竞争之诉。北京市某区人民法院于2021年5月17日作出(2017)京××民初24530号民事判决，认定Z公司的上述行为构成不正当竞争。

Z公司成立时运营的产品并不包括搜索引擎产品，W公司主张Z公司的搜索引擎产品于2019年8月作为独立产品上线。

Z公司则提出在此之前，早在2019年3月即开始在开屏广告中推出了全网搜索功能，并为此提交了搜狐网2019年3月12日的2篇报道以及百度经验的相关内容。其中：

搜狐网2019年3月12日登载的《今日头条"全网搜索"功能已上线，能否搅动中文搜索格局》一文记载，"有媒体报道，3月12日，今日头条已开始在开屏广告推广'头条全网搜索'功能，从广告词'搜罗全网好结果'来看，'头条搜索'强调的是其全网搜索的能力，而这已经与以往的搜索引擎没有什么差别"。

搜狐网2019年3月12日登载的《正式叫板"百度"？今日头条"全网搜索"功能已上线》一文记载，"日前，有用户反应称，今日头条App已经在开屏广告中推广'头条全网搜索'功能，很可能意味着与其他搜索引擎的竞争已全面开始"，"其实在今年的1月16日，今日头条官方账号就发文称，今日头条App已经上线了'账号内搜索'功能，可以搜索到一些站外内容，包括但不限于视频和文字。2月25日，头条号再次发文,宣布推出‘正文插入外链’功能,即创作者可以将用户引流到其他文章或视频页面、公司企业官方网址、H5,以及店铺”。

2019 年 3 月 15 日的百度经验中记载有以下内容:“今日头条搜索引擎最近上线了,丈哥也去尝试了一下,目前应该仍是测试阶段,内容除了头条内容以外还多了站外的内容,而且虽然结果比较陈旧,但是还是值得期待的。”“目前今日头条搜索引擎的入口只有 App 内部才可以使用。”

W 公司不认可 Z 公司在 2019 年 3 月开屏广告中即已推出头条全网搜索功能,提出上述两份证据均系传来证据,在无其他证据佐证的情况下不能证明待证事实。

Z 公司的搜索引擎产品目前使用的是“BytesSpider”网络机器人。Z 公司主张其也曾使用“ToutiaoSpider”网络机器人进行搜索引擎产品的运营,但并未就此举证。W 公司对此不予认可。

从 Z 公司提交的上述 3 份证据文字表述来看,均是间接证据,Z 公司并未提交其他证据佐证其在上述 3 份证据所示时间已推出了搜索引擎服务,且在案证据不足以证明 W 公司通过 robots 协议所限制的“ToutiaoSpider”网络机器人被 Z 公司用于搜索引擎服务。因此,在 Z 公司认可在其搜索引擎产品正式上线后,另有“BytesSpider”网络机器人被用于搜索引擎产品的情况下,在案证据不能证明 Z 公司于 2019 年 3 月即推出了搜索引擎服务,也不能证明 W 公司对 Z 公司利用“ToutiaoSpider”网络机器人从事搜索引擎服务进行了限制。

此外,Z 公司并未举证证明其在所主张的搜索引擎功能最初推出时及以后,就涉案声明向 W 公司提出过异议。

Z 公司“今日头条”的 robots 协议中载明“我们尊重所有的网络媒体,如媒体不希望内容被《今日头条》推荐,请及时邮件至 t＊＊t＊＊＊.com 邮箱,或在网站页面中根据拒绝蜘蛛协议(Robots Exclusion Protocol)加注拒绝收录的标记。我们将对有异议的内容采取断开链接的做法”。

Z 公司提交的其他网站的 robots 协议也存在以主体进行限制的情况。

一审判决事实查明部分的“m. weibo. com”均应为“m. weibo. cn”,属于笔误,对此予以纠正。

上述事实,有 Z 公司提交的判决书、网页打印件、公证书,以及当事人陈述等在案佐证。

本院认为:《中华人民共和国立法法》第 93 条规定,法律、行政法规、地方性法规、自治条例和单行条例、规章不溯及既往,但为了更好地保护公民、法人和其他组织的权利和利益而作的特别规定除外。

2017 年反不正当竞争法于 2018 年 1 月 1 日施行,并已于 2019 年 4 月 23 日修正,自公布之日施行。本案被诉行为发生在 2016 年 4 月 15 日至 2019 年 7 月 18 日期间,跨越1993年反不正当竞争法、2017年反不正当竞争法和2019年反不正当竞争法施行期间。一审法院受理本案的时间在1993年反不正当竞争法施行期间,而一审判决作出时2019年反不正当竞争法已经施行。根据上述规定,本案被诉行为持续到2019年反不正当竞争法施行期间,故应适用2019年反不正当竞争法。一审判决适用1993年反不正当竞争法有误,本院对此予以纠正。鉴于Z公司系依据反不正当竞争法一般条款提出的诉讼主张,故本院将根据2019年反不正当竞争法中的一般条款,即2019年反不正当竞争法第2条对本案进行审理。

2019年反不正当竞争法第2条规定,"经营者在生产经营活动中,应当遵循自愿、平等、公平、诚信的原则,遵守法律和商业道德。本法所称的不正当竞争行为,是指经营者在生产经营活动中,违反本法规定,扰乱市场竞争秩序,损害其他经营者或者消费者的合法权益的行为"。

根据上述规定认定不正当竞争行为时,不仅要考虑其他经营者的合法权益,还要同时考虑市场竞争秩序和消费者的合法权益。

一审判决将《互联网搜索引擎服务自律公约》作为本案中商业道德的参考,并直接引述了该公约第8条的规定,认定被诉行为与互联网行业普遍遵从的开放、平等、分享、协作的互联网精神相悖,进而认定被诉行为具有不正当性。因此,本案首先要分析《互联网搜索引擎服务自律公约》能否作为本案中商业道德的参考。

搜索引擎应用场景是将含有符合网络用户希望搜索信息的网页挑出,按照匹配度的高低,将包含这些网页的地址链接、简介等信息的搜索结果依次列出,供网络用户选择访问。用户选择后访问的是被搜索到的网站,而非在搜索引擎服务提供者自己的网站内实现访问。搜索引擎爬虫的功能在于对网络上的超链接进行遍历式抓取,检索网站的信息编制成索引便于其他用户访问,省却了记住域名、网址的麻烦。就搜索引擎的功能而言,其对于公众利益,以及对于互联网互联、互通、共享、开放的精神密切相关。因此,robots协议最初也是针对搜索引擎提出的。

robots协议作为一种技术规范,其作用只在于标示该网站是否准许网络机器人访问、准许哪些网络机器人访问,但网络机器人识别该robots协议后,无论是否遵守,robots协议都不会起到强制禁止访问的结果。robots协议已经成为国内外搜索引擎行业普遍遵守的技术规范。网络服务商或网站所有者既可以在robots协议中列明准许或禁止网络机器人抓取的网站内容,也可以列明准许或不准许抓取其网站内容的网络机器人,即通常所说的"白名单""黑名单"制度。

随着搜索技术和网络应用的发展,网络机器人的适用场景不断扩展,从通用搜索引擎领域,扩展到非搜索引擎的其他各种场景。搜索引擎是给被搜网站带来流量和利益,而非搜索引擎的网络机器人往往不是给被搜网站带来流量,反而可能带走被搜网站的流量。由于非搜索引擎场景应用的网络机器人,已经不像搜索引擎那样当然地对公众利益,以及互联网的互联、互通、共享、开放的精神产生影响,因此在对这些网络机器人通过 robots 协议进行限制时,不宜当然地借用对于搜索引擎进行限制的规则。也就是说,《互联网搜索引擎服务自律公约》仅可作为搜索引擎服务行业的商业道德,而不能成为互联网行业通行的商业道德。

本案在案证据显示,W 公司限制的"ToutiaoSpider"网络机器人的应用场景并非搜索引擎服务,而是"微头条"等非搜索引擎应用场景。因此,一审判决将《互联网搜索引擎服务自律公约》作为本案中商业道德的参考显有不妥。

在判断 robots 协议对于网络机器人限制行为的正当性时,其核心在于保护网站经营者的自主经营权与维护其他经营者利益、维护消费者利益、维护竞争秩序之间的平衡。因此,对本案被诉行为是否具有正当性,应从以下方面进行分析:

首先,虽然 robots 协议的设置初衷,主要在于防止被抓网站的服务器过载影响网站正常运行,以及防止网络机器人抓取一些管理后台的内部信息、临时性文件、cgi 脚本等对网络用户没有使用价值的数据,但随着网络机器人应用场景的不断扩展,在非搜索引擎应用场景下,网络机器人不仅仅是抓取检索网站的信息编制成索引便于其他用户访问,而往往抓取其他网站公开的各种数据,甚至是其他网站中用户生成的数据,直接用于自己的商业行为。在数字经济时代,数据日益成为企业重要的生产要素,数据资源的获取与利用是极为重要的一种资源配置。网站经营者对数据的收集、整理等基本都付出了相应的人力、物力、财力和时间等经营成本。robots 协议在某种意义上已经成为维系企业核心竞争力,维系市场有序竞争的一种手段。尽管 robots 协议客观上可能造成对某个或某些经营者的"歧视",但在不损害消费者利益、不损害公共利益、不损害竞争秩序的情况下,应当允许网站经营者通过 robots 协议对其他网络机器人的抓取进行限制,这是网站经营者经营自主权的一种体现。

在案证据能够证明,除 W 公司外,其他网站的 robots 协议也存在以主体进行抓取限制的情形,特别是 Z 公司在其网站上也明示了其他网站可以通过 robots 协议禁止其抓取的内容。由此可知,包括 Z 公司在内的互联网企业对于网站经营者通过 robots 协议来限制其他网络机器人的抓取行为都是认可和遵守的。因此,通过 robots 协议对网络机器人进行限制并不当然违背互联网行业的商业道德。

其次,互联网行业中信息的自由流动应控制在合理范围内,即符合互联网行业的商业道德,否则将不利于鼓励商业投入与创新。对搜索引擎场景下的 robots 协议进行较为严格的限制,主要是基于搜索引擎的作用就是便于公众搜索,降低搜索成本,符合互联网互联、互通、共享、开放的精神。互联网领域中消费者福利的增加,依赖于数据在更大范围和更深层次的共享利用,而非通过数据爬取对数据进行明显替代性或同质化地利用。在非搜索引擎的应用场景中,特别是在类似本案 Z 公司的"toutiaospider"网络机器人将抓取后的内容直接"移植"到"微头条",实现对 WB 内容实质性替代的应用场景,虽然在一定程度上扩大了消费者对于用户发布内容的获取途径,但并没有实质上增加消费者的消费体验。即使 W 公司不允许 Z 公司的“toutiaospider”网络机器人抓取,消费者通过 W 公司的网站也可以获取用户发布的内容,或者通过搜索引擎搜索到用户发布到 WB 上的内容。因此,被诉行为并未对消费者的利益造成损害。

再次,从 Z 公司自己网站上载明的 robots 协议内容来看,其明示其他网站经营者可以根据 robots 协议拒绝其抓取。由此可见,Z 公司对于其他网站经营者通过 robots 协议拒绝其网络机器人抓取是认可的,对结果也是有明确预期的。因此,被诉行为与 Z 公司的经营意愿并不违背。事实上,Z 公司也并没有因为 W 公司设置了 robots 协议的限制而未能抓取到 WB 内容,而是在抓取后根据是否获得用户的授权来决定删除还是保留。该事实进一步证明,Z 公司并没有因为被诉行为受到实际损害。

此外,由于 W 公司仅对 Z 公司的“toutiaospider”网络机器人设置了 robots 协议限制,即其他网络机器人仍然可对 WB 内容进行抓取,故不会导致出现所谓的信息孤岛现象,进而违背互联网互联、互通、共享、开放的精神,损害到公共利益或竞争秩序。至于 W 公司将 robots 协议的链接放置在 WB 用户协议中的行为,虽然该行为使该协议内容处于被消费者阅读的可能性中,但作为一般消费者通常不会仔细阅读用户协议,即使点开其中的链接去读取 robots 协议,作为一般消费者而言,大多也不会理解 robots 协议中语句的具体内涵。因此,该行为亦不足以给 Z 公司带来损害。

最后,反不正当竞争法不是权益保护法,其对互联网行业的竞争行为进行规制时不应过多考虑静态利益和商业成果,而应立足于竞争手段的正当性和竞争机制的健全性,更应考虑市场竞争的根本目标。对于网站经营者通过 robots 协议限制其他网站网络机器人抓取的行为,不应作为一种互联网经营模式进行绝对化的合法性判断,而应结合 robots 协议设置方与被限制方所处的经营领域和经营内容、被限制的网络机器人应用场景、robots 协议的设置对其他经营者、消费者以及竞争秩序的影响等多种因素进行综合判断。根据前述分析,本案被诉行为应被认定为行使企业自主经营权的行为,但这并不意味着对于互联网企业所设置的任何 robots 协议均能够基于企业自主经营权而当然地认定其具有正当性。

综上所述,被诉行为应属于 W 公司企业自主经营权范畴内的正当行为,并不构成不正当竞争行为。一审判决有关被诉行为违反反不正当竞争法一般条款的认定有误,本院对此予以纠正。

本院在此还要特别指出,2019 年反不正当竞争法在第 12 条对互联网不正当竞争行为进行了规制,但互联网行业的不正当竞争行为纷繁多样,法律不可能穷尽所有的不正当手段。因此,对于上述法律条款中未明确规定的互联网行业其他非类型化不正当竞争行为,可以依据反不正当竞争法的一般条款予以认定,但对于能够归入上述法律条款所规定的不正当竞争行为,仍应优先适用上述法律条款,且在适用上述法律条款对不正当竞争行为作出规则后,不宜再适用一般条款。

综上所述,W 公司的上诉请求成立,予以支持。依照《中华人民共和国民事诉讼法》(2017 年修正)第 170 条第 1 款第 2 项之规定,判决如下:

一、撤销北京××法院(2017)京××民初 2020 号民事判决;

二、驳回 Z 公司的诉讼请求。

二审案件受理费 6315.14 元,由 Z 公司负担(于本判决生效之日起七日内交纳)。

本判决为终审判决。

审 判 长 ×××
审 判 员 ×××
审 判 员 × ×
2021 年 10 月 8 日
法官助理 ×××
书 记 员 ×××

办案总结

当下互联网行业规则日渐完善,如何恰当定位 robots 协议,如何正确评价网站设置 robots 协议限制网络机器人行为的正当性,对维护互联网行业的竞争秩序具有重要价值。

一、本案是国内首次对非搜索引擎应用场景下 robots 协议限制网络机器人行为正当性进行评价,首次区分了搜索引擎应用场景和非搜索引擎应用场景的评价规则,以更加全面、充分的角度对 robots 协议进行法律评价

本案之前,国内已有案件对"网站设置 robots 协议限制网络机器人"的行为正当性进行评价,但只涉及通用搜索引擎领域。

二审判决首次区分了搜索引擎应用场景和非搜索引擎应用场景的规则,指出不同应用场景下的网络机器人对于网站合法权益、公众利益、互联网互联互通精神的不同影响,同时结合搜索引擎和非搜索引擎两个侧面,补充和完善了前案对于网站设置 robots 协议的评价标准,体现和响应了互联网行业新技术发展带来的规制需求。

二、本案明确了网站设置 robots 协议的法律性质与定位,确立了 robots 协议限制网络机器人行为正当性的评价标准,为互联网企业提供了行为指南

二审判决认为"在判断 robots 协议对于网络机器人限制行为的正当性时,其核心在于保护网站经营者的自主经营权与维护其他经营者利益、维护消费者利益、维护竞争秩序之间的平衡","应结合 robots 协议设置方与被限制方所处的经营领域和经营内容、被

限制的网络机器人应用场景、robots 协议的设置对其他经营者、消费者以及竞争秩序的影响等多种因素进行综合判断”，“在不损害消费者利益、不损害公共利益、不损害竞争秩序的情况下，相关限制即使在客观上会造成对某个或某些经营者的‘歧视’，也应当得到允许”。

这一标准以更为宏观的视角平衡了互联网企业合法权益、公众利益，以及互联、互通、共享、开放的互联网精神等多种法益之间的关系。

三、本案为数字经济时代的 robots 协议赋予了新的内涵

二审判决指出，在数字经济时代，数据日益成为企业重要的生产要素，数据资源的获取与利用是极为重要的一种配置资源。互联网行业中信息的自由流动应控制在合理范围内，符合本行业的商业道德，否则将不利于鼓励商业投入与创新。而 robots 协议正是对于网站信息和数据如何流通和配置的重要表示，关系到网站权利人的核心权益，“robots协议在某种意义上已经成为维系企业核心竞争力，维系市场有序竞争的一种手段”，这不啻为 robots 协议赋予了更为重要的时代意义。

专家点评

一、一审阶段概要

一审法院认为 W 公司单方限制抓取的行为直接降低了 Z 公司相关平台的用户体验，影响了市场评价，也一定程度上降低了 Z 公司的竞争优势，损害了 Z 公司的合法权益。W 公司的行为违反了《自律公约》的规定，具有不正当性。酌定判决 W 公司赔偿损失并在相关网站刊登声明消除影响。

二、二审阶段概要

二审法院补充查明几个关键事实：(1) 涉案机器人为“TS”，而非“BS”(Z 公司搜索引擎产品机器人)；(2)“TS”将抓取结果发布到社交性质的内容产品(微头条)；(3) Z 公司认可其在 W 公司设置限制声明后仍然使用“TS”机器人抓取内容并直接用于微头条；(4) 前述行为已被另案判决认定为不正当竞争；(5) Z 公司搜索引擎产品上线时间晚于本案诉争时间段；(6) Z 公司同意第三方拒绝抓取。

三、二审改判的主要观点分析

二审法院认为《自律公约》仅可作为搜索引擎服务行业的商业道德，而不能成为通行的商业道德；W 公司的限制是针对“非搜索引擎应用场景”；包括 Z 公司在内的互联网企业对于此类限制抓取行为均认可和遵守，Z 公司对结果也有明确预期；从 Z 公司自己网站上载明的 robots 协议内容来看，其明示可以根据此协议拒绝其抓取，故被诉行为与 Z 公司的经营意愿并不违背；通过 robots 协议限制抓取的行为，应结合设置方与被限制方所处的经营领域和经营内容、被限制的网络机器人应用场景、robots 协议的设置对其他经营者、消费者以及竞争秩序的影响等多种因素进行综合判断其合法性。被诉行为应属于 W 公司企业自主经营权范畴内的正当行为，并不构成不正当竞争行为。故改判驳回 Z 公司的诉讼请求。

四、案件亮点分析

上诉方成功地把争议焦点定位在几个关键问题上:(1)明确区分了网络机器人的应用场景,使法院厘清了涉诉机器人的用途并非搜索场景下的抓取行为,从根本上摒弃了以《互联网搜索引擎服务自律公约》作为商业道德的评价标准;(2)利用Z公司自己的相关协议、声明中载明的内容,确认了本案中被限制的机器人仅用于非搜索引擎场景,且Z公司也同意第三方有权拒绝抓取,证明Z公司亦自愿遵守非搜索引擎下的限制抓取规则;(3)明确了robots协议无法阻止网络机器人抓取数据,无法造成损害后果,反而是Z公司的此种抓取行为已被另案认定为不正当竞争。

上诉方代理律师将互联网及法律专业知识完美地融合在一起,引导二审法院及时纠偏并为互联网企业提供了行为指南,充分体现了数字经济时代律师跨专业的优秀执业水平。

审核人、点评人:北京律师智库重大复杂案件研究专家组成员　李梅律师

复核人:北京律师智库重大复杂案件研究专家组秘书长　马建律师

执行异议类

市场份额收益权是债权还是物权，能否排除执行

——杨某廷、朱某平与张某中、辛某甫案外人执行异议案

争议焦点

当事人对涉案市场份额收益是否享有权利、享有何种权利？该权利能否排除执行，是否涉及夫妻共同财产问题？

关键词

案外人执行异议之诉　自物权　他物权

案情简介

一、基本事实

本案委托人（案件原告、上诉人）杨某廷、朱某平分别系两个劳务队负责人，在内蒙古通辽承包工程，该工程发包方欠付工程农民工工资及有关工程款2000余万元。与该工程利益相关的张某中将自己在北京密云双井大市场的62%份额收益权（以下简称市场份额收益权）在2014年转让给工程业主方代表李某财，李某财又在2016年5月将上述权利全部转让给委托人杨某廷、朱某平（以下简称杨、朱），解决了工程欠款问题。

市场份额收益权转让后，杨、朱发现该权利被北京市某区法院查封，涉及的执行案件为辛某甫诉张某中民间借贷纠纷。杨、朱提出执行异议，北京市某区法院作出（2019）京01××执异54号执行裁定书，驳回执行异议，主要理由是杨、朱对执行标的无权利，且被查封财产有可能涉及张某中的夫妻共同财产。杨、朱不服该裁定，起诉至北京市某区法

院,列张某中、辛某甫为被告,要求对市场份额收益权停止执行并解除查封的强制措施。一审法院经审理,判决驳回了杨、朱的请求,理由与驳回执行异议的裁定基本一致。杨、朱不服一审判决,上诉至北京市第三中级人民法院,经审理,二审撤销一审判决,判决不得执行双井大市场的份额收益权。

二、案件的复杂性、难点

本案涉及众多与案情有关的判决。2006 年张某中通过联建方式,协议取得了市场份额收益权,为解决工程款问题在 2014 年将上述市场份额收益权全部协议转让给李某财,李某财在 2016 年 5 月通过协议转让方式把上述权利全部转让给杨、朱并进行了公证。张某中在 2016 年 1 月经法院调解离婚,2015 年张某中妻子张某云在北京朝阳法院起诉张某中及李某财,要求确认转让市场份额收益权无效,最终被驳回。2016 年 9 月杨、朱诉至内蒙古科尔沁法院要求确认杨、朱与李某财的转让协议有效,法院支持该诉请。2017 年杨、朱在北京市某区法院诉李某财要求确认市场份额收益权的所有权、使用权及收益权均归杨、朱所有,案件经两审,上述请求被驳回,理由是市场份额收益权涉及的土地及房屋没有取得所有权证书,不宜确认所有权,在所有权不确认基础上也不宜确认使用及收益权。2018 年杨、朱在内蒙古科尔沁法院起诉李某财要求确认该市场份额收益权的用益权(使用及经营收益),法院予以支持。

三、裁判要旨

二审法院在查明事实基础上,根据《最高人民法院关于人民法院办理执行异议和复议案件若干问题的规定》第 24 条的规定,认为争议的权属属于债权范畴,该市场份额收益权涉及的一系列转让行为有效,相关合同权利属于杨、朱,故足以排除执行。

案件历程

【一审判决书】

北京市某区人民法院

民事判决书

(2019)京 01 × ×民初 4 × ×2 号

原告:杨某廷,男,1972 年 9 月 13 日出生,汉族,住内蒙古自治区赤峰市宁城县。

原告:朱某平,男,1963 年 8 月 27 日出生,汉族,住江苏省南京市浦口区。

二原告之委托诉讼代理人:郭迎,北京市中洲律师事务所律师。

二原告之委托诉讼代理人:吴琼,北京市中洲律师事务所实习律师。

被告:辛某甫,男,1963 年 10 月 19 日出生,汉族,住北京市密云区。

委托诉讼代理人:李××,北京市××律师事务所律师。

被告:张某中,男,1956 年 4 月 18 日出生,汉族,户籍地内蒙古自治区呼和浩特新城区。

原告杨某廷、朱某平与被告张某中、辛某甫案外人执行异议之诉一案,本院于2019 年 4 月 8 日立案后,依法适用普通程序,公开开庭进行了审理。原告杨某廷、朱某平及其委托诉讼代理人郭迎,被告辛某甫委托诉讼代理人李××到庭参加诉讼,被告张某中经本院合法传唤,无正当理由未到庭参加诉讼。本案现已审理终结。

杨某廷、朱某平向本院提出诉讼请求:(1)请求对(2013)×执字第 2×11 号强制执行裁定书确定的执行标的物停止执行,并解除全部强制执行措施;(2)案件受理费由二被告承担。事实与理由:(1)被执行人张某中自 2014 年 10 月 16 日起,不再享有"双井综合大市场"62%(6167.71 平方米)房屋的使用权和经营收益权。①张某中2006 年 6 月 22 日与北京市密云区十里堡镇双井村民委员会(以下简称双井村委会)签订《联合建设经营双井综合大市场的协议书》,并于 2009 年 10 月 31 日签订《补充协议》,双方在上述协议书中约定了相应的权利和义务;据此,张某中仅系"双井综合大市场"的原合同(2006 年 6 月 22 日至 2014 年 10 月 16 日)权利人。②2014 年 10 月16 日,张某中将北京市密云区十里堡镇双井村的双井综合大市场股权及所有权益无偿转让给李某财。对此,张某云曾经向北京市朝阳区人民法院提起诉讼,请求确认张某中和李某财之间的转让行为无效,朝阳区人民法院依法驳回了张某云的全部诉讼请求,张某云不服一审判决上诉至北京市第三中级人民法院后,2015 年 12 月 31 日北京市第三中级人民法院作出(2015)三中民终字第 1××03 号民事判决书,判决驳回上诉,维持原判。根据《合同法》之规定,合同的效力分为:有效合同、效力待定合同、可撤销合同和无效合同,在本案中,显然不属于无效合同(合同效力已经三中院生效判决)和效力待定合同,张某中与李某财的合同已经超过法定 1 年除斥期间的规定,不再具有撤销权。③2015 年 2 月 15 日、2016 年 1 月 9 日和 5 月 5 日李某财书面确认将《联合建设经营双井综合大市场的协议书》及《补充协议书》的全部股权及所有权益转让给二原告所有,2016 年 5 月 23 日双井村委会予以同意、认可,二原告依法取得双井村 58 号即"双井综合大市场"房屋的使用权和经营收益权。④2016 年 11 月 18日内蒙古自治区通辽市科尔沁区人民法院(以下简称科尔沁法院)作出(2016)内0502 民初 5××2 号民事判决书,确认二原告与李某财签订的股权及所有权益转让书合法有效。⑤2018 年 9 月 20 日科尔沁法院作出(2018)内 05××民初 2××4 号民事判决书,确认二原告享有"双井综合大市场"62%(6167.71 平方米)房屋的使用权和经营收益权。根据上述事实可以认定:张某中自 2014 年 10 月 16 日起,不再享有"双井综合大市场"62%(6167.71平方米)房屋的使用权和经营收益权。(2)北京市某区人民法院作出的(2013)×执字第2×11号强制执行裁定书已经损害二原告的合法权益。①被告辛某甫的执行依据是(2013)×民初字第4××0号民事调解书,所谓执行裁定书即(2013)×执字第2×11号强制执行裁定书作出日期为2018年8月6日,期间法院并未作出查封、冻结裁定。②2018年9月20日科尔沁法院作出(2018)内05××民初2××4号民事判决书后(已于2018年10月发生法律效力),生效判决已经确认二原告享有双井综合大市场62%份额房屋的使用权和经营收益权。③根据《最高人民法院关于人民法院办理执行异议和复议案件若干问题的规定》第25条、第26条之规定,(2013)×执字第2×11号强制执行裁定书事实认定和法律适用均是错误的。综上,为维护自身合法权益,故诉至法院,判如所请。

辛某甫辩称,不同意二原告的诉讼请求,理由如下:(1)辛某甫与张某中民间借贷纠纷经北京市某区法院作出调解书,张某中未按调解书确定的期限履行,故辛某甫对张某中的债权依法申请执行,其后,张某中在2014年10月16日将双井综合大市场地上物所有权及使用收益无偿转让给李某财,李某财又无偿转让给朱某平、杨某廷,张某中存在故意逃避债务,与李某财等人恶意串通,无偿转让财产的行为,辛某甫在2019年朱某平、杨某廷提出执行异议时才知道张某中的无偿转让财产权益的行为,辛某甫有权行使撤销权。(2)2017年,朱某平、杨某廷曾向北京市某区法院提出所有权确认纠纷,经一、二审均被判决驳回其诉讼请求,朱某平、杨某廷起诉张某云(张某中前妻)股权转让合同纠纷一案,亦被法院判决驳回其要求进行股权转让变更登记的诉讼请求,因此,朱某平、杨某廷不享有北京双井百货综合市场有限公司地上物所有权、收益权和股权,张某中、张某云虽然婚姻关系已经解除,在未分割前仍以共有的形式享有双井百货综合市场62%的权益,北京市某区法院作出查封和协助执行并无不当;朱某平、杨某廷在北京市某区法院败诉后持同样的诉讼请求向科尔沁法院请求确认李某财转让房屋使用权和收益权的判决违背了民事诉讼一事不再理的原则,故不应以科尔沁法院(2018)内05××民初2××4号民事判决内容作为本案审理的依据。(3)依据《最高人民法院关于人民法院办理执行异议和复议案件若干问题的规定》第26条的规定,朱某平、杨某廷所持科尔沁法院的判决书不是与被执行人张某中之间确认房屋使用权和经营收益权的权属纠纷判决,而是其与李某财之间的判决,因此也不应获得支持。(4)朱某平、杨某廷与张某中、李某财的纠纷应当另案追究合同无法履行的违约责任。综上,朱某平、杨某廷的请求没有真实合法有效的证据,且违反相关法律规定,请法院依法驳回其诉讼请求。

张某中经本院合法传唤,无正当理由未出庭应诉,其未作书面答辩,亦未提供证据。

本院经审理认定事实如下:2013年,辛某甫以民间借贷纠纷为由将张某中诉至本院，要求张某中偿还借款162万元及利息和违约金50万元，利息计算自2011年6月2日至实际给付之日止，按中国人民银行同期贷款利率的4倍计算。2013年7月30日，本院作出(2013)×民初字第4××0号民事调解书，双方达成协议：张某中于2013年8月15日前给付辛某甫160万元；如逾期至2013年10月15日给付，张某中需向辛某甫按中国人民银行同期贷款利率的4倍支付利息；如张某中在2013年10月15日内仍未给付辛某甫欠款160万元及利息，张某中除仍按中国人民银行同期贷款利率4倍向辛某甫支付利息外，需再向辛某甫支付违约金50万元。

依据辛某甫提出的执行申请，本院以(2013)×执字第2×11号立案执行。2018年8月6日，本院作出(2013)×执字第2×11号强制执行裁定书，裁定：将张某中在双井村委会与其联合建设经营"双井综合大市场"协议约定的份额收益予以查封，由北京市某区法院执行局支取，以偿还申请人辛某甫的案款。同日，本院发出协助执行通知书。

2019年1月21日，案外人朱某平、杨某廷对查封张某中名下收益向本院提出书面异议，要求依法予以撤销并解除查封，本院于2019年3月26日作出(2019)京01××执异54号执行裁定书，驳回案外人朱某平、杨某廷所提执行异议申请。后朱某平、杨某廷提起本案诉讼。

另查，张某中与张某云原系夫妻关系。两人于1983年2月23日登记结婚，于2016年1月28日经呼和浩特市新城区人民法院调解解除婚姻关系。2006年6月22日，双井村委会(甲方)与张某中(乙方)签订了《联合建设经营"双井综合大市场"的协议书》，约定双方联合建设、经营双井综合大市场，占地面积6504.55平方米，建筑面积8600平方米。建成后，地上物所有权及土地使用权归甲方，按实际建筑面积的38%归甲方使用、62%归乙方使用，使用期限30年，具体使用面积分配等另行签订补充协议。合同期内，如遇拆迁，土地和地上物分别进行评估，土地的补偿全部归甲方；地上物的补偿，10年内拆迁的补偿全部归乙方，10年以后拆迁的补偿按照占有份额即38%归甲方、62%归乙方等等。

2009年10月31日，双井村委会与张某中签订了《补充协议》，约定：(1)将原协议中涉及的4亩国有划拨土地的使用权和6亩集体土地性质的使用权按照法律规定的程序一并将10亩土地变更为以出让方式取得国有土地使用权，对土地权属进行变更，在办理该宗土地转变为国有出让方式的事宜过程中，甲方协助乙方提供相关手续，费用由乙方负担；(2)将原协议中的第2条第1款变更为综合大市场建成后，地上物的所有权及土地使用权按甲方38%、乙方62%的分配比例使用；(3)将原协议中的第2条第2项的使用期限从30年变更为长期使用；(4)将原协议中的第6条第3款变更为合同期满，地上物的所有权及使用权按甲方38%、乙方62%的比例分配。

2010年9月14日，张某云与双井村委会出资成立北京双井百货综合市场有限公司,公司登记股东为张某云(出资24.8万元)与双井村委会(出资15.2万元),注册资本共计40万元,2014年3月,经登记机关核准更名为双井商贸公司。双井商贸公司管理双井综合大市场和收取租金等事宜。

2014年10月16日,张某中在《联合建设经营"双井综合大市场"的协议书》及《补充协议》下方写明"同意将股权及所有权益转让给李某财(身份证号码×××)。张某中,2014年10月16日"字样,后分别记载有"曹克中(书记)""曹克中(主任)"签名字样并加盖有双井村委会的公章。

2015年,张某云将张某中、李某财诉至北京市朝阳区人民法院,请求确认张某中与李某财签订的关于"双井综合大市场"的转让协议无效。北京市朝阳区人民法院于2015年5月19日作出(2015)朝民初字第××××××号民事判决,驳回张某云的全部诉讼请求。张某云不服该判决,向北京市第三中级人民法院提出上诉,北京市第三中级人民法院于2015年12月31日作出(2015)三中民终字第1××03号民事判决,驳回张某云上诉,维持原判。

2016年5月5日,李某财于内蒙古自治区通辽市哲里木公证处(以下简称哲里木公证处)签署《股权及所有权益转让书》,哲里木公证处于同日出具公证书,证明李某财在《股权及所有权益转让书》上签字、按手印均属实。《股权及所有权益转让书》载明内容包括:现李某财同意根据张某中本人意见将已无偿转让给李某财的北京市密云县十里堡双井村"双井综合大市场"的股权及所有权益无偿转让给朱某平(身份证号码×××)、杨某廷(身份证号码×××),朱某平、杨某廷依法享有北京市密云县十里堡镇双井村"双井综合大市场"原张某中名下及李某财名下的全部股权及所有权益,用于支付解决农民工工资问题等内容。朱某平、杨某廷提交的《股权及所有权益转让书》背面亦手写载明"同意:张某中转给李某财双井综合大市场地上物62%的股权转给朱某平。曹克中,2016/5/23",并加盖双井村委会公章。

2016年9月1日,朱某平、杨某廷将李某财诉至科尔沁法院,请求确认《股权及所有权益转让书》合法有效。科尔沁法院于同年11月18日作出(2016)内0502民初5××2号民事判决书,确认朱某平、杨某廷与李某财于2016年5月5日签订的《股权及所有权转让书》合法有效。

2017年1月6日,朱某平、杨某廷以股权转让合同纠纷为由将张某云诉至本院,要求张某云协助朱某平、杨某廷办理北京双井商贸有限公司62%股权变更登记手续并赔偿朱某平、杨某廷租金损失。本院于2017年8月7日作出(2017)京01××民初576号民事判决书,认定张某中与李某财签订转让协议,李某财与朱某平、杨某廷签订转让协议,承诺转让股权,均未经张某云授权,对张某云不发生法律效力,朱某平、杨某廷的请求没有法律依据,判决驳回朱某平、杨某廷的全部诉讼请求。

关于双井综合大市场范围内土地及地上物权属问题,2016 年 1 月 26 日,张某云曾以所有权确认纠纷为由将张某中诉至本院[案号为(2016)京 0118 民初×××号],在该案审理过程中查明,“双井综合大市场”占地面积为 6504.55 平方米,其中 2931.1 平方米的土地性质为国有土地,其国有土地使用权证证号为密国用(1998)字第 00208 号。在该案审理过程中,经本院向双井村委会核实,双井村委会表示涉案土地部分土地性质为国有土地,部分土地性质为集体土地,其中集体土地没有土地使用权证,因张某中未按约定交纳土地性质变更费用,故涉案土地性质仍未发生变更,涉案土地上所建设的房屋没有合法建设审批手续亦没有取得所有权证书。

2017 年 11 月 3 日,朱某平、杨某廷将李某财以所有权确认纠纷为由诉至本院,请求依法确认位于北京市密云区十里堡镇双井村的双井综合大市场建筑面积 8600 平方米地上物(房屋)62%的所有权、使用权及市场经营收益权归朱某平、杨某廷所有。2017 年 12 月 25 日,本院作出(2017)京 01××民初 10×60 号民事判决书,驳回朱某平、杨某廷全部诉讼请求。后朱某平、杨某廷不服一审判决,上诉至北京市第三中级人民法院,2018 年 2 月 24 日,北京市第三中级人民法院作出(2018)京 03 民终××××号民事判决书,驳回上诉,维持原判,其理由为:涉案土地部分土地性质为国有土地,部分土地性质为集体土地,其中集体土地没有土地使用权证,且涉案土地上所建设的房屋没有相应建设规划审批手续亦没有取得所有权证书,因此,涉案房屋尚不具备确认所有权归属的基本条件。所有权包含对标的物的依法占有、使用、收益及处分,杨某廷、朱某平所主张的涉诉房屋的使用权和经营收益权均属于所有权的一项权能,在涉诉房屋所有权尚未确定的情况下,不宜单独确认其使用权和经营收益权。

2018 年 9 月 20 日,科尔沁法院对朱某平、杨某廷与李某财、第三人双井村民委员会用益物权纠纷案,以(2018)内 05××民初 2××4 号民事判决书作出判决:原告朱某平、杨某廷具有北京市密云区十里堡镇“双井综合大市场”二层商业楼(南北走向、砖混结构、商业用途、地上二层)北侧西端点向南 79.86 米、北侧东端点向南 85.90 米、东西宽 45.34 米,建筑面积 6167.71 平方米的地上物房屋(总建筑面积 9947.92 平方米×62%)的使用权和经营收益权。

上述事实,有双方当事人陈述,(2013)×民初字第 4××0 号民事调解书,(2013)×执字第 2×11 号强制执行裁定书,(2019)京 01××执异 54 号执行裁定书,《联合建设经营“双井综合大市场”的协议书》《补充协议》,(2015)朝民初字第 03912 号民事判决书,(2015)三中民终字第 1××03 号民事判决书,(2017)京 01××民初 576 号民事判决书,(2017)京 01××民初 10×60 号民事判决书,(2018)京 03 民终 2010 号民事判决书等证据材料在案佐证。

本院认为，人民法院对案外人提出的排除执行的异议，应当就案外人是否为被查封标的的权利人，该权利能否排除强制执行等进行审查。案外人就执行标的享有足以排除强制执行的民事权益的，判决不得执行该执行标的；案外人就执行标的不享有足以排除强制执行的民事权益的，判决驳回诉讼请求。对此，本院作分析如下：

一、本案中，涉诉“双井综合大市场”地上物（房屋）62%的相关权益系张某中在与张某云夫妻关系存续期间取得，虽然张某云所提确认张某中与李某财所签“双井综合大市场”转让协议无效的诉讼请求被一、二审法院判决驳回，但不能据此认定李某财已经取得张某中对“双井综合大市场”地上物所有权及土地使用权所享有的62%分配比例的所有权。朱某平、杨某廷亦不能因与李某财签订《股权及所有权益转让书》即取得该“双井综合大市场”的相关权利。

二、依据《最高人民法院关于人民法院办理执行异议和复议案件若干问题的规定》第26条第1款规定，“金钱债权执行中，案外人依据执行标的被查封、扣押、冻结前作出的另案生效法律文书提出排除执行异议，人民法院应当按照下列情形，分别处理：（一）该法律文书系就案外人与被执行人之间的权属纠纷以及租赁、借用、保管等不以转移财产权属为目的的合同纠纷，判决、裁决执行标的归属于案外人或者向其返还执行标的且其权利能够排除执行的，应予支持；（二）该法律文书系就案外人与被执行人之间除前项所列合同之外的债权纠纷，判决、裁决执行标的归属于案外人或者向其交付、返还执行标的的，不予支持；（三）该法律文书系案外人受让执行标的的拍卖、变卖成交裁定或者以物抵债裁定且其权利能够排除执行的，应予支持”。本案中，朱某平、杨某廷所依据的（2016）内0502民初5××2号民事判决书、（2018）内05××民初2××4号民事判决书，系基于朱某平、杨某廷与李某财之间的权属纠纷，而非就朱某平、杨某廷与被执行人张某中之间权属纠纷所作出的判决。

综上，朱某平、杨某廷并非被查封标的权利人，其依据科尔沁法院所作（2016）内0502民初5××2号民事判决书、（2018）内05××民初2××4号民事判决书等证据，不能证明其享有足以排除强制执行的民事权益，对其二人的诉讼请求，本院不予支持。张某中经本院依法传唤无正当理由未到庭参加诉讼，视为其放弃当庭陈述、答辩及质证的权利，不影响本院依法开庭对案件进行审理。

据此，本院依据《最高人民法院关于人民法院办理执行异议和复议案件若干问题的规定》第24条、第26条，《最高人民法院关于适用〈中华人民共和国民事诉讼法〉的解释》（法释〔2015〕5号）第311条、第312条第1款第2项，《中华人民共和国民事诉讼法》（2017年修正）第144条、第227条之规定，判决如下：

驳回朱某平、杨某廷的诉讼请求。

案件受理费50元，由朱某平、杨某廷负担（已交纳）。

公告费560元，由朱某平、杨某廷负担（已交纳）。

如不服本判决，可在判决书送达之日起15日内，向本院递交上诉状，并按对方当事人的人数或者代表人的人数提出副本，上诉于北京市第三中级人民法院。

审 判 长 寻××
人民陪审员 赵××
人民陪审员 刘××
2020年7月29日
法官助理 张 ×
书 记 员 商 ×

【代理词】

代理词

朱某平、杨某廷(以下简称为上诉人)诉辛某甫、张某中执行异议之诉一案，上诉人认为查封的张某中与双井村委会联合建设经营的"双井综合大市场"协议约定的市场份额收益权(以下简称市场份额收益权)不属于张某中，应予停止执行并解除查封等强制执行措施。上诉人代理人发表代理意见如下：

一、一审认为市场份额收益权是张某中与张某云夫妻关系存续期间取得，张某云请求确认张某中与李某财之间的转让协议无效没有被法院支持，并不能代表李某财取得市场份额收益权。以此推论上诉人也不能通过转让协议取得市场份额收益权，该事实认定错误。

(一)已有生效判决，能够确认上诉人取得了市场份额收益权，且该权利来源于2016年5月的转让协议，远早于法院执行查封。

张某云主张市场份额收益权转让无效的请求已被北京市某区法院及三中院驳回，2016年11月18日内蒙古通辽科尔沁法院作出的(2016)内0502民初5××2号民事判决书已经确认上诉人与李某财签订的转让协议有效，2018年9月20日科尔沁法院作出(2018)内05××民初2××4号民事判决书确认了上诉人享有市场份额收益权。

权利转让至上诉人的行为发生在2016年5月5日，在北京市某区法院执行局对该市场份额收益权查封(2018年8月6日)前权利就已归属于上诉人。确认市场份额收益权的判决虽略晚于2018年8月6日，但立案在前已经确认且确认的是基于2016年合同享有的权利，是对权利的追认并非在判决生效后才形成该权利。

（二）内蒙古科尔沁法院作出的确认上述市场份额收益权的判决与北京市某区法院作出的未予确认所有权的判决不矛盾。

北京市某区法院判决否认的是自物权的转让，否认的是上诉人享有的所有权及基于所有权产生的收益权能。北京市某区法院认为虽然转让合同均有效，但由于土地、房产证问题及张某中离婚问题，不能认为市场份额收益权的所有权转移给了上诉人，因此基于所有权而享有的使用、收益权也未予确认。而内蒙古科尔沁法院的判决书没有确认自物权问题，法院认为在所有权未发生确权变更的情况下，通过有效的合同将市场份额收益权的使用、收益权转让给上诉人，基于的是通过合同授予其他主体享有用益物权，即上诉人通过有效的合同取得了用益物权的他物权。他物权是原权利人通过合同约定授予他人享有收益权，不产生原物权变动的法律后果。

（三）如法院认定查封的市场份额收益权因张某中离婚及不能取得相关产权证的因素无法确认权属，即该权利处于不明确的状态，北京市某区法院也不应查封权属不明的标的物。

二、一审法院处理本案，根据《最高人民法院关于人民法院办理执行异议和复议案件若干问题的规定》（以下简称《执行异议和复议规定》）第26条第1款，属适用法律错误，本案不应适用《执行异议和复议规定》第26条，应适用《执行异议和复议规定》第25条。

本案应适用《执行异议和复议规定》第25条，即“对案外人的异议，人民法院应当按照下列标准判断其是否系权利人……（五）其他财产权利的，有登记的按照登记机关的登记判断；无登记的，按照合同等证明财产权属或权利人的证据判断。案外人依据另案生效法律文书提出排除执行异议，该法律文书认定的执行标的的权利人与依照前款规定得出的判断不一致的，按照本规定第二十六条处理”。

上诉人主张的权利与相关生效判决的确权一致，不应适用《执行异议和复议规定》第26条。此外，一审法院适用《执行异议和复议规定》第26条否认上诉人权利的理由是认为上诉人基于生效判决取得的权利来源于李某财，而不是被执行人张某中，故不能按照第1款规定支持。该理由不能成立，生效判决虽然确认李某财转让的权利归属于上诉人，但确认该转让效力的判决书和确认市场份额收益权的判决书均是法院在审理查明张某中转让给李某财市场份额收益权的有效性的基础上作出。基于两个转让合同的有效性，能够判断该权利来源系被执行人张某中。

三、本案争议的权利是被查封的市场份额收益权，与因市场份额收益权而成立的公司的股权无关。

四、市场份额收益权是否有张某中前妻张某云的份额，目前无任何判决明确认定。即便属于夫妻共同财产，单方处分行为并非必然的无效行为，不能以此为由无视有效转让合同的效力，对现有争议不作出明确的处理。

五、本案转让行为并非系辛某甫主张的没有对价或恶意串通的情形，该权利的转让，是为解决农民工工资问题，上诉人作为该工程实施的施工队长受让了该权利。张某中转让给李某财是让其融资支付上诉人施工队伍的农民工资，在未能通过有效途径解决融资问题情况下，李某财转让该市场份额收益权给上诉人抵偿农民工工资近2000万元本金。上述情况有科尔沁社保局、公安局等证明，二审中上诉人也补充了相应证据作参考，转让行为系双方当事人的真实意思表示，系合法有效、公平合理的行为。

本案市场份额收益权转让源于农民工工资的解决，涉及多份判决，无论法院如何认定其他判决书确权问题，亦能够通过现有的、合法有效的转让合同得出结论：该市场份额收益权早已不属于张某中，北京市某区法院不应查封。本案上诉人受让的权利代表了2000余万元的农民工工资款，法院应尊重该事实及基本的法律关系，维护公平真实的交易关系。

综上，请法庭查明事实，依法判决。

代理人：郭迎

2021年5月20日

【二审判决书】

北京市第三中级人民法院
民事判决书

(2021)京03民终××号

上诉人(原审原告)：朱某平，男，1963年8月27日出生，住江苏省南京市浦口区。

上诉人(原审原告)：杨某廷，男，1972年9月13日出生，住内蒙古赤峰市宁城县。

二上诉人委托诉讼代理人：郭迎，北京京凯律师事务所律师。

被上诉人(原审被告)：辛某甫，男，1963年10月19日出生，住北京市密云区。

委托诉讼代理人：李××，北京市××律师事务所律师。

被上诉人(原审被告)：张某中，男，1956年4月18日出生，住内蒙古自治区呼和浩特市新城区。

上诉人朱某平、杨某廷因与被上诉人辛某甫、张某中案外人执行异议之诉一案，不服北京市某区人民法院(以下简称北京市某区法院)(2019)京01××民初4××2号民事判决，向本院提起上诉。本院于2021年1月4日立案后，依法组成合议庭公开审理了本案。上诉人朱某平、杨某廷委托诉讼代理人郭迎，被上诉人辛某甫委托诉讼代理人李××到庭参加了诉讼，被上诉人张某中经本院合法传唤未到庭，本院依法缺席进行了审理。本案现已审理终结。

朱某平、杨某廷上诉请求：(1)撤销一审判决，改判对(2013)×执字第2×11号强制执行裁定书确定的标的物停止执行，并解除全部强制执行措施；(2)本案一、二审诉讼费、公告费均由辛某甫、张某中承担。事实与理由：(1)一审法院认定朱某平、杨某廷对涉案查封标的不享有权利错误。①朱某平、杨某廷享有涉案查封标的相应权利。根据2016年5月5日经公证的《股权及所有权益转让书》、(2016)内0502民初5××2号判决书、(2018)内05××民初2××4号判决书，能够确认张某中将“双井综合大市场”(以下简称双井市场)相关权利转让给李某某，李某某又转让给朱某平、杨某廷，转让合法有效，双井市场相关权利已不属于张某中，且转让时间(2016年5月5日)，早于在北京市某区法院执行局的查封时间(2018年8月6日)。②与涉案查封标的相关的系列诉讼，未否定张某中将权利转让给李某某、李某某又转让给朱某平、杨某廷的效力。张某某(张某中前妻)诉张某中与李某某之间转让双井市场相关权利的协议无效，未获法院支持；2016年9月朱某平、杨某廷诉李某某转让双井市场相关权利的协议有效，获内蒙古自治区通辽市科尔沁区人民法院(以下简称科尔沁法院)支持，可以证明涉案查封标的已不属于张某中；2017年1月朱某平、杨某廷诉李某某确权纠纷，要求确认对双井市场62%所有权、使用权、经营收益权归朱某平、杨某廷所有，北京市某区法院、北京市第三中级人民法院(以下简称三中院)以不具备确认所有权条件为由驳回，但说明未能确认案涉标的的所有权的原因是土地性质及房屋性质的问题；2018年朱某平、杨某廷将李某某、第三人北京市密云区十里堡镇双井村民委员会(以下简称双井村委会)诉至科尔沁法院，要求确认涉案查封标的归其朱某平、杨某廷享有，被法院支持。③一审法院认定朱某平、杨某廷不享有双井市场相应权利的理由不能成立。第一，双井市场由于土地性质及房屋规划审批问题，到目前不能办理所有权证书，但该使用权和收益权属于合同权利，可以转让。否则，北京市某区法院也无权查封该市场份额的收益权。第二，相关合同均是张某中签署，转让合同亦未被确认无效。张某某的合法权利应通过离婚财产纠纷向张某中主张，不能成为张某中不履行转让合同的理由。且科尔沁法院在2018年已确认朱某平、杨某廷拥有双井市场62%的使用权和收益权，该判决依法具有法律效力，相关权属应以该判决为准。(2)一审法院对《最高人民法院关于人民法院办理执行异议和复议案件若干问题的规定》第26条第1款的理解和适用错误。本案查封标的目前无法取得所有权，无法按照登记判断权利人，应按照合同约定进行判断，依据转让协议，朱某平、杨某廷才是权利主体。首先，执行异议之诉的核心是确认执行标的是否属于案外人。相关判决及转让合同等证据均是认定权属的依据，不能简单以主体问题否定朱某平、杨某廷的诉请。

其次，转让合同虽不是张某中和朱某平、杨某廷直接签署，但相关证据可以证明张某中已将涉案查封标的权利转让给李某某，张某中已不是权利人，根据合同相对性，朱某平、杨某廷不可能直接与张某中确认权利，只能以李某某为被告，且根据本案基本事实及证据能清晰地看到权利的转让过程及权利最初来源，相关权利已不属于张某中，北京市某区法院无权查封市场份额收益权。

辛某甫辩称，一审法院适用法律正确、证据充实，同意一审判决，请求予以维持。(1)关于朱某平、杨某廷提出对涉案查封标的物享有相关权利的问题，朱某平、杨某廷在2017年曾就享有的物权和股权包括使用权进行起诉，但均未得到支持，朱某平、杨某廷提交的享有收益权和股权的证据发生在北京市某区法院的查封之前，且2018年朱某平、杨某廷在科尔沁法院的起诉违反了一事不再理原则，其请求不应得到支持，该诉讼亦未将张某中、张某某作为诉讼参与人，忽略了张某中与李某某之间股权转让的合法性审查，侵害了张某中特别是张某某的合法权益。(2)科尔沁法院的两份判决解决的是朱某平、杨某廷与李某某之间的权属纠纷，而非其二人与张某中(张某某)之间的权属纠纷，不符合《最高人民法院关于人民法院办理执行异议和复议案件若干问题的规定》第26条第2款规定，不应获得支持。(3)朱某平、杨某廷与李某某之间的合同无论是否有效，其二人均未依法取得物权及使用权，双井市场仍是由张某中和张某某控制，其二人不能据此提出执行异议。其二人的权利应当通过追究张某中或李某某的违约责任来实现。

张某中未到庭应诉，亦未提交答辩意见。

朱某平、杨某廷向一审法院起诉请求：(1)请求对(2013)×执字第2×11号强制执行裁定书确定的执行标的物停止执行，并解除全部强制执行措施；(2)案件受理费由辛某甫、张某中承担。

一审法院查明事实：2013年，辛某甫以民间借贷纠纷为由将张某中诉至北京市某区法院，要求张某中偿还借款162万元及利息和违约金50万元，利息计算自2011年6月2日至实际给付之日止，按中国人民银行同期贷款利率的4倍计算。2013年7月30日，北京市某区法院作出(2013)×民初字第4××0号民事调解书，双方达成协议：张某中于2013年8月15日前给付辛某甫160万元；如逾期至2013年10月15日给付，张某中需向辛某甫按中国人民银行同期贷款利率的4倍支付利息；如张某中在2013年10月15日内仍未给付辛某甫欠款160万元及利息，张某中除仍按中国人民银行同期贷款利率4倍向辛某甫支付利息外，需再向辛某甫支付违约金50万元。

依据辛某甫提出的执行申请，北京市某区法院以(2013)×执字第2×11号立案执行。2018年8月6日，北京市某区法院作出(2013)×执字第2×11号强制执行裁定书，裁定：将张某中在双井村委会与其联合建设经营"双井综合大市场"协议约定的份额收益予以查封，由北京市某区法院执行局支取，以偿还申请人辛某甫的案款。同日，北京市某区法院发出协助执行通知书。

2019年1月21日,案外人朱某平、杨某廷对查封张某中名下收益向北京市某区法院提出书面异议,要求依法予以撤销并解除查封,北京市某区法院于2019年3月26日作出(2019)京01××执异54号执行裁定书,驳回案外人朱某平、杨某廷所提执行异议申请。后朱某平、杨某廷提起本案诉讼。

另查,张某中与张某某原系夫妻关系。两人于1983年2月23日登记结婚,于2016年1月28日经内蒙古自治区呼和浩特市新城区人民法院调解解除婚姻关系。2006年6月22日,双井村委会(甲方)与张某中(乙方)签订了《联合建设经营"双井综合大市场"的协议书》,约定双方联合建设、经营双井市场,占地面积6504.55平方米,建筑面积8600平方米。建成后,地上物所有权及土地使用权归甲方,按实际建筑面积的38%归甲方使用、62%归乙方使用,使用期限30年,具体使用面积分配等另行签订补充协议。合同期内,如遇拆迁,土地和地上物分别进行评估,土地的补偿全部归甲方;地上物的补偿,10年内拆迁的补偿全部归乙方,10年以后拆迁的补偿按照占有份额即38%归甲方、62%归乙方等。

2009年10月31日,双井村委会与张某中签订了《补充协议》,约定:(1)将原协议中涉及的4亩国有划拨土地的使用权和6亩集体土地性质的使用权按照法律规定的程序一并将10亩土地变更为以出让方式取得国有土地使用权,对土地权属进行变更,在办理该宗土地转变为国有出让方式的事宜过程中,甲方协助乙方提供相关手续,费用由乙方负担;(2)将原协议中的第2条第1款变更为双井市场建成后,地上物的所有权及土地使用权按甲方38%、乙方62%的分配比例使用;(3)将原协议中的第2条第2项的使用期限从30年变更为长期使用;(4)将原协议中的第6条第3款变更为合同期满,地上物的所有权及使用权按甲方38%、乙方62%的比例分配。

2010年9月14日,张某某与双井村委会出资成立北京双井百货综合市场有限公司,公司登记股东为张某某(出资24.8万元)与双井村委会(出资15.2万元),注册资本共计40万元,2014年3月,经登记机关核准更名为北京双井商贸有限公司(以下简称双井商贸公司)。双井商贸公司管理双井市场和收取租金等事宜。

2014年10月16日,张某中在《联合建设经营"双井综合大市场"的协议书》及《补充协议》下方写明"同意将股权及所有权益转让给李某某×××。张某中,2014年10月16日"字样,后分别记载有"曹某某(书记)""曹某某(主任)"签名字样并加盖有双井村委会的公章。

2015年,张某某将张某中、李某某诉至北京市朝阳区人民法院(以下简称朝阳法院),请求确认张某中与李某某签订的关于双井市场的转让协议无效。朝阳法院于2015年5月19日作出(2015)朝民初字第×××××号民事判决,驳回张某某的全部诉讼请求。张某某不服该判决,向三中院提出上诉,三中院于2015年12月31日作出(2015)三中民终字第1××03号民事判决，驳回张某某上诉，维持原判。

2016年5月5日，李某某于内蒙古自治区通辽市哲里木公证处（以下简称哲里木公证处）签署《股权及所有权益转让书》，哲里木公证处于同日出具公证书，证明李某某在《股权及所有权益转让书》上签字、按手印均属实。《股权及所有权益转让书》载明内容包括：现李某某同意根据张某中本人意见将已无偿转让给李某某的北京市密云县十里堡双井村“双井综合大市场”的股权及所有权益无偿转让给朱某平（身份证号码×××）、杨某廷（身份证号码×××），朱某平、杨某廷依法享有北京市密云县十里堡镇双井村“双井综合大市场”原张某中名下及其李某某名下的全部股权及所有权益，用于支付解决农民工工资问题等内容。朱某平、杨某廷提交的《股权及所有权益转让书》背面亦手写载明“同意：张某中转给李某某双井综合大市场地上物62%的股权转给朱某平。曹某某，2016/5/23”，并加盖双井村委会公章。

2016年9月1日，朱某平、杨某廷将李某某诉至科尔沁法院，请求确认《股权及所有权益转让书》合法有效。科尔沁法院于同年11月18日作出（2016）内0502民初5××2号民事判决书，确认朱某平、杨某廷与李某某于2016年5月5日签订的《股权及所有权转让书》合法有效。

2017年1月6日，朱某平、杨某廷以股权转让合同纠纷为由将张某某诉至北京市某区法院，要求张某某协助朱某平、杨某廷办理双井商贸公司62%股权变更登记手续并赔偿朱某平、杨某廷租金损失。北京市某区法院于2017年8月7日作出（2017）京01××民初576号民事判决书，认定张某中与李某某签订转让协议，李某某与朱某平、杨某廷签订转让协议，承诺转让股权，均未经张某某授权，对张某某不发生法律效力，朱某平、杨某廷的请求没有法律依据，判决驳回朱某平、杨某廷的全部诉讼请求。

关于双井市场范围内土地及地上物权属问题，2016年1月26日，张某某曾以所有权确认纠纷为由将张某中诉至北京市某区法院，案号为（2016）京0118民初×××号，在该案审理过程中查明，双井市场占地面积为6504.55平方米，其中2931.1平方米的土地性质为国有土地，其国有土地使用权证证号为密国用（1998）字第×××号。在该案审理过程中，经法院向双井村委会核实，双井村委会表示涉案土地部分土地性质为国有土地，部分土地性质为集体土地，其中集体土地没有土地使用权证，因张某中未按约定交纳土地性质变更费用，故涉案土地性质仍未发生变更，涉案土地上所建设的房屋没有合法建设审批手续亦没有取得所有权证书。

2017年11月3日，朱某平、杨某廷将李某某以所有权确认纠纷为由诉至北京市某区法院，请求依法确认位于北京市密云区十里堡镇双井村的双井市场建筑面积8600平方米地上物（房屋）62%的所有权、使用权及市场经营收益权归朱某平、杨某廷所有。2017年12月25日，北京市某区法院作出（2017）京01××民初10×60号民事判决书，驳回朱某平、杨某廷全部诉讼请求。后朱某平、杨某廷不服一审判决，上诉至三中院，2018 年 2 月 24 日，三中院作出（2018）京 03 民终××××号民事判决书，驳回上诉，维持原判，其理由为：涉案土地部分土地性质为国有土地，部分土地性质为集体土地，其中集体土地没有土地使用权证，且涉案土地上所建设的房屋没有相应建设规划审批手续亦没有取得所有权证书，因此，涉案房屋尚不具备确认所有权归属的基本条件。所有权包含对标的物的依法占有、使用、收益及处分，杨某廷、朱某平所主张的涉诉房屋的使用权和经营收益权均属于所有权的一项权能，在涉诉房屋所有权尚未确定的情况下，不宜单独确认其使用权和经营收益权。

2018 年 9 月 20 日，科尔沁法院对朱某平、杨某廷与李某某、第三人双井村委会用益物权纠纷案，以（2018）内 05××民初 2××4 号民事判决书作出判决：朱某平、杨某廷具有北京市密云区十里堡镇“双井综合大市场”二层商业楼（南北走向、砖混结构、商业用途、地上二层）北侧西端点向南 79.86 米、北侧东端点向南 85.90 米、东西宽 45.34 米，建筑面积 6167.71 平方米的地上物房屋（总建筑面积 9947.92 平方米×62%）的使用权和经营收益权。

一审法院认为：人民法院对案外人提出的排除执行的异议，应当就案外人是否为被查封标的的权利人，该权利能否排除强制执行等进行审查。案外人就执行标的享有足以排除强制执行的民事权益的，判决不得执行该执行标的；案外人就执行标的不享有足以排除强制执行的民事权益的，判决驳回诉讼请求。对此，法院作分析如下：（1）本案中，涉诉双井市场地上物（房屋）62% 的相关权益系张某中在与张某某夫妻关系存续期间取得，虽然张某某所提确认张某中与李某某所签双井市场转让协议无效的诉讼请求被一、二审法院判决驳回，但不能据此认定李某某已经取得张某中对双井市场地上物所有权及土地使用权所享有的 62% 分配比例的所有权。朱某平、杨某廷亦不能因与李某某签订《股权及所有权益转让书》即取得该双井市场的相关权利。（2）依据《最高人民法院关于人民法院办理执行异议和复议案件若干问题的规定》第 26 条第 1 款规定，“金钱债权执行中，案外人依据执行标的被查封、扣押、冻结前作出的另案生效法律文书提出排除执行异议，人民法院应当按照下列情形，分别处理：（一）该法律文书系就案外人与被执行人之间的权属纠纷以及租赁、借用、保管等不以转移财产权属为目的的合同纠纷，判决、裁决执行标的归属于案外人或者向其返还执行标的且其权利能够排除执行的，应予支持；（二）该法律文书系就案外人与被执行人之间除前项所列合同之外的债权纠纷，判决、裁决执行标的归属于案外人或者向其交付、返还执行标的的，不予支持；（三）该法律文书系案外人受让执行标的的拍卖、变卖成交裁定或者以物抵债裁定且其权利能够排除执行的，应予支持”。本案中，朱某平、杨某廷所依据的（2016）内 0502 民初 5××2 号民事判决书、（2018）内 05××民初 2××4 号民事判决书，系基于朱某平、杨某廷与李某某之间的权属纠纷，而非就朱某平、杨某廷与被执行人张某中之间权属纠纷所作出的判决。

综上,朱某平、杨某廷并非被查封标的权利人,其依据科尔沁法院所作(2016)内0502民初5××2号民事判决书、(2018)内05××民初2××4号民事判决书等证据,不能证明其享有足以排除强制执行的民事权益,对其二人的诉讼请求,法院不予支持。张某中经法院依法传唤无正当理由未到庭参加诉讼,视为其放弃当庭陈述、答辩及质证的权利,不影响法院依法开庭对案件进行审理。

据此,一审法院判决:驳回朱某平、杨某廷的诉讼请求。

朱某平、杨某廷提交新证据:(1)起诉状。(2)内蒙古自治区人民法院诉讼费收费专用票据。证明:朱某平、杨某廷起诉确认双井市场份额收益权的诉讼在2018年3月28日,2018年3月30日缴纳了全部诉讼费,该事件早于双井市场收益权被北京市某区法院查封的2018年8月6日。(3)建筑工程承包合同书及补充协议书复印件。证明:①2014年4月24日,通辽市粮辉农贸集团有限公司将通辽市科尔沁区建国农产品批发市场工程发包给ZBLC建设工程有限公司。2014年9月15日,双方签署补充协议;②张某中作为承包方ZBLC公司代表签字。该工程即为欠付朱某平、杨某廷工程款之工程。(4)建设工程施工扩大劳务协议及授权委托书。证明:①该协议于2014年7月18日签订,通辽科尔沁区建国市场建设的一部分由ZBLC公司发包给朱某平的北京郸泰建筑工程有限公司;②朱某平作为施工单位的代表获得授权。(5)建设工程施工扩大劳务协议。证明:该协议于2014年7月18日签订,通辽科尔沁区建国市场建设的另一部分由ZBLC公司发包给杨某廷所在施工队。(6)ZBLC建设工程公司劳务一队工程款结算书。证明:欠付朱某平施工队的工程款截至2014年10月30日应为17579248元。对上述工程量、价,ZBLC公司盖章、代表张某中签字确认。(7)ZBLC建设工程公司劳务二队工程款结算书。证明:欠付杨某廷施工队的工程款截至2014年10月30日应为18820825.5元。对上述工程量、价,ZBLC公司盖章、代表张某中签字确认。(8)委托书两份、承诺书复印件一份。证明:①张某中在2014年11月15日、2015年2月12日均出具委托书承诺双井市场权益转让给李某某,如不能偿还施工队农民工工资等,将双井市场权益变卖偿还;②张某中2015年2月16日出具承诺表明为付清农民工工资,双井市场的收益权属于朱某平。(9)材料交接单。证明:2015年2月15日,在科尔沁公安局及人力社保局等见证下,李某某、李某2将双井市场权益的有关文书交接给朱某平、杨某廷,由朱、杨享有双井市场权益,负责支付农民工工资。(10)欠条。证明:张某中在2015年7月27日确认欠朱某平劳务一队农民工工资8988364元。(11)部分欠付农民工工资表复印件。证明:①结合上述证据,张某中、李某某将双井市场权益转让给朱某平、杨某廷是因欠付通辽建国农贸市场农民工工资;②上述农民工工资欠付均经过科尔沁区人力社保局盖章确认。结合朱某平、杨某廷在一审中提供的科尔沁区人力社保局、信访局、党委政府联合接访中心出具的证明，可印证上述农民工工资钱款的真实性及张某中、李某某将双井市场全部权利转让给朱某平、杨某廷的真实性。辛某甫发表质证意见：朱某平、杨某廷提交的工程工资报酬的真实合法性无法确认，朱某平、杨某廷提交的证据的关联性及证明目的均不认可。辛某甫提交新证据：（1）中国执行信息公开网查询记录，证明张某中在全国仅有6个执行案件，没有上述科尔沁法院判决的执行内容。朱某平、杨某廷的判决无法及于张某中和张某某。（2）国家企业信用信息公示系统查询信息，证明张某某仍为双井市场股东和法定代表人。（3）2021年5月12日双井村委会出具证明。证明双井市场的对外经营主体目前仍然是双井商贸公司。证据2、证据3证明涉案场地一直由张某某、张某中占有、管理、控制。朱某平、杨某廷所持两份判决，事实上无法执行，法律上无法得到支持，不能排除辛某甫申请查封的依据。朱某平、杨某廷发表质证意见：证据1真实性无异议，与本案无关，不同意证明目的。朱某平、杨某廷的诉权不是作为债权和要求张某中有给付义务为前提的，辛某甫起诉的事实基础与张某中没有关联。证据2真实性认可，关联性不认可。该公司的组织架构仅是为了收取租金方便的形式，与本案诉争的合同权利并无直接关联，诉争合同权利中也不涉及该公司。证据3真实性无异议，证明目的不认可，因双方都是股东，证明效力低。张某中未向本院提交新证据。

二审中，本院另查明：科尔沁法院（2018）内05××民初2××4号朱某平、杨某廷与李某某、第三人双井村委会用益物权纠纷中原告朱某平、杨某廷起诉时间为2018年3月28日，缴费时间为3月30日。本院查明的其他事实与一审查明的事实一致。

本院认为：根据各方诉辩意见，本案核心争议焦点为朱某平、杨某廷就执行标的是否享有足以排除强制执行的民事权益。《最高人民法院关于人民法院办理执行异议和复议案件若干问题的规定》第24条规定，“对案外人提出的排除执行异议，人民法院应当审查下列内容：（一）案外人是否系权利人；（二）该权利的合法性与真实性；（三）该权利能否排除执行”。根据本案查明的事实，张某中与双井村委会签订《联合建设经营“双井综合大市场”的协议书》及《补充协议》，约定双方联合建设、经营双井市场，并约定了份额等内容。但因涉案土地部分土地性质为国有土地，部分土地性质为集体土地，其中集体土地没有土地使用权证，且涉案土地上所建设的房屋没有相应建设规划审批手续亦没有取得所有权证书，涉案房屋尚不具备确认所有权归属的基本条件，因此张某中对涉案房屋的使用权和经营收益权的来源系与双井村委会的前述协议，该权利应属于债权范畴。

2014年10月，张某中将其享有的上述权益转让与李某某，并经过双井村委会的确认同意。张某某虽在2015年起诉张某中、李某某要求确认其二人签订的关于双井市场的转让协议无效，但经生效裁判文书朝阳法院（2015）朝民初字第×××××号、三中院（2015）三中民终字第1××03号民事判决驳回其诉讼请求。2016年李某某又将该合同权益转让与朱某平、杨某廷,亦经过科尔沁法院(2016)内0502民初5××2号民事判决确认转让协议合法有效。至此,张某中原享有的对双井市场的房屋的使用权和经营收益权已转让至朱某平、杨某廷,张某中不再享有上述权益。因此,朱某平、杨某廷的主张符合《最高人民法院关于人民法院办理执行异议和复议案件若干问题的规定》第24条的规定,应予支持。

《最高人民法院关于人民法院办理执行异议和复议案件若干问题的规定》第25条是依据登记公示对物权所有权的判断规定,第26条是对案外人依据另案生效法律文书提出排除执行异议,该法律文书认定的执行标的权利人与依照第25条规定得出的判断不一致时的处理规定。但如前文所论,涉案房屋的使用权和经营收益权系基于《联合建设经营"双井综合大市场"的协议书》及《补充协议》等协议产生的债权,亦未进行登记,故不应适用《最高人民法院关于人民法院办理执行异议和复议案件若干问题的规定》第26条之规定,一审法院对此认定错误,本院予以纠正。

《最高人民法院关于适用〈中华人民共和国民事诉讼法〉的解释》第312条第1款规定:"对案外人提起的执行异议之诉,人民法院经审理,按照下列情形分别处理:(一)案外人就执行标的享有足以排除强制执行的民事权益的,判决不得执行该执行标的;(二)案外人就执行标的不享有足以排除强制执行的民事权益的,判决驳回诉讼请求。"第314条第1款规定:"对案外人执行异议之诉,人民法院判决不得对执行标的执行的,执行异议裁定失效。"关于朱某平、杨某廷要求解除全部强制执行措施的诉请,如前所论,本院支持朱某平、杨某廷不得执行(2013)×执字第2×11号强制执行裁定书确定的标的物的诉讼请求,因此,涉案执行异议裁定失效,应终结执行程序并解除执行措施,无须当事人诉请,而涉案执行程序之外的强制措施,不属于本案处理范围。

综上所述,朱某平、杨某廷的部分上诉请求成立,本院予以支持,依照《中华人民共和国民事诉讼法》(2017年修正)第170条第1款第2项的规定,判决如下:

一、撤销北京市某区人民法院(2019)京01××民初4××2号民事判决;

二、不得执行(2013)×执字第2×11号强制执行裁定书确定的执行标的物即张某中在北京市密云区十里堡镇双井村民委员会与其联合建设经营"双井综合大市场"协议约定的份额收益。

三、驳回朱某平、杨某廷的其他诉讼请求。

一审案件受理费50元,由辛某甫、张某中负担(于本判决生效后7日内交纳);公告费560元,由辛某甫、张某中负担(于本判决生效后7日内交纳)。二审案件受理费70元,由辛某甫、张某中负担(于本判决生效后7日内交纳);公告费700元,由辛某甫、张某中负担(于本判决生效后7日内交纳)。

本判决为终审判决。

审判长　周　×
审判员　潘　×
审判员　刘××
2021年8月23日
法官助理　刘　×
法官助理　杨　×
法官助理　卢××
书记员　祖××

办案总结

一、对于案情比较复杂的案件，厘清事实、确定办案思路是律师工作的核心。

本案涉及众多裁判文书。如张某中在2016年1月离婚调解书；2015年张某中妻子张某云在北京市朝阳区法院起诉张某中及李某财，要求确认转让的市场份额收益权无效两审判决书；2016年9月杨、朱诉至内蒙古科尔沁法院要求确认杨、朱与李某财的转让协议有效判决书；2017年杨、朱在北京市某区法院诉李某财要求确认市场份额收益权的所有权、使用权及收益权的两审判决书；2018年杨、朱在内蒙古科尔沁法院起诉李某财要求确认该市场份额收益权的他物权判决书；杨、朱起诉市场经营方的股权案件判决书，甚至还有被告辛某甫在案件审理期间提出第三人撤销之诉涉及的判决书。加之执行案件涉及的生效调解书，执行异议的裁定等。

案件涉及转让对价问题，对方代理人认为转让没有对价。查明事实是民事案件最首要的任务，有无对价也是法官认定交易事实、效力、公平等判断的依据。本案我方当事人取得市场份额收益权的对价是拖欠的工资、工程款，故涉及的工程承包协议、付款情况、农民工索要工资政府介入的证据等与本案亦有关联。律师进一步搜集、补充上述材料可以协助二审法官查明案件事实。

律师通过办案过程中收集到的材料，更加清晰了办案思路即“有无排除执行的权利存在”并对该权利的合法有效及排除执行进行举证。

二、认识需要有一个过程，律师在办案中可通过案例及裁判规则的查询增加论据。

执行异议之诉是一类比较复杂的案件，律师在办案过程中认真研读了资深法官专著，进行了类案检索工作。案外人执行异议大多发生在不动产权属中，本案属于市场份额收益权且相关土地、房产大部分还未能取得权属证书，可参考的案件不多见。

三、从法官的判决说理部分吸取养分,再回头看本案的全过程,会有更深刻的法律认识。

一审法院判我方败诉认为我方不拥有市场份额收益权是因为科尔沁法院判决我方享有收益权是从李某财处取得的收益权,并没有判决是从张某中处取得的收益权,故不能排除对张某中的执行。该理由是片面的。二审法院在审理中,不但认真梳理了全案事实及有关判决,还看到了转让权利的连续性、有效性,债权也是权利一种,对于确权问题,二审法院没有作评价、确认,但基于转让合同的合法有效,认定该合同权利足以排除执行,这个判决兼顾了事实、法理、公平,也没有再作出任何与之前生效判决矛盾的裁判观点,切实维护了当事人的合法权益、保障了公平。

专家点评

一、一审阶段概要

本案的一审阶段,一审法院认为二原告并非被查封标的权利人,依据相关已经生效的判决,不能证明二原告享有足以排除强制执行的民事权益,根据《最高人民法院关于人民法院办理执行异议和复议案件若干问题的规定》第26条的规定驳回了二原告的诉讼请求。

二、二审阶段概要及评析

本案二审阶段,二审法院支持了上诉人的部分上诉请求,判决不得执行涉案市场份额收益权。二审法院综合一审、二审期间当事人提交的证据,首先,认定了涉案市场份额收益权系债权性质权利;其次,二审法院根据相关已生效判决等证据认定上诉人对涉案市场份额收益权享有权益;最后,二审法院认定一审法院适用《最高人民法院关于人民法院办理执行异议和复议案件若干问题的规定》第26条规定属于适用法律错误。

三、二审改判分析

二审法院全面梳理了案件事实,并正确认定了涉案基础法律关系及争议权益的性质,认定涉案市场份额收益权的性质为债权,通过多份生效判决等证据认定多次转让市场份额收益权行为的合法有效性,正确的适用了法律,及时纠正了一审法院的错误。

四、案件难点、焦点、亮点分析及建议

本案所涉事实较为复杂,涉案的市场份额收益权涉及多次转让,涉及多份生效判决书,涉及证据材料众多,涉及法律关系较为复杂,查清本案事实及法律关系、确定本案的诉讼方案是本案的难点。

本案的焦点是涉案市场份额收益权的性质问题及二原告是否对执行标的享有足以排除强制执行的民事权益,法院在论述第二个焦点时必然要认定涉案市场份额收益权的性质,在法律没有明确规定的情形下,二审法院综合案件事实、已生效的相关判决及法律规定,认定涉案市场份额收益权为债权,较为合理。

本案亮点在于各个法院从不同角度对涉案市场份额收益权的认定。通过该案,我们可以看到查清案件事实、梳理基础法律关系是法院准确适用法律规定、作出合法正确判决的前提,也是律师工作的重要内容，建议律师在承办案件过程中，一定要提前做好基础工作，详尽、准确地梳理案件的事实及法律关系，尽可能地引导、协助法院查清案件事实，必要时，可向法院提交案件的事实情况梳理。

审核人、点评人：北京律师智库重大复杂案件研究专家组成员　李华律师

复核人：北京律师智库重大复杂案件研究专家组成员　丁琛律师

执行回转　执行程序中的“他人”“利害关系人”“案外人”的区别及适用

——YN 市保障性住房建设有限公司与刘某亮、第三人重庆 TZ 实业集团有限公司案外人执行异议之诉纠纷案

争议焦点

法院是否应当对“次债务人”提出的异议进行审查？执行程序中“他人”“利害关系人”“案外人”的理解？

关键词

强制执行　次债务人　异议

案情简介

1. 背景情况。刘某亮因与重庆 TZ 实业集团有限公司（以下简称 TZ 公司）存在借款合同纠纷，河南郑州市某区级人民法院判决 TZ 公司返还刘某亮 1009000 元（本金）及利息，但 TZ 公司未履行判决。刘某亮向郑州市某区级人民法院申请强制执行。

2. 执行过程中，郑州市某区级人民法院以 TZ 公司对 YN 市保障性住房建设有限公司（以下简称 YN 公司）存有到期债权为由，要求 YN 公司“配合”。向 YN 发出协助执行通知，冻结、划拨或扣留、提取 YN 公司银行存款 202 万元。

3. 对此，YN 公司提出“异议”，理由是 YN 公司对 TZ 公司不存在到期债权，但郑州市某区级人民法院并未予以理会。YN 公司提出执行异议被郑州市某区级人民法院裁驳。后 YN 公司又提出执行异议之诉，一审、二审均败诉。二审期间，郑州市某区级人民法院从 YN 公司强制划扣 2531935 元并发还刘某亮。后 YN 公司就该执行异议之诉案件

向河南高院申请再审，河南高院裁定撤销该一审、二审判决。

4. 本律师承接本案后，代理 YN 公司向郑州市某区级人民法院提出执行监督申请，郑州市某区级人民法院作出（2020）豫0××4执监2号执行裁定书，撤销执行过程中作出的针对 YN 公司的执行裁定，随后本律师代理 YN 公司向郑州市某区级人民法院申请执行回转，郑州市某区级人民法院作出（2020）豫0××4执5355号执行裁定书，裁定被执行人刘某亮（原案申请执行人）向 YN 公司返还执行款2531935元及孳息。

案件历程

【一审民事判决书】

郑州市某区级人民法院
民事判决书

（2013）×民初字第1×18－1号

原告：刘某亮，男，1955年8月29日出生。

委托诉讼代理人：时××，河南××律师事务所律师。

被告：重庆 TZ 实业集团有限公司。

法定代表人：蒋某才，董事长。

委托诉讼代理人：刘浪，男，1989年9月28日出生，该公司职工。

原告刘某亮诉被告重庆 TZ 实业集团有限公司（以下简称 TZ 公司）借款合同纠纷一案，本院受理后，被告 TZ 公司提出管辖权异议，本院作出（2013）×民初字第1×18号民事裁定书，被告 TZ 公司不服裁定上诉至郑州市中级人民法院，郑州市中级人民法院作出了（2013）郑立民终字第527号民事裁定书，裁定本案由本院审理。本案在审理过程中，依法组成合议庭，公开开庭进行了审理。原告刘某亮的委托代理人时××、被告 TZ 公司的委托代理人刘浪到庭参加了诉讼。本案现已审理终结。

原告刘某亮诉称，TZ 公司郑州中原建筑分公司在承接郑州华信学院 D 教学楼工程中，因暂无力支付工人工资，于2011年9月8日与原告签订借款合同，约定原告向被告借款1009000元，借款期限为两个月，借款期限内利息按银行同期利息的1倍计算，逾期还款按同期银行借款利率的3倍计算，双方约定：发生纠纷时由同签订地法院即郑州市某区级人民法院管辖。TZ 公司作为总公司应当对 TZ 公司郑州中原建筑分公司的借款债务承担偿还责任。至今被告以无钱为由拒绝返还借款，故原告起诉，请求判令被告 TZ 公司向原告支付借款本金1009000元，并支付借款期限内的利息

10117.6元及逾期还款之日起至实际还款之日止的利息(按银行同期贷款利率的3倍计算)。

被告TZ公司辩称,TZ公司对借款合同不知情,TZ公司的法定代表人签章为TZ公司郑州中原建筑分公司印章有伪造仿冒的重大嫌疑,涉嫌合同欺诈,本案所涉的借款合同关系实际并不存在,被告主体不适格,请求依法驳回原告的诉讼请求,诉讼费由原告承担。

经审理查明,2011年9月8日,原告刘某亮(甲方、出借方)与重庆市TZ实业集团有限公司郑州中原建筑分公司(乙方、借款方)签订借款合同,合同主要内容为:合同签订地:河南省新郑市。(1)乙方承接郑州市华信学院D教学楼工程,因暂无力支付工人工资,现向甲方借款人民币壹佰万零玖仟元整(1009000元),用于支付二次结构等工人工资。(2)乙方不得将借款用于非本合同目的,否则,甲方有权提前收回借款,并按照本合同约定利率的3倍计收利息。(3)本合同借款利率为银行同期贷款利率;借款期限为二月,期满乙方应及时一次性归还本息。逾期还款时,逾期期间的利息应按本合同约定利率的3倍计算。乙方可提前还款,甲方也可以视情况要求乙方提前还款,提前还款时,按实际借款期限计算利息。甲方代表人:刘某亮;乙方:梁某;代表人:李××重庆市TZ实业集团有限公司郑州中原建筑分公司(加盖公章)。

TZ公司对原告提交的借款合同有异议,认为TZ公司于2009年6月更名为重庆TZ实业集团有限公司,下属所有分公司和分支机构都同时更名,但借款合同中的落款和印章均为重庆市TZ实业集团有限公司,对印章的真实性有异议。借款合同中乙方落款"乙方:梁某,代表人:李××",该二人均不是TZ公司的员工,也没有经过公司任何授权及委托,所以对于合同不予认可。

原告提交2011年9月8日收据一份,收据载明重庆市TZ实业集团有限公司郑州中原建筑分公司收到人民币1009000元,并注明"系付华信学院D教学楼二次结构等工人工资",并加盖重庆市TZ实业集团有限公司郑州中原建筑分公司的公章,梁某在收款人处签名。TZ公司对印章和收款人梁某的真实性均有异议,认为该款是现金还是转账不清楚,对该笔款的用途也表示质疑,是否用于工程上不清楚。

在审理过程中,TZ公司认可2009年7月8日其名称变更前的全称为"重庆市TZ实业集团有限公司";并且认可TZ公司郑州中原建筑分公司是其所属的分公司,TZ公司的名称变更不仅包含郑州中原建筑分公司的名称变更,也包含总公司和所有分公司、分支机构的名称变更。

上述事实,有借款合同、收据等证据可以证实。

本院认为,合法的借贷关系受法律保护。TZ公司郑州中原建筑分公司向刘某亮借款1009000元,根据刘某亮提交双方签订的借款合同,借款合同中注明的借款用途系用于支付郑州华信学院D教学楼二次结构等工人工资,并加盖TZ公司郑州中原建筑分公司的公章；同时根据刘某亮提交的收据，TZ 公司郑州中原建筑分公司已收到该借款 1009000 元。所以借款合同系双方的真实意思表示，并已实际履行，借款合同合法有效。

公司可以设立分公司。设立分公司应当向公司登记机关申请登记，领取营业执照。分公司不具有法人资格，其民事责任由公司承担。TZ 公司认可郑州中原建筑分公司系其分公司，所以郑州中原建筑分公司实施的民事法律行为应由 TZ 公司承担，即 TZ 公司应当返还郑州中原建筑分公司下欠刘某亮的借款 1009000 元。

关于 TZ 公司辩称，其在 2009 年 7 月 8 日已进行名称变更登记，其所属的分公司、所有分支机构的名称均自该日起进行了名称变更；并辩称借款合同和收据中落款处的名称均为郑州中原建筑分公司变更前的名称。本院认为，TZ 公司、郑州中原建筑分公司只是进行了名称变更登记，公司的主体并没有发生改变，变更前后郑州中原建筑分公司仍为 TZ 公司所属的分公司，郑州中原建筑分公司名称变更前的公章是否销毁或收缴，系 TZ 公司的内部管理问题，所以公司名称的变更不影响 TZ 公司对郑州中原建筑分公司欠刘某亮的借款 1009000 元承担还款责任。对于 TZ 公司辩称，本案可能涉及诈骗，或实际借款人与原告恶意串通损害 TZ 公司利益，因 TZ 公司至今未提交任何相关的证据材料，故对其辩称意见本院不予支持。

刘某亮要求 TZ 公司支付借款的借期内利息 10117.6 元，本院认为，双方在借款合同中约定的借款利息为中国人民银行同期同类贷款的利率，该约定未超过法律规定，并且刘某亮要求的借款利息金额在法律规定的范围内，故对于刘某亮的此项诉讼请求，本院予以支持。刘某亮要求 TZ 公司支付逾期还款的利息（利率按中国人民银行同期同类贷款利率的 3 倍计算，自 2011 年 11 月 9 日起付至还清所有欠款之日止），本院认为，双方在借款合同中约定的逾期还款的利息未超过法律规定，对于刘某亮的此项诉讼请求，本院予以支持。

依照《中华人民共和国合同法》第 205 条、第 206 条、第 207 条、第 210 条、第 211 条第 2 款，《中华人民共和国公司法》第 14 条第 1 款之规定，判决如下：

一、被告重庆 TZ 实业集团有限公司于本判决生效后 10 日内返还原告刘某亮借款 1009000 元。

二、被告重庆 TZ 实业集团有限公司应于本判决生效后 10 日内向原告刘某亮支付借款利息 10117.6 元。

三、被告重庆 TZ 实业集团有限公司应于本判决生效后 10 日内向原告刘某亮支付逾期还款利息，利息自 2011 年 11 月 9 日起至还清欠款之日止，按中国人民银行同期同类贷款利率的 3 倍计付。

如果未按本判决指定的期间履行给付金钱义务，应当依照《中华人民共和国民事诉讼法》第 253 条的规定，加倍支付迟延履行期间的债务利息。

案件受理费13972元，由被告重庆TZ实业集团有限公司负担。

如不服本判决，可在判决书送达之日起15日内，向本院递交上诉状正本1份，副本10份，上诉于河南省郑州市中级人民法院。

审　判　长　代××
审　判　员　徐××
人民陪审员　张××
2014年2月12日
代理书记员　刘　×

【协助执行通知书】

郑州市某区级人民法院
协助执行通知书

（2015）×执字第1××1－2号

YN市保障性住房建设有限公司：

我院对刘某亮诉重庆TZ实业集团有限公司借款合同纠纷一案的民事判决书已发生法律效力，根据《中华人民共和国民事诉讼法》第243条及相关法律规定，请协助执行下列项目：扣留或提取被执行人重庆TZ实业集团有限公司从你公司应得的债权（工程款）2020000元。

附：执行裁定书1份。

请将上述款项汇去：郑州市某区级人民法院收费处

开户行：中国银行××支行

账户：×5××××810××

2016年11月4日

【执行裁定书】

郑州市某区级人民法院
执行裁定书

（2015）×执字第1××1－3号

申请执行人：刘某亮，男，1955年8月29日出生，汉族，住新郑市。

被执行人：重庆TZ实业集团有限公司，住所地重庆市。

法定代表人：蒋某才，董事长。

协助执行人：YN市保障性住房建设有限公司，住所地陕西省延安市宝塔区。

法定代表人：魏某荣，职务经理。

本院依据已经发生法律效力的郑州市某区级人民法院（2013）×民初字第1×18－1号民事判决，于2015年12月25日向被执行人重庆TZ实业集团有限公司发出执行通知书，责令被执行人重庆TZ实业集团有限公司于2015年12月30日前履行给付义务，但被执行人重庆TZ实业集团有限公司至今未履行生效法律文书确定的义务。

现查明被执行人重庆TZ实业集团有限公司（陕西分公司）在YN市保障性住房建设有限公司有工程款2020000元收入。2016年11月9日，我院依法向协助执行人YN市保障性住房建设有限公司发出扣留、提取裁定及协助执行通知书，但至今协助执行人YN市保障性住房建设有限公司未将该款提取至郑州市某区级人民法院。依照《中华人民共和国民事诉讼法》第242条、第243条第1款，《最高人民法院关于人民法院执行工作若干问题的规定（试行）》第36条之规定，裁定如下：

冻结、划拨或扣留、提取协助执行人YN市保障性住房建设有限公司银行存款2020000元（该款系提取被执行人重庆TZ实业集团有限公司、重庆TZ实业集团有限公司陕西分公司在YN市保障性住房建设有限公司工程款收入）。

本裁定送达后即发生法律效力。

审　判　员　张××

审　判　员　敬××

人民陪审员　王××

2017年1月4日

书　记　员　王××

【执行裁定书】

郑州市某区级人民法院
执行裁定书

(2017)豫0××4执异27号

案外人:YN市保障性住房建设有限公司,住所地陕西省延安市新洲花园A区房产大厦七楼。

法定代表人:魏某荣,公司经理。

委托诉讼代理人:张×,陕西××律师事务所律师。

申请执行人:刘某亮,男,1955年8月29日出生,汉族,住郑州市某区级。

委托诉讼代理人:时××,河南××律师事务所律师。

被执行人:重庆TZ实业集团有限公司,住所地重庆市。

法定代表人:蒋某才,董事长。

在本院执行刘某亮与重庆TZ实业集团有限公司(以下简称重庆TZ公司)买卖合同纠纷一案中,案外人YN市保障性住房建设有限公司(以下简称YN公司)对本院(2015)×执字第1××1-3号执行裁定提出书面异议。本院受理后,依法组成合议庭进行审查,现已审查终结。

案外人YN公司称,重庆TZ公司与YN公司合作的延安市裴庄YM保障性住房小区1-14号楼建设工程项目(以下简称裴庄项目)仍在建设施工过程中,工程没有竣工,重庆TZ公司的债权没有到期。且陕西YM公司于2016年11月18日向延安中院就裴庄项目工程款申请了诉前保全,YN中院也采取强制措施冻结了工程款。目前,陕西YM房地产开发有限公司(以下简称陕西YM公司)正式对YN公司提起诉讼,请求法院确认陕西YM公司是实际施工人,要求YN公司向其支付工程款,鉴于此,YN公司已停止向重庆TZ公司支付任何工程款,郑州市某区级人民法院不能因YN公司与重庆TZ公司存在合同关系,有工程欠款这一原因对YN公司的银行存款采取强制措施。综上,重庆TZ公司对YN公司的债权是否到期存在争议,且执行标的已被YN中院冻结,请郑州市某区级人民法院不予强制执行(2015)×执字第1××1-3号执行裁定。

申请执行人刘某亮称,根据YN公司与重庆TZ陕西分公司签订的《建设工程施工合同》,重庆TZ陕西分公司在YN公司至少有1392万元工程款未领取;郑州市某区级人民法院向重庆TZ公司发出冻结、提取重庆TZ公司202万元工程款的裁定是于2016年11月9日送达给YN公司，而陕西YM公司申请诉讼保全的时间是2016年11月18日，保全不影响郑州市某区级人民法院执行。综上，应依法驳回YN公司的异议请求。

本院查明，刘某亮与重庆TZ借款合同纠纷一案，本院于2014年2月12日作出(2013)×民初字第1×18－1号民事判决，判令重庆TZ公司于判决生效后10日内返还刘某亮100.9万元；重庆TZ公司应于判决生效后10日内向刘某亮支付借款利息10117.6元。重庆TZ公司不服本院判决，向郑州市中级人民法院提起上诉，2014年12月4日，郑州市中级人民法院以(2014)郑民三终字第××××号民事判决，驳回上诉，维持原判。2015年12月15日，刘某亮向本院申请强制执行，本院经审查，立案执行。12月25日，本院向重庆TZ公司发出执行通知书。2017年1月4日，本院作出(2015)×执字第1××1－3号执行裁定，冻结、划拨或扣留、提取YN公司银行存款202万元。1月9日，本院冻结YN公司银行存款202万元。为此，YN公司不服，提出书面异议。

为此，YN公司向本院提交了四组证据：第一组为《建设工程施工合同》，证明其与重庆TZ公司签订合同及其支付工程进度的事实。第二组为陕西省延安市中级人民法院民事裁定书(2016)陕06民特×××号，为证明裴庄项目1－14号楼剩余工程款被冻结的事实。第三组为传票、起诉书，为证明陕西YM房地产开发有限公司起诉的事实及法院受理开庭的事实。第四组为照片，为证明裴庄项目1－14号楼建设工程目前施工现状。

本院认为，YN公司作为案外人，基于实体权利既对执行标的提出排除执行异议又作为利害关系人提出执行行为异议，应依照《民事诉讼法》第227条进行审查。本案中，根据YN公司与重庆TZ陕西分公司就裴庄项目签订的《建设工程施工合同》约定，重庆TZ陕西分公司仍有部分的到期工程款尚未领取；本院向重庆TZ公司发出冻结、提取重庆TZ公司工程款的裁定是于2016年11月9日送达给YN公司，而陕西YM公司向陕西省延安市中级人民法院申请诉前保全的时间是2016年11月18日，陕西YM公司的保全不影响本院的执行。综上所述，YN公司请求本院不予强制执行(2015)×执字第1××1－1号执行裁定的理由不充分，对其异议请求，本院不予支持。依照《民事诉讼法》第227条、《最高人民法院关于适用〈中华人民共和国民事诉讼法〉执行程序若干问题的解释》第15条的规定，裁定如下：

驳回YN市保障性住房建设有限公司的异议请求。

案外人、当事人对裁定不服，认为原判决、裁定错误的，应当依照审判监督程序办理；与原判决、裁定无关的，可以自本裁定送达之日起15日内向人民法院提起诉讼。

审　判　长　韩××
人民陪审员　周××
人民陪审员　吕××
2017年12月24日
书　记　员　陶××

【一审民事判决书】

郑州市某区级人民法院
民事判决书

(2018)豫0××4民初××××号

原告:YN市保障性住房建设有限公司,住所地:陕西省延安市宝塔区。

法定代表人:魏某荣,该公司董事长。

委托诉讼代理人:张×,陕西××律师事务所律师。

被告:刘某亮,男,1955年8月29日出生,汉族,住新郑市。

委托诉讼代理人:时××,河南××律师事务所律师。

第三人:重庆TZ实业集团有限公司,住所地:重庆市涪陵区。(缺席)

法定代表人:蒋某才,该公司董事长。

原告YN市保障性住房建设有限公司(以下简称YN保障房公司)与被告刘某亮、第三人重庆TZ实业集团有限公司(以下简称重庆TZ公司)案外人执行异议之诉纠纷一案,本院于2017年9月28日立案后,依法适用普通程序,公开开庭进行了审理。

原告YN保障房公司的委托代理人张×,被告刘某亮的委托代理人时××到庭参加诉讼,第三人重庆TZ公司经本院传票传唤未到庭参加诉讼。本案现已审理终结。

原告YN保障房公司向本院提出诉讼请求:(1)终止对原告的延安市裴庄保障性住房项目202万元工程款的冻结和执行;(2)本案的诉讼费由被告刘某亮、第三人重庆TZ公司承担。事实和理由:原告YN保障房公司就被告刘某亮申请执行第三人重庆TZ公司在YN保障房建设公司202万元工程款一案,向郑州市某区级人民法院提出案外人异议,郑州市某区级人民法院依法作出(2017)豫0××4执异××号执行裁定书,原告YN保障房公司不服该裁定,于法定期限内提起案外人执行异议之诉。(1)某区人民法院执行原告处的202万元工程款不符合法律规定,应当依法终止执行。某区人民法院执行原告处的202万元工程款系执行到期债权,根据法律规定,执行该到期债权必须符合三个条件,一是原告对重庆TZ公司负有债务,二是该债务已经期限届满,三是原告对此没有异议。原告认为某区人民法院执行不符合这3个条件,理由如下:①新郑人民法院执行的202万元工程款,系原告开发的延安市裴庄保障性住房项目上的工程款。该项目的施工方名义上虽为重庆TZ公司,但实际施工人为陕西YM房地产开发有限公司(以下简称陕西YM公司),2016年11月左右,陕西YM公司以YN保障房公司、重庆TZ公司陕西分公司为被告、第三人向延安市中级人民法院提起诉讼,要求原告在欠付工程款范围内向陕西YM公司承担付款义务。该案经审理后,延安市中级人民法院作出(2017)陕06民初×号民事判决书,判决:重庆TZ公司陕西分公司与YN保障房公司的《建设施工合同》无效;陕西YM公司对YN裴庄保障房项目的工程款享有所有权。现该判决已经生效。因此,依据该判决,原告对重庆TZ公司不负有付款义务。②YN裴庄保障房项目还没有竣工验收,也没有财政评审,因此工程款支付的期限尚未届满,不具备支付条件。③YN裴庄保障房项目没有财政评审结算,最终的工程款数额没有确定,因此原告对新郑人民法院执行202万元工程款是有异议的。同时,原告在执行裁定作出或协助执行通知送达后已经提出异议。基于以上3点,新郑人民法院执行原告202万元工程是违法的,应当立即终止。(2)根据延安市中级人民法院(2016)陕06民特×××号民事裁定书,原告无权擅自支付工程款。延安市中级人民法院已经于2016年11月18日作出(2016)陕06民特×××号民事裁定书,裁定冻结了原告延安市裴庄保障房项目的工程款,而某区人民法院冻结原告延安市裴庄保障房项目的工程款的裁定是2017年1月4日作出的,因此效力上中级人民法院的冻结裁定优先。而某区人民法院的(2017)豫0××4执异27号执行裁定书所称的于2016年11月9日向原告送达的冻结、提取重庆TZ公司到期工程款,不符合事实。根据原告收到的法律文书,仅为冻结、划拨重庆TZ公司202万元银行存款或其他相应价值财产的裁定,该裁定并不产生冻结其对第三人债权的效力。综上所述,某区人民法院执行原告延安市裴庄保障房项目202万元工程款不符合法律规定,应当依法终止。

被告刘某亮辩称:(1)郑州市某区级人民法院有权执行TZ公司在原告处的202万元工程款收入。①延安中院的(2017)陕06民初×号判决,并未判决原告对TZ公司不负有付款义务。案外人YM公司在该案中提出的对涉案工程全部工程款享有合法债权和要求原告将涉案工程款直接向其支付的诉求并未得到该案判决的支持。对工程款有所有权和“对原告享有债权”以及“原告应直接向其支付”不是同一概念。②《建设工程施工合同》已被YN中院(2017)陕06民初×号判决确定无效合同,TZ公司不可能再根据合同继续施工,应立即对已完工部分进行结算,在原告没有证据证明已完工部分存在施工质量不合格的现象时，TZ 公司应得的工程款就不存在支付期限未届满的事实。③根据涉案工程的《建设工程施工合同》第 125 页第 12.4 条约定，工程款按月支付，且原告需要按照月度工程进度和工程量清单审核并支付。同时还约定每月审核后只支付审批金额的 80%，截至 2015 年 12 月 1 日之前，原告支付了 9 笔工程款共计 5569 万元，那么对应的另外 20% 的应得工程款应该是约 1392 万元，原告对 TZ 公司应得而未支付的工程款远远超过 202 万元。④截至 2017 年 1 月 8 日，原告向 TZ 公司陕西分公司账户支付工程款是 5569 万元，但在 YN 中院于 2017 年 6 月 1 日下发(2017)陕 06 民初 × 号判决时，原告向 TZ 公司陕西分公司账户支付的工程款已达 6276.7766 万元，说明在郑州市某区级人民法院于 2016 年 11 月 9 日向原告下发执行协助手续后，原告又支付了 707.7766 万元的工程款。涉案工程早在 2016 年年初就已全面停工，这 707.7766 万元工程款无疑是执行协助手续下发前 TZ 公司应得的工程款收入。(2)郑州市某区级人民法院的执行行为早于 YN 中院的保全行为，执行案件不受 YN 中院(2016)陕 06 民特 × × × 号民事保全裁定的影响。①郑州市某区级人民法院于 2017 年 1 月 9 日下发冻结 202 万元工程款裁定的行为是 2016 年 11 月 9 日下发执行协助手续的延续，郑州市某区级人民法院执行开始的时间明显早于 YN 中院 2016 年 11 月 18 日的保全行为。②郑州市某区级人民法院 2016 年 11 月 9 日向原告送达的执行协助手续，不仅是冻结、划拨 TZ 公司财产的裁定，还有要求原告履行截留、提取工程款的《协助执行通知书》，同时郑州市某区级人民法院的执行裁定上明确写明冻结、提取的 202 万元系 TZ 公司应得的工程款收入。但是原告拒不履行协助执行义务，法院的执行程序并没错误。综上，郑州市某区级人民法院从原告处强制执行 TZ 公司应得的 202 万元工程款收入符合法律规定，应驳回原告诉求。

重庆 TZ 公司未到庭应诉，也未提交书面答辩状及相关证据。

当事人围绕诉讼请求依法提交了证据，本院组织当事人进行了证据交换和质证。对当事人无异议的证据，本院予以确认并在卷佐证。根据当事人陈述和经审查确认的证据，本院认定事实如下：

刘某亮与重庆 TZ 公司借款合同纠纷一案，判决作出后，重庆 TZ 公司没有按照判决确定的义务履行，刘某亮于 2015 年 12 月 15 日向郑州市某区级人民法院申请执行，案号为(2015)新执字第 01791 号。2015 年 12 月 25 日本院向被执行人重庆 TZ 公司发出执行通知书，责令重庆 TZ 公司按照生效民事判决书确定的义务履行完毕，重庆 TZ 公司一直未履行。在执行过程中，本院向 YN 保障房公司发出协助执行通知书，要求其协助冻结重庆 TZ 公司在 YN 保障房公司的工程款。2017 年 1 月 4 日，本院作出(2015) × 执字第 1 × ×1 –3 号执行裁定，冻结、划拨或扣留、提取 YN 保障房公司银行存款 202 万元。2017 年 1 月 9 日，本院冻结 YN 保障房公司银行存款 202 万元。YN 保障房公司对此提出执行异议，认为重庆 TZ 公司与 YN 保障房公司合作的延安市裴庄 YM 保障性住房小区 1—14 号楼建设工程项目，该项目的施工方名义虽为重庆 TZ 公司，但实际施工人为陕西 YM 房地产开发有限公司，工程款所有权为陕西 YM 公司，请求本院不予强制执行。本院于 2017 年 5 月 24 日作出(2017)豫 0××4 执异 27 号执行裁定书，裁定：驳回 YN 保障房公司的异议请求。

YN 保障房公司在收到本院驳回其异议的(2017)豫 0××4 执异 27 号执行裁定书后，在规定的期限内向本院提起案外人执行异议之诉。

审理中，本院对 YN 保障房公司提出异议所依据的事实查明：2014 年 6 月 20 日，陕西 YM 公司与 TZ 公司陕西分公司签订了印章使用《授权书》，TZ 陕西分公司授权陕西 YM 公司在延安市裴庄园明保障性住房小区 1—14 号项目中一切文件材料使用其(1)号印章。2014 年 10 月 5 日，双方又签订一份书面《合作协议》(以下简称《协议》)，《协议》约定，由陕西 YM 公司以 TZ 公司陕西分公司名义建设“延安市裴庄 YM 保障性住房小区项目”，TZ 公司陕西分公司仅提供项目所需的证照，不派人员、不参与施工管理和投资。2015 年，TZ 公司陕西分公司中标 YN 市保障性住房建设有限公司延安市裴庄 YM 保障房小区工程项目，中标后于 2015 年 2 月 15 日与 YN 市保障性住房建设有限公司正式签订《建设工程施工合同》。

此后，陕西 YM 公司即以 TZ 公司陕西分公司的名义进行施工。现延安市裴庄 YM 保障房小区工程项目 1—14 号楼桩基和基槽、地基、主体已全部完工，并验收合格。

自 2015 年 2 月起，YN 保障房公司陆续向 TZ 公司陕西分公司支付工程款，现仍欠部分工程款未有支付。刘某亮案执行标的所涉款项属于 YN 保障房公司未支付的工程款。

2017 年 6 月 1 日，陕西省延安市中级人民法院作出(2017)陕 06 民初×号民事判决，该判决确认：(1)第三人 TZ 陕西分公司与 YN 保障房公司签订的《建设工程施工合同》无效；(2)陕西 YM 公司实际完成的工程项目经相关部门验收后，尚欠的工程款归陕西 YM 公司所有。

本院认为：本案的争议焦点在于 YN 保障房公司对涉案执行标的即工程款是否享有足以排除强制执行的民事权益问题。

案外人提起执行异议之诉，应当就其对执行标的享有足以排除强制执行的民事权益承担举证责任。本案中，YN 保障房公司并无相应证据证明其对涉案执行标的享有足以排除强制执行的民事权益。

本案的执行标的系基于 TZ 公司陕西分公司与 YN 保障房公司签订的《建设工程施工合同》而产生的应由发包人 YN 保障房公司支付给承包人 TZ 公司陕西分公司的，而非陕西 YM 公司。陕西 YM 公司与 TZ 公司陕西分公司违反《中华人民共和国建筑法》《中华人民共和国企事业法人登记管理条例》《人民币银行结算账户管理办法》等法律、法规的规定，通过签订《授权书》《合作协议》的形式将营业执照、建筑业企业资质证书、银行开户许可证等证照进行出借和借用，由陕西YM公司用于建筑工程招投标、签订建设工程施工合同并承接建设工程施工等行为，双方形成挂靠关系，挂靠关系是挂靠人与被挂靠人之间的内部关系，不得对抗挂靠关系之外的第三人。挂靠合同并不能改变《建设工程施工合同》的合同中的相对关系，TZ公司陕西分公司不具有法人资格，该分公司的财产就是TZ公司的财产。

YM公司虽对YN保障房公司的延安市裴庄YM保障性住房小区项目1—14号楼工程款享有债权，但该债权对于重庆TZ公司据以执行的债权并不享有排除强制执行的优先效力。故本院基于刘某亮的申请而执行重庆TZ公司对YN保障房公司享有的案涉工程款，于法有据。

综上所述，YN保障房公司的诉讼请求法律依据不足，依法应予驳回。依照《中华人民共和国民事诉讼法》第64条第1款、第227条，《最高人民法院关于适用〈中华人民共和国民事诉讼法〉的解释》第311条、第312条第1款第2项之规定，并经本院审判委员会讨论决定，判决如下：

驳回原告YN保障房公司请求终止对延安市裴庄保障性住房项目202万元工程款的冻结和执行的诉讼请求。

案件受理费22960元，由原告YN保障房公司负担。

如不服本判决，可在判决书送达之日起15日内，向本院递交上诉状，并按照对方当事人或者代表人的人数提出副本，上诉于河南省郑州市中级人民法院。

审　判　长　孙××
审　判　员　高　×
人民陪审员　赵××
2017年12月7日
书　记　员　高　×

【二审民事判决书】

河南省郑州市中级人民法院
民事判决书

(2018)豫01民终××××号

上诉人(原审原告):YN市保障性住房建设有限公司,住所地:陕西省延安市宝塔区。

法定代表人:魏某荣,该公司董事长。

委托诉讼代理人:张×,陕西××律师事务所律师。

被上诉人(原审被告):刘某亮,男,1955年8月29日出生,汉族,住新郑市。

委托诉讼代理人:时××,河南××律师事务所律师。

原审第三人:重庆TZ实业集团有限公司,住所地:重庆市涪陵区。

法定代表人:蒋某才,该公司董事长。

上诉人YN市保障性住房建设有限公司(以下简称YN保障房公司)因与被上诉人刘某亮、原审第三人重庆TZ实业集团有限公司(以下简称TZ集团)案外人执行异议之诉纠纷一案,不服郑州市某区级人民法院(2017)豫0××4民初7706号民事判决,向本院提起上诉。本院于2018年1月17日立案后,依法组成合议庭进行了审理。

YN保障房公司上诉请求:(1)撤销一审判决,改判终止对YN保障房公司银行存款2020000元的冻结和执行;(2)本案的一、二审诉讼费用由刘某亮承担。事实和理由:(1)一审判决认定事实错误,冻结、划拨银行存款202万元没有法律依据。延安市中级人民法院已于2017年6月1日作出(2017)陕06民初×号《民事判决书》确认TZ公司与YN保障房公司签订的《建设工程施工合同》无效,尚欠的工程款归YM公司所有。该判决已经生效。因此,TZ公司与YN保障房公司不存在债权债务关系,余下工程款应当支付给YM公司。(2)—审判定TZ公司是《建设工程施工合同》的相对人错误,本案所涉《建设工程施工合同》系YM公司借用TZ公司名义与YN保障房公司签订,根据延安市中级人民法院作出(2017)陕06民初×号已生效《民事判决书》内容,该合同无效,尚欠的工程款归YM公司所有。因此,自该判决生效之日起,TZ公司不再为合同的相对人,对剩余工程款不再享有权利,一审法院冻结YN保障房公司银行存款202万元没有任何法律依据。(3)TZ公司向YM公司出借了施工资质,并非该项目的实际施工人,无权获得该笔工程款。(4)涉案工程项目未全部竣工验收合同,未进行结算,应当依法终止对该工程的执行。

刘某亮辩称,(1)执行法院冻结、划拨或扣留YN保障房公司银行存款具有事实和法律依据。(2)涉案工程《建设工程施工合同》被认定无效,TZ公司作为合同相对人是铁定的事实,法律赋予能够参照合同主张工程款的主体只能是无效合同的相对人,而不是实际施工人。YN保障房公司向一审法院起诉请求:(1)终止对延安市裴庄保障性住房项目202万元工程款的冻结和执行;(2)本案的诉讼费由刘某亮、TZ公司承担。

一审法院认定事实:刘某亮与重庆TZ公司借款合同纠纷一案,判决作出后,重庆TZ公司没有按照判决确定的义务履行,刘某亮于2015年12月15日向郑州市某区级人民法院申请执行,案号为(2015)新执字第01791号。2015年12月25日该院向被执行人重庆TZ公司发出执行通知书,责令重庆TZ公司按照生效民事判决书确定的义务履行完毕,重庆TZ公司一直未履行。在执行过程中,该院向YN保障房公司发出协助执行通知书,要求其协助冻结重庆TZ公司在YN保障房公司的工款。2017年1月4日,该院作出(2015)×执字第1××1-3号执行裁定,冻结、划拨或扣留、提取YN保障房公司银行存款202万元。2017年1月9日,该院冻结YN保障房公司银行存款202万元。YN保障房公司对此提出执行异议,认为重庆TZ公司与YN保障房公司合作的延安市裴庄YM保障性住房小区1—14号楼建设工程项目,该项目的施工方名义虽为重庆TZ公司,但实际施工人为陕西YM房地产开发有限公司,工程款所有权为陕西YM公司,请求该院不予强制执行。该院于2017年5月24日作出(2017)豫0××4执异27号执行裁定书,裁定:驳回YN保障房公司的异议请求。YN保障房公司在收到该院驳回其异议的(2017豫0××4执异27号)执行裁定书后,在规定的期限内向该院提起案外人执行异议之诉。2014年6月20日,陕西YM公司与TZ公司陕西分公司签订了印章使用《授权书》,TZ陕西分公司授权陕西YM公司在延安市裴庄园明保障性住房小区1—14号项目中一切文件材料使用其(1)号印章。2014年10月5日,双方又签订一份书面《合作协议》(以下简称《协议》),《协议》约定,由陕西YM公司以TZ公司陕西分公司名义建设"延安市裴庄YM保障性住房小区项目",TZ公司陕西分公司仅提供项目所需的证照,不派人员、不参与施工管理和投资。2015年,TZ公司陕西分公司中标YN市保障性住房建设有限公司延安市裴庄YM保障房小区工程项目,中标后于2015年2月15日与YN市保障性住房建设有限公司正式签订《建设工程施工合同》。此后,陕西YM公司即以TZ公司陕西分公司的名义进行施工。现延安市裴庄YM保障房小区工程项目1—14号楼桩基和基槽、地基、主体已全部完工,并验收合格。自2015年2月起,YN保障房公司陆续向TZ公司陕西分公司支付工程款,现仍欠部分工程款未有支付。刘某亮案执行标的所涉款项属于YN保障房公司未支付的工程款。

2017年6月1日,陕西省延安市中级人民法院作出(2017)陕06民初×号民事判决,该判决确认:(1)第三人TZ陕西分公司与YN保障房公司签订的《建设工程施工合同》无效;(2)陕西YM公司实际完成的工程项目经相关部门验收后,尚欠的工程款归陕西YM公司所有。

一审法院认为,争议焦点为YN保障房公司对涉案执行标的即工程款是否享有足以排除强制执行的民事权益问题。案外人提起执行异议之诉,应当就其对执行标的享有足以排除强制执行的民事权益承担举证责任。本案中,YN保障房公司并无相应证据证明其对涉案执行标的享有足以排除强制执行的民事权益。本案的执行标的系基于TZ公司陕西分公司与YN保障房公司签订的《建设工程施工合同》而产生的应由发包人YN保障房公司支付给承包人TZ公司陕西分公司的,而非陕西YM公司。陕西YM公司与TZ公司陕西分公司违反《中华人民共和国建筑法》《中华人民共和国企事业法人登记管理条例》《人民币银行结算账户管理办法》等法律、法规的规定,通过签订《授权书》《合作协议》的形式将营业执照、建筑业企业资质证书、银行开户许可证等证照进行出借和借用,由陕西YM公司用于建筑工程招投标、签订建设工程施工合同并承接建设工程施工等行为,双方形成挂靠关系,挂靠关系是挂靠人与被挂靠人之间的内部关系,不得对抗挂靠关系之外的第三人。挂靠合同并不能改变《建设工程施工合同》的相对关系,TZ公司陕西分公司不具有法人资格,该分公司的财产就是TZ公司的财产。YM公司虽对YN保障房公司的延安市裴庄YM保障性住房小区项目1—14号楼工程款享有债权,但该债权对于重庆TZ公司据以执行的债权并不享有排除强制执行的优先效力。故该院基于刘某亮的申请而执行重庆TZ公司对YN保障房公司享有的案涉工程款,于法有据。YN保障房公司的诉讼请求法律依据不足,依法应予驳回。依照《中华人民共和国民事诉讼法》第64条第1款、第227条,《最高人民法院关于适用〈中华人民共和国民事诉讼法〉的解释》第311条、第312条第1款第2项之规定,并经该院审判委员会讨论决定,判决:驳回原告YN保障房公司请求终止对延安市裴庄保障性住房项目202万元工程款的冻结和执行的诉讼请求。案件受理费22960元,由YN保障房公司负担。

本院二审期间,YN保障房公司提交了以下证据:(1)民事裁定书两份,证明上诉人与重庆TZ实业集团有限公司不存在债权债务关系。(2)上诉人不是陕西分公司的债务人照片一组,证明争议项目处于停工状态,工程没有竣工,没有验收,不具备支付工程款条件。(3)郑州市某区级人民法院解除冻结存款通知书、协助扣划存款通知书、执行裁定书,证明郑州市某区级法院违法扣划银行存款2531935元,应当返还上诉人。刘某亮质证称,第一组证据的真实性无异议,对其证明目的和法律效力有异议,理由是该裁定已经被上诉人向陕西省高级人民法院申请再审程序。代位权诉讼是被上诉人实现权利的一种渠道,并不是唯一渠道。代位权诉讼被驳回起诉,并不影响本案的正常执行。对第二组证据真实性无异议,对证明目的有异议。房子的现状就剩窗户安装和外墙的粉刷,大多工程已经完工。该工程设计的建设工程施工合同被认定无效,TZ 公司已不可能再依据合同继续施工,应该根据房屋施工的现状,对工程款进行结算。对第三组证据的真实性无异议,对证明目的有异议。郑州市某区级人民法院执行法院的执行行为具有法律和事实依据,不存在返还。

当事人围绕上诉请求依法提交了证据。刘某亮提交了以下证据:第一组证据:(1)延安市中级人民法院作出的民事裁定书一份,该裁定书是第三人 YM 公司申请对涉案工程剩余工程款 7000 多万元进行保全的裁定;(2)YN 保障房公司向执行法院递交的对郑州市某区级人民法院责令协助单位追款通知书的答复;(3)YN 保障房公司向执行法院递交的延安市劳动保障监察责令改正决定书;(4)YN 保障房公司向延安市劳动保障监察支队支付 4 张转账单,证明 TZ 公司对 YN 保障房公司享有到期工程款债权。在上诉人不履行协助义务时,执行法院有权强制执行。第二组证据,最高人民法院对类似问题的民事裁定书一份,证明合同被认定无效,只有合同中的承包人有权主张参照合同对已完工工程进行结算,这个权利不属于实际施工人。

YN 保障房公司质证称,对第一组证据的真实性没有异议,对证明目的有异议。YM 公司确实借用了 TZ 公司的资质,双方确实是挂靠关系,但实际施工人是 YM 公司,且本案的工程款及各债权并未到期,不具有强制执行的条件。对第二组证据的真实性无异议,对证明目的有异议,上述案例不适用本案。

本院认为,根据《最高人民法院关于适用〈中华人民共和国民事诉讼法〉的解释》第 311 条"案外人或者申请执行人提起执行异议之诉的,案外人应当就其对执行标的享有足以排除强制执行的民事权益承担举证证明责任"之规定,但本案中,YN 保障房公司没有提供充分的证据证明其对涉案标的享有足以排除强制执行的民事权益。虽然,TZ 公司陕西分公司与 YN 保障房公司签订的《建设工程施工合同》被认定无效,但作为发包方的 YN 保障房公司已经按照《建设工程施工合同》将工程款 6276.7766 万元支付给承包方 TZ 公司,根据 YN 保障房公司自认的工程款数额,远未达到主体工程竣工应支付的数额,YN 保障房公司作为协助执行义务人,其有义务向 TZ 公司支付剩余工程款,一审法院驳回 YN 保障房公司请求终止对涉案项目的冻结和执行请求并无不当。

综上所述,YN 市保障性住房建设有限公司的上诉请求不能成立,应予驳回;

一审判决认定事实清楚,适用法律正确,应予维持。依照《中华人民共和国民事诉讼法》第 170 条第 1 款第 1 项规定,判决如下:

驳回上诉,维持原判。

二审案件受理费 22960 元,由 YN 市保障性住房建设有限公司负担。本判决为终审判决。

审判长　马××
审判员　陈××
审判员　宋××
2018年2月9日
书记员　陶××

【民事裁定书】

河南省高级人民法院
民事裁定书

(2018)豫民申××××号

再审申请人(一审原告、二审上诉人):YN市保障性住房建设有限公司。住所地陕西省延安市宝塔区。

法定代表人:魏某荣,该公司董事长。

委托诉讼代理人:张×,陕西××律师事务所律师。

被申请人(一审被告、二审被上诉人):刘某亮,1955年8月29日出生,汉族,住河南省新郑市。

委托诉讼代理人:时××,河南××律师事务所律师。

一审第三人:重庆TZ实业集团有限公司。住所地重庆市涪陵区。

法定代表人;蒋某才,该公司董事长。

再审申请入YN市保障性住房建设有限公司因与被申请人刘某亮及一审第三人重庆TZ实业集团有限公司案外人执行异议之诉纠纷一案,不服郑州市中级人民法院(2018)豫01民终××××号民事判决,向本院申请再审。本院依法组成合议庭对本案进行了审查,现已审查终结。

本院认为,YN市保障性住房建设有限公司的再审申请符合《中华人民共和国民事诉讼法》第200条第2项、第6项规定的情形。依照《中华人民共和国民事诉讼法》第204条、第206条,《最高人民法院关于适用〈中华人民共和国民事诉讼法〉的解释》第395条第1款之规定,裁定如下:

一、本案由本院提审;

二、再审期间,中止原判决的执行。

审判长　王××

审判员　付××

审判员　王××

2018年9月17日

书记员　赵××

【民事裁定书】

河南省高级人民法院
民事裁定书

(2018)豫民再××××号

再审申请人(一审原告、二审上诉人):YN市保障性住房建设有限公司。住所地:陕西省延安市宝塔区。

法定代表人:魏某荣,该公司董事长。

委托诉讼代理人:张×,陕西××律师事务所律师。

被申请人(一审被告、二审被上诉人):刘某亮,男,汉族,1955年8月29日出生,住河南省新郑市。

委托诉讼代理人:时××,河南××律师事务所律师。

一审第三人:重庆TZ实业集团有限公司。住所地:重庆市涪陵区。

法定代表人:蒋某才,该公司董事长。

再审申请人YN市保障性住房建设有限公司(以下简称YN保障房公司)因与被申请人刘某亮及一审第三人重庆TZ实业集团有限公司(以下简称TZ公司)案外人执行异议之诉纠纷一案,不服河南省郑州市中级人民法院(2018)豫01民终××××号民事判决,向本院申请再审。本院于2018年9月17日作出(2018)豫民申8562号民事裁定,提审本案。本院依法组成合议庭,开庭审理了本案。再审申请人YN保障房公司的委托诉讼代理人张×,被申请人刘某亮的委托诉讼代理人时××均到庭参加诉讼,一审第三人TZ公司经本院合法传唤,无正当理由未到庭参加诉讼。本案现已审理终结。

YN 保障房公司申请再审称,(1)原审判决认定事实错误。案涉项目未全部竣工验收合格,剩余工程款履行期限未届满,YN 保障房公司没有支付剩余工程款的义务。即使案涉项目全部竣工验收合格,因延安市中级人民法院作出(2017)陕06民初×号生效判决已确认尚欠的工程款归陕西 YM 房地产开发有限公司(以下简称 YM 公司)所有,YN 保障房公司应该支付的主体也是 YM 公司,而非 TZ 公司,其没有向刘某亮支付任何款项的义务。(2)原审判决适用法律错误。本案应当适用《最高人民法院关于适用〈中华人民共和国民事诉讼法〉的解释》(以下简称《民事诉讼法司法解释》)第501条规定,原一、二审判决对 YN 保障房公司的法律地位认定错误,YN 保障房公司应当是上述规定“他人”,而非案外人,根据该规定,在 YN 保障房公司有异议的前提下,刘某亮申请强制执行,人民法院不应予以支持。综上,请求撤销一、二审判决,改判终止对 YN 保障房公司的延安市裴庄 YM 保障性住房小区项目工程款的执行,返还强制扣划的银行存款2531935元。

刘某亮辩称,(1)延安市中级人民法院(2017)陕06民初×号民事判决不影响 TZ 公司作为合同承包人应得工程款的请求权,该判决不足以排除执行案件中刘某亮的民事权益。因为该判决在判项中表述为“剩余工程款归 YM 公司所有”,而并非是 YN 保障房公司直接支付给 TZ 公司。另案相关民事判决认定 YM 公司对 YN 保障房公司的债权并不具有排除强制执行的优先效力。最高人民法院有相关案例认为,实际施工人并不能突破合同相对性直接向工程发包人主张建设工程合同权利。(2)YN 保障房公司的实际行为已经证明其欠 TZ 公司工程款远超2531935元,二审法院对此认定无误。根据建设工程施工合同约定,已付工程款只是 TZ 公司应得工程款收入的80%,另外20%的工程款约为1392万元。事实证明 YN 保障房公司在出具《裴庄项目付款明细》后又支付 TZ 公司707万元工程款,其在接到协助执行手续后,擅自支付 TZ 公司所拖欠的工人工资490万元。(3)YN 保障房公司的代位请求权诉讼结果不应影响本案的正常执行。(4)郑州市某区级人民法院扣划 YN 保障房公司银行存款2531935元的执行程序没有问题,不存在返还的法定情形。综上,请求维持原审判决,驳回 YN 保障房公司的再审请求。

YN 保障房公司于2017年9月28日向郑州市某区级人民法院起诉请求:(1)终止对延安市裴庄保障性住房项目202万元工程款的冻结和执行;(2)本案的诉讼费用由刘某亮、TZ 公司承担。

一审法院认定事实(略,详见一审判决书)。

一审法院一审认为(略,详见一审判决书)。

YN 保障房公司不服一审判决,上诉请求:(1)撤销一审判决,改判终止对 YN 保障房公司银行存款202万元的冻结和执行;(2)本案的一、二审诉讼费用由刘某亮承担。

二审中，YN保障房公司提交了以下证据，(1)民事裁定书两份，证明YN保障房公司与TZ公司不存在债权债务关系，YN保障房公司不是TZ公司陕西分公司的债务人。(2)照片一组，证明争议项目处于停工状态，工程没有竣工，没有验收，不具备支付工程款条件。(3)郑州市某区级人民法院解除冻结存款通知书、协助扣划存款通知书、执行裁定书，证明郑州市某区级人民法院违法扣划银行存款2531935元，应当返还YN保障房公司。刘某亮质证称，第一组证据的真实性无异议，对其证明目的和法律效力有异议，理由是该裁定已经刘某亮向陕西省高级人民法院申请再审程序。代位权诉讼是刘某亮实现权利的一种渠道，并不是唯一渠道。代位权诉讼被驳回起诉，并不影响本案的正常执行。对第二组证据真实性无异议，对证明目的有异议。房子的现状就剩窗户安装和外墙的粉刷，大多工程已经完工。该工程设计的《建设工程施工合同》被认定无效，TZ公司已不可能再依据合同继续施工，应该根据房屋施工的现状，对工程款进行结算。对第三组证据的真实性无异议，对证明目的有异议。郑州市某区级人民法院的执行行为具有法律和事实依据，不存在返还。

刘某亮二审提交了以下证据：第一组证据：(1)延安市中级人民法院作出的民事裁定书一份，该裁定书是第三人YM公司申请对涉案工程剩余工程款7000多万元进行保全的裁定；(2)YN保障房公司向执行法院递交的对郑州市某区级人民法院责令协助单位追款通知书的答复；(3)YN保障房公司向执行法院递交的延安市劳动保障监察责令改正决定书；(4)YN保障房公司向延安市劳动保障监察支队支付490万元的转账单，证明TZ公司对YN保障房公司享有到期工程款债权。在YN保障房公司不履行协助义务时，执行法院有权强制执行。第二组证据，最高人民法院对类似问题的民事裁定书一份，证明合同被认定无效，只有合同中的承包人有权主张参照合同对已完工工程进行结算，这个权利不属于实际施工人。YN保障房公司质证称，对第一组证据的真实性没有异议，对证明目的有异议。YM公司确实借用了TZ公司的资质，双方确实是挂靠关系，但实际施工人是YM公司，且本案的工程款及各债权并未到期，不具有强制执行的条件。对第二组证据的真实性无异议，对证明目的有异议，上述案例不适用本案。

河南省郑州市中级人民法院二审认为，根据《民事诉讼法司法解释》第311条“案外人或者申请执行人提起执行异议之诉的，案外人应当就其对执行标的享有足以排除强制执行的民事权益承担举证证明责任”之规定，但本案中，YN保障房公司没有提供充分的证据证明其对涉案标的享有足以排除强制执行的民事权益。虽然，TZ公司陕西分公司与YN保障房公司签订的《建设工程施工合同》被认定无效，但作为发包方的YN保障房公司已经按照《建设工程施工合同》将工程款6276.7766万元支付给承包方TZ公司，根据YN保障房公司自认的工程款数额，远未达到主体工程竣工应支付的数额，YN保障房公司作为协助执行义务人，其有义务向TZ公司支付剩余工程款，一审法院驳回YN保障房公司请求终止对涉案项目的冻结和执行请求并无不当。2018年2月9日，河南省郑州市中级人民法院作出(2018)豫01民终××××号民事判决：驳回上诉，维持原判。二审案件受理费22960元，由YN保障房公司负担。

本院再审认定的事实与原审一致。

本院再审认为，《中华人民共和国民事诉讼法》(以下简称《民事诉讼法》)第227条规定："执行过程中，案外人对执行标的提出书面异议的，人民法院应当自收到书面异议之日起十五日内审查，理由成立的，裁定中止对该标的的执行；理由不成立的，裁定驳回。案外人、当事人对裁定不服，认为原判决、裁定错误的，依照审判监督程序办理；与原判决、裁定无关的，可以自裁定送达之日起十五日内向人民法院提起诉讼。"由此可知，《民事诉讼法》第227条对案外人执行异议与案外人异议之诉的相关程序性衔接问题进行了规定。具体而言，第一个流程是案外人对执行标的提出书面异议的，启动案外人执行异议程序；第二个流程是对执行异议程序作出的裁定不服的，若认为原判决、裁定错误，则进入审判监督程序，若不服的事由与原判决、裁定无关的，则进入案外人异议之诉程序。《民事诉讼法司法解释》第501条第1款规定："人民法院执行被执行人对他人的到期债权，可以作出冻结债权的裁定，并通知该他人向申请执行人履行。"第2款规定："该他人对到期债权有异议，申请执行人请求对异议部分强制执行的，人民法院不予支持。利害关系人对到期债权有异议的，人民法院应当按照民事诉讼法第二百二十七条规定处理。"第3款规定："对生效法律文书确定的到期债权，该他人予以否认的，人民法院不予支持。"结合上述法律条文的内容可知，除生效法律文书确定的到期债权之外，人民法院执行被执行人对他人的到期债权时，存在两种情形下的不同路径选择：一是"他人"提出异议时，人民法院对申请执行人的请求不予支持；二是除"他人"以外的"利害关系人"提出异议的，则按照民事诉讼法中案外人执行异议的程序推进。因此，《民事诉讼法司法解释》第501条第2款的"利害关系人"即《民事诉讼法》第227条中的"案外人"，只有落入该概念项下的主体才能提起执行异议以及案外人异议之诉。

具体本案而言，刘某亮向一审法院申请对TZ公司进行强制执行。一审法院在执行过程中，冻结YN保障房公司银行存款202万元(该款系TZ公司在YN保障房公司处的工程款收入)。也就是说，YN保障房公司的主体类型系到期债权所指向的次债务人("他人")，一旦其提出异议，所带来的法律效果是刘某亮无权再通过执行程序向YN保障房公司求偿，针对YN保障房公司的执行行为应当立即停止。倘若现实中执行行为未予停止，YN保障房公司则有权依据《民事诉讼法》第225条"当事人、利害关系人认为执行行为违反法律规定的，可以向负责执行的人民法院提出书面异议"的规定，对执行行为提出异议；倘若执行行为停止，但刘某亮仍主张YN保障房公司系次债务人，则YN公司并非《民事诉讼法司法解释》第501条第2款中的"利害关系人”,现有法律并未设立从执行程序转入到案外人执行异议以及案外人执行异议之诉的程序中。

综上,二审判决适用法律错误,应予改判。依照《中华人民共和国民事诉讼法》第119条、第154条第1款第3项、第170条第1款第2项、第207条第1款、第225条、第227条,《最高人民法院关于适用〈中华人民共和国民事诉讼法〉的解释》第208条第3款、第501条之规定,裁定如下:

一、撤销河南省郑州市中级人民法院(2018)豫01民终××××号民事判决及新郑市人民法院(2017)豫0××4民初××××号民事判决;

二、驳回YN市保障性住房建设有限公司的起诉。

一审案件受理费22960元,二审案件受理费22960元,均退回YN市保障性住房建设有限公司。

本裁定为终审裁定。

审 判 长　林××
审 判 员　韦××
审 判 员　邹××
2019年6月10日
法官助理　姜　×
书 记 员　张××

【执行裁定书】

郑州市某区级人民法院
执行裁定书

(2015)×执字第1××1-5号

申请执行人:刘某亮,男,汉族,1955年8月29日出生,住河南省新郑市。

被执行人:重庆TZ实业集团有限公司,住所地重庆市。

法定代表人:蒋某才,理事长。

第三人:YN市保障性住房建设有限公司,住所地陕西省延安市宝塔区。

法定代表人:魏某荣,经理。

第三人：YNYM工贸有限公司（原陕西YM房地产开发有限公司），住所地陕西省延安市宝塔区。

法定代表人：朱二民，总经理。

第三人：中国大地财产保险股份有限公司河南分公司，住所地郑州市金水区。

负责人：邹天泉，总经理。

本院在执行刘某亮与重庆TZ实业集团有限公司借款合同纠纷一案中，于2017年1月9日冻结了YN市保障性住房建设有限公司的账户存款（系重庆TZ实业集团有限公司陕西分公司应得工程款）。

第三人YN市保障性住房建设有限公司、YNYM工贸有限公司分别向本院提出执行异议之诉，要求终止对重庆TZ实业集团有限公司陕西分公司在YN市保障性住房建设有限公司工程款的执行。本院（2017）豫0××4民初7706号、（2017）豫0××4民初3762号民事判决，分别驳回了YN市保障性住房建设有限公司、YNYM工贸有限公司的诉讼请求。

申请执行人刘某亮向本院申请继续对重庆TZ实业集团有限公司陕西分公司在YN市保障性住房建设有限公司工程款2531935元的执行，中国大地财产保险股份有限公司河南分公司为刘某亮继续执行提供担保。经本院审查，申请人的申请符合法律规定，依据《最高人民法院关于适用〈中华人民共和国民事诉讼法〉的解释》第315条之规定，裁定如下：

一、继续执行重庆TZ实业集团有限公司陕西分公司在YN市保障性住房建设有限公司工程款2531935元。

二、冻结、划拨第三人YN市保障性住房建设有限公司银行存款2531935元。

三、继续执行如有错误，给第三人YN市保障性住房建设有限公司、YNYM工贸有限公司造成损失的，中国大地财产保险股份有限公司河南分公司应当在法院判决赔偿限额内予以赔偿。

本裁定送达后立即生效。

审　判　长　刘××
审　判　员　王××
人民陪审员　朱××
2017年12月25日
书　记　员　王××

【民事裁定书】

陕西省延安市某区人民法院
民事裁定书

（2017）陕06××民初3××1号

原告:刘某亮,男,汉族,自由职业者,现住河南省新郑市。

委托代理人:时××,河南××律师事务所律师。

被告:YN市保障性住房建设有限公司(以下简称YN保障性住房公司),住所地:陕西省延安市宝塔区。

法定代表人:魏某荣,该公司董事长。

委托代理人:张×、赵晓芳,陕西××律师事务所律师。

第三人:重庆TZ实业集团有限公司(以下简称重庆TZ公司),住所地:重庆市。

法定代表人:蒋某才,该公司董事长。

原告刘某亮与被告YN保障性住房公司、重庆TZ公司债权人代位权纠纷一案,本院于2017年7月11日立案后,依法适用简易程序,公开开庭进行了审理,原告委托代理人时××、被告YN保障性住房公司委托代理人赵晓芳到庭参加诉讼,第三人重庆TZ公司经本院合法传唤,无正当理由拒不到庭。本案现已审理终结。

原告刘某亮向本院提出诉讼请求:(1)判令被告向原告代位履行清偿义务,即向原告支付第三人截至2017年7月8日应付的借款本金、利息、逾期利息、迟延履行期间加倍利息等共计241万元;(2)判令被告对2017年7月9日至实际代位支付之日期间的以1009000元为基数,按年利率7.05%的3倍标准核算一般债务利息,并以1033090元为基数,按日0.0175%的标准核算加倍部分债务利息向原告代位支付;(3)本案诉讼费由被告承担。事实与理由:原告刘某亮对第三人重庆TZ公司享有合法到期债权,该债权已经郑州市某区级人民法院(2013)×民初字第1×18－1号生效民事判决所确定,且已经执行法院向被告发出司法协助执行手续。第三人重庆TZ公司怠于向被告YN保障性住房公司行使其到期债权,已对原告债权顺利实现造成损害。第三人对于合同价款1.07亿元的工程在已经通过竣工验收且仅按合同领取5569万元后,为了规避包括原告在内债权人的执行主张,在长达1年多时间既不申请结算领取,也不通过诉讼进行结算,已严重影响原告债权的顺利实现,故诉至法院。

本院经审查认为,债权人代位权纠纷是指因债务人怠于行使其到期债权,对债权人造成损害的,债权人可以向人民法院请求以自己的名义代位行使债务人的债权。《最高人民法院关于适用〈中华人民共和国合同法〉若干问题的解释(一)》第11条规定:“债权人依照合同法第七十三条的规定提起代位权诉讼,应当符合下列条件:(一)债权人对债务人的债权合法;(二)债务人怠于行使其到期债权,对债权人造成损害;(三)债务人的债权已到期;(四)债务人的债权不是专属于债务人自身的债权。”本案原告提供的重庆TZ公司陕西分公司与YN保障性住房公司签订《建设工程施工合同》(GF-2013-0201)经延安市中级人民法院作出(2017)陕06民初×号民事判决书认定为无效,故无法确定重庆TZ公司与YN保障性住房公司之间有合法的到期债权,不符合债权人代位权起诉的条件,故原告起诉应予驳回。依照《中华人民共和国合同法》第73条,《最高人民法院关于适用〈中华人民共和国合同法〉若干问题的解释(一)》,《中华人民共和国民事诉讼法》第119条、第154条、第144条之规定,裁定如下:

驳回原告刘某亮的起诉。

案件受理费26080元,实际免于收取。

如不服本判决,可以在判决书送达之日起10日内,向本院递交上诉状,并按对方当事人的人数提出副本,上诉于陕西省延安市中级人民法院。

审判员 赵××

2017年8月22日

书记员 王××

【民事裁定书】

陕西省延安市中级人民法院

民事裁定书

(2017)陕06民终××××号

上诉人(原审原告):刘某亮,男,1955年8月29日出生,汉族。

委托诉讼代理人:时××,河南××律师事务所律师。

被上诉人(原审被告):YN市保障性住房建设有限公司。

法定代表人:魏某荣,该公司董事长。

原审第三人:重庆TZ实业集团有限公司。

法定代表人:蒋某才,该公司董事长。

上诉人刘某亮因与被上诉人YN市保障性住房建设有限公司及原审第三人重庆TZ实业集团有限公司债权人代位权纠纷一案,不服陕西省延安市某区人民法院(2017)陕06××民初3××1号民事裁定,向本院提起上诉。本院依法组成合议庭进行了审理,现已审理终结。

刘某亮上诉请求:(1)依法撤销陕西省延安市某区人民法院(2017)陕06××民初3××1号民事裁定;(2)依法审理支持其一审诉求。事实和理由:一审法院适用法律错误,即便施工合同无效,仍然能够确定工程承包方和发包方之间的工程款债权。

刘某亮向一审法院起诉请求:(1)判令被告向原告代位履行清偿义务,即向原告支付第三人截至2017年7月8日应付的借款本金、利息、逾期利息、迟延履行期间加倍利息等共计241万元;(2)判令被告对2017年7月9日至实际代位支付之日期间的以1009000元为基数,按年利率7.05%的3倍标准核算一般债务利息,并以1033090元为基数,按日0.0175%的标准核算加倍部分债务利息向原告代位支付;(3)本案诉讼费由被告承担。一审法院认定事实:刘某亮起诉称,其对第三人重庆TZ实业集团有限公司享有合法到期债权,该债权已经郑州市某区级人民法院(2013)×民初字第1×18-1号生效民事判决所确定,且已经执行法院向被告发出司法协助执行手续。第三人重庆TZ实业集团有限公司怠于向被告YN市保障性住房建设有限公司行使其到期债权,已对原告债权顺利实现造成损害。第三人对于合同价款1.07亿元的工程在已经通过竣工验收且仅按合同领取5569万元后,为了规避包括原告在内债权人的执行主张,在长达1年多时间既不申请结算领取,也不通过诉讼进行结算,已严重影响原告债权的顺利实现,故诉至法院。一审法院认为,债权人代位权纠纷是指因债务人怠于行使其到期债权,对债权人造成损害的,债权人可以向人民法院请求以自己的名义代位行使债务人的债权。《最高人民法院关于适用〈中华人民共和国合同法〉若干问题的解释(一)》第11条规定:"债权人依照合同法第七十三条的规定提起代位权诉讼,应当符合下列条件:(一)债权人对债务人的债权合法;(二)债务人怠于行使其到期债权,对债权人造成损害;(三)债务人的债权已到期;(四)债务人的债权不是专属于债务人自身的债权。"本案原告提供的重庆TZ公司陕西分公司与YN保障性住房公司签订《建设工程施工合同》(GF-2013-0201)经延安市中级人民法院作出(2017)陕06民初×号民事判决书认定为无效,故无法确定重庆TZ公司与YN保障性住房公司之间有合法的到期债权,不符合债权人代位权起诉的条件,故原告起诉应予驳回。依照《中华人民共和国合同法》第73条,《最高人民法院关于适用〈中华人民共和国合同法〉若干问题的解释(一)》,《中华人民共和国民事诉讼法》第119条、第154条、第144条之规定。裁定:驳回原告刘某亮的起诉。案件受理费26080元,实际免于收取。

本院审理认为,本案系债权人代位权纠纷。刘某亮没有证据证明原审第三人重庆TZ实业集团有限公司对YN市保障性住房建设有限公司有到期债权并怠于行使，且本院作出的(2017)陕06民初×号民事判决书认定双方之间签订的《建设工程施工合同》无效，陕西YM房地产开发有限公司实际完成本案所涉工程项目经相关部门验收后，尚欠的工程款归其所有。故刘某亮的起诉不符合代位权诉讼的条件。综上，刘某亮的上诉请求不能成立，一审裁定认定事实清楚、适用法律正确，依照《中华人民共和国民事诉讼法》第170条第1款第1项、第171条规定，裁定如下：

驳回上诉，维持原裁定。

本裁定为终审裁定。

审判长　刘××
审判员　郭　×
审判员　王　×
2017年10月27日
书记员　孙　×

【民事判决书】

陕西省延安市中级人民法院
民事判决书

(2017)陕06民初×号

原告：陕西YM房地产开发有限公司(以下简称YM公司)，住所地：延安市。

法定代表人：朱××，公司总经理。

委托诉讼代理人：朱×，男，1978年5月12日出生。

委托诉讼代理人：高××××，重庆××律师事务所律师。

被告YN市保障性住房建设有限公司(以下简称保障性住房公司)，住所地：陕西省延安市百米大道新洲花园A区房产大厦七楼组织机构代码：580796147。

法定代表人：魏某荣。

委托诉讼代理人：张×、马×，陕西××律师事务所律师。

第三人：重庆TZ实业集团有限公司陕西分公司(以下简称TZ陕西分公司)。

法定代表人：彭××，该公司总经理。

原告YM公司与被告保障性住房公司及TZ陕西分公司建设工程施工合同纠纷一案,本院立案后,依法组成合议庭,公开开庭进行了审理。原告委托代理人朱×、高××,被告保障性住房公司委托代理人张×、马×,第三人TZ陕西分公司法定代表人彭××到庭参加诉讼。本案现已审理终结。

原告YM公司诉称,(1)请求依法确认《建设工程施工合同》(GF-2013-0201)(延安市裴庄YM保障性住房小区1—14号楼建设工程项目)无效;(2)依法确认YM公司为上述工程项目的实际施工人,对该项目的全部工程款享有合法债权;(3)判决被告YN保障性住房公司将上述工程项目的剩余工程款(确切金额以最终核算为准)直接支付给原告;(4)本案的诉讼费用由被告承担。事实和理由:(1)自始至终,YM公司为延安市裴庄YM保障性住房小区1—14号楼建设工程项目的实际施工人,TZ公司从未实际参与。2011年下半年至2012年2月,延安市政府有关部门以《会议纪要》和《批复》的形式决定了该市保障性住房建设"重大民生类、公益性项目""特事特办"及其"绿色通道"的基本方案。随之,经过一系列的筹划准备工作,YM公司获准作为该市裴庄YM廉租房项目(延安市裴庄YM保障性住房小区1—14号楼项目,或裴庄YM小区)的开发商(发包人),纳入"绿色通道"进行该项目的施工建设,即边施工边办理相关手续。按照延安市发改委《延发改投〔2012〕59号》文件的要求,该项目计划于2014年年底完工。2012年4月,YM公司以全额垫资的方式正式组织开始了该项目的施工建设。至2014年10月左右,该项目的各项工程基本完工,并分别验收合格。其中,土方工程、挡土墙、围墙和排洪工程于2012年七八月完工,并验收合格;桩基和基槽工程于2012年年底至2014年年初陆续完工,并验收合格;地基与基础工程于2014年3月前后完工,并验收合格;主体工程于2014年10月前后完工,并验收合格。本节事实足以说明:YM公司即该项目的实际投资人、实际管理人、实际承包人和实际施工人。鉴于此,请人民法院依法确认YM公司为上述工程项目的实际施工人。

(2)本案的《建设工程施工合同》系YM公司挂靠TZ公司(借用资质)与YN公司签订的,依法无效。在该项目建设的后期,为了遵循上述"绿色通道"政策关于"边施工,边办理相关手续"的要求,顺应延安市政府关于民营企业不宜作为保障性住房建设的开发商(发包人)的政策调整需要,符合相关的规范要求,YM公司找到TZ陕西分公司寻求工程项目的挂靠,以利于完善该工程的招投标及主体工程验收的形式条件。YM公司于2014年6月20日与TZ陕西分公司签订了《TZ陕西分公司印章使用授权书》(为此刻制了一枚"TZ陕西分公司(1)号印章"授权YM公司专用于该保障性住房项目),并于2014年10月5日与TZ陕西分公司签订了《合作协议》(挂靠协议)。2015年2月15日,YM公司以TZ陕西分公司的名义完成了招投标手续,并同时以 TZ 陕西分公司的名义与保障性住房公司签订了《建筑工程施工合同(GF－2013－0201)》。上述期间内,相关合同、主体工程验收及招投标手续等所用印章,即上述的为该项目专门刻制并授权 YM 公司专门使用于该项目的“TZ 陕西分公司(1)号印章”。本节事实足以说明:在该项目中,YM 公司系挂靠 TZ 陕西分公司的实际投资人、实际管理人、实际承包人和实际施工人。同时,该工程项目(延安市裴庄 YM 保障房小区 1—14 号楼)的所有项目资金投入、人员配备、项目管理及施工工作皆由 YM 公司实际承担,而 TZ 公司及其陕西分公司自始至终没有投入任何资金,也没有委派人员参与实质性的建设及管理工作,而只是履行了合作协议(挂靠协议)约定的适当配合工作。基于上述的挂靠关系(借用资质)事实,根据我国相关法律和司法解释的具体规定,可以依法认定,本案之《建设工程施工合同》属于无效合同。一方面,我国《合同法》第 52 条第 5 项规定,违反法律、行政法规的强制性规定的合同无效。另一方面,YM 公司于 2015 年 2 月 15 日挂靠 TZ 陕西分公司(借用其资质)与保障性住房公司签订的《建设工程施工合同》(GF－2013－0201)即属于《最高人民法院关于审理建设工程施工合同纠纷案件适用法律问题的解释》第 1 条第 2 项所规定的“没有资质的实际施工人借用有资质的建筑施工企业名义的”,“应当根据合同法第 52 条第(5)项的规定,认定无效”的情形。鉴于此,请人民法院依法确认上述《建设工程施工合同》无效。

(3)在依法确认本案之《建设工程施工合同》无效的情况下,相应的工程款只能由 YM 公司依法享有。首先,权利与义务具有对等性,应当坚持公平、等价、有偿的原则。本案问题不涉及侵权之债和无因管理之债。本案中,相关《建设工程施工合同》依法无效,但 YM 公司作为延安市裴庄 YM 保障房小区 1—14 号楼工程项目的实际投资人、实际管理人、实际承包人和实际施工人,全额垫资,完成了相应的建设工程项目,并经有关部门验收合格。作为实际施工人的 YM 公司理应享有对涉案工程款的合法债权,否则必然违背公平、等价、有偿的民法基本原则精神。其次,《最高人民法院关于审理建设工程施工合同纠纷案件适用法律问题的解释》第 2 条规定:“建设工程施工合同无效,但建设工程经竣工验收合格,承包人请求参照合同约定支付工程价款的,应予支持。”据此规定,本案中,在依法确认《建设工程施工合同》无效的情况下,作为原来的名义上的合同相对方的 TZ 公司业已丧失了对涉案工程款的债权请求权的法律事实基础(合同无效),而作为实际投资人、实际管理人、实际承包人和实际施工人的 YM 公司,基于其实际施工且所建工程验收合格的法律事实行为,对本案涉案工程款仍然享有合法的债权。TZ 公司因为没有任何的实际施工行为,而不可能享有或分享 YM 公司的这一债权。也就是说,涉案工程款的债权只能由 YM 公司依法享有。恳请法院依法确认 YM 公司对涉案的全部工程款的合法债权,并判决保障性住房公司依法直接向 YM 公司支付剩余的工程款(约计人民币 700 多万元,确切金额以最终核算为准)。

原告YM公司向本院提交以下证据以支持其诉讼请求:

第一组证据:(一)1.印章使用授权书。2.合作协议。3.TZ陕西分公司营业执照、组织机构代码证、信用代码证、税务登记证等。4.YM公司营业执照、组织机构代码证、信用代码证、税务登记证等。证明目的:YM公司与TZ陕西分公司之间为挂靠关系。

(二)1.中标通知书。2.建设工程施工合同。3.专项资金监管协议。证明目的:证明YM公司借用TZ陕西分公司资质与YN保障房公司签订合同的事实。

第二组证据:(一)1.YN保障性住房公司证明1份。2.政府文件3份:《延安市人民政府专项问题会议纪要》(第44号)、《延安市人民政府专项问题会议纪要》(第54号)、《延安市发展和改革委员会文件》(延发改投〔2012〕59号)。3.建设工程勘察、设计、委托监理、承包等合同,工程施工验收等资料。

(二)任命文件、聘用合同、工资表、工程款项费用支出的原始会计凭证,以及借用资质后的工程验收。证明目的:证明原告依据(1)号印章行使相关权利。

两组证据总体证明目的:原告YM公司即延安市裴庄园明保障性住房小区项目原来的总承包人。借用资质后仍然是实际的承包人和施工人。且所有已建工程项目均验收合格。目前工程处于扫尾阶段。虽然名义上盖的1号印章,但是实际工程经营管理都是由YM公司负责的。

被告保障性住房公司答辩称,(1)整个招标、投标、中标过程,程序正当合法。答辩人遵循公开、公平、公正和诚实信用的原则公开进行招投标,2015年2月15日,经延安市建设工程招标投标管理办公室公开招标,TZ陕西分公司通过正规招投标程序中标,与答辩人就延安市裴庄YM保障性住房小区项目1—14号楼签订《建设工程施工合同》,对该项目所有工程进行总包,双方约定,工程质量需符合现行国家和行业验收评定标准即承包范围内全部工程施工项目,质量标准需达到国家工程施工验收规范规定的合格标准。整个招标、投标、中标过程,程序正规合法。(2)若合同认定无效,YM公司应承担答辩人的损失。答辩人与被答辩人之间没有合同关系。该建设工程施工合同签订后,由TZ陕西分公司进行施工建设,如果被答辩人YM公司系借用其资质,那么依照《最高人民法院关于审理建设工程施工合同纠纷案件适用法律问题的解释》第1条之规定,该施工合同属于无效合同。根据《最高人民法院关于审理建设工程施工合同纠纷案件适用法律问题的解释》第10条的规定,承包人违约导致合同解除应赔偿发包人的损失。那么,TZ陕西分公司应承担答辩人的损失,如诉讼费、代理费等,对于该公司因此项工程所得的非法收入应当予以没收。(3)答辩人支付工程款的前提是工程竣工验收合格。根据《最高人民法院关于审理建设工程施工合同纠纷案件适用法律问题的解释》第2条的规定,若建设工程经竣工验收合格,可以支付承包人(实际施工人)工程价款。根据《最高人民法院关于审理建设工程施工合同纠纷案件适用法律问题的解释》第3条的规定,若工程经竣工验收不合格,承包人(实际施工人)应维修,验收合格支付工程款,否则不支付工程款,维修费用由承包人承担。如施工合同被认定为无效合同,答辩人支付工程款的前提是工程竣工验收合格。目前,该工程尚未竣工验收,被答辩人要求支付剩余工程款的请求亦无从谈起。并且,承包人(实际施工人)应承担保修义务,因未及时履行保修义务导致建筑物毁损或者造成人身、财产损害的,保修人应当承担赔偿责任。综上,至今为止,答辩人根据签订的《建设工程施工合同》,已将部分工程款6276.7766万元支付给TZ陕西分公司。因本案工程尚未竣工验收,双方亦未进行结算。因此,在本案工程总价款尚未确定之前,被答辩人请求确认对该项目的全部工程款享有合法债权及要求答辩人支付剩余工程款的请求尚无依据,依法应予驳回。

被告保障性住房公司向本院提交以下证据以支持其诉讼请求:

工程款结算说明。经被告公司内部审核,工程款约6800万元,已付工程款为6276.7766万元的事实。证明目的:被告根据签订的《建设工程施工合同》,已将工程款6276.7766万元支付给TZ陕西分公司。

第三人TZ陕西分公司答辩称,其于2015年七八月给被告保障房公司发函要求解除第三人与被告保障房公司的GF-2013-0201建设工程合同,但被告未予答复。就该项目第三人既未投入资金也未委派人员参与工程施工及管理。

第三人TZ陕西分公司未向本院提交证据。

经本院庭审质证,被告保障性住房公司、第三人TZ陕西分公司对原告提交的证据均无异议,本院予以采信;原告及第三人TZ陕西分公司对被告保障性住房公司提供的证据证明的已付款数额无异议,对尚欠工程款数额有异议。本院对已付款金额予以采信,对尚欠工程款金额暂不作认定。

根据双方当事人的陈述及本院采信的证据,本院查明如下法律事实:2011年下半年至2012年2月,延安市政府有关部门以《会议纪要》和《批复》的形式决定了该市保障性住房建设“重大民生类、公益性项目”“特事特办”及其“绿色通道”的基本方案。随之,经过一系列的筹划准备工作,原告YM公司获准作为该市裴庄YM廉租房项目(延安市裴庄YM保障性住房小区1—14号楼项目,或裴庄YM小区)的开发商(发包人),纳入“绿色通道”进行该项目的施工建设,即边施工边办理相关手续。按照延安市发改委“延发改投〔2012〕59号”文件的要求,该项目计划于2014年年底完工。2012年4月,YM公司以全额垫资的方式正式组织开始了该项目的施工建设。至2014年10月左右,该项目的各项工程基本完工,并分别验收合格。其中,土方工程、挡土墙、围墙和排洪工程于2012年七八月完工,并验收合格;桩基和基槽工程于2012年年底至2014年年初陆续完工,并验收合格;地基与基础工程于2014年3月前后完工，并验收合格；主体工程于2014年10月前后完工，并验收合格。在该项目建设的后期，为了遵循延安市政府关于民营企业不宜作为保障性住房建设的开发商（发包人）的政策调整需要，符合相关的规范要求，原告YM公司找到第三人TZ陕西分公司寻求工程项目的挂靠，以利于完善该工程的招投标及主体工程验收的形式条件。原告于2014年6月20日与TZ陕西分公司签订了《TZ陕西分公司印章使用授权书》（为此刻制了一枚“TZ陕西分公司(1)号印章”授权YM公司专用于该保障性住房项目），并于2014年10月5日与TZ陕西分公司签订了《合作协议》（挂靠协议）。2015年2月15日，YM公司以TZ陕西分公司的名义完成了补招投标手续，并同时以TZ陕西分公司的名义与保障性住房公司签订了《建筑工程施工合同》（GF-2013-0201）。上述期间内，相关合同、主体工程验收及招投标手续等所用印章，即上述的为该项目专门刻制并授权YM公司专门使用于该项目的“TZ陕西分公司(1)号印章”。并依此印章在银行开设专户，该印章及专户均由原告实际管理和控制。该工程项目的所有资金投入、人员配备、项目管理及施工工作皆由YM公司实际承担，TZ公司及其陕西分公司没有投入任何资金，也没有委派人员参与实质性的建设及管理工作，而只是履行了合作协议（挂靠协议）约定的适当配合工作。被告之前累计向项目专户支付工程款6276.7766万元，因双方尚未对工程最终结算，尚欠工程款的数额应以审计部门最终审计数额为准。基于上述事实，原告主张被告与第三人签订的《建设工程施工合同》无效，并请求剩余工程款由被告直接支付给项目实际施工人的原告。

本院认为，原告YM公司系房地产开发公司，其具有房地产开发的资质但不具有建筑施工的资质。本案中，其借用第三人TZ陕西分公司的资质与被告签订施工合同，并已实际完成项目的大部分工程，收到工程款6276.7766万元。《中华人民共和国合同法》第52条第5项规定：违反法律、行政法规的强制性规定的合同无效。《最高人民法院关于审理建设工程施工合同纠纷案件适用法律问题的解释》第1条第2项规定：没有资质的实际施工人借用有资质的建筑施工企业名义的，应当根据合同法第52条第5项的规定认定无效。故原告YM公司借用第三人TZ陕西分公司的资质与被告保障性住房公司签订的《建设工程施工合同》属无效合同。从本案所涉工程项目的前期协调、对接、资金投入、人员配备、项目管理及施工工作的整个过程看，原告YM公司为项目所涉工程的实际投资、管理和施工人，且所完成的工程均通过了相关部门的组织验收。《最高人民法院关于审理建设工程施工合同纠纷案件适用法律问题的解释》第2条规定：“建设工程施工合同无效，但建设工程经竣工验收合格，承包人请求参照合同约定支付工程价款的，应予支持。”据此规定，原告主张对本案涉案工程款享有合法的债权的请求应当予以支持。综上所述，原告主张第三人TZ陕西分公司与被告保障性住房公司签订的《建设工程施工合同》属无效合同及其对本案涉案工程款享有合法的债权的请求成立，本院予以支持。依照《中华人民共和国合同法》第

52条第5项,《最高人民法院关于审理建设工程施工合同纠纷案件适用法律问题的解释》第1条第2项、第2条的规定判决如下:

一、第三人TZ陕西分公司与被告保障性住房公司签订的《建设工程施工合同》无效;

二、原告YM公司实际完成的本案所涉工程项目经相关部门验收后,尚欠的工程款归原告所有。

案件受理费81800元,由被告保障性住房公司负担。

如不服本判决,可以在判决书送达之日起15日内,向本院递交上诉状,并按照对方当事人或者代表人的人数提出副本,上诉于陕西省高级人民法院。

审　判　长　马××
审　判　员　韩××
人民陪审员　常××
2017年6月1日
书　记　员　李　×

【执行裁定书】

郑州市某区级人民法院
执行裁定书

(2020)豫0××4执5355号

申请执行人:YN市保障性住房建设有限公司,住所地:陕西省延安市宝塔区。

法定代表人:陈某宏,董事长。

委托诉讼代理人:吴珲,北京市炜衡律师事务所律师。

委托诉讼代理人:刘海桥,北京市炜衡律师事务所律师。

被执行人:刘某亮,男,1955年8月29日出生,汉族,住新郑市,居民身份证号码:×××。

本院执行的刘某亮与重庆TZ实业集团有限公司借款合同纠纷一案,YN市保障性住房建设有限公司于2020年10月9日以据以执行的生效法律文书被撤销为由向本院申请执行回转。请求责令刘某亮返还案款2531935元及利息(以2531935元为基数,自2018年1月3日起至2019年8月20日的利息按照中国人民银行同期贷款利率计算(自2019年8月21日起至实际偿还之日的利息按照全国银行间同行拆借中心公布的贷款市场报价利率计算)。

经审查,本院在执行刘某亮与重庆TZ实业集团借款合同纠纷一案中,于2017年1月4日作出(2015)执字第1791-3号执行裁定书,裁定"冻结、划拨或扣留、提取协助执行人YN市保障性住房建设有限公司银行存款2020000元"。YN市保障性住房建设有限公司对此提出执行异议,本院于2017年5月24日作出(2017)豫0××4执异27号裁定书,驳回了其异议请求。YN市保障性住房建设有限公司提出执行异议之诉,本院2017年12月7日作出(2017)豫0××4民初7706号民事判决书,驳回了其诉讼请求。

2017年12月13日,刘某亮在中国大地财产保险股份有限公司河南分公司的担保下申请继续执行。2017年12月25日本院作出(2015)×执字第1××1-5号执行裁定书,于2018年1月3日扣划YN市保障性住房建设有限公司2531935元并返还给刘某亮。

本院于2020年9月25日作出(2020)豫0××4执监2号执行裁定书,撤销本院作出的(2015)×执字第1××1-3号执行裁定书、(2015)×执字第1××1-5号执行裁定书、(2017)豫0××4执异27号执行裁定书。

本院认为,申请执行人YN市保障性住房建设有限公司的申请符合法律规定。依照《中华人民共和国民事诉讼法》第233条、《最高人民法院关于适用〈中华人民共和国民事诉讼法〉的解释》第476条、《最高人民法院关于执行工作若干问题的规定(试行)》第109条之规定,裁定如下:

被执行人刘某亮应在本裁定生效之日起5日内向申请执行人YN市保障性住房建设有限公司返还执行款2531935元及孳息(以2531935元为基数,自2018年1月3日起至2019年8月20日的孳息按照中国人民银行同期贷款利率计算;自2019年8月21日起至实际偿还之日的孳息按照全国银行间同行拆借中心公布的贷款市场报价利率计算)。

本裁定立即执行。

审判长　郭　×
审判员　陈××
审判员　陈××
2020年12月1日
书记员　林　×

【执行监督申请书】

执行监督申请书

申诉人:YN 市保障性住房建设有限公司,住所地陕西省延安市宝塔区。

法定代表人:陈某宏,董事长。

被申诉人(申请执行人):刘某亮,男,1955 年 8 月 29 日出生,汉族,住新郑市。

请求事项:

1. 裁定撤销郑州市某区级人民法院(2015)×执字第 2××1-2 号协助执行通知书、(2015)×执字第 1××1-3 号执行裁定书、(2015)×执字第 1××1-5 号执行裁定书、(2017)豫 0××4 执异 27 号《执行裁定书》;

2. 责令被申请人返还依据(2015)×执字第 1××1-5 号《执行裁定书》执行的案款人民币 2531935 元及利息 293651 元(按照全国银行间同业拆借中心公布的贷款市场报价利率计算,自 2018 年 1 月 3 日开始计算,暂计至 2020 年 5 月 31 日,计算至实际返还之日止,暂计算至 2020 年 5 月 31 日)。

事实与理由:

重庆 TZ 实业集团有限公司(以下简称 TZ 公司)因与刘某亮存在合同纠纷,TZ 公司未履行判决,刘某亮向郑州市某区级人民法院申请强制执行。2017 年 1 月 4 日,郑州市某区级人民法院向我公司发出执行裁定,冻结、划拨或扣留、提取申诉人银行存款 202 万元。为此,申诉人提出执行异议,被郑州市某区级人民法院裁定驳回。后申诉人又提出执行异议之诉,一审、二审均败诉。申诉人向河南高院申请再审,河南高院裁定撤销该一审、二审判决。在申诉人上诉期间,郑州市某区级人民法院从申诉人强制划扣 2531935 元。本案执行过程在程序上、实体上均存在严重错误,应当依法予以纠正:

一、河南省郑州市某区级人民法院违反法律、司法解释的规定,错误执行申诉人财产。

《民事诉讼法司法解释》第 501 条规定:“人民法院执行被执行人对他人的到期债权,可以作出冻结债权的裁定,并通知该他人向申请执行人履行。”第 2 款规定:“该他人对到期债权有异议,申请执行人请求对异议部分强制执行的,人民法院不予支持。利害关系人对到期债权有异议的,人民法院应当按照民事诉讼法第二百二十七条规定处理。”《最高人民法院关于人民法院执行工作若干问题的规定(试行)》(以下简称《执行工作若干问题的规定(试行)》)第 63 条规定:“第三人在履行通知指定的期间内提出异议的,人民法院不得对第三人强制执行,对提出的异议不进行审查。”

对此河南高院在对本案的(2018)豫民再××××号民事裁定书中也明确表述:

“YN 保障房公司的主体类型系到期债权所指向的次债务人（‘他人’），一旦其提出异议，所带来的法律效果是刘某亮无权再通过执行程序向 YN 保障房公司求偿，针对 YN 保障房公司的执行行为应当立即停止。”

因此，在郑州市某区级人民法院执行 TZ 公司的工程款债权只能按照执行第三人到期债权制度予以执行的情况下，郑州市某区级人民法院错误的将 TZ 公司并不存在的“债权”当作“收入”，向申诉人发出执行裁定及协助执行通知（执行到期债权只能发出履行到期债务通知书），只要申诉人对此提出异议，郑州市某区级人民法院便不得强制执行。然而自始至终，郑州市某区级人民法院没有按照上述规定执行，而是直接冻结、扣划。并且在申诉人已经对执行的债权提出异议后，郑州市某区级人民法院继续违法强制扣划申诉人 2531935 元，此行为显然属于滥用职权、违法执行。

二、TZ 公司与申诉人的《建设工程施工合同》已被判决为无效，郑州市某区级人民法院的执行依据被撤销，TZ 公司在申诉人处不存在到期债权，应当将被执行款项退还。

《民事诉讼法》第 233 条规定：“执行完毕后，据以执行的判决、裁定和其他法律文书确有错误，被人民法院撤销的，对已被执行的财产，人民法院应当作出裁定，责令取得财产的人返还；拒不返还的，强制执行。”

《执行工作若干问题的规定（试行）》第 109 条规定：“在执行中或执行完毕后，据以执行的法律文书被人民法院或其他有关机关撤销或变更的，原执行机构应当依照民事诉讼法第二百一十四条的规定，依当事人申请或依职权，按照新的生效法律文书，作出执行回转的裁定，责令原申请执行人返还已取得的财产及其孳息。拒不返还的，强制执行。执行回转应重新立案，适用执行程序的有关规定。”

本案中，郑州市某区级人民法院执行申请人财产的依据是（2015）×执字第 1××1－3 号执行裁定书，其中认定：“被执行 TZ 公司（陕西分公司）在 YN 市保障性住房建设有限公司有工程款 2020000 元收入。”首先，工程款并非收入（提取收入制度的执行对象仅限于自然人，不适用于法人）；其次，更重要的是，该认定与已生效的（2017）陕 06 民初×号判决结果［一、第三人 TZ 陕西分公司与被告保障性住房公司签订的《建设施工合同》无效；二、原告 YM 公司实际完成的本案所涉工程项目经相关部门验收后，尚欠的工程款归原告（YM 公司）所有］是矛盾的。

TZ 公司与申诉人之间的合同无效，且其对申诉人无任何债权，郑州市某区级人民法院无权执行申诉人的财产。既然（2015）×执字第 1××1－3 号执行裁定书的内容确有错误，郑州市某区级人民法院就应当撤销相关裁定并将已执行的财产返还申诉人。

三、刘某亮已提起代位权诉讼，未获法院支持。

事实上，河南高院作出（2018）豫民再××××号判决之前，刘某亮早在 2017 年就以申诉人为被告提起了债权人代位权纠纷，该案历经所有法律维权途径（一审、二审、申请再审、申请检察监督），刘某亮的诉求（判令被告向原告代位履行清偿义务）均未获支持。结合(2018)豫民再××××号判决、(2017)陕06民初×号判决的裁判结果,郑州市某区级人民法院对申诉人的执行完全属于错误执行。

四、经生效法律文书认定,涉案YN裴庄项目工程总额为63644474元,目前仅欠付YNYM工贸公司876708元。

YN裴庄保障房项目经最终工程决算,申请人在该项目上未付的工程款数额为876708元[(2019)陕00602民初7104号案查明事实部分,该案调解书已生效],郑州市某区级人民法院执行的款项数额远超出该数额。换言之,无论TZ公司是否在申诉人处有所谓的“到期债权”,郑州市某区级人民法院的扣划数额都严重超额,属于错误执行。

综上所述,本案执行过程中无论是实体上还是程序上都存在严重错误,请求贵院依法履行监督职责,启动执行监督程序,依法纠正有关违法执行行为,撤销执行法院的相关裁定,将被违法执行的申请人财产执行回转,以维护申请人的合法权益,确保国有资产不致流失。

此致

郑州市某区级人民法院

申请人:YN市保障性住房建设有限公司

2020年7月21日

【执行裁定书】

郑州市某区级人民法院

执行裁定书

(2020)豫0××4执监2号

申请执行人:刘某亮,男,1955年8月29日出生,汉族,住新郑市,身份号码:×××。

被执行人:重庆TZ实业集团有限公司,住所地重庆市。

法定代表人:蒋某才,董事长。

第三人:YN市保障性住房建设有限公司,住所地陕西省延安市宝塔区。

法定代表人:陈某宏,董事长。

本院在执行刘某亮与重庆 TZ 实业集团有限公司借款合同纠纷一案中，第三人 YN 市保障性住房建设有限公司（以下简称 YN 保障房公司）于 2020 年 7 月 21 日向本院申请撤销本院（2015）×执字第 1××1－3 号执行裁定书、（2015）×执字第 1××1－5 号执行裁定书、（2017）豫 0××4 执异 27 号执行裁定书。

经查，2016 年 11 月 4 日本院向 YN 保障房公司发出（2015）×执字第 2××1－2 号协助执行通知书，要求 YN 市保障性住房建设有限公司协助扣留或提取被执行人重庆 TZ 实业集团有限公司在其公司的债权（工程款）202 万元。2016 年 12 月 2 日本院作出（2015）×执字第 1××1－2 号执行裁定书，裁定如下：2016 年 10 月 13 日作出的（2015）×执字第 2××1－1 号执行裁定书中"（2015）×执字第 2××1－1 号"应补正为"（2015）×执字第 1××1－1 号"。2017 年 1 月 4 日本院向 YN 保障房公司作出说明：本院于 2016 年 11 月 4 日作出的"（2015）×执字第 2××1－2 号"协助执行通知书，应为"（2015）×执字第 1××1－2 号"特此说明。

本院于 2017 年 1 月 4 日作出（2015）×执字第 1××1－3 号执行裁定书，裁定如下：冻结、扣划或扣留、提取协助执行人 YN 市保障性住房建设有限公司银行存款 2020000 元（该款系提取被执行人重庆 TZ 实业集团有限公司、重庆 TZ 实业集团有限公司陕西分公司在 YN 市保障性住房建设有限公司工程款收入）。并于 2017 年 1 月 9 日冻结了 YN 保障房公司的银行账户。

2017 年 1 月 13 日 YN 保障房公司向本院提出执行异议，认为重庆 TZ 公司对其公司的债权未到期且存在争议，剩余工程款已被延安市中级人民法院全部冻结，故请求本院对（2015）新执字第 1××1－3 号执行裁定书不予强制执行。本院经审查认为本院向 YN 保障房公司送达冻结、提取重庆 TZ 公司工程款的裁定早于 YN 中院的保全。故 YN 中院的保全不影响本院的执行，于 2017 年 5 月 24 日作出（2017）豫 0××4 执异 27 号执行裁定书，驳回 YN 保障房公司的异议请求。

YN 保障房公司于 2017 年 9 月 28 日向本院提出案外人执行异议之诉，请求终止对其公司延安市裴庄保障性住房项目 202 万元工程款的冻结和执行。本院经开庭审理，认为 YN 保障房公司并无相应证据证明其对涉案执行标的享有足以排除强制执行的民事权益，于 2017 年 12 月 7 日作出（2017）豫 0××4 民初××××号民事判决书，驳回原告 YN 保障房公司请求终止对延安市裴庄保障性住房项目 202 万元工程款的冻结和执行的诉讼请求。重庆 TZ 实业集团有限公司陕西分公司在 YN 保障房公司工程款 2531935 元的执行，中国大地财产保险股份有限公司河南分公司为刘某亮继续执行提供担保，本院经审查认为申请人的申请符合法律规定，于 2017 年 12 月 25 日作出（2015）×执字第 1××1－5 号民事裁定书，裁定：（1）继续执行重庆 TZ 实业集团有限公司陕西分公司在 YN 市保障性住房建设有限公司工程款 2531935 元；（2）冻结、划拨第三人 YN 市保障性住房建设有限公司银行存款 2531935 元。于 2018 年 1

月3日扣划YN市保障性住房建设有限公司银行存款2531935元并返给申请执行人刘某亮。

YN保障房公司不服本院判决，向郑州市中级人民法院（以下简称郑州中院）提起上诉，请求撤销一审判决，改判终止对YN保障房公司银行存款202万元的冻结和执行。郑州中院经审理认为YN保障房公司没有提供充分证据证明其对涉案标的享有足以排除强制执行的民事权益，其有义务向TZ公司支付剩余工程款，一审法院驳回YN保障房公司请求终止对涉案项目的冻结和执行请求并无不当，于2018年2月9日作出(2018)豫01民终××××号民事判决书，驳回上诉，维持原判。

YN保障房公司不服郑州中院判决，向河南省高级人民法院（以下简称河南省高院）申请再审。河南省高院经审理认为，YN保障房公司并非《民事诉讼法司法解释》第501条第2款中的“利害关系人”，现有法律并未给其设立从执行程序转入案外人执行异议以及案外人异议之诉中的程序通道，故应当裁定驳回其起诉。二审判决适用法律错误，应予改判。于2019年6月10日作出(2018)豫民再××××号民事裁定书，裁定撤销郑州市中级人民法院(2018)豫01民终××××号民事判决及郑州市某区级人民法院(2017)豫0××4民初××××号民事判决。本院认为：工程款系债权。《民事诉讼法司法解释》第501条第1款规定：“人民法院执行被执行人对他人的到期债权，可以作出冻结债权的裁定，并通知该他人向申请执行人履行。”第2款规定：“该他人对到期债权有异议，申请执行人请求对异议部分强制执行的，人民法院不予支持。利害关系人对到期债权有异议的，人民法院应当按照民事诉讼法第二百二十七条规定处理。”《中华人民共和国民事诉讼法》第227条规定：“执行过程中，案外人对执行标的提出书面异议的，人民法院应当自收到书面异议之日起十五日内审查，理由成立的，裁定中止对该标的的执行；理由不成立的，裁定驳回。案外人、当事人对裁定不服，认为原判决、裁定错误的，依照审判监督程序办理；与原判决、裁定无关的，可以自裁定送达之日起十五日内向人民法院提起诉讼。”结合上述法律条文的内容可知，人民法院执行被执行人对他人的到期债权时，存在两种情形下的不同路径选择：一是“他人”提出异议时，人民法院对申请执行人的请求不予支持；二是除“他人”以外的“利害关系人”提出异议的，则按照民事诉讼法中案外人执行异议的程序推进。因此，《民事诉讼法司法解释》第501条第2款的“利害关系人”即《民事诉讼法》第227条中的“案外人”，只有落入到该概念下的主体方可提起案外人执行异议以及案外人异议之诉。倘若到期债权所指向的次债务人（“他人”）提出异议，执行程序应当立即停止，申请执行人就无权再通过执行程序向次债务人求偿，而是应当通过代位权诉讼途径主张权利。

具体本案而言，YN保障房公司的主体类型系到期债权所指向的次债务人（“他人”），一旦其提出异议，所带来的法律效果是本院对YN保障房的执行行为应当立即停止,无权对其异议进行审查,申请执行人刘某亮无权再通过执行程序向YN保障房公司求偿,而应当通过向YN保障房公司提起代位权诉讼途径主张权利。综上所述,本院的执行行为确系错误,YN保障房的申请符合法律规定。依照《中华人民共和国民事诉讼法》第154条第11项规定,经本院审判委员会讨论决定,裁定如下:撤销本院(2015)×执字第1××1-3号执行裁定书、(2015)×执字第1××1-5号执行裁定书、(2017)豫0××4执异27号执行裁定书。

本裁定立即执行。

审　判　长　陈××
审　判　员　陈××
人民陪审员　王××
2020年9月25日
书　记　员　马　×

【执行回转申请书】

执行回转申请书

申请人:YN市保障性住房建设有限公司,住所地陕西省延安市宝塔区。

法定代表人魏某荣,董事长。

委托代理人:吴珲、刘海桥,北京市炜衡律师事务所律师。

被申请人:刘某亮,男,1955年8月29日出生,汉族,住新郑市,居民身份证号码×××。

申请事项:责令被申请人返还依据郑州市某区级人民法院(2015)×执字第1××1-3号执行裁定书、(2015)×执字第1××1-5号执行裁定书、(2017)豫0××4执异27号执行裁定书申请人处执行去的案款人民币2531935元及利息335411元(利息以2531935元为基数,自错误划扣日即2018年1月3日起算,暂计至2020年10月3日,要求计算至实际返还之日止,2019年8月20日前的利息按照中国人民银行同期贷款利率计算,2019年8月20日至实际返还之日的利息按照全国银行间同业拆借中心公布的贷款市场报价利率计算)。

事实及理由:

贵院于2017年1月4日作出(2015)×执字第1××1-3号执行裁定书,裁定"冻结、扣划或扣留、提取协助执行人YN市保障性住房建设有限公司银行存款2020000元(该款系提取被执行人重庆TZ实业集团有限公司、重庆TZ实业集团有限公司陕西分公司在YN市保障性住房建设有限公司工程款收入)。”贵院于2017年1月9日冻结了申请人的银行账户。

2017年1月13日,申请人向贵院提出执行异议,贵院于2017年5月24日作出(2017)豫0××4执异27号执行裁定书,驳回了申请人的异议请求。

2017年9月28日,申请人向贵院提出案外人执行异议之诉,贵院于2017年12月7日作出(2017)豫0××4民初7706号民事判决,驳回了申请人的诉讼请求。随后被申请人向贵院提出继续执行申请,中国大地财产保险股份有限公司河南分公司为被申请人继续执行提供了担保。2017年12月25日,贵院作出(2015)×执字第1××1-5号执行裁定书,裁定“一、继续执行重庆TZ实业集团有限公司陕西分公司在YN市保障性住房建设有限公司工程款2531935元;二、冻结、划拨第三人YN市保障性住房建设有限公司银行存款2531935元。贵院于2018年1月3日扣划YN市保障性住房建设有限公司银行存款2531935元并返给申请执行人刘某亮。”

申请人不服贵院于2017年12月7日作出的(2017)豫0××4民初7706号民事判决,向河南省郑州市中级人民法院(以下简称郑州中院)提起上诉。郑州中院于2018年2月9日作出(2018)豫01民终××××号民事判决书,驳回上诉,维持原判。

申请人不服郑州中院判决,向河南省高级人民法院(以下简称河南省高院)申请再审。河南省高院经审理认为执行行为有误,裁定撤销郑州中院(2018)豫01民终××××号民事判决书及郑州市某区级人民法院(2017)豫0××4民初××××号民事判决。

申请人向贵院提出执行监督申请,贵院于2020年9月25日作出(2020)豫0××4执监2号裁定书,裁定:“撤销本院(2015)×执字第1××1-3号执行裁定书、(2015)×执字第1××1-5号执行裁定书、(2017)豫0××4执异27号执行裁定书。”

至此,贵院原依(2015)×执字第1××1-3号执行裁定书、(2015)×执字第1××1-5号执行裁定书、(2017)豫0××4执异27号执行裁定书从我处执行的案款人民币2531935元已无法律依据。现依照我国《民事诉讼法》第230条规定:“执行完毕后,据以执行的判决、裁定和其他法律文书确有错误,被人民法院撤销的,对已被执行的财产,人民法院应当作出裁定,责令取得财产的人返还;拒不返还的,强制执行。”特向贵院申请执行回转。

此致

郑州市某区级人民法院

执行回转申请书申请人:YN市保障性住房建设有限公司

执行回转申请书2020年10月9日

附:(2020)豫0××4执监2号裁定

办案总结

如果申请执行人认为被执行人在第三人处存在到期债权而第三人予以否认的话，应当通过提起代位权诉讼进行维权。这是申请人在第三人否认存在到期债权的情况下的维权的正确“姿势”。本案中，法院在申请执行人已提出代位权诉讼维权且被驳回的情况下，仍旧强制扣划笔者该客户的财产，导致客户付出巨大的维权成本，造成这一局面，或与错误理解“异议”“次债务人”“利害关系人”“案外人”等概念有关。

《民事诉讼法司法解释》第 501 条规定：“人民法院执行被执行人对他人的到期债权，可以作出冻结债权的裁定，并通知该他人向申请执行人履行。该他人对到期债权有异议，申请执行人请求对异议部分强制执行的，人民法院不予支持。利害关系人对到期债权有异议的，人民法院应当按照民事诉讼法第二百二十七条规定处理。对生效法律文书确定的到期债权，该他人予以否认的，人民法院不予支持。”根据该规定，除生效法律文书确定的到期债权之外，法院执行被执行人对他人的到期债权时，存在两种情形下的不同路径选择：一是“他人”提出异议时，人民法院对申请执行人的请求不予支持；二是除“他人”以外的“利害关系人”提出异议的，则按照民事诉讼法中案外人执行异议的程序推进。因此《民诉法解释》第 501 条第 2 款的“利害关系人”即是《民诉法》第 277 条中的“案外人”，只有落入到该概念项下的主体方可提起案外人执行异议以及案外人异议之诉。倘若到期债权所指向的次债务人（“他人”）提出后，申请执行人就无权再通过执行程序向次债务人求偿，而是应当通过代位权诉讼途径主张权利。

本案中因执行第三人的财产，法院为防止错误执行造成损失，要求申请执行人提供担保，而申请执行人从保险公司处购买了保险提供担保。该险种属于一种新兴类型，既不同于诉讼阶段的财产保全险，也不同于执行担保（执行担保应当由被执行人提供），当然也不同普通的民事担保（该种担保是向法院提供）。该险种目前并未全面推行，笔者认为从维护申请执行人、第三人的合法权益，也为兜底错误执行造成损失的角度看，该险种值得推广。

专家点评

本案是案外人 YN 市保障性住房建设有限公司被执行强制划扣 2531935 元，律师接受案外人委托，经过案外人执行异议、案外人异议之诉一审、二审、再审、执行监督程序等，进入执行回转程序的一件执行案件。案件看似简单，却一波三折，展现在我们面前的前后八年、十余份法律文书，使我们清晰地了解维护委托人合法权益的全过程。

委托人作为次债务人提出执行异议之诉。一审认为争议焦点为 YN 保障房公司对涉案执行标的是否享有足以排除强制执行的民事权益问题。案外人提起执行异议之诉，应当就其对执行标的享有足以排除强制执行的民事权益承担举证责任。二审法院维持一审判决。

再审法院认为:除生效法律文书确定的到期债权之外,人民法院执行被执行人对他人的到期债权时,存在两种情形下的不同路径选择:一是“他人”提出异议时,人民法院对申请执行人的请求不予支持;二是除“他人”以外的“利害关系人”提出异议的,则按照民事诉讼法中案外人执行异议的程序推进。因此,《民事诉讼法司法解释》第 501 条第 2 款的“利害关系人”即是《民事诉讼法》第 227 条中的“案外人”,只有落入到该概念项下的主体才能提起执行异议以及案外人异议之诉。

通过再审法院对“异议”“次债务人”“利害关系人”“案外人”等概念的分析、理解、适用,进一步明确了 YN 保障房公司的主体类型系到期债权所指向的次债务人(“他人”),一旦其提出异议,所带来的法律效果是刘某亮无权再通过执行程序向 YN 保障房公司求偿,针对 YN 保障房公司的执行行为应当立即停止。倘若现实中执行行为未予停止,YN 保障房公司则有权依据《民事诉讼法》第 225 条“当事人、利害关系人认为执行行为违反法律规定的,可以向负责执行的人民法院提出书面异议”的规定,对执行行为提出异议;倘若执行行为停止,但刘某亮仍主张 YN 保障房公司系次债务人,则 YN 公司并非《民事诉讼法司法解释》第 501 条第 2 款中的“利害关系人”,现有法律并未设立从执行程序转入到案外人执行异议以及案外人执行异议之诉的程序中。因此,撤销了一、二审判决。委托人能够继续主张自己的权利,执行款回转的请求得到法院的支持。

通过本案,我们对民事诉讼执行程序中有关法律条文有了更全面的了解。再审法院对于“他人”“利害关系人”“案外人”的区别和适用的分析,对于类似案件具有参考价值。律师为了委托人的合法权益,锲而不舍、穷尽一切使委托人的合法权益得到保护的精神值得律师同仁学习和借鉴。

审核人、点评人:北京律师智库重大复杂案件研究专家组成员　王收律师

复核人:北京律师智库重大复杂案件研究专家组成员　由莉雅律师

案外人执行异议之诉中案涉标的权属如何确认

——CL 提起案外人执行异议之诉纠纷案

争议焦点

执行异议之诉中，能否确认案涉标的物的权属？在强制执行过程中能否查封被执行人与其他人共有的财产？

关键词

强制执行　执行异议　权属确认　夫妻共同财产

案情简介

MGS 诉 JXC、JW、准格尔旗川掌镇 SKT 煤炭有限责任公司（以下简称 SKT 公司）股权转让纠纷一案，辽宁省高级人民法院（以下简称辽宁高院）于 2015 年 10 月 8 日作出（2015）民二初字第 × 号民事判决书，判决 JXC 给付 MGS 股权转让价款 1 亿元及违约金，JW、SKT 公司对 JXC 的全部债务承担连带保证责任。该判决书生效后，JXC、SKT 公司及 JW 未按判决履行，MGS 向辽宁高院申请强制执行，该案进入执行程序。

辽宁高院 2016 年 4 月 12 日作出（2016）辽执 × 号执行裁定书，裁定查封被执行人 JW 名下 9 处房产。2016 年 4 月 19 日辽宁高院作出（2016）辽执 × 号执行裁定书，裁定（2015）民二初字第 × 号民事判决书由辽宁省辽河中级人民法院（以下简称辽河中院）执行。辽河中院在执行过程中，于 2016 年 5 月 4 日作出（2010）辽 74 执 3 号执行裁定书，裁定查封 JXC、JW 名下财产，查封 ZDM、CL 名下财产，查封 SKT 公司股份、银行存款、采矿权。后又于 2017 年 3 月 20 日作出（2017）辽 74 执恢 2 号执行裁定书，裁定拍卖 JW 所有的 13 处房产、JXC 所有的 2 处房产。CL 对于上述执行行为提出执行异议，被驳回后又于2017年7月24日提起本案诉讼，辽河中院作出驳回CL诉讼请求的民事判决，CL不服该判决，上诉于辽宁高院，辽宁高院作出撤销一审判决，发回辽河中院重审的裁定。辽河中院重审后，仍作出驳回CL诉讼请求的判决，CL又上诉于辽宁高院，辽宁高院再次对本案进行了审理。

案涉查封的财产情况如下：CL名下2处房产、3辆汽车及7家公司的股权，JW名下14处房产，上述房产、车辆及股权及公司的土地使用权均为CL、JW夫妻关系存续期间取得。

案件历程

【一审判决书】

辽宁省辽河中级人民法院
民事判决书

(2017)辽74民初×号

原告(执行案外人)：CL，女，1974年3月11日出生，蒙古族，个体业者，住北京市朝阳区。

委托诉讼代理人：张秀艳，北京金盈律师事务所律师。

被告(申请执行人)：MGS，男，1963年3月27日出生，汉族，个体业者，住辽宁省盘锦市。

委托诉讼代理人：崔××，辽宁××律师事务所律师。

被告(被执行人)：JW，男，1974年12月14日出生，汉族，个体业者，住内蒙古鄂尔多斯市。

原告CL与被告MGS、JW案外人执行异议之诉一案，本院于2017年7月24日立案后，依法适用普通程序，公开开庭进行了审理。原告的委托诉讼代理人张秀艳、被告MGS及其委托诉讼代理人崔××到庭参加诉讼。被告JW经传票传唤无正当理由拒不到庭参加诉讼。本案现已审理终结。

原告CL向本院提出诉讼请求：(1)判令停止对CL名下2套房产、3辆汽车及7家公司股权的强制执行，并予以解除查封。(2)确认JW名下13处房产CL享有1/2份额。(3)诉讼费用由MGS、JW承担。事实与理由：MGS诉JXC、JW、SKT公司股权转让纠纷一案中，CL不是涉案当事人，也不是执行案件所依据的辽宁高院(2015)辽民二初字第×号民事判决书及最高人民法院(2016)最高法民终×号民事判决书中认定承担民事责任的义务履行人,JW在上述股权转让纠纷案件中承担的是担保责任,并非借款责任,JW对外的担保之债是JW的个人债务,不属于夫妻共同债务,故辽河中院不能强制CL履行应由JW履行的债务,且不应查封CL名下财产。辽河中院在执行过程中,未追加CL为被执行人而直接执行CL财产的行为,剥夺了CL的诉权。辽河中院(2017)辽74执恢2号执行裁定书裁定拍卖的JW名下13处房产为JW、CL的夫妻共同财产,JW对MGS的担保之债并非夫妻共同之债,应由JW个人偿还,故应当确认JW名下的13处房产CL享有1/2份额。综上,辽河中院的查封及拍卖行为没有事实及法律依据,应当立即停止对该案的相关执行行为,并对上述财产予以解除查封。

被告MGS辩称,本案涉及债务系JW、CL的夫妻共同债务,CL名下股权及财产均是JW、CL的夫妻共同财产,故法院对案涉财产的查封及拍卖符合法律规定,CL提起的案外人执行异议之诉不能成立,应当驳回其诉讼请求。

被告JW未出庭,未答辩。

当事人围绕诉讼请求依法提交了证据,本院组织当事人进行了证据交换和质证。对当事人无异议的证据,本院予以确认并在卷佐证。对有争议的证据和事实,本院认定如下:CL提交的辽宁高院(2015)辽民二初字第000×号民事判决书、最高人民法院(2016)最高法民终×号民事判决书、辽宁高院(2016)辽执×号执行裁定书、辽河中级人民法院(2016)辽74执字第3号民事裁定书及(2017)辽74执恢2号执行裁定书,因MGS对真实性均无异议,且上述文书均系生效文书,故本院对真实性予以采信。MGS提交的SKT公司生产责任制协议、股权认购协议书、3500万元的借条及收据,股权分红欠条,SKT公司及内蒙古HYMT集团有限公司(前身为包头市HYMT加工有限公司)的工商注册档案信息、机读材料,内蒙古BY投资有限公司、包头HY酒店有限责任公司及北京HY育人教育科技有限公司的工商注册档案信息,最高人民法院(2016)最高法民终字×号民事判决书、内蒙古自治区伊金霍洛旗人民法院(2016)内0627民初6204号、6259号、6262号、(2017)内0627民初1745号民事判决书及CL、JW离婚协议书,因CL对上述证据的真实性均无异议,故对真实性予以确认。MGS提供的最高人民法院(2016)最高法民申2908号民事裁定书,因与本案不具有关联性,故不予采信。

本院经审理查明:MGS与JXC、JW、SKT公司股权转让纠纷一案,辽宁高院于2015年10月8日作出(2015)辽民二初字第×号民事判决:(1)JXC在该判决生效之日起10日内给付MGS股权转让价款1亿元。(2)JXC于该判决生效之日起10日内给付MGS违约金,以本金1000万元为基数,自2014年1月20日至3月31日;以本金3250万元为基数,自2014年4月1日至6月30日;以本金5500万元为基数,自2014年

7月1日至9月30日；以本金7750万元为基数，自2014年10月1日至12月31日；以本金1亿元为基数，自2015年1月1日到实际给付之日止，均按每天1‰计算。(3)JW、SKT公司对JXC的全部债务承担连带保证责任。(4)JW、SKT公司承担保证责任后有权向JXC追偿。(5)驳回MGS的其他诉讼请求。JXC、JW不服该判决，向最高人民法院提起上诉，最高人民法院于2016年3月7日作出(2016)最高法民终×号民事判决，驳回上诉，维持原判。该判决生效后，JXC、SKT煤炭公司及JW未按判决履行，MGS向辽宁高院申请强制执行，该案进入执行程序。辽宁高院2016年4月12日作出(2016)辽执×号执行裁定书，裁定查封被执行人JW名下9处房产。2016年4月19日辽宁高院于作出(2016)辽执×号执行裁定书，裁定辽宁高院(2015)辽民二初字第×号民事判决书由本院执行。

本院在执行过程中，于2016年5月4日作出(2016)辽74执3号执行裁定书，裁定内容为：(1)查封被执行人JXC、JW名下财产；(2)ZDM与JXC，CL与JW系夫妻关系，查封ZDM、CL名下财产；(3)查封SKT公司股份、银行存款、采矿权。后本院又于2017年3月20日作出(2017)辽74执恢2号执行裁定书，裁定内容为：拍卖被执行人JW所有的13处房产、被执行人JXC所有的2处房产。2017年5月13日，CL向本院提出执行异议申请，请求裁定中止执行并解除对案涉房屋及车库的查封。本院于2017年6月11日作出(2017)辽74执异6号执行裁定书，裁定驳回CL的异议。CL在收到(2017)辽74执异6号执行裁定书后，于2017年7月24日提出本诉。

另查明，JW、CL于1999年3月5日登记结婚，于2016年8月×日登记离婚。

案涉查封的财产情况如下：坐落于北京市朝阳区广渠门外大街×号院1×号楼1×层×02室房产、北京市海淀区成府路HQJ园1×号楼1×层1×06室房产及车牌号为京×6××70、京××2×27、京P×5××5的3辆汽车均登记在CL名下。坐落于包头市高新区民族东路HLJZ小区1×－×03室房产、包头市高新区民族东路HLJZ小区1×－C6室房产、包头市高新区新光东路×号RYHT1×－×12室房产、包头市青山区民族东路FN小区JD公寓×16室房产及坐落于北京市朝阳区广渠门外大街×号院2×号楼1×层D2×1602室房产、北京市朝阳区工人体育场北路×号院×号楼1×层1×－1×02室房产、北京市朝阳区广渠门外大街×号院地下车库E一、二、三区－2层E122、E123车位、北京市朝阳区新源南路×号－2层2004、2032房产、北京市朝阳区工人体育场北路×号院6幢－2层××046、××047房产、北京市朝阳区广渠门外大街×号院6×幢－1层270号房产，均登记在JW名下。上述房产及车辆均系JW、CL夫妻关系存续期间购买。案涉查封股权的7家公司分别为：北京HY伟业资产管理有限公司、北京HYHG投资发展有限公司、内蒙古HYMT(集团)有限公司、山东HYHG科技安防有限公司、河北TY煤炭运销有限公司、北京DH投资发展有限公司、SLEWK风情国。上述公司的股权及公司的土地使用权均系CL、JW夫妻关系存续期间取得。

再查明,SKT公司成立于2003年3月19日,目前注册资本金为1900万元。自2008年4月28日起,JXC为该公司股东并担任法定代表人,持有48%的股份,为当时最大股东。2009年8月12日起,包头HYMT加工有限公司为SKT公司的法人股东,持有17%的股份。2010年3月2日至2012年10月8日,SKT公司的股东为JXC和包头HYMT加工有限公司,持股比例分别为48%和52%。2010年8月4日包头HYMT加工有限公司名称变更为内蒙古HYMT(集团)有限公司,自2007年8月23日至2015年10月10日,JW一直担任该公司的法定代表人。2009年7月6日至2011年11月28日,内蒙古HYMT(集团)有限公司的股东为JW和JXC,持股比例分别为66%和34%,后JXC于2011年1月25日将其所持有的该公司股份全部转让给JW及CL,截至2015年2月15日前,该公司股东为JW和CL,持股比例分别为90%和10%。2010年7月1日至2011年11月25日,内蒙古BY投资有限公司股东为JW和JXC,持股比例分别为51%和49%,后JW于2011年11月25日将其持有的该公司股权全部转让给JXC及ZDM,该公司股权至今未发生变化。JXC曾担任JW、CL出资设立的包头HY酒店有限责任公司及北京HY育人教育科技有限公司的高管。JW与JXC系同胞兄弟关系,最高人民法院(2016)最高法民终×号民事判决书认定JW系SKT公司股东。内蒙古自治区伊金霍洛旗人民法院(2016)内0627民初6204号、6259号、6262号及(2017)内0627民初1745号民事判决书,判决撤销2015年2月27日JW将其所持有的山东HYHG科技安防有限公司30%股权(3000万元)转让给第三人赵继林的行为、撤销2015年8月27日JW将其所持有的北京HYHG投资发展有限公司15%的股权(150万元)及2015年9月11日JW将其持有的北京HY伟业资产管理有限公司10%的股权(100万元)转让给第三人蔡俊虎的行为、撤销2015年2月10日JW将其所持有的北京HYHG投资发展有限公司75%的股权(750万元)及2015年9月11日JW将其所持有的北京HYYY资产管理有限公司80%的股权(800万元)转让给CL的行为、撤销JW于2015年2月15日转让内蒙古HYMT(集团)有限公司80%的股权给CL的行为及JW于2015年10月10日转让内蒙古HYMT(集团)有限公司10%的股权给北京HYYY资产管理有限公司的行为。

本院认为,关于JW所负担保之债是否为其与CL的夫妻共同债务问题。辽宁高院(2015)辽民二初字第×号民事判决已确定JW对JXC的债务承担连带清偿责任,该债务系在JW与CL婚姻关系存续期间形成,且CL未提供证据证明MGS与JW明确约定此债务为个人债务,亦未提供证据证明该债务属于《婚姻法》第19条第3款规定的情形,故JW在辽宁高院(2015)辽民二初字第×号民事判决中所确定承担的债务,是JW与CL的夫妻共同债务。另外,JXC系SKT公司的法定代表人及股东,内蒙古HYMT(集团)有限公司又系SKT公司对外公示的法人股东,JW自2007年8月23日至2015年10月10日一直担任该公司法定代表人。JW和JXC曾同时是内蒙古

HYMT(集团)有限公司、内蒙古BY投资有限公司的股东,JW、JXC及CL之间又曾互相转让过股权,JXC并曾担任JW、CL出资设立的包头HY酒店有限责任公司及北京HY育人教育科技有限公司的高管。加之JW与JXC之间系同胞兄弟关系,再考虑到JW、JXC及MGS均是SKT公司股东之身份,可以看出JW与JXC及CL之间存在明显而紧密的利益关系,在没有相反证据证明的情况下,应推定JW为JXC提供的担保是为了JW、CL夫妻经营利益考虑,JW提供的担保应是为了夫妻共同利益所提供,因此JW在辽宁高院(2015)辽民二初字第×号民事判决中所确定承担的债务,应当是JW与CL的夫妻共同债务。

关于应否停止对CL名下案涉房产、车辆及公司股权、土地使用权的执行问题。CL名下案涉公司股权、土地使用权及房产均系CL、JW婚姻关系存续期间投入和购买,根据《婚姻法》第17条的规定,夫妻在婚姻关系存续期间所得的财产,归夫妻共同所有。本案中,JW对MGS的债务系JW与CL的夫妻共同债务,CL名下的公司股权、土地使用权、房产及车辆为夫妻共同财产,夫妻共同财产应用于共同债务的偿还,故本院对于上述公司股权、土地使用权、房产及车辆采取的查封、评估、拍卖措施,符合法律规定。

关于CL请求确认JW名下13处房产其享有1/2份额问题。如前所述,本案中,JW对MGS的债务系JW与CL的夫妻共同债务,JW名下的13处房产为夫妻共同财产,应用于偿还共同债务,CL的该项诉求应于偿还完夫妻共同债务后另行主张。

综上所述,CL的诉讼主张缺乏事实和法律依据,对其诉讼请求本院不予支持。依照《中华人民共和国婚姻法》第17条、第19条第3款,《最高人民法院关于适用〈中华人民共和国婚姻法〉若干问题的解释(二)》第24条,《中华人民共和国民事诉讼法》第227条及《最高人民法院关于适用〈中华人民共和国民事诉讼法〉的解释》第312条的规定,判决如下:

驳回CL的诉讼请求。

案件受理费152722.75元,由CL负担。

如不服本判决,可在收到判决书之日起15日内向本院递交上诉状,并按照对方当事人或者代表人的人数提出副本,上诉于辽宁高院。

审判长 王××

审判员 许××

审判员 李××

2017年12月12日

书记员 吴 ×

【执行异议之诉代理词】

执行异议之诉代理词

尊敬的审判长、审判员：

北京金盈律师事务所接受CL委托，特指派张秀艳律师作为代理人，就MGS诉JXC、JW、SKT公司股权转让纠纷执行一案，CL作为案外人提出执行异议之诉，现发表代理意见如下：

一、案外人CL的个人财产即便可能是在婚姻关系存续期间取得，但诉讼中，法院据以执行依据的生效判决书未认定JW的个人债务为夫妻共同债务，CL也不是判决书确定的义务履行人；而在执行程序中，CL也不是被执行人，因此，不得执行CL财产。

1. CL不是本执行案件依据的辽宁高院(2015)辽民二初字第000×号民事判决书及最高人民法院(2016)最高法民终×号民事判决书确认承担责任的义务履行人，也不是上述案件的诉讼当事人，判决书中更未对JW的个人担保之债认定为夫妻共同债务，贵院直接执行CL的财产剥夺了CL的诉权。

2. CL不是本执行案件的被执行人，执行过程中贵院亦未追加其为被执行人，若本案要认定JW的个人债务为夫妻共同债务应当通过审判程序来认定，不能由执行程序认定，MGS也应当另行提起诉讼确认案涉债务为夫妻共同债务，因此，贵院查封CL财产的行为没有事实和法律依据。

二、CL名下的财产属于其个人财产，与JW无关。

首先，根据《最高人民法院民一庭关于夫妻一方对外担保之债能否认定为夫妻共同债务的复函》(〔2015〕民一他字第9号)，答复如下：夫妻一方的对外担保之债不应当适用《最高人民法院关于适用〈中华人民共和国婚姻法〉若干问题的解释(二)》第24条规定认定为夫妻共同债务。JW在与MGS股权转让纠纷案件中承担的是保证责任，因此，该担保之债不应当认定为JW与CL的夫妻共同债务。

其次，根据《最高人民法院关于人民法院民事执行中查封、扣押、冻结财产的规定》第2条规定，对于第三人占有的动产或者登记在第三人名下的不动产、特定动产及其他财产权，第三人书面确认该财产属于被执行人的，人民法院可以查封、扣押、冻结。CL作为第三人，对其占有的或登记在其名下的财产，其未出具书面文件确认该财产属于被执行人JW，因此，法院不应当对CL的财产有任何查封、扣押、冻结的行为，有查封行为应当依法尽快解封。

三、JW的个人债务跟内蒙古HYMT集团有限公司、准格尔旗川掌镇SKT煤炭有限公司、内蒙古BY投资有限公司、包头HY酒店有限责任公司、北京HY育人教育科技有限公司无关。

上述5家公司的股东对公司的债务承担的是有限责任,即在未出资的范围内承担责任。而本案是JW的个人债务,法院不能对JW持股的公司财产进行任何处置行为,只能对JW持有该公司的股权进行处置,而上述五家公司中,JW曾持有内蒙古HYMT集团有限公司的股权,其早已将股权于2015年10月8日转让给北京HYYY资产管理有限公司,而此时正是MGS诉JXC、JW、SKT公司股权转让纠纷一案的一审诉讼阶段,该行为不属于执行阶段恶意转移财产的情形,该公司的股权及任何财产更与JW无关。

四、JW名下财产是离婚时未进行分割的夫妻共同财产,贵院应当依法认定CL对该夫妻共同财产享有1/2份额。

综上,JW的个人债务属于担保之债,与上述5家公司无关,也与CL无关,CL不是判决确认承担义务人及被执行人,且判决书也未认定该债务为夫妻共同债务,因此,贵院应当依法对CL所有的个人财产予以解封,并确认JW名下财产CL享有1/2份额。

以上代理意见,请合议庭充分考虑!

代理人:北京金盈律师事务所

律　师:张秀艳

【执行异议裁定】

辽宁省高级人民法院
民事裁定书

(20×)辽民终×××号

上诉人(原审原告):CL,女,1974年3月11日出生,蒙古族,住北京市朝阳区。

委托诉讼代理人:张秀艳,北京金盈律师事务所律师。

被上诉人(原审被告):MGS,男,1963年3月27日出生,汉族,住辽宁省盘锦市。

委托诉讼代理人:崔××,辽宁××律师事务所律师。

被上诉人(原审被告):JW,男,1974年12月14日出生,汉族,住内蒙古鄂尔多斯市。

上诉人CL因与被上诉人MGS、原审被告JW案外人执行人执行异议之诉一案,不服辽河中院(2017)辽74民初×号民事判决,向本院提起上诉。本院依法组成合议庭,对本案进行了审理。

本院认为,本案为CL提起的案外人执行异议之诉,故对查封财产是CL的个人财产还是夫妻共同财产应予审查。二审中,CL提供了一份新证据,为《婚内财产约定协议》,协议双方为JW和CL,双方约定CL名下位于北京市朝阳区广渠门外大街富力城D-19-×02室、北京市海淀区成府路HQJ园1×-1×06室、JW名下位于北京市朝阳区三里屯SOHO1×-1×02室的住房以及CL名下的车辆归CL所有。JW名下的位于北京市朝阳区广渠门外大街富力城×-2×-××02室的住房以及JW名下的车辆归JW所有。协议落款日期为2012年12月26日,落款处有JW和CL字样的签名及手印两枚。因MGS对该《婚内财产约定协议》的真实性有异议,故如果上述房产及车辆在MGS与JXC、JW、HYMT股权转让纠纷案件执行查封的范围内,则本案应首先审查该协议的签订过程,对其是否真实有效进行认定。如果该协议的签订为双方真实意思表示,且在查封JW、CL名下相关房产及车辆前签订,则协议所涉房产及车辆为CL个人财产,如被查封,无论JW担保之债是其个人债务还是夫妻共同债务,CL均对其个人财产享有足以排除强制执行的民事权益;如该协议的真实性不能确认,则应在对JW的担保之债的性质作出审查和认定后判定对CL的诉请应否支持。

综上,依照《中华人民共和国民事诉讼法》第170条第1款第3项规定,裁定如下:

一、撤销辽河中院(2017)辽7×民初×号民事判决;

二、本案发回辽河中院重审。

上诉人CL预交的二审案件受理费152722.75元予以退回。

审判长 蒋 ×
审判员 苏××
审判员 谭 ×
2018年9月12日
书记员 张××

【执行异议之诉一审判决书】

辽宁省辽河中级人民法院
民事判决书

（2018）辽7×民初×号

原告（执行案外人）：CL，女，1974年3月11日出生，蒙古族，个体业者，住北京市朝阳区。

委托诉讼代理人：张秀艳，北京金盈律师事务所律师。

被告（申请执行人）：MGS，男，1963年3月27日出生，汉族，个体业者，住辽宁省盘锦市。

委托诉讼代理人：崔××，辽宁××律师事务所律师。

被告（被执行人）：JW，男，1974年12月14日出生，汉族，个体业者，住内蒙古鄂尔多斯市。

原告CL与被告MGS、JW案外人执行异议之诉一案，CL于2017年7月24日向本院提起案外人执行异议之诉，本院于2017年12月12日作出（2017）辽74民初×号民事判决，驳回了CL的诉讼请求，CL不服向辽宁高院提起上诉，该院以（20××）辽民终116号民事裁定将案件发回本院，本院于20××年11月21日立案后，另行组成合议庭，并于20××年12月14日公开开庭审理了本案。原告CL的委托诉讼代理人张秀艳、被告MGS及其委托诉讼代理人崔××到庭参加诉讼。被告JW经传票传唤无正当理由拒不到庭参加诉讼。本案现已审理终结。

原告CL向本院提出诉讼请求：（1）判令停止对CL名下2套房产、3辆汽车及7家公司股权的强制执行，予以解除查封并确认上述财产归CL所有。（2）判令停止执行并确认JW名下北京市朝阳区工人体育场北路×号院×号楼1×层1×－1102及两个车位（北京市朝阳区工人体育场北路×号院×－2层××046、××047）归CL所有。（3）停止执行并确认JW名下9处房产CL享有1/2份额。（4）诉讼费用由被告承担。事实与理由：MGS诉JXC、JW、SKT公司股权转让纠纷一案中，CL不是涉案当事人，也不是执行案件所依据的辽宁高院（2015）辽民二初字第×号民事判决书及最高人民法院（2016）最高法民终×号民事判决书中认定承担民事责任的义务履行人。JW在上述股权转让纠纷案件中承担的是担保责任，并非借款责任，JW对外的担保之债是JW的个人债务，不属于夫妻共同债务，故辽河中院不能强制CL履行应由JW履行的债务，且不应查封CL名下财产。辽河中院在执行过程中，未追加CL为被执行人而直接执行CL财产的行为，剥夺了CL的诉权。辽河中院（2017）辽74执恢2号执行裁定书裁定拍卖的JW名下13处房产为JW、CL的夫妻共同财产，JW对MGS的担保之债并非夫妻共同之债，应由JW个人偿还。CL与JW在婚姻关系存续期间，达成过婚内协议，对婚后夫妻共同财产和个人财产进行了约定。婚内协议约定的财产为个人财产，未约定的为共同财产，CL对共同财产享有1/2的份额。

MGS辩称，CL的诉请无事实法律依据，请法院查明事实，驳回其诉讼请求。事实及理由：(1)CL与JW系夫妻关系，其名下财产系夫妻共同财产，本案涉及的债务系夫妻共同债务，因此法院的查封合法。(2)CL与JW的《婚内财产约定协议》与本案无关。(3)CL要求对JW名下财产确认其享有1/2份额的诉求应当于偿还完夫妻共同债务后另行主张。

被告JW未出庭，未答辩。

当事人围绕诉讼请求依法提交了证据，本院组织当事人进行了证据交换和质证。对当事人无异议的证据，合议庭予以确认并在卷佐证。对有争议的证据和事实，综合认定如下：CL提交的辽宁高院(2015)辽民二初字第×号民事判决书、最高人民法院(2016)最高法民终×号民事判决书、辽宁高院(2016)辽执×号执行裁定书、辽河中院(2016)辽74执字第3号民事裁定书及(2017)辽74执恢2号执行裁定书，因MGS对真实性均无异议，且上述文书均系生效文书，故对真实性予以采信。MGS提交的SKT公司生产责任制协议、股权认购协议书、3500万元的借条及收据，股权分红欠条，SKT公司及内蒙古HYMT集团有限公司(前身为包头市HYMT加工有限公司)的工商注册档案信息、机读材料，内蒙古BY投资有限公司、包头HY酒店有限责任公司及北京HY育人教育科技有限公司的工商注册档案信息，最高人民法院(2016)最高法民终字×号民事判决书、内蒙古自治区伊金霍洛旗人民法院(2016)内0627民初6204号、6259号、6262号、(2017)内0627民初1745号民事判决书及CL、JW离婚协议书，因CL对上述证据的真实性均无异议，故对真实性予以确认。MGS提供的最高人民法院(2016)最高法民申2908号民事裁定书，因与本案不具有关联性，故不予采信。(以上证据为当事人双方原一审提供证据)

本次审理，CL提供《婚内财产约定协议》一份，MGS提供内蒙古自治区鄂尔多斯市中级人民法院(2017)内06民终2153、2154、2220三份民事判决书。对以上证据，综合认定如下：《婚内财产约定协议》不能确定形成时间，且CL并未在本院第一次审理中提出，MGS对该证据提出异议，即使该证据系CL、JW的真实意思表示，但CL并未提供证据证明MGS知道该协议存在，因此该协议不能对抗债权人MGS的债权，故对该份证据，不予采信。对鄂尔多斯市中级人民法院(2017)内06民终2153、2154、2220三份民事判决书，CL未提出异议，故对上述三份判决书的真实性，予以确认。

本院经审理查明：MGS与JXC、JW、SKT公司股权转让纠纷一案，辽宁高院于2015年10月8日作出(2015)辽民二初字第×号民事判决：(1)JXC在该判决生效之日起10日内给付MGS股权转让价款1亿元。(2)JXC于该判决生效之日起10日内给付MGS违约金,以本金1000万元为基数,自2014年1月20日至3月31日;以本金3250万元为基数,自2014年4月1日至6月30日;以本金5500万元为基数,自2014年7月1日至9月30日;以本金7750万元为基数,自2014年10月1日至12月31日;以本金1亿元为基数,自2015年1月1日到实际给付之日止,均按每天1‰计算。(3)JW、SKT公司对JXC的全部债务承担连带保证责任。(4)JW、SKT公司承担保证责任后有权向JXC追偿。(5)驳回MGS的其他诉讼请求。JXC、JW不服该判决,向最高人民法院提起上诉,最高人民法院于2016年3月7日作出(2016)最高法民终×号民事判决,驳回上诉,维持原判。该判决生效后,JXC、SKT公司及JW未按判决履行,MGS向辽宁高院申请强制执行,该案进入执行程序。辽宁高院2016年4月12日作出(2016)辽执×号执行裁定书,裁定查封被执行人JW名下9处房产。2016年4月19日辽宁高院作出(2016)辽执×号执行裁定书,裁定辽宁高院(2015)辽民二初字第×号民事判决书由本院执行。

本院在执行过程中,于2016年5月4日作出(2016)辽74执3号执行裁定书,裁定内容为:(1)查封被执行人JXC、JW名下财产;(2)ZDM与JXC,CL与JW系夫妻关系,查封ZDM、CL名下财产;(3)查封SKT公司股份、银行存款、采矿权。后本院又于2017年3月20日作出(2017)辽74执恢2号执行裁定书,裁定内容为:拍卖被执行人JW所有的13处房产、被执行人JXC所有的2处房产。2017年5月13日,CL向本院提出执行异议申请,请求裁定中止执行并解除对案涉房屋及车库的查封。本院于2017年6月11日作出(2017)辽74执异6号执行裁定书,裁定驳回CL的异议。CL在收到(2017)辽74执异6号执行裁定书后,于2017年7月24日提起诉讼。

案涉查封的财产情况如下:坐落于北京市朝阳区广渠门外大街×号院1×号楼1×层×02室房产、北京市海淀区成府路HQJ园1×号楼1×层1×06室房产及车牌号为京×6××70、京××2×27、京P×5××5的3辆汽车,均登记在CL名下。坐落于包头市高新区民族东路HLJZ小区1×－×03室房产、包头市高新区民族东路HLJZ小区1×－C6室房产、包头市高新区新光东路×号RYHT1×－×12室房产、包头市青山区民族东路FN小区JD公寓×16室房产及坐落于北京市朝阳区广渠门外大街×号院26号楼13层D××1×02室房产、北京市朝阳区工人体育场北路×号院×号楼1×层1×－1102室房产、北京市朝阳区广渠门外大街×号院地下车库E一、二、三区－2层E122、E123车位、北京市朝阳区新源南路×号－2层2004、2032房产、北京市朝阳区工人体育场北路×号院6幢－2层××046、××047房产、北京市朝阳区广渠门外大街×号院6×幢－1层270号房产,均登记在JW名下。上述房产及车辆均系JW、CL夫妻关系存续期间购买。案涉查封股权的7家公司分别为:北京HYYY资产管理有限公司、北京HYHG投资发展有限公司、内蒙古HYMT(集团)有限公司、山东

HYHG 科技安防有限公司、河北 TY 煤炭运销有限公司、北京 DH 投资发展有限公司、SLEWK 风情国。上述公司的股权及公司的土地使用权均系 CL、JW 夫妻关系存续期间取得。

本院认为,CL 及 JW 名下案涉公司股权、土地使用权及房产均系 CL、JW 婚姻关系存续期间投入和购买,根据《婚姻法》第 17 条"夫妻在婚姻关系存续期间所得的财产,归夫妻共同所有"的规定以及根据《最高人民法院关于民事执行中查封、扣押、冻结财产的规定》第 14 条第 1 款的规定,"对被执行人与其他人共有的财产,人民法院可以查封、扣押、冻结,并及时通知共有人",故本院对 CL、JW 名下财产的查封、扣押、冻结,并无不当。CL 诉请停止对相应财产的执行,并予以解除查封之主张于法无据,不予支持。关于 CL 诉请确认相应财产权属的问题,CL、JW 双方离婚发生在本院对夫妻共同财产查封、冻结之后,CL 所主张的财产权属确认,属于离婚后财产纠纷,与本案执行异议之诉并不属于同一法律关系,故对 CL 该权属确认诉请,本案不予处理。关于双方争议的 JW 所负担保之债的性质问题,本案执行依据是辽宁高院(2015)辽民二初字第×号民事判决,该判决未将 CL 列为当事人,亦未对案涉债务是否为夫妻共同债务作出认定。对债务性质的确认即 JW 担保之债是个人债务还是夫妻共同债务,根据《最高人民法院关于调整高级人民法院和中级人民法院管辖第一审民商事案件标准的通知》(法发〔2015〕7 号)中所确定的管辖标准,本院对此无管辖权,应当由当事人依法向有管辖权的人民法院即辽宁高院提起诉讼。综上,依照《中华人民共和国婚姻法》第 17 条、《中华人民共和国民事诉讼法》第 144 条、《最高人民法院关于民事执行中查封、扣押、冻结财产的规定》第 14 条第 1 款之规定,判决如下:

驳回 CL 的诉讼请求。

案件受理费 152722.75 元,由 CL 负担。

如不服本判决,可在收到判决书之日起 15 日内向本院递交上诉状,并按照对方当事人或者代表人的人数提出副本,上诉于辽宁高院。

审判长　兰　×
审判员　肖　×
审判员　张　×
2018 年 12 月 28 日
书记员　蔡　×

【执行异议之诉二审判决书】

辽宁省高级人民法院
民事判决书

(20××)辽民终1213号

上诉人(原审原告):CL,女,1974年3月11日出生,蒙古族,住河北省廊坊市固安县固安镇新源街148排67号。

委托诉讼代理人:张秀艳,北京金盈律师事务所律师。

被上诉人(原审被告):MGS,男,1963年3月27日出生,汉族,住辽宁省盘锦市。

委托诉讼代理人:崔××,辽宁××律师事务所律师。

被上诉人(原审被告):JW,男,1974年12月14日出生,汉族,住内蒙古自治区鄂尔多斯市。

上诉人CL因与被上诉人MGS、JW案外人执行异议之诉一案,不服辽河中级人民法院(2018)辽7×民初×号民事判决,向本院提起上诉。本院依法组成合议庭,对本案进行了审理。CL的委托诉讼代理人张秀艳,MGS及其委托诉讼代理人崔××参加了诉讼。本案现已审理终结。

CL上诉请求:(1)撤销原判,依法改判支持CL全部诉讼请求;(2)由MGS、JW承担一、二审案件受理费。事实与理由:(1)一审法院认为执行CL的财产并无不当,是事实认定错误。①CL不是执行依据的判决书确定的义务履行人,也不是执行案件中的被执行人,因此CL不是案涉诉讼及执行程序中适格的主体,不得执行案外人CL的财产(包括CL个人财产和夫妻共同财产)。首先,CL不是本执行案件依据的(2015)辽民二初字第×××××号民事判决及(2016)最高法民终××号民事判决确认的承担责任的义务履行人,更不是上述案件的诉讼当事人,上述判决书中更未对JW的个人担保之债认定为夫妻共同债务,直接执行CL的财产剥夺了CL的诉权。其次,CL不是本执行案件的被执行人,执行过程中亦未追加其为被执行人。JW的担保之债是其个人债务还是夫妻共同债务应当通过审判程序来认定,而不应当在没有执行依据的情况下违法执行。故MGS主张JW的担保之债为夫妻共同之债需另行提起诉讼主张,执行CL财产的行为没有事实和法律依据。最后,一审法院可以查封、扣押、冻结登记在被执行人名下的不动产、特定动产及其他财产,但是不得查封、扣押、冻结第三人名下的不动产、特定动产及其他财产。《最高人民法院关于人民法院民事执行中查封、扣押、冻结财产的规定》(以下简称《查扣冻规定》)第2条规定:人民法院可以查封、扣押、冻结被执行人占有的动产、登记在被执行人名下的不动产、特定动产及其他财产权。对于第三人占有的动产或者登记在第三人名下的不动产、特定动产及其他财产权,第三人书面确认该财产属于被执行人的,人民法院可以查封、扣押、冻结。登记在案外人CL名下的财产人民法院是不可以查封、扣押、冻结的,除非CL书面确认查封的财产属于JW所有,因此,一审法院查封CL的财产是没有事实和法律依据的。②《婚内财产约定协议》系CL与JW之间真实意思表示,不违反法律、行政法规的强制性规定,合法有效,该协议约定归CL所有的财产为CL的个人财产,CL对其个人财产享有足以排除强制执行的民事权益。首先,2016年四五月,辽宁高院查封了JW及CL名下全部财产,包括房产、汽车和公司股权,查封的财产中包括了CL的个人财产和与JW的夫妻共同财产。2012年12月26日,早在查封JW、CL名下财产之前,JW与CL便签订了《婚内财产约定协议》,该协议对双方婚内部分财产进行了约定,系双方真实意思表示。而案涉股权转让纠纷于2016年3月7日才作出终审判决并生效,《婚内财产约定协议》早于生效判决3年多的时间,因此不存在法律文书生效后转移财产、拒不履行的问题,该协议并不违反法律、行政法规的强制性规定,合法有效。其次,一审法院认为婚内财产约定协议不能确定形成时间,故不予采信是错误的。MGS未申请鉴定,又无相反证据证明该协议的形成时间,因此该协议应当以双方签字、按手印的时间为准。一审法院在没有任何相反证据的情况下否定该协议的形成时间是错误的。再次,《婚内财产约定协议》在本案CL提出执行异议时已向一审法院提交,该证据已经MGS质证,且执行异议是执行异议之诉的前置程序,执行异议与执行异议之诉是当事人不可分割的权利救济程序,一审法院不能因一审时未向法院提交而否定该份证据的效力。且该协议与案件基本事实有关,应予采纳。《最高人民法院关于适用〈中华人民共和国民事诉讼法〉的解释》(以下简称《民事诉讼法司法解释》)第101条规定,"当事人因客观原因逾期提供证据,或者对方当事人对逾期提供证据未提出异议的,视为未逾期",在第一次二审开庭审理时,MGS对该协议的真实性未提出异议,认可在执行异议时见过此协议,也即认可了该协议的效力。退一步说,根据《民事诉讼法司法解释》第102条"当事人因故意或者重大过失逾期提供证据,人民法院不予采纳。但该证据与案件基本事实有关的,人民法院应当采纳"的规定,即便当事人对证据的逾期提出有故意或重大过失,只要该证据与案件基本事实有关,一审法院也应当采纳。最后,MGS于2015年1月23日提起案涉股权纠纷案件诉讼时,JW与CL早已签订《婚内财产约定协议》,二人根本不知道3年后会与MGS发生民事纠纷,因此主观上不存在恶意,更不存在恶意串通的问题,该协议是合法有效的,其中约定归CL所有的财产为CL的个人财产,CL对其享有足以排除强制执行的民事权益。(2)一审法院认为JW的担保之债是个人债务还是夫妻债务不需要审查是适用法律错误。正因为JW的担保之债的性质决定了一审法院是否有权执行CL的财产。JW的担保之债为其个人债务,并非夫妻共同债务,因此,该债务与CL无关,一审法院执行CL的财产没有事实和法律依据。①JW的担保之债是对JXC欠MGS1亿元的股权转让款承担担保责任,该1亿元的债务为明显超出家庭日常生活需要所负的债务,该债务没有CL的共同签字及事后追认的共同意思表示,不属于夫妻共同债务。②若MGS认为该债务属于JW与CL的夫妻共同债务,应当就该债务用于夫妻共同生活、共同生产经营或基于双方共同的意思表示承担举证证明责任,没有提供相应的证据,应承担举证不能的不利后果。③JW是对JXC欠MGS的股权转让款1亿元承担担保责任,该1亿元债务的欠款主体是JXC,且该债务也是JXC使用,根本不存在该债务用于JW的夫妻共同生活、共同生产经营和共同意思表示。④JXC欠MGS的股权转让款转让的是案涉SKT公司的股权,CL并未担任SKT公司的股东,也并未参与该公司的生产经营,与CL是其他公司的挂名股东无关,MGS以CL是其他公司的股东就理解为CL参与了SKT公司的生产经营是偷换概念。根据《最高人民法院关于审理涉及夫妻债务纠纷案件适用法律有关问题的解释》第3条规定,JW承担的仅是个人担保之债,该债务若认定夫妻共同债务其偿还主体也应当是JXC与其配偶,而不是JW与CL,因此MGS混淆了债务主体,该债务是JW的个人债务,与CL无关。一审法院认为JW的担保之债究竟是个人之债还是夫妻共同债务需要另案解决,也就认可了其就是在没有执行依据的情况下违法执行CL的财产。(3)一审法院对CL在本案中同时提出确认其个人财产权利的诉讼请求不予处理是适用法律错误。一审法院执行案外人CL的个人财产,CL享有足以排除强制执行的民事权益,一审法院对已查清权属的执行财产应当一并作出确认其权利的判决。《婚内财产约定协议》中约定归CL所有的财产及婚姻存续期间CL应当取得1/2所有权的财产均是CL的财产,CL对其享有足以排除强制执行的民事权益。《民事诉讼法司法解释》第312条规定,案外人就执行标的享有足以排除强制执行的民事权益的,判决不得执行该执行标的;案外人同时提出确认其权利的诉讼请求的,人民法院可以在判决中一并作出裁判。CL在本案中提出确有理由的确权诉讼请求时,一审法院应当一并作出判决。一审法院在事实认定上存在以下几个问题:①根据上述规定,CL在本案中同时提出确权的诉讼请求,一审法院可以一并作出判决而未作出判决,不仅违反了有法可依的原则,而且大大增加当事人的讼累。②在上述规定中,并没有对已解除婚姻关系的一方作为案外人进行限制,更未规定本案的情形是不能在执行异议之诉中同时提出确权诉讼的。因此,CL有权针对执行标的提出确权的诉讼请求,法院应当在法律规定的范围内作出判决。综上,一审判决没有事实和法律依据,应当依法撤销,并改判支持CL的全部诉讼请求。

MGS辩称:一审判决认定事实清楚,证据充分,适用法律正确,应驳回上诉,维持原判。事实与理由:(1)CL与JW系夫妻关系,其名下的财产为其与JW的夫妻共同财产,本案涉及的债务系CL与JW的夫妻共同债务,因此人民法院查封CL名下的财产(2 套房产、3 辆汽车及 7 家公司股权)合理合法,一审法院查封及执行 CL 财产的行为具有事实与法律依据。(2)JW 的担保之债是 CL 与 JW 的夫妻共同债务,而非 JW 的个人债务。①JW 的担保行为实质上是为自己进行的担保。因为 JW 是 SKT 公司的真正出资人、投资人、实际控制人,MGS12% 的股权是包含在 JW 名下的隐名股权,JW 未经 MGS 的同意擅自转让包含 MGS 股权在内的股权(内蒙古 HYMT 集团有限公司享有股权 52%,而该公司是 CL 与 JW 的家公司),理应由 JW 直接向 MGS 支付股权价款,但 JW 却将该责任和义务转移给其哥哥 JXC,MGS 当时不同意,担心 JXC 没有能力支付 1 亿元的股价款,因为 JXC 的实力远不如 JW 雄厚,当时 JW 承诺由其担保让 MGS 放心,在 JW 提供担保的情况下,三方才签订了《股权转让协议》(该案二审判决认定 JW 是 SKT 公司的股东,而且与该公司及 JXC、CL 存在明显而紧密的利益关系,因为他们之间股权、利益相互交叉和渗透)。②JW 的担保目的是自己家庭利益,CL 本身就是该担保行为的收益人。因为 JW 已经获得了股权转让收益(转让 52% 股权),也必然将收益用于夫妻共同生活、共同生产经营(夫妻共同生活包括家庭共同生活或家庭生产经营两类情形),否则 JW 应该将 1 亿元的收益拿出来支付给 MGS。③JW 的担保债务是基于 CL 与 JW 夫妻双方共同意思表示,也必然是夫妻共同债务。CL 始终参与 JW 公司的经营管理,CL 在 JW 名下的公司均是股东。JW 在本案诉讼期间向 CL 转让股权、转移财产、逃避债务,CL 均签字受让,证明 CL 参与了经营管理,也充分证明 CL 与 JW 恶意串通转移财产、逃避债务,更证明了 CL 完全清楚地知道 JW 的任何经营事务并参与其中。该案所涉及纠纷长达 8 年之久,签订《股权转让协议》及《补充协议》及诉讼长达 2 年有余,CL 不可能不知道该事实,但却从未提出异议,足以证明 CL 知道并认可了 JW 担保的事实,因此该担保债务是基于 CL 与 JW 夫妻双方共同意思表示,一审判决对 JW 的担保债务认定为共同担保债务完全正确。④《最高人民法院民一庭关于夫妻一方对外担保之债能否认定为夫妻共同债务的复函》(〔2015〕民一他字第 9 号)不能适用本案,因为该复函仅仅针对的是民间借贷纠纷中的担保,而且该案中担保人的配偶不知情,这是该复函的由来。而本案为股权转让担保,CL 对此非常清楚,该复函对本案没有指导作用。且该复函不是批复,更不是司法解释,根本不具有普遍约束力。CL 是 JW 担保行为的收益人,因此该担保之债必然是 JW 与 CL 夫妻的共同债务,CL 必须对此承担连带责任。2015 年 6 月 11 日,《人民法院报》刊登了法官厉莉的《保证合同纠纷中夫妻共同债务的认定》一文,该文提出了以是否共同获益作为判断的切入标准,无获益保证合同产生的保证债务不宜认定为夫妻共同债务,直接或间接获益保证合同产生的保证债务应当认定为夫妻共同债务,"以该债务是否用于夫妻共同生活,是否使夫妻共同受益或者存在夫妻共同受益的可能作为基本的判断原则"。该观点颇有见地,对审判实践具有现实指导意义。(2016)最高民申 2908 号民事裁定明确论述:最高人民法院民一庭答复和复函仅是针对个案相关情况作出的处理意见，不具有普遍约束力，对于夫妻共同债务仍应按照《最高人民法院关于适用〈中华人民共和国婚姻法〉若干问题解释（二）》（以下简称《婚姻法司法解释（二）》）第24条的规定，并结合案件具体情况予以认定，即就个案处理而言，并非夫妻一方对外担保之债一概不能认定为夫妻共同债务，重点还应考量该担保之债与夫妻共同生活是否密切相关。而本案涉及的担保之债恰恰正是与CL、JW共同生活、共同生产经营密切相关。（3）CL和JW的《婚内财产约定协议》与本案无关。根据《婚姻法司法解释（二）》第24条的规定，认定夫妻一方以个人名义所负债务按夫妻共同债务处理有两个例外情形，一是夫妻一方能够证明债权人与债务人明确约定为个人债务；二是夫妻双方约定实行分别财产制且债权人知道该约定。而本案根本不存在上述两种情形。MGS也根本不知道该约定。（4）正由于JW的担保之债是CL与JW的夫妻共同债务，而非JW的个人债务，CL名下的财产为其与JW的夫妻共同财产，因此一审判决判定JW名下的13处房产为夫妻共同财产，并对其进行查封、扣押、冻结并无不当，这些财产应用于偿还共同债务。CL要求确认权属的诉求应于偿还完夫妻共同债务后另行主张，一审法院不予处理完全正确。

CL向一审法院起诉请求：（1）判令停止对CL名下2套房产、3辆汽车及7家公司股权的强制执行，予以解除查封并确认上述财产归CL所有。（2）判令停止执行并确认JW名下北京市朝阳区工人体育场北路×号院×号楼1×层1×－1102及两个车位（北京市朝阳区工人体育场北路×号院×－2层××046、××047）归CL所有。（3）停止执行并确认JW名下9处房产CL享有1/2份额。（4）诉讼费用由MGS、JW承担。

一审法院认定事实：MGS与JXC、JW、SKT公司股权转让纠纷一案，本院于2015年10月8日作出（2015）辽民二初字第××号民事判决：（1）JXC在该判决生效之日起10日内给付MGS股权转让价款1亿元。（2）JXC于该判决生效之日起10日内给付MGS违约金，以本金1000万元为基数，自2014年1月20日至3月31日；以本金3250万元为基数，自2014年4月1日至6月30日；以本金5500万元为基数，自2014年7月1日至9月30日；以本金7750万元为基数，自2014年10月1日至12月31日；以本金1亿元为基数，自2015年1月1日到实际给付之日止，均按每天1‰计算。（3）JW、SKT公司对JXC的全部债务承担连带保证责任。（4）JW、SKT公司承担保证责任后有权向JXC追偿。（5）驳回MGS的其他诉讼请求。JXC、JW不服该判决，向最高人民法院提起上诉，最高人民法院于2016年3月7日作出（2016）最高法民终××号民事判决，驳回上诉，维持原判。该判决生效后，JXC、SKT公司及JW未按判决履行，MGS向本院申请强制执行，该案进入执行程序。本院2016年4月12日作出（2016）辽执××号执行裁定书，裁定查封被执行人JW名下9处房产。2016年4月19日本院作出（2016）辽执××号执行裁定书，裁定本院（2015）辽民二初字第××号民事判决书由一审法院执行。

该院在执行过程中,于2016年5月4日作出(2016)辽74执3号执行裁定书,裁定内容为:(1)查封被执行人JXC、JW名下财产;(2)ZDM与JXC,CL与JW系夫妻关系,查封ZDM、CL名下财产;(3)查封SKT公司股份、银行存款、采矿权。后该院又于2017年3月20日作出(2017)辽74执恢2号执行裁定书,裁定内容为:拍卖被执行人JW所有的13处房产、被执行人JXC所有的2处房产。2017年5月13日,CL向该院提出执行异议申请,请求裁定中止执行并解除对案涉房屋及车库的查封。该院于2017年6月11日作出(2017)辽74执异6号执行裁定书,裁定驳回CL的异议。CL在收到(2017)辽74执异6号执行裁定书后,于2017年7月24日提起诉讼。

案涉查封的财产情况如下:坐落于北京市朝阳区广渠门外大街×号院1×号楼1×层×02室房产、北京市海淀区成府路HQJ园1×号楼1×层1×06室房产及车牌号为京×6××70、京××2×27、京P×5××5的3辆汽车,均登记在CL名下。坐落于包头市高新区民族东路HLJZ小区1×-×03室房产、包头市高新区民族东路HLJZ小区1×-C6室房产、包头市高新区新光东路×号RYHT1×-×12室房产、包头市青山区民族东路FN小区JD公寓×16室房产及坐落于北京市朝阳区广渠门外大街5号院26号楼13层D××1×02室房产、北京市朝阳区工人体育场北路×号院×号楼1×层1×-1102室房产、北京市朝阳区广渠门外大街×号院地下车库E一、二、三区-2层E122、E123车位、北京市朝阳区新源南路×号-2层2004、2032房产、北京市朝阳区工人体育场北路×号院6幢-2层××046、××047房产、北京市朝阳区广渠门外大街×号院6×幢-1层270号房产,均登记在JW名下。上述房产及车辆均系JW、CL夫妻关系存续期间购买。案涉查封股权的7家公司分别为:北京HYYY资产管理有限公司、北京HYHG投资发展有限公司、内蒙古HYMT(集团)有限公司、山东HYHG科技安防有限公司、河北TY煤炭运销有限公司、北京DH投资发展有限公司、SLEWK风情国。上述公司的股权及公司的土地使用权均系CL、JW夫妻关系存续期间取得。

该院认为,CL及JW名下案涉公司股权、土地使用权及房产均系CL、JW婚姻关系存续期间投入和购买,根据《中华人民共和国婚姻法》第17条"夫妻在婚姻关系存续期间所得的财产,归夫妻共同所有"以及《查扣冻规定》第14条第1款"对被执行人与其他人共有的财产,人民法院可以查封、扣押、冻结,并及时通知共有人"的规定,故该院对CL、JW名下财产的查封、扣押、冻结,并无不当。CL诉请停止对相应财产的执行,并予以解除查封之主张于法无据,不予支持。关于CL诉请确认相应财产权属的问题,CL、JW双方离婚发生在该院对夫妻共同财产查封、冻结之后,CL所主张的财产权属确认,属于离婚后财产纠纷,与本案执行异议之诉并不属于同一法律关系,故对CL该权属确认诉请,本案不予处理。关于双方争议的JW所负担保之债的性质问题,本案执行依据是本院(2015)辽民二初字第××号民事判决,该判决未将CL列为当事人,亦未对案涉债务是否为夫妻共同债务作出认定。对债务性质的确认即JW

担保之债是个人债务还是夫妻共同债务,根据《最高人民法院关于调整高级人民法院和中级人民法院管辖第一审民商事案件标准的通知》(法发〔2015〕7号)中所确定的管辖标准,该院对此无管辖权,应当由当事人依法向有管辖权的人民法院即本院提起诉讼。综上,依照《中华人民共和国婚姻法》(以下简称《婚姻法》)第17条、《中华人民共和国民事诉讼法》第144条、《查扣冻规定》第14条第1款之规定,判决驳回CL的诉讼请求。案件受理费152722.75元,由CL负担。

本院对一审法院审理查明的事实予以确认。

本院认为,关于对CL"确认权属"诉请的审查和认定。《最高人民法院关于适用〈中华人民共和国民事诉讼法〉的解释》(以下简称《民诉法司法解释》)第312条第2款规定,对于案外人在提起执行异议之诉的同时提出确认其权利的诉讼请求的,人民法院可以在判决中一并作出裁判。故在审理执行异议之诉案件时认定相关权利的性质和归属,才能对案外人享有的民事权益能否足以排除强制执行作出正确裁判。因此,对于CL"确认权属"的诉请应予审查和认定,一审法院对此作出"不予处理"的认定错误,应予纠正。(1)对登记在CL名下的财产权属的审查和认定。一审法院在MGS诉JXC、JW、SKT公司股权转让纠纷案的执行程序中,基于CL与JW存在夫妻关系的事实,查封了CL名下的房产、车辆及股权。CL主张,其与JW于2012年12月26日签订《婚内财产约定协议》一份,在上述查封之前即对二人婚内的部分房产及车辆进行了分割,其中约定CL名下位于北京市朝阳区广渠门外大街富力城D-19-1802室、北京市海淀区成府路HQJ园1×-1×06室的住房以及CL名下的车辆归CL所有,故该房产及车辆为其个人财产,应确认归CL所有;而查封CL名下的公司股权因具有人合性质,也为CL个人财产而亦应确认归其所有。本院认为,《查扣冻规定》第14条规定,"共有人协议分割共有财产,并经债权人认可的,人民法院可以认定有效"。因我国没有夫妻财产契约的登记制度,故不管《婚内财产约定协议》是否为签订当时签约双方的真实意思表示,CL对于该协议内容已为JW的债权人MGS知晓的事实负有举证责任。对此,MGS主张直到本案诉讼中CL举证才知道该协议,且对其真实性存有异议,尽管CL主张JW曾就《婚内财产约定协议》内容与MGS有过口头沟通,但没有证据予以证明。因此,在不能证明MGS对《婚内财产约定协议》知晓并认可的情况下,其中对于婚内财产分割的约定只在CL和JW夫妻双方之间具有约束力,而不能对MGS产生效力,CL不能此作为上述房产及车辆在人民法院查封时为其个人财产的依据。因上述财产均系二人婚姻关系存续期间取得,故应认定为CL和JW的夫妻共同财产。CL和JW在案涉财产查封后离婚,离婚时双方签订《离婚协议》,故《离婚协议》中涉及的财产分割的内容对查封财产为夫妻共同财产的性质不产生影响。综上,本院对CL关于确认上述房产及车辆全部归其所有的诉请不予支持。因上述财产查封之时双方之间婚姻关系尚未解除,其夫妻共同财产为不分份额且不可分割的统一整体，而在双方于2016年8月18日协议离婚时，其共同财产的归属则应确认为双方各享有50%的份额，故CL在与JW离婚后对上述夫妻共同财产应享有1/2的份额。关于股权，其人合的性质仅应限定在人身性的范畴，而本案被查封的股权所对应的财产利益属于CL和JW婚姻关系存续期间获得的生产、经营的收益，为财产权范畴，故CL名下的股权亦应认定为夫妻共同财产，CL无权主张归其个人所有，只能基于其夫妻共同财产的性质享有其中1/2的份额。(2)对登记在JW名下的财产权属的审查和认定。在MGS诉JXC、JW、SKT公司股权转让纠纷案的执行程序中，本院及一审法院查封了JW名下的房产共13处，分别为坐落于包头市高新区民族东路HLJZ小区1×－×03室房产、包头市高新区民族东路HLJZ小区1×－C6室房产、包头市高新区新光东路×号RYHT1×－×12室房产、包头市青山区民族东路FN小区JD公寓×16室房产及坐落于北京市朝阳区广渠门外大街×号院26号楼13层D××1×02室房产、北京市朝阳区工人体育场北路×号院×号楼1×层1×－1102室房产、北京市朝阳区广渠门外大街×号院地下车库E一、二、三区－2层E122、E123车位、北京市朝阳区新源南路×号－2层2004、2032房产、北京市朝阳区工人体育场北路×号院6幢－2层××046、××047房产、北京市朝阳区广渠门外大街×号院6×幢－1层270号房产。以上房产除北京市朝阳区新源南路×号－2层2004、2032房产外，CL对其他房产均提出确认权属的诉请。①位于北京市朝阳区工人体育场北路×号院×号楼10层15－1102的房产。因该房产在《婚内财产约定协议》中约定归CL所有，故CL主张该房产为其个人财产，应确认归其个人所有。如前所述，《婚内财产约定协议》对CL和JW夫妻以外的第三人不产生拘束力，而《离婚协议》是查封后签订，亦不影响查封财产的性质。位于北京市朝阳区工人体育场北路×号院×幢－2层××046、××047的房产。该房产在《婚内财产约定协议》中并无分割的约定，故CL主张该房产依协议约定归其个人所有更无依据。因上述房产均系二人婚姻关系存续期间取得，故均为夫妻共同财产，CL关于确认归其个人所有的主张本院不予支持，CL只能基于上述财产为夫妻共同财产的性质对其享有1/2的份额。②位于包头市高新区民族东路HLJZ小区1×－×03室房产、包头市高新区民族东路HLJZ小区1×－C6室房产、包头市高新区新光东路×号RYHT1×－×12室房产、包头市青山区民族东路FN小区JD公寓×16室房产及坐落于北京市朝阳区广渠门外大街×号院26号楼13层D××1×02室房产、北京市朝阳区广渠门外大街×号院地下车库E一、二、三区－2层E122、E123车位、北京市朝阳区广渠门外大街×号院6×幢－1层270号、内蒙古鄂尔多斯市伊金霍洛旗伊金霍洛规划区8号路西的房产。CL主张其应享有1/2份额。因内蒙古鄂尔多斯市伊金霍洛旗伊金霍洛规划区×号路西的房产不在一审法院查封财产范围内，CL亦无证据证明该房产已被查封，故对该房产权属的确认并非本案审理范围。其余8处房产均系二人婚姻关系存续期间取得，为夫妻共同财产,故CL对其享有1/2份额。

关于对CL是否享有足以排除人民法院强制执行的民事权益的审查和认定。依照《民事诉讼法司法解释》第312条"对案外人提起的执行异议之诉,人民法院经审理,按照下列情形分别处理:(一)案外人就执行标的享有足以排除强制执行的民事权益的,判决不得执行该执行标的;(二)案外人就执行标的不享有足以排除强制执行的民事权益的,判决驳回诉讼请求。案外人同时提出确认其权利的诉讼请求的,人民法院可以在判决中一并作出裁判"之规定,本案应当围绕案外人CL对案涉执行标的所享有的民事权益能否排除人民法院强制执行进行审理。如前所述,我院及一审法院查封的财产不论登记在CL名下还是JW名下,其性质均为夫妻共同财产。《查扣冻规定》第14条规定,"对被执行人与其他人共有的财产,人民法院可以查封、扣押、冻结",故一审法院基于二人的夫妻关系查封JW以及CL名下财产并无不当,CL就本案执行标的不享有足以排除强制执行的民事权益,本院对CL请求停止强制执行并解除查封的诉请不予支持。

综上,CL主张对其名下的房产、车辆、股权以及《婚内财产约定协议》《离婚协议》中约定归其所有的JW名下的房产停止强制执行没有事实及法律依据,但对于查封范围内的其与JW的共同财产均享有1/2份额。依照《中华人民共和国民事诉讼法》第170条第1款第2项、《最高人民法院关于适用〈中华人民共和国民事诉讼法〉的解释》第312条之规定,判决如下:

一、撤销辽河中院(2018)辽7×民初×号民事判决;

二、确认CL对查封其名下的位于北京市朝阳区广渠门外大街×号院1×号楼1×层1802室、北京市海淀区成府路HQJ园1×号楼1×层1×06室的房产享有1/2份额;

三、确认CL对查封其名下的车牌号为京×6××70、京××2×27、京P×5××5的车辆享有1/2份额;

四、确认CL对查封其名下的股权享有1/2份额;

五、确认CL对查封JW名下的位于包头市高新区民族东路HLJZ小区1×-×03室、包头市高新区民族东路HLJZ小区1×-C6室、包头市高新区新光东路×号RYHT1×-×12室、包头市青山区民族东路FN小区JD公寓×16室及坐落于北京市朝阳区广渠门外大街×号院26号楼13层D××1×02室、北京市朝阳区工人体育场北路×号院×号楼1×层1×-1102室、北京市朝阳区广渠门外大街×号院地下车库E一、二、三区-2层E122、E123车位、北京市朝阳区工人体育场北路×号院6幢-2层××046、××047、北京市朝阳区广渠门外大街×号院6×幢-1层270号房产享有1/2份额;

六、驳回CL的其他诉讼请求。

一审案件受理费152,722.75元,由CL负担50907.75元,由MGS负担JW负担50907.5元,JW负担50907.5元;二审案件受理费152,722.75元,由CL负担50907.75元,由MGS负担JW负担50907.5元,JW负担50907.5元。

本判决为终审判决。

审 判 长 蒋 ×
审 判 员 张××
审 判 员 苏××
2019年10月28日
法官助理 赵××
书 记 员 张××

办案总结

根据《最高人民法院关于适用〈中华人民共和国民事诉讼法〉的解释》第312条的规定,"对案外人提起的执行异议之诉,人民法院经审理,按照下列情形分别处理:(一)案外人就执行标的享有足以排除强制执行的民事权益的,判决不得执行该执行标的;(二)案外人就执行标的不享有足以排除强制执行的民事权益的,判决驳回诉讼请求。案外人同时提出确认其权利的诉讼请求的,人民法院可以在判决中一并作出裁判",CL作为案外人有权在提起执行异议之诉的同时提出确认其权利的诉讼请求,法院在审理执行异议之诉案件时认定相关权利的性质和归属,才能对案外人享有的民事权益能否排除强制执行作出正确裁判。

首先,法院查明查封CL名下及JW名下的财产均为其婚姻关系存续期间取得的财产。

法院查明CL名下的股权为CL和JW婚姻关系存续期间获得的生产、经营的收益,为财产权范畴,CL名下的股权应认定为夫妻共同财产。

其次,根据《最高人民法院民一庭关于夫妻一方对外担保之债能否认定为夫妻共同债务的复函》([2015]民一他字第9号)明确规定,"夫妻一方对外担保之债,不应当适用《最高人民法院关于适用〈中华人民共和国婚姻法〉若干问题的解释(二)》第二十四条的规定认定为夫妻共同债务",JW对MGS承担的是担保之债应为其个人债务,而非夫妻共同债务。另外,本案执行依据中涉及1亿元债务的债务人及实际使用人是JXC,并非JW,同时,根据《最高人民法院关于审理涉及夫妻债务纠纷案件适用法律有关问题的解释》第3条规定,在该债务超出家庭日常生活需要所负债务的情况下,MGS并没有举证证明该债务用于夫妻共同生活、共同生产经营或基于夫妻双方共同意思表示，由此可见，该债务为JW的个人债务，与CL无关。

综上，本案应当围绕案外人CL对案涉执行标的所享有的民事权益能否排除执行进行审理。登记在CL名下的财产及登记在JW名下的财产均为夫妻共同财产。本案CL虽不享有足以排除强制执行的民事权益，但是确认了对查封范围内的其与JW的共同财产均享有1/2份额。

专家点评

CL提起案外人执行异议之诉。根据本案提报的材料，专家组审核人员点评如下：

一、执行异议之诉一审判决概要

辽河中院审判该案后认为，JW对外负担的债务是夫妻共同债务，而CL及JW名下被查封财产系夫妻共同财产。夫妻共同财产应用于偿还夫妻共同债务，法院查封措施符合法律规定。故辽河中院驳回了CL的诉讼请求。

二、CL在二审中提出新证据，二审法院作出发回重审裁定

CL不服辽河中院一审判决，向辽宁高院（以下简称辽宁高院）提起上诉，在二审中，CL提交了《婚内财产约定协议》作为新证据。二审法院审查该证据后，认为如果该协议成立，那么CL享有足以排除强制执行的民事权益。遂裁定该案发回辽河中院重审。

三、发回重审一审判决的裁判观点及理由

CL案发回重审后，辽河中院重审后认为，第一，法院查封财产为CL、JW共有财产，法院查封被执行人与其他人共有的财产并无不当。第二，确认案涉标的权属与执行异议之诉不属于同一法律关系，辽河中院不予处理。最终，辽河中院再次驳回CL的诉讼请求。

四、发回重审二审判决及理由

CL不服发回重审后一审判决，向辽宁高院提起上诉，辽宁高院二审后作出改判。辽宁高院认为：

第一，辽河中院未审理CL提出的“确认权属”的请求是错误的，法院可以在案外人执行异议之诉判决中确认案涉财产权属，故辽宁高院纠正这一错误，对案涉财产进行权属确认；

第二，关于《婚内财产约定协议》，CL虽无法证明MGS知晓该协议，但该些财产为CL与JW夫妻关系存续期间所得，CL享有该财产的1/2份额。

第三，关于JW名下的财产，该些财产是CL与JW婚姻存续期间所得，CL对该些财产亦享有1/2的份额。

五、执行异议之诉案的亮点

纵观本案所经历的诉讼程序，可以看出最终案件改判离不开代理律师和终审法院的共同努力。

第一，一审法院最初认定的JW对外负担的债务为夫妻共同债务，代理律师始终持反对意见，并列出相关的法律依据。因此，在发回重审后，一审法院并未再认定JW对外债务为夫妻共同债务，而是规避了该问题。

第二,针对CL提出的确认案涉财产权属的诉讼请求,一审法院拒绝裁判,辽宁高院在二审中,明确指出辽河中院对CL提出的“确认权属”诉求不予审理是错误的,对该判项予以纠正,确认CL的财产权属份额,根本性地改变了本案的判决结果。

第三,辽宁高院改判本案时,依据的是民诉法司法解释,该判决作出之后不久,九民纪要出台,九民纪要明确规定在执行异议之诉中案外人提出“权属确认”,法院应当予以裁判确认。辽宁高院的这次判决很好地衔接了九民纪要。

审核人、点评人:北京律师智库重大复杂案件研究专家组成员　程璇律师

复核人:北京律师智库重大复杂案件研究专家组成员　梁枫律师

北京律师智库
重大复杂案件研究专家组成员简介

1. 王峥律师

吉林大学经济法硕士，北京市立天律师事务所主任。北京律师智库重大复杂案件研究专家组组长，最高人民检察院民事、行政案件专家，北京市律师协会会员事务委员会主任、北京市东城区律师协会副会长。1985 年起执业至今，是理论与实践结合的实力派律师，擅长重大、复杂案件的代理。

王峥律师办理过上千件民、刑诉讼及非诉讼案件，担任过上百家企事业单位法律顾问，主要擅长金融业、建筑工程、房地产、政府法律事务及职务犯罪刑事案件。

曾获评北京市律师协会 2009 年、2011 年优秀律师及百名优秀刑辩律师，2018 年、2021 年分别获得北京市律师协会智库贡献奖、突出贡献奖。

2017 年主持编写业内首集《刑事及民事二审、再审改判案例》、2018 年将“改判案例”缩编成故事，在《民主与法制》普法，2019 年接受“光明网”以《研究改判案例，维护司法公正》专访，2022 年主持编写《第二辑刑事、民事、行政二审、再审改判案例》。

2. 毕文胜律师

北京嘉观律师事务所合伙人、经济学博士，主要业务领域刑事辩护、商事争议解决等。第十一届北京市律师协会副会长，北京律师智库重大复杂案件研究专家组副组长，第十届中华全国律师协会常务理事。法学理论功底深厚，参与撰写《法律文书教程第三版》（法律出版社）律师法律文书部分，代理案件入选最高院“一带一路”十大经典案例，多次参与全国人大法工委《侵权责任法》《民事诉讼法》《公司法》等法律法规立法研讨。

3. 吴晨律师

民商法学博士、应用经济学博士后、北京宸章律师事务所主任。

吴晨博士毕业于中国社科院法学所，获民商法学博士学位，曾为美国福坦莫大学法学院（Fordham Law School）访问学者，并在中国社科院财经战略研究院完成博士后研究工作，研究方向为应用经济学。

吴晨博士主要执业领域为公司法业务、商事争议解决、跨境争议和企业合规。

吴晨博士现担任中华全国律师协会公司法专业委员会主任、北京市民商法学研究会副会长、中国国际经济贸易仲裁委员会仲裁员、中国政法大学法治与可持续发展研究中心研究员、北京市律师协会涉外法律服务研究会主任、北京律师智库重大复杂案件研究专家组副组长等协会和社会职务。

4. 谢炳光律师

毕业于中国人民大学，法律硕士。北京律师智库重大复杂案件研究专家组副组长。1983—1992 年为北京市中级人民法院审判员，1992 年至今为北京市华联律师事务所主任、高级合伙人。

曾任或现任中国国际贸易仲裁委员会仲裁员与中国国际商会调解员、中国消费者协会律师顾问团成员、中华全国律师协会刑法业务委员会委员、北京仲裁委员会仲裁员、北京市律师协会民法业务委员会委员、北京法学会经济会理事、北京市律师协会房地产法专业委员会委员、北人集团股份有限公司（上市公司）独立董事。

谢炳光律师具有较深的法学理论功底和丰富的法院审判经验以及律师工作经验，并有很强的语言和文字驾驭能力。长期司法实践中，办理了大量民事、经济、刑事类诉讼案件以及大量的非诉项目，擅长证券、金融、企业改制上市等综合类案件及项目。其典型成功案例，在很多媒体上刊载。

5. 许兰亭律师

北京市君永律师事务所资深律师，法学博士，中华全国律协刑事业务委员会副主任，北京市律师协会刑法专业委会副主任。

自执业以来，承办了许多从有罪到无罪、从死刑到新生的重大刑事案件。曾在刘晓庆公司涉税案、国土资源部原部长田凤山案、原国家开发银行副行长王益案、原内蒙古自治区副主席刘卓志案、原内蒙古统战部部长王素毅案、原青岛市委书记杜世成案、原云南省副省长沈培平案、原政协副主席令计划案、河北省政法委书记张越案、新疆维吾尔自治区副主席栗智案、上海周正毅、张荣坤案、吉林范日旭案、崔某某职务侵占案（无罪）、孙长松合同诈骗案（无罪）、蔡某某诈骗案（无罪）及众多涉黑涉恶案等重大刑事案件中担任辩护人。连续多年获得北京市律师协会“优秀专业委员会主任”荣誉。

6. 马建律师

北京市嘉和律师事务所主任、高级合伙人，北京大学法律系本科毕业，在美国弗兰克林皮尔斯法学院获得知识产权法硕士学位。现任北京市律师协会商标法专业委员会副主任、北京律师智库重大复杂案件研究专家组秘书长。同时拥有中国律师执业资格、美国纽约州律师执业资格，以及中国土地估价师资格。曾当选为北京市十佳留学归国律师、2015—2018 年度“北京市优秀律师”。2018 年起入选司法部涉外律师人才库。2018 年 10 月 24 日起受聘为中国国际经济贸易仲裁委员会网上争议解决中心域名争议解决专家。2021 年 3 月起被最高人民检察院聘为“民事行政检察专家咨询网”专家。2021 年 12 月 15 日起受聘为北海国际仲裁院仲裁员。

马建律师已执业超过二十五年，具有较深的法学理论功底和丰富律师工作经验，擅长知识产权及涉外商贸法律业务。

7. 李学辉律师

民商法学博士、民商法学博士后。全国优秀律师、第二届“首都十大杰出青年法学家（提名奖）”、华中师范大学建校 110 周年百名杰出校友。最高人民检察院民事行政案件咨询专家、北京市人民政府立法工作法律专家委员会委员、北京市律师协会合同法专业委员会主任，曾任第五届中央国家机关青年联合会委员。

担任中国人民大学、华中师范大学等多所知名大学法学院兼职教授（法律硕士论文校外答辩委员），现为中国法学会案例法学研究会常务理事，并担任多家仲裁机构仲裁员。

多次接受《人民日报》、《法治日报》、人民网、法制网等新闻媒体采访。多次建言上书全国人大常委会、最高人民法院、最高人民检察院等部门，得到高度重视并被采纳。

8. 王文杰律师

北京大成律师事务所律师、高级工程师、工程专业律师、火灾事故专业律师。

个人著述有：《建设工程法律实务操作及疑难问题深度剖析》《建筑火灾事故民事赔偿法律实务》《建设工程施工合同解除法律实务》《建筑火灾事故原因认定法律实务》《办案手记——从案情到风情的生动叙述》，担任北京市建筑业协会调解中心调解员，北京市建设工程招标投标和造价管理协会专家委员会专家，北京市建设工程造价管理协会经济纠纷调解中心副秘书长，哈尔滨仲裁委专家咨询委员会专家，西安仲裁委员会仲裁研究院专家顾问，海南、哈尔滨、武汉、南京、长沙、西安等多地仲裁员，北京市第十届律协工程法律专委会秘书长，北京市律协智库重大复杂案件专家组民一组组长。

主要荣誉有：

美国《工程新闻记录》（简称 ENR）和中国建筑时报共同评选的“2019ENR 最值得推荐的中国工程法律专业律师”，北京市第十届律协智库重大复杂案件课题组突出贡献奖。

9. 佘尘律师

北京市合达律师事务所主任，法学博士。荣获过“全国五一劳动奖章”“全国优秀律师”“北京市优秀律师”“北京市司法行政系统先进个人”“新时代首都司法行政模范先进人物”等称号。现任最高人民检察院第十检察厅“控告申诉专家咨询库”专家、清华大学法学院商业犯罪研究中心副主任、清华大学社会科学学院社区治理研究中心副主任、北京市律师协会理事、北京市律师协会商事犯罪预防与辩护专业委员会主任、北京市石景山区律师协会会长、石景山区人大常委会法律顾问、石景山区人民政府法律顾问、北京市作家协会会员等职务。在各级各类刊物发表过多篇专业论文和文学作品，出版过法学专著《企业刑事风险防范行为指引》(2017 年版)、《企业刑事风险防范行为指引》(2021 年第二版)、《商事犯罪及常见商事犯罪案件辩护要点》、《公司人格论——以公司担保制度为中心》，以及诗集《又到秋天》《城里・城外》。

10. 王正志律师

高文律师事务所合伙人，主要执业领域：知识产权跨境争议解决、国际仲裁。第四届国家知识产权专家咨询委员会委员、中华全国律协知识产权专业委员会主任，北京市律师协会理事、外事委主任。兼任世界知识产权组织/中国国际经济贸易仲裁委员会/北京仲裁委员会/上海仲裁委员会/新加坡国际仲裁中心等机构仲裁员，先后主办某民用航空制造公司与法国公司技术开发合同 ICC 国际仲裁案、某大型国有有色金属集团与德国公司专利侵权案、广东某大型电商与美国公司商标与商品包装不正当竞争案等；2018 年 5 月代表中国专利保护协会赴华盛顿参加 301 调查听证会并发言；2019 年 4 月代表贸仲赴纽约参加联合国第四工作组立法研讨会并发言；2013—2019 年《专利法》第四次修订起草组成员，2022 年 8 月《商标法》修订专家组成员。

11. 裴娜律师

北京嘉观律师事务所高级合伙人、法学博士，主要业务领域行政诉讼及行政复议、行政处罚合规、民商事争议解决等。北京市律师协会党委政府法律顾问研究会副主任、北京市法学会行政法学研究会理事、北京市律师协会惩戒委员会委员，北京律师智库重大复杂案件研究专家组成员，政府重大应急法律顾问团“北京队”成员，北京市多元调解发展促进会调解员，中华全国律师协会行政法专业委员会委员、中国法学会体育法学会常务理事、国家律师学院客座教授、中国政法大学法律专家咨询委员会委员、北京外国语大学法学院校外硕士导师。法学理论功底深厚，出版专著《城乡规划领域公众参与机制研究》，先后在《行政法学研究》《法学杂志》《中国刑事法杂志》等核心期刊发表论文数十篇。

12. 杨安进律师

北京市维诗律师事务所执行合伙人、律师、专利代理师。自 1998 年至今一直专门从事知识产权和技术转移律师工作，办理了大量重大复杂的专利、商标、著作权、技术秘密类法律业务，以及国内和跨境技术转移业务。2013 年被评为北京市“十佳知识产权律师”，2019 年被《商法》杂志(China Business Law Journal)评为“The A – List 法律精英”榜单 100 位中国业务优秀律师。

2005 年担任国家知识产权战略制定工作领导小组评审专家。现兼任中国国际经济贸易仲裁委员会仲裁员、域名争议解决中心专家，中国海事仲裁委员会仲裁员，国际商会(ICC)中国国家委员会委员，北京知识产权法研究会常务理事、专利法委员会主任。

同时担任北京大学、北京理工大学、首都经贸大学、北京师范大学、对外经济贸易大学等高校研究人员或兼职教授。

13. 郝萍律师

北京市炜衡律师事务所高级合伙人，全国律师协会军民融合法律服务工作组副组长，北京市律师协会军民融合法律专业委员会副主任，北京律师智库重大复杂案件研究专家组成员，北京市律师协会民法专业委员会原副主任，北京市海淀区人民法院特聘人民调解员。

郝萍律师曾任原第二炮兵（现火箭军）司法办主任，在部队从事司法行政及法律服务工作二十年。律师执业以来深耕民商事争议解决和涉军法律服务，拥有丰富的民商事法律服务及常年法律顾问的工作经验，受聘武警部队、战略支援部队、火箭军部队、中国融通地产北京公司等单位担任其服务律师。

多次被评为北京市律师行业优秀共产党员、海淀区优秀律师，其先进事迹曾被法制日报、解放军报以及今日头条、强军网等大型网站报道。另受聘担任北京广播电台常驻嘉宾，曾获中央电视台“社会与法”频道优秀法律顾问奖。

14. 程璇律师

北京市中闻律师事务所执委会执委，权益合伙人、北京市律师协会民法专业委员会副主任、最高人民检察院入库专家律师、北京市第三中级人民法院入库专家律师、北京市高级人民法院第三方涉诉调解中心专家律师、北京市公安局干警维权律师团维权成员、北京律师协会申请律师执业人员管理考核工作委员会副主任。

专业领域：民商事重大疑难案件及争议解决、重大疑难刑事案件的辩护、企事业单位法律顾问、公司并购及非诉讼业务。

主要著述：参与田文昌大律师、陈桂明老师担任主编的《刑事辩护学》编写小组；著有《“鸟凤之争”案件纪实》《公证在民商事案件中的重要作用》《试论有限公司股东知情权的侵害与保护》《试论律师办理涉黑案件及职务犯罪案件中的风险防范对策》《遗嘱公证服务现状与破局思路研究》。

15. 张亚梅律师

北京高文律师事务所律师，中国政法大学硕士。1999 年开始，执业 22 年。担任北京高文律师事务所主任、创始合伙人，中华全国律师协会会员，中国法学会仲裁委员会会员、仲裁员，西安仲裁委、广州仲裁委、南京仲裁委、兰州仲裁委、重庆仲裁委、淄博仲裁委、日照仲裁委、宜春仲裁委、宁波仲裁委仲裁员，北京市律师协会仲裁专业委员会副主任，北京市律协重大疑难案例小组成员，北京市朝阳区律师协会公益委员会副主任，中国国际贸易促进委员会/中国国际商会调解中心调解员。曾被授予“北京市朝阳区优秀女律师”“北京市优秀律师”“中国当代优秀律师”等称号。

16. 梁枫律师

金诚同达律师事务所高级合伙人、合规业务组组长、金诚同达研究院企业合规研究中心主任。

梁枫律师自2000年开始执业律师生涯,长期致力于公司法、劳动法、争议解决等法律领域业务,尤其精研于企业合规体系建设与合规管理、人力资源合规与用工风险管理,擅长为企业提供"法律咨询+管理咨询"全景式合规顾问服务,是中国为数不多的兼具商业思维和管理思维的合规律师之一。

此外,梁律师熟谙诉讼、仲裁相关法律,长期处理各类复杂争议解决案件,尤其擅长处理商事争议与高管诉讼,是一位经验丰富的出庭律师。

17. 张雪梅律师

北京联合大学文法学院法律系法学学士,在校期间主要攻读民法及民事诉讼法。中国人民大学法律系经济法学专业硕士研究生,同时在中国政法大学研究生院研修美国宪法,2011年获得长江商学院高级工商管理专业硕士学位。北京市北斗鼎铭律师事务所创始合伙人和首席合伙人、北京律协征收拆迁法律服务研究会副主任、北京市朝阳区律师协会律师代表、北京律师智库重大复杂案件研究专家组民商组成员。张雪梅律师主要负责公司、房地产、金融、投资等方面的诉讼与仲裁(含国际)出庭代理业务,是律师事务所主要的出庭律师;同时担任各类政府机关、企事业单位及公司常年法律顾问;曾经为许多国内外知名企业解决法律纠纷并进行诉讼、仲裁和国际仲裁。

张雪梅律师2013年3月获首届朝阳优秀女律师称号,荣获2015—2018年度北京市朝阳区行业贡献奖,曾担任第二届北京市朝阳区律师协会理事和教育培训委员会主任。

18. 李梅律师

2001年起执业,北京市鑫诺律师所高级合伙人。主要业务领域:民事诉讼及仲裁、家事相关法律实务、公司法相关实务、企业法务管理、重组、并购、改制及转制业务。全国律协民法委委员、最高人民法院诉讼服务志愿专家团成员、最高人民检察院民事行政检察咨询专家团成员、中国侨联法律顾问委员会委员、"2022北京冬奥会、冬残奥会、雄安新区法律服务团"成员、北京市律师协会"矛盾纠纷化解与社会风险防范律师专家组"组长、北京市律师协会民事诉讼法专业委员会副主任。

荣获"2018北京榜样 律师楷模"(团队奖)、首届"北京市律师辩论大赛"团体冠军,个人荣获"十佳辩手"。担任"马航MH370乘客家属索赔谈判律师团"成员,最终促成了50余名家属与马航及其保险公司达成和解协议,得到了委托家属及司法部的高度认可。

19. 王收律师

中共党员。从 1986 年起执业至今。业务范围为法律顾问、争议解决。第十一届北京市律师协会党建工作委员会副主任、第三届东城区律师协会监事会监事、北京律师智库重大复杂案件研究专家组秘书组副秘书长。南方财经法律研究院高级研究员。

20. 由莉雅律师

中共党员，中国政法大学硕士。从 2005 年起执业至今。业务范围为民商事案件代理、法律顾问、争议解决。北京市圣奇律师事务所主任、丰台区第十七届人民代表大会代表、最高人民检察院特邀民事行政案件咨询专家、中国劳动学会劳动保障监察专委会理事、第十一届北京市律师协会女律师工作委员会主任、北京市律师协会第十一届党委政府法律顾问事务研究会副主任、北京律师智库重大复杂案件研究专家组专家、北京市侨联法律顾问委员会委员、丰台区律师协会第三届法律援助与公益委员会主任、北京市人民监督员。2021 年 8 月被北京市慈善义工联合会评为“最美慈善义工”、2021 年 12 月被中华全国妇女联合会评为全国维护妇女儿童权益先进个人。

21. 丁琛律师

北京高界鹏凯律师事务所主任。法学硕士、管理学硕士。丁琛律师执业 20 余年，长期专注于公司法、知识产权法律事务工作，服务于多个大型企业集团，目前担任世纪金源集团总法律顾问，中国电力企业联合会、航天建筑设计院等单位常年法律顾问，农银人寿保险股份有限公司独立董事。多年来，为客户代理各类法律纠纷案件三百余件，承接并直接处理百余起公司设立、股权转让、融投资、改制、兼并重组等公司非诉讼法律事务。此外，代理的多件有重大影响的知识产权案件，分别入选最高人民法院十大知识产权案件、最高人民法院 50 件知识产权案件、北京市高级人民法院发布的知识产权审判新发展案例。曾荣获司法部“全国优秀律师”“全国律师行业优秀党员律师”“北京榜样·律师楷模”称号、“北京市优秀律师”等荣誉。

22. 李华律师

盈科律师事务所创始合伙人、盈科全国业务指导委员会主任，最高人民检察院第六、第七检察厅“民事行政检察专家咨询网”专家，北京律师协会并购重组法律事务专业委员会副主任，北京律师协会申请律师执业人员管理考核工作委员会副主任，朝阳区律师协会副会长。

李华律师从业 20 余年来，高度重视对实践案例、市场创新和立法进程的系统研究，专注于并购重组领域及商事领域争议解决等法律服务，着力打造精英团队，推动专业化建设，带领不同专业律师组建团队为众多大中型国有企事业单位提供专项或综合性纵深化的法律服务。为此，李华律师曾荣获全国律师行业优秀党员律师、北京市律师协会优秀律师、北京市律师行业优秀党务工作者、朝阳区律师协会首届优秀女律师、朝阳区律师协会优秀律师、朝阳区优秀党员等荣誉称号。

23. 张凤成律师

北京市三维律师事务所主任，法学本科学历。1988 年从事法律工作，1994 年从事律师工作。第七次、第九次全国律师代表，第八届、第十届北京市律师协会理事，第九届北京市律师协会监事，第九届北京市律师协会农村法律事务专业委员会主任，第一届北京市大兴区律师协会监事长，第二届、第三届北京市大兴区律师协会会长，第三届北京市大兴区政协委员，第五届、第六届北京市大兴区人大代表、法制委员会副主任委员。第四届北京市大兴商会副会长、大兴区工商联执委，第一届北京市大兴区法学会副会长，第一届北京市大兴区社会组织联合会副会长。曾被评为“全国优秀律师”“全国创优争先先进个人”“司法行政系统先进个人”“北京市法律服务先进个人”等。主要业务领域：建筑工程、房地产开发、公司法律事务等。

24. 张砾心律师

北京市中盈律师事务所合伙人。北京市律师协会宣传联络与表彰委员会副主任，西城区第三届律协副监事长。西城区人民政府第二届法律顾问团成员。青岛仲裁委仲裁员。获得全国律师行业优秀共产党员、北京市律师行业优秀共产党员奖；获得 2021 首都新时代司法行政系统先进个人；获得“西城区 2016—2017 年度优秀公益律师”奖；获得“2014—2018 年度西城区优秀律师”；获得 “2015—2019 年度北京市优秀律师”；获得北京市社工委颁发“北京社会好人榜”荣誉称号；获得 2021 年北京榜样荣誉称号。参与编写中国人民大学出版社《房地产业务律师基础实务》一书。在民商诉讼及公司法律顾问业务领域，有丰富的实践经验。

25. 王兆峰律师

2015 年当选《亚洲法律杂志》(ALB) 中国诉讼领域杰出律师，2022 年荣登钱伯斯大中华区争议解决领域 Band5，是中国最优秀的辩护律师之一。他擅长处理复杂疑难的法律问题。在其代理的一系列重大案件中，客户的人身权益和经济利益都在其争取下得到了较为满意的维护。

正式投入律师事业之前，王兆峰曾经在检察机关担任业务领导职位，对于中国刑事司法体系的运作有着深刻地洞察和理解，他曾以学者身份访问过美国、英国和德国，对于涉外法律业务也有着宽广的视野和实践经验。王兆峰律师曾组建强有力的诉讼律师团队，其成员绝大多数拥有国内外知名高校法学专业硕士、博士研究生学历，在王兆峰的指导之下，团队在诉讼领域取得了骄人的业绩。2020 年 7 月，王兆峰律师发起创立了北京周泰律师事务所，致力于就重大、复杂法律事务为客户提供综合性、高质量解决方案。

26. 李向辉律师

北京策略律师事务所高级合伙人，具有理工科、法学双学历和政府公务员职业经历。

执业 18 年，主要专注于复合型民商事争议解决；刑事辩护与刑事合规；民营企业法律风险防范及化解、合规体系建设等非诉讼法律服务。

现任第十一届北京市律师大会代表、第十一届北京市律师协会宣传联络委员会副主任、第十一届北京市律师协会法律风险与合规管理法律事务专业委员会主任、北京市律协重大复杂疑难案例课题组刑事组成员、全国律协青年领军人才训练营第三期学员、最高人民检察院民事行政检察咨询专家、北京市涉案企业合规第三方监督评估机制首批获聘专家。

27. 林小建律师

1977 年 10 月生，江西吉安人，中国社会科学院法律硕士。1999 年取得律师资格证书，2000 年开始执业律师。现为北京国舜律师事务所主任律师、丁丁律师法律平台创始人，同时兼任中国法学会律师法研究会特邀研究员、北京市律师协会代表、北京市律师协会互联网金融专业委员会副主任、北京市西城律协理事、代表、北京市西城区法学会理事。房山套路贷受害人刘某代理律师、河北沧州杀害儿童案李某辩护律师。擅长领域：刑法、互联网金融犯罪、公司法。

28. 常铮律师

北京衡宁律师事务所创始合伙人。西南政法大学法学学士、经济学学士、中国政法大学刑事诉讼法学硕士、中国政法大学法学博士。北京市第十三次妇女代表大会代表；“首届北京市十佳青年律师”；2012—2014 年度北京市优秀律师；2010 年被北京市朝阳区司法局评为“社会公益法律服务先进个人”；2018 年获首都司法行政系统“法治好青年”推荐提名奖。第十一届北京市律师协会刑事诉讼专业委员会副主任，律师权益保障委员会副主任。长期专业从事刑事辩护与代理工作。2006 年参与创建全国首家专业刑事律师事务所，并历任主任、合伙人。2019 年发起创办北京衡宁律师事务所。专注刑事法律业务 10 余年，成功办理了大量疑难、复杂、具有重大影响的案件，以职务犯罪、涉黑犯罪、经济犯罪辩护为专长，并长期为国内多家大型企业集团提供刑事法律风控服务，获得各方信任与好评。

29. 陈俊律师

北京市汇京律师事务所主任，北京市律师协会惩戒委员会副主任。1994 年毕业于吉林大学，自 1997 年起在北京从事律师工作，长期为软件及生物科技类企业、建筑工程类央企提供法律服务，是中国驻前南斯拉夫大使馆遭轰炸事件法律援助律师团成员。法律实务中重视理论研究，先后在《中国法学》《法治日报》《中国律师》《出国与就业》等报刊杂志上发表法学理论和案例分析论文。

30. 孙明经律师

北京天驰君泰律师事务所高级合伙人。全国律协刑委会委员,北京律协职辩委副主任、北京律师智库重大复杂案件研究专家组成员,北京市人民检察院人民监督员。所办理职务犯罪、商事犯罪领域代表刑案主要有:公安部“7·24”专案(徐翔等六人,代理中信证券刘某),红色通缉令首案戴某挪用公款案,某省公安厅前副厅长杨某贪污受贿挪用公款案,李某单位行贿中国×集团董事长孙某案,民生银行金融部前总裁余某非国家工作人员受贿案,国家开发银行前副行长姚某与胞弟共同受贿案,中国某人寿保险股份有限公司原董事长陈某违法运用资金案,中国×拍卖公司某部总经理李某走私普通货物物品案,中×(重庆)公司副总裁李某利用影响力受贿案,中国证监会国际监管处原处长刘某受贿、职务侵占案,北京×股份有限公司董事长孙某合同诈骗案,中国×集团副总裁王某内幕交易案等。

31. 刘玲律师

毕业于清华大学,法律硕士学位,北京市京都律师事务所高级合伙人,全国律师协会刑事专业委员会委员,北京市律师协会刑事诉讼法专业委员会副主任,清华大学中国司法研究中心(最高人民检察院检察案例研究基地)研究成员,司法部法律援助刑事案件质量评估专家。1994 年通过全国律师资格考试后开始执业,1997 年考入检察院,先后担任助理检察员、检察员、主诉检察官、公诉科副科长,荣获“全省人民满意检察干警”、省级“优秀公诉人”称号。2005 年再次执业律师,以刑事业务为主,先后办理了包括在国内有一定影响的刑事案件数百件(起)。从2013 年开始担任清华大学法律硕士研究生联合导师,为研究生讲授必修课“模拟法庭训练”。出版专著《分光镜下的法治》、合著《刑辩三人谈》。

办案人简介

1. 韩宇律师

汉族，1981 年 7 月生于吉林，长春工业大学毕业，本科毕业。现为北京正山律师事务所执业律师。

2. 潘金忠律师

法律硕士，2007 年取得律师执业证。现为北京市盛廷律师事务所执行主任、合伙人，北京市律师协会行政法专业委员会委员、北京市法学会农村法治研究会理事、北京市法学会物权法研究会理事，入选北京市法学会“百名法学英才”。潘金忠律师一直致力于不动产征收、集体资产保护、行政争议解决等法律实务和研究。撰写并主持编写《城中村改造相关法律问题研究》《征地拆迁领域中刑事案件诸法律问题探究》《房地产征迁法律业务律师指引》等论文、文章。在企业拆迁征收领域，总结出了“基本方案 + 八项内容”的团队办案模式，取得了良好的实际效果。

3. 张凤宾律师

自 2016 年起，在北京楹庭律师事务所拆迁律师团从事行政诉讼业务，近几年代理的拆迁诉讼案件类型比较多样，涉及宅基地征迁补偿、商铺拆迁补偿、企业拆迁补偿、林场征迁补偿等常见类型案件，熟悉行政诉讼程序，具备丰富的办案经验和较强的文书写作功底，案件思路清晰。

4. 朱艳姝律师

北京京云律师事务所征地拆迁部主管律师，亚洲(澳门)国际公开大学工商管理硕士，中华全国律师协会会员，执业 16 年。现任北海国际仲裁委员会仲裁员和北京多元调解发展促进会专业调解员，为北京电视台“律师帮帮忙”栏目专栏律师。2014 年出版《建设工程安全与责任》一书，2008 年荣获北京司法系统奥运服务优秀工作者称号。

5. 周伟律师

律师毕业于华北电力大学,具有律师资质,自执业以来一直专注于企业法律服务与代理诉讼案件。曾担任知识产权代理公司诉讼部负责人、企业法务咨询平台主管,对企业法律服务行业有深入认识,能够为客户知识产权问题提供整体解决方案。作为负责人带领团队承办各类民商事、行政诉讼案件数百件。丰富的民商事诉讼经验,涉及行业较广,对能源行业、建筑工程行业、互联网行业、制造业、知识产权代理行业等有较多的服务经验。

6. 李亚莉律师

2003 年毕业于中国人民大学法学院,2011 年取得美国俄亥俄州立大学法学院美国知识产权法硕士学位,李亚莉律师现为北京市炜衡律师事务所合伙人,执业 16 年,深谙中国知识产权法律制度和与之相关的国际法律和条约、积累了丰富的诉讼实践经验。李律师在美学习、工作期间,深入学习研究了美国知识产权保护制度及其法律体系,熟悉中外知识产权法律保护的司法程序和救济途径,极大地保证了所代理的知识产权诉讼案件的成功率并多次成功协助中外企业制定知识产权保护战略。

7. 商家泉律师

11 届北京律协商标委副主任,高文律师事务所合伙人,毕业于中国人民大学法学院,先后被评为朝阳区和北京市优秀律师。代理的案件多次入选最高人民法院典型或指导案例,承办了稻香村、乔丹、今日油条等疑难复杂案件。

8. 孔丽芳律师

北京市炜衡律师事务所律师,毕业于对外经济贸易大学。2020 年,获得中国优秀知识产权律师榜 TOP50。

9. 韩羽枫律师

北京市世泽律师事务所合伙人律师、专利代理师,毕业于对外经贸大学,法律硕士。在北京市某中院知识产权庭任职期间,韩律师审理的案件曾入选中国法院知识产权司法保护十大案件、北京市高级人民法院十大知识产权案例及十大知识产权创新性案例、最高人民法院知识产权案件典型案例。自法院离职后,专攻知识产权及争议解决领域,曾代理众多重要案件。韩律师同时兼任美国林肯法学院客座教授、对外经贸大学法学院校外研究生导师、清华大学创意创新创业教育平台导师、最高人民法院知识产权案例指导研究(北京)基地专家咨询委员会专家、北京市工商行政管理局首届商标专家委员会委员等社会职务。

10. 吴子芳律师

香港理工大学博士，北京市融泰律师事务所主任，2008 年执业，北京律协信息网络与电信邮政法律专业委员会主任，北京律协律师事务所管理与指导委员会副主任，最高人民检察院民事行政案件咨询专家，湖南省版权保护协会副理事长，江苏省信息网络安全协会法律专家，北京知识产权法研究会常务理事、执行秘书长，海淀区律师行业党委委员，海淀区律师协会知识产权研究会副会长。北京市海淀区人民政府批准的 2020 年“海英人才”——科技服务领军人才，第一届海淀区领军律师，北京市律师行业优秀共产党员、海淀区律师行业优秀党员，海淀区优秀律师事务所主任及优秀律师。

11. 郭迎律师

中国政法大学法学学士，北京大学法律硕士。

北京嘉观律师事务所合伙人，执业近十五年，毕业于中国政法大学国际经济法系，后取得北京大学法律硕士学位。曾在中国农业银行北京分行从事信贷及法务部门工作。郭迎律师系北京市律师协会民事诉讼法专业委员会委员，北京市劳动法学会成员，第十一届北京市律师协会代表大会代表，海淀区律师协会理事及女工委副主任，曾获 2016 年、2018 年、2020 年海淀区优秀律师称号。长期担任多家央企、国企、学校日常法律顾问。在民商事诉讼、执行领域经验丰富。

12. 吴珲律师

中共党员，北京市炜衡律师律师事务所合伙人律师。硕士研究生（中央财经大学毕业），执业时间：2018 年 7 月至今（执业前在北京某法院任职）。海淀律协企业法律风险研究会秘书长。曾经被评为炜衡所优秀共产党员、炜衡所 2020 年度优秀律师；主要业务领域为商事、执行争议解决。作品包括参编《生活中的民法典》（法律出版社出版），独著《执行案件法律实务 90 讲》（法律出版社出版）。

13. 张秀艳律师

毕业于中国政法大学，现为北京金盈律师事务所合伙人。擅长合同纠纷、股权纠纷、建筑工程合同纠纷、公司类纠纷等民商事纠纷案件重大、疑难、复杂的诉讼。主要代理中华人民共和国最高人民法院及各省级高院的民商事再审、申诉及抗诉案件，对民商事法律有深入的研究。自从事律师职业以来，先后担任多家企事业单位的常年法律顾问，为这些单位的管理、经营、合同等方面提供了大量的法律服务。长期从事律师实务工作，在办案过程中积累了大量实践经验，因此在为企业提供法律服务时，特别能结合司法审判实践来帮助企业防范法律风险。

后　　记

完成“第二辑改判案例”的编撰工作，我的内心很不平静，作为继2017年年底出版的《刑事二审、再审改判案例》和《民事二审、再审改判案例》系列篇的续集，第二辑改判案例的出版，寄托了各界太多的期待和热望。回想第一辑出版时在律师界引起的广泛关注和认可，以及公、检、法、司等司法实践者给予的积极反馈，还有法学后辈翻阅案例时豁然得解、备受启发的兴奋表情，我都深深为自己能够参与这项北京律协主导下的重大复杂案件的整理编撰工作的实施感到无比自豪和欣慰。为了能够将更多更好的优秀案例集中起来，奉献给每一位司法工作者和对法律有需求的所有受众，努力践行习近平总书记的嘱托：“努力让人民群众在每一个司法案件中感受到公平正义”，我们北京律师智库重大复杂案件专家组进一步强化了队伍建设，吸纳了更多优秀律师的加入，并启动了第二辑的编撰工作。

“第二辑改判案例”一共三册，除了“第一辑改判案例”中包含的“刑事二审、再审改判案例”和“民事二审、再审改判案例”以外，又新增了一册“行政、知识产权及执行异议二审、再审改判案例”。它涵盖刑事、民事、行政类的45个实务案例。在案例来源、案例类型、参编人员、审级制度、审判监督等方面都较之“第一辑改判案例”有了新的突破。案例辐射地域之广——包括北京律师在全国20个省市范围内办理的改判案件；涉及案例类型之众——包括刑事、民事、行政三大类的10多类小项。参编律师之多——包括“重案专家组”成员以及办案律师将近百人；涵盖审判制度之全——包含了我国四级二审制度的四个审级，包括执行局在内的过百家各级法、检、公等机关；审判监督之最——包括一审、二审、再审生效判决后，在检察院抗诉后得以改判的案例。以上，几乎涵盖了现行诉讼的所有领域。

“第二辑改判案例”的内容汇集了刑事、民事、行政案件的整个诉讼过程，包含起诉（公诉）、一审、二审、再审、抗诉、执行等整个流程，包含办案律师的起诉书、答辩状、代理词（辩护词）、办案总结、专家点评等，再现了每一个案件的办案流程及总结、评析，再现了我国四级法院、各级检察院、各级公安机关的办案理念，再现了代理律师或辩护律师的亮丽风采，再现了是与非之间、罪与非罪之间矛盾的激烈碰撞，再现了自我修正、追求真理的法律人精神。

错案追究制度的诞生,顺应时代的步伐,“有错必究”的法治原则,不只是体现在法律共同体当中,亦应有配套完善的社会监督机制,“让审理者裁判,让裁判者负责”。这是提高法律公信力、增强公民对法治信仰的助力,也符合我们“建设严密的法治监督体系,切实加强对立法、执法、司法工作的监督”的愿景。

三大类型改判案例成为系列,是众多法、检、公以及律师等法律共同体成员集体智慧的结晶,它为法律共同体成员减少错案、冤案的发生提供了很好的研讨、学习、借鉴的参照;同时也让业外广大民众直观地看到什么是正确,什么是错误,使其明辨是非曲直。“相信谬误总会迎来真理的纠正,而正义是永恒的太阳,世界从不拖延它的到来。”

新起点,新征程,国家对依法治国理念有了更深入的解读,“围绕保障和促进社会公平正义,坚持依法治国、依法执政、依法行政共同推进,坚持法治国家、法治政府、法治社会一体建设,全面推进科学立法、严格执法、公正司法、全民守法,全面推进国家各方面工作法治化”。这无疑给司法工作者提出了新的要求和期待,让我们勠力同心、踔厉奋发,一起向未来,为依法治国作出更大贡献!

最后,我们要特别感谢北京市司法局、北京市律师协会的相关领导的大力支持,同时,还要特别感谢我的伙伴——北京律师智库重大复杂案件专家组全体成员以及案例提供律师!是你们的专业水准最终成就了系列化的改判案例!将稿费全部捐赠给北京市法律援助基金会是我们共同的抉择,完全义务地编审和点评工作,没有一点酬劳、没有一分补助,牺牲工作时间和业余时间,还搭上节假日!这种无私的奉献精神就是我们北京律师的情怀,也是作为法律人的一种社会责任!

谨此,向所有参编“刑事、民事、行政改判案例”的律师和辅助人员,表示最崇高的敬意和衷心地感谢!

北京律师智库重大复杂案件研究专家组组长
王峥律师